U0934150

为祖国放一异彩

——厦门大学与伟大祖国

张彦 主编

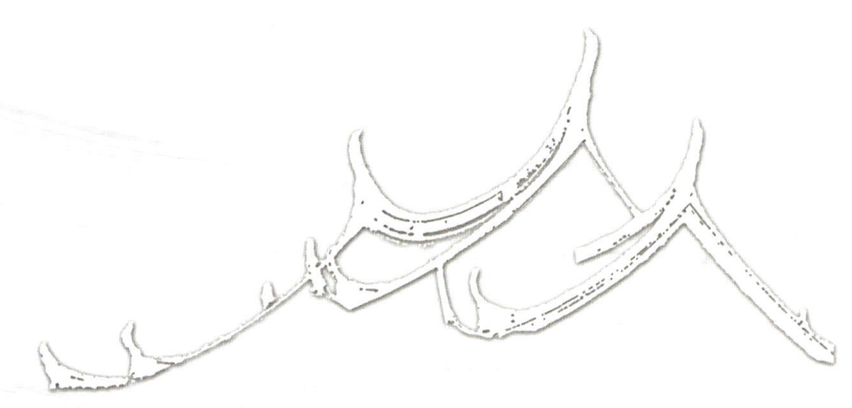

厦门大学出版社 XIAMEN UNIVERSITY PRESS
国家一级出版社
全国百佳图书出版单位

图书在版编目（CIP）数据

为吾国放一异彩：厦门大学与伟大祖国 / 张彦主编. -- 厦门：厦门大学出版社，2021.3(2022.7 重印)
ISBN 978-7-5615-7847-6

Ⅰ. ①为… Ⅱ. ①张… Ⅲ. ①厦门大学—社会服务—文集 Ⅳ. ①G647-53

中国版本图书馆CIP数据核字(2020)第144656号

出 版 人 郑文礼
责任编辑 施高翔
封面设计 李嘉彬

出版发行 厦门大学出版社
社　　址 厦门市软件园二期望海路 39 号
邮政编码 361008
总　　机 0592-2181111　0592-2181406(传真)
营销中心 0592-2184458　0592-2181365
网　　址 http://www.xmupress.com
邮　　箱 xmup@xmupress.com
印　　刷 厦门集大印刷有限公司

开本 787 mm×1 092 mm　1/16
印张 22.75
插页 2
字数 458 千字
版次 2021 年 3 月第 1 版
印次 2022 年 7 月第 3 次印刷
定价 100.00 元

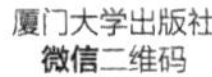
厦门大学出版社
微信二维码

厦门大学出版社
微博二维码

序　言

弘扬嘉庚精神　奋进一流征程

厦门大学 党委书记　张　彦
校　　长　张　荣

百年逐梦，映日南强。在迎接中国共产党成立100周年的喜庆日子里，我们也迎来了厦门大学百年华诞。一百年前，国家危难，战乱频仍。著名爱国华侨领袖陈嘉庚先生感念华夏“门户洞开，强邻环伺，存亡绝续，迫于眉睫”，忧虑祖国“专制之积弊未除，共和之建设未备，国民之教育未遍，地方之实业未兴”，深谙闽地“僻处海隅，地瘠民贫”“人才缺乏”，于是振臂高呼：“吾人若复袖手旁观，放弃责任，后患奚堪设想！”即便应者寥寥，他也照样以“兴学责任讵有旁贷”的气概，毅然回乡兴办教育。而厦门大学的创办，更是承载着陈嘉庚先生教育救国、教育兴国的伟大理想，寄寓着他造就优秀人才“为吾国放一异彩”的浩然宏愿。百年来，在嘉庚精神的感召下，厦门大学始终牢记为中华民族伟大复兴而踔厉奋发的初心使命，奋楫笃行，同心筑梦。

嘉庚精神光照百年厦大

被毛泽东同志誉为“华侨旗帜，民族光辉”的陈嘉庚先生是侨界一代领袖和楷模。在陈嘉庚先生诞辰140周年之际，习近平总书记指出，陈嘉庚先生“艰苦创业、自强不息的精神，以国家为重、以民族为重的品格，关心祖国建设、倾心教育事业的诚心，永远值得学习”。陈嘉庚先生的美德懿行熔铸成为人称颂的“嘉庚精神”，蕴含着“志怀祖国，希图报效”的爱国，“牺牲自我，大公无私”的奉献，“忠诚信义，自强不息”的诚毅，“革故鼎新，开拓进取”的创新，“阐扬世界，博集东西”的开放，“艰苦奋斗，节俭为本”的勤俭等丰富的精神元素，始终焕发着民族精神和时代精神的光芒。百年来，嘉庚精神积淀为世代流芳的人文基因，历久弥新，鲜活如初，影响着一代又一代厦大人，为厦门大学建设和发展提供了绵绵不息的精神源泉和奋进力量。

爱国主义是嘉庚精神的坚实内核。陈嘉庚先生一生致力于实业救国，倾心于教育兴国，舍身投入抗日救亡斗争，并积极参与新中国建设。1919年，陈嘉庚先生于五四运动爆发当月决定从新加坡回国创办学校。他临行前宴请同人，“席设中字形，饮中国之酒，食中国之菜”，发表“愿诸君勿忘中国”演说；同年七月正式向全社会发出了《筹办厦门大学附设高等师范学校通告》，以“今日不达，尚有来日，及身不达，尚有子孙，如精卫之填海，愚公之移山，终有贯彻目的之日”的坚定执着，着手创办厦门大学。陈嘉庚先生选择5月9日作为厦门大学建校奠基日，是因为1915年的这一天，中国被迫签署了丧权辱国的“二十一条”。他以爱国作为这所新生大学的“基石”，希望厦大学子勿忘国耻、振兴中华，从此厦大的精神血脉里便流淌着家国情怀。在数十年的奋斗生涯中，陈嘉庚先生始终关注民族的独立解放和祖国的富强统一，呕心沥血，鞠躬尽瘁，他的名字永载中华民族伟大复兴的光辉史册。

教育兴国是嘉庚精神的生动实践。20世纪初，陈嘉庚先生以非凡的洞察力，坚定认为“国家之富强，全在乎国民。国民之发展，全在乎教育”。他以“教育为立国之本，兴学乃国民天职”和“救亡图存，匹夫有责”的使命担当，决心依托实业兴办教育、“热诚内向”以开民智，掀开了中国近现代教育史上浓墨重彩的一页。从1894年创办集美惕斋学塾开始，陈嘉庚先生用半个世纪的心血，创办和资助的各类学校多达118所。他“立志一生所获的财利，慨办教育”，厦门大学成为他倾尽全力打造的教育兴国的重要事业。在企业遭受世界经济危机严重冲击、濒临破产之际，陈嘉庚先生发出“企业可以收盘，学校绝不能停办”的铮铮誓言，并以“宁可变卖大厦，也要支持厦大”的壮举，成就了毁家兴学的传奇，树立了高山仰止的丰碑。

世纪传承是嘉庚精神的永续魅力。陈嘉庚先生留给我们的，不仅是一所花团锦簇、诗意栖居的美丽大学，更是一座崇德向善、问学求真的精神家园。嘉庚精神和“自强不息、止于至善”的校训交相辉映，引领产生了一个个鲜活的“精神坐标”，包括“爱国、革命、自强、科学”的“四种精神”，和“爱校荣校、改革创新、团结合作、包容共享”的价值理念，以及“感恩、开放、创新、和谐”的文化品格，它们融会贯通，润物无声，泽被后人。嘉庚精神是厦大校友共同的文化基因，感召着一代代厦大人用理想和信念不断汲取追求卓越、争创一流的信心和力量，用创新与实践不断丰富其精神内涵。厦门大学90周年校庆时，习近平同志致信学校，勉励师生“继续弘扬嘉庚精神”。又一个十年过去，今日，厦大人对陈嘉庚先生最好的纪念，就是弘扬充满大义、大德、大我、大爱的嘉庚精神，使其在新时代薪火相传，奔腾涌流。

自强不息勇担时代重任

自诞生之日起，厦门大学始终与祖国同呼吸，与民族共命运，与时代相偕行，服务国家，造福人民，贡献社会。从白山黑水到天涯海角，从东海之滨到雪域高原，从鹭岛厦门到世界各地，厦大人不负韶华，挥洒热血，奉献青春，拼搏奋斗。

扎根中国，主动担当。在百年的发展历程中，厦门大学始终以高度的责任感，扎根中国大地，主动贴近，主动担当，主动作为，自觉服务国家战略需要。抗日战争全面爆发后，厦大选择坚守福建，义无反顾内迁闽西长汀，坚韧办学8年，铸就“南方之强”的筋骨和气度，撑起东南半壁的高等教育。解放战争时期，厦门大学成为“东南民主堡垒”，为人民自由进行不屈不挠的斗争。新中国成立后，厦门大学作为“人民的大学”，自觉因应时代变化，把学校建设同国家发展的现实目标和未来方向紧密联系在一起，为社会主义现代化建设服务。改革开放以来，厦门大学适应国家建设和地方经济社会发展要求，紧紧抓住厦门经济特区建设、部省市重点共建厦大、“211工程”“985工程”“双一流”建设等重大机遇，相继建成漳州校区、翔安校区优化办学条件，持续发挥“侨、台、特、海”区位优势和学科特色，不断提升服务国家现代化建设的能力。

创新引领，情系人民。在我国建设和发展的许多重要历史阶段，厦门大学始终挺立潮头，走在前列，推动知识创新、科技创新，努力实现科技成果向现实生产力的转化。进入新时代，厦门大学广大师生筑牢基础研究根基，把论文写在祖国大地上，着力解决“卡脖子”技术难题，为国铸重器。近年来，学校率先提出海洋储碳新机制“微型生物碳泵”理论，引领了海洋碳汇研究的新方向，为我国碳中和战略提供科技支撑；研制出首支国产宫颈癌疫苗获批正式上市，打破国际垄断，并率先敲开第三代宫颈癌疫苗研制大门；首创可定量表征百纳米以下颗粒的纳米流式检测技术，研发系列高端科研仪器居国际领先水平；在国际首创智能摩擦与新动能技术，大幅提升我国传动技术竞争力；应用古DNA解析技术，系统性地重构了东亚人群的形成、迁徙和混合历史；在宏观经济、公共治理、能源政策、营商环境、政府会计、高等教育、“一带一路”、台湾研究、南洋研究等领域建言献策，为党和国家科学决策提供重要支持。这些都是厦大人探索奥秘、实现进步和为国争光的见证。在2020年突如其来的新冠肺炎疫情面前，学校第一时间组织科研应急攻关，迅速推出了一批科研成果驰援抗疫一线。成功研制出全球首个双抗原夹心法总抗体检测试剂等15个检测试剂，在80多个国家和地区广泛应用并深受好评；承担的鼻喷减毒流感病毒载体新冠肺炎疫苗研制，是国家应急攻关疫苗项目5条技术路线之一。在脱贫攻坚战场上，学校也全力以赴，尽锐出战，主动融入闽宁协作大局，积极开展定点扶贫和对口支援工作，书写出助力脱贫攻坚的厦大样本。

面向世界，逐梦前行。开放办学一直是厦门大学的传统。建校之初，厦门大学就确立“博集东西各国之学术及其精神”的办学思路。即便是抗战时期和动乱年代，厦大始终以自己的方式与世界保持联系、发挥作用。进入新世纪，学校大力实施全球开放战略，把学校发展置于世界的环境和坐标中，不断汇聚更多全球优质教育和创新资源，努力打造国际交流重镇，力争在国际高等教育和学术舞台上展示厦大形象，发出厦大声音，提供厦大经验。学校大力推进“G50战略伙伴计划”，形成多渠道、多层次、多类型、全方位的国际交流与合作格局。当年，嘉庚先生从南洋回到祖国办学，2014年7月，厦门大学来到马来西亚创办分校，并于2016年正式办学，成为中国首个在海外建设独立校园的大学，开中国高校走出国门办学之先河。在“一带一路”建设中，厦门大学勇当排头兵，充分发挥学校“海丝、海峡、海洋”的特色，不仅牵头发起成立了“21世纪海上丝绸之路”大学联盟，而且还筹资建设中国—东盟海洋学院，为全球人才培养尽厦门大学之力。

止于至善奋进一流征程

“潮平两岸阔，风正一帆悬”。当今世界正处于百年未有之大变局，当代中国正处于民族伟大复兴之关键期。面向新的一百年，面对千帆竞发、百舸争流的高等教育发展大势，加快建设中国特色世界一流大学步伐，为实现中国梦凝心聚力，是厦门大学对以陈嘉庚先生为代表的先贤最好的告慰和纪念，也是对党和国家的关心重视、社会各界的关爱支持最好的回报。我们将以习近平新时代中国特色社会主义思想为指引，贯彻落实习近平总书记关于教育的重要论述，弘扬嘉庚精神，奋进一流征程，在更高起点、更高层次、更高目标上继往开来，再创辉煌。

坚守立德树人，养成专门人才。大学因育人而生，因育人而荣，因育人而成。我们必须坚持为党育人、为国育才，始终强化价值引领，大力培养有远见、敢担当，怀大爱、立大德，听党话、跟党走的时代新人，使他们自觉担负起中华民族伟大复兴的责任。未来社会充满超越经验的变革，我们要促进学生自主性、研究性、实践性学习，培养学生的创意思维、创新意识、创业能力、创造精神，使他们具有高效的学习力、敏锐的洞察力、充沛的创造力和果敢的行动力，塑造能够应对复杂多变环境的领军型人才。我们还要培养学生跨文化交流合作和驾驭复杂国际事务的能力，为服务国家、造福人类做出贡献。

矢志创新自强，研究高深学术。人类文明的每一次进步，都离不开思维的革新、知识的创新和科技的突破。大学是新思想、新知识、新技术的重要诞生地和策源地。面向深度变革的未来场景，大学在思想、知识和科技创新中的角色将更加凸显。我们要坚守创新使命，强化自立自强意识，于实践中启发思想理论创新，推动技术变革，改善创新生态，让创新活力充分涌流。厦大百年史上首创了多个学科专业、诞生了中国多个“第一位”博士，为我国教育事业发展做出了自己的贡献。我们要深化教育改革，不断打造萌发创新思想、汇聚创新要素、吸引创新人才的“学术厦大”，持续为国家创新发展、民族兴旺发达提供新的动力。

秉承华夏文明，阐扬世界文化。大学是本国文化传承创新义不容辞的践行者，也是世界文明交流互鉴坚定有力的推动者。厦门大学办学史上中外交流资源丰厚，经验良多。面向未来，我们要把“四个自信”转化为建设中国特色世界一流大学的高度自信，以更宽广的视野、更博大的胸怀，扎根中国，面向全球，融通中外，博采众长。我们必须以更高远的历史站位，以更深邃的战略眼光，从中国的伟大实践中汲取前行的力量，向世界讲述中国故事，展现光辉灿烂的中华文明和博大精深的民族文化，让世界共享中国智慧、中国经验、中国成就。

追求至善理想，促进人类进步。大学是人类文明的结晶，也是人类文明的灯塔，引领人类社会不断向前发展。面对充满不确定性的未来，无论在现实物质世界、还是在精神文化层面，人类正面临着新问题新挑战。为此，大学要勇担创造未来的崇高使命，不断推动人类文明进步，这是大学的存在价值和终极意义。厦门大学校徽中有象征“天、地、人”的标记，有“止于至善”的训导，蕴含着天人合一、和谐进步的追求，体现了人类永无止境探寻真理、追求完美的精神。正在建设世界一流大学道路上快速前进的厦大，要始终以这样的追求和精神，在变革中坚守人间正道，顺应历史潮流，增进人类福祉，推动构建人类命运共同体，促进人类全面进步。

百年前，陈嘉庚先生以建设“世界之大学”的伟大理想和躬亲力行，奏响了科教兴国的厦大乐章；百年来，天南地北的厦大人志存高远，锲而不舍，用脚踏实地、辛勤付出的报国奉献，实现了陈嘉庚先生的这一宏愿。“知无央，爱无疆”。我们相信，新百年，厦门大学将以山一样的崇高，海一样的博大，奇崛超拔，开放包容，再谱华章，再放异彩！

目录

世纪兴国梦
科教架彩虹

——厦门大学与北京的校地情缘

世纪兴国梦 科教架彩虹

——厦门大学与北京的校地情缘

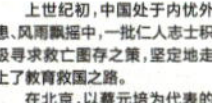

上世纪初，中国处于内忧外患、风雨飘摇中，一批仁人志士积极寻求救亡图存之策，坚定地走上了教育救国之路。

在北京，以蔡元培为代表的知识分子高举"教育救国"的大旗，倡导"培育新人、启迪民智、学术兴国"。这位1917年就任北京大学校长的著名教育家认为，大学是民族崛起的一个关键因素。"一个民族或国家要在世界上立得住脚，而且要光荣地立住，是要以学术为基础的。"

而此时，在中国南方，也有一个人如蔡元培一样坚信"教育乃立国之本"，他将深厚的爱国报国情融入到自己艰苦卓绝的办学行动中。他就是日后被毛泽东誉为"华侨旗帜、民族光辉"的侨领陈嘉庚先生。

五四运动爆发不久，在海外经商多年的福建人陈嘉庚决定回国创办大学，并发表《愿诸君勿忘中国》的演说。两个月后的7月13日，陈嘉庚在厦门陈氏宗祠发布《筹办厦门大学演讲词》，由此开始了创办一所"为吾国放一异彩"的中国高等学府的光辉历程。

初心相通、遥相呼应，厦门大学创立之始，就与千里之外的北京结下不解之缘。陈嘉庚聘任的十位筹备委员会委员，最具权威的是蔡元培，筹委会推举的首任厦大校长，是时任北京高等师范学校校长邓萃英。厦大秉持"研究高深学术，养成专门人才，阐扬世界文化"的办学宗旨，与中国教育文化中心——北京，展开了学者交往、教育交流等一系列密切深入的往来。

1927年，林语堂(左三)、鲁迅(左四)等在厦门南普陀合影。

厦大国学院与北大国学门

南方嘉木与报国栋梁

1977年，唐敖庆(二排右二)、卢嘉锡(二排右三)、蔡启瑞(二排右一)等在厦门大学合影。

烽火厦大与实干兴邦

1922年，萨本栋以优异的成绩毕业于北京清华学校。图为萨本栋(后排右二)与同学的毕业合影。

教育重镇与文教中心

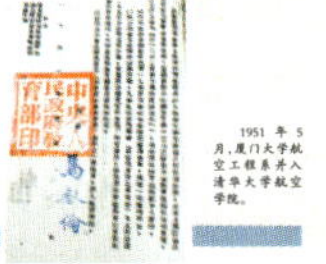

1951年5月，厦门大学航空工程系并入清华大学航空学院。

【《北京日报》2020年9月12日】

20 世纪初，中国处于内忧外患、风雨飘摇中，一批仁人志士积极寻求救亡图存之策，坚定地走上了教育救国之路。

在北京，以蔡元培为代表的知识分子高举“教育救国”的大旗，倡导“培育新人、启迪民智、学术兴国”。这位 1917 年就任北京大学校长的著名教育家认为，大学是民族崛起的一个关键因素。“一个民族或国家要在世界上立得住脚，而且要光荣地立住，是要以学术为基础的。”

而此时，在中国南方，也有一个人如蔡元培一样坚信“教育乃立国之本”，他将深厚的爱国报国情融入自己艰苦卓绝的办学行动中。他就是日后被毛泽东誉为“华侨旗帜、民族光辉”的侨领陈嘉庚先生。

五四运动爆发不久，在海外经商多年的福建人陈嘉庚决定回国创办大学，并发表《愿诸君勿忘中国》的演说。两个月后的 7 月 13 日，陈嘉庚在厦门陈氏宗祠发布《筹办厦门大学演讲词》，由此开始了创办一所“为吾国放一异彩”的中国高等学府的光辉历程。

初心相通、遥相呼应，厦门大学创立之始，就与千里之外的北京结下不解之缘。陈嘉庚聘任的 10 位筹备委员会委员最具权威的是蔡元培，筹委会推举的首任厦大校长，是时任北京高等师范学校校长邓萃英。厦大秉持“研究高深学术，养成专门人才，阐扬世界文化”的办学宗旨，与中国教育文化中心——北京，展开了学者交往、教育交流等一系列密切深入的往来。

厦大国学院与北大国学门

时间回到 94 年前。

1926 年的厦门大学，林文庆时任校长。林文庆，这位被陈嘉庚从新加坡邀请回国的著名医学家，虽然洋装穿在身，满口说英文，却满满中国情。他对中国传统文化抱有深厚感情，“对于国学，提倡不遗余力”，一心要筹办“厦大国学院”。

而此时，在北京已有两所国学研究重镇：北京大学国学门和清华学校研究院国学门，兴起了整理国故的学术新潮。

就在那一年，北京“三一八”惨案发生，支持学生爱国运动的鲁迅、林语堂等几十位著名知识分子上了北洋政府的黑名单。林语堂避难到一位叫林可胜的医生家里，林可胜是林文庆的儿子，与林语堂算是福建漳州同乡。林可胜知道父亲在筹办厦大国学院，便把林语堂介绍给了父亲。就这样，时年 31 岁的林语堂在 1926 年来到厦大，被聘为厦大文科系主任，并着手筹建厦大国学研究院。

经过林语堂的推荐和建议，林文庆向北大国学门主任沈兼士和其他专家发出聘书，并聘沈兼士为研究院主任，林语堂兼任研究院总秘书，正式启动了厦大国学院的建设。

1926 年 9 月，沈兼士“抱一国学研究之绝大愿望”从北京来到厦门大学。随后，文学家鲁迅、古史专家顾颉刚、语言学家罗常培、哲学家张颐、中西交通史家张星烺、考古学家陈万里、编辑家孙伏园和作家章川岛等一批学界大师接踵而至，厦大校园一时精英荟萃、群星闪耀。

1926 年 10 月 10 日，厦门大学国学研究院成立，这是中国第三个，也是南方唯一一个国学研究专门机构。林文庆亲自担任院长，而厦大国学院学术班底，得到了北大国学门的重要支持和滋养。

【1927 年，林语堂（左三）、鲁迅（左四）等在厦门南普陀合影】

厦大国学院在成立时便提出，“研究古学必得地质学、人类学、考古学、古生物学等等作为参考”；强调注意研究对象所蕴藏的区域、注意调查和研究“闽南各种方言社会以及民间一切风俗习惯”；并指出学习西方的科学精神、对研究对象条分缕析、悉心研究的重要性……这些都代表了五四运动后国学研究的新潮流和新方向。

成立后的厦大国学院推出了一批研究课题，在中国文学史、方言研究、地域文化研究和中西文化交流等方面取得了相当重要的成果，不仅把中国南方的国学研究推向一个历史高峰，而且开创了泉州学、闽南文化等独特的研究领域。遗憾的是，由于种种原因，它仅存续了半年。

厦大国学院虽然成立时间短暂，却为厦门大学留下了一份极其宝贵的思想和学术财富，它所开辟的研究领域为厦门大学诸多学科的发展奠定了基础，开创的学术传统则影响了一代代厦大学人。

2006 年，厦门大学复办国学研究院。复办后，研究院秉持“萃取国学精华，弘扬中华文化”宗旨和“兼容并蓄、开拓创新”的学术精神，潜心研究，孜孜不倦，先后推出了“朱子学研究丛书”“朱子学文库”“厦门大学国学研究院资助出版丛书”等系列成果。其中，“客家珍稀谱牒文献丛刊”100 册获 2017 年度全国优秀古籍图书奖。凭借深厚的文化底蕴和鲜明的学术风格，厦大国学研究院成为国学研究的东南重镇。

烽火厦大与实干兴邦

今年 99 岁的厦门大学有 8 年时间办学不在厦门。抗战期间，厦大内迁至闽西长汀坚持办学。这 8 年，是厦大办学史上最艰难的一段时间，却铸造了一座高峰。

这段“苦难的辉煌”与一个来自清华大学的教授有着密切的关系，他就是当时清华大学物理学家、电机工程专家，后来出任厦大校长的萨本栋。

1937 年 7 月 1 日，陈嘉庚将厦门大学无偿献给国家，厦大由私立改为国立。7 月 6 日，时年 35 岁的清华大学教授萨本栋出任厦大校长。7 月 29 日，日军炮轰天津车站及南开大学等处，南开大学遭受惨重破坏。萨本栋致信清华大学梅贻琦校长与南开张伯苓校长，假如清华与南开有南下与厦大合作的愿望，则厦大“愿尽绵力，藉收合作之效”。

然而，战火很快蔓延到这个南国岛城。9 月，日军军舰侵入厦门海域。经过慎重考虑和实地考察，萨本栋决定将厦大迁至离厦门 800 里外的闽西山城长汀。内迁于 1937 年 12 月 24 日开始。1938 年 1 月 17 日，厦大在长汀复课。

由于萨本栋来自清华，长汀时期厦大的办学理念、教学模式等留下了不少清华印记：在人才培养上，萨本栋认同梅贻琦校长的通识教育理念，他特别重视基础课程，要求教授、名师必须为一、二年级学生上基础课。他率先垂范，为一年级学生讲授普通物理和微积分。在引进师资上，萨本栋调动所有人脉关系，从清华知名学者中为厦大引聘人才，傅鹰、黄开禄、朱保训、周长宁、林庚、郑朝宗等著名学者都是从清华园走出来的教师。

【1922 年，萨本栋以优异的成绩毕业于北京清华学校。图为萨本栋（后排右二）与同学的毕业合影】

那 8 年，萨本栋将实干兴邦、行胜于言的精神带到厦大，带领全体厦大人发扬自强不息的精神，克服重重困难，始终弦歌不辍、坚持办学，取得一系列学术成果，铸就了“南方之强”的辉煌，把厦门大学办成了当时国内最完备的大学之一。

教育重镇与文教中心

北京是全国政治、文化中心，厦大是被誉为“南方之强”的东南教育重镇。多年来，两地通过学科之间紧密的交流互济，构筑起一幅校地合作的生动图景。

厦门大学是国内最早创办航空教育的高校之一，早在 20 世纪 40 年代，立志为战后储备人才的萨本栋就创设了航空工程系。早期的厦大航空系共招收了 7 届本科生，约占全国航空专业学生的 1/5。强大的师资队伍、严谨的教学，使得厦大航空教育业绩非凡、人才辈出，培养了张启先院士、陈一坚院士、闵桂荣院士等一批航空领域的杰出人才。

1951 年，在全国高校院系调整中，厦大航空工程系服从国家需要并入清华，后又与其他院校合并成立北京航空航天学院。鹭岛振翅，北上翱翔。至此，一大批优秀的厦大航天人从厦门北上，充实了北京高校航空师资力量，为新中国航天事业发展作出了自己的贡献。

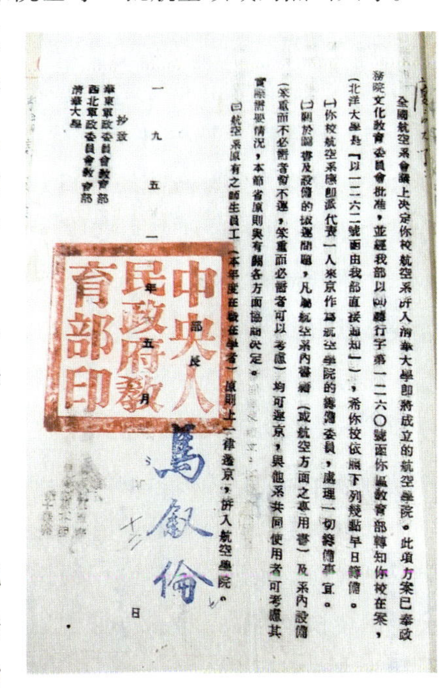

全國航空系會議上決定你校航空系併入清華大學即將成立的航空學院。此項方案已奉政務院文化教育委員會批准，並經我部以(51)義行字第一二六〇號函你區教育部轉知你校在案，（北洋大學是「以一二六二號函由我部直接通知」），希你校依照下列幾點早日籌備。

(一)你校航空系應即派代表一人來京作為航空學院的籌備委員，處理一切籌備事宜。

(二)關於圖書及設備的搬遷問題，凡屬航空系內圖書（或航空方面之專用書）及系內設備（笨重而不必需者暫不運，笨重而必需者可以考慮）均可運京，與他系共同使用者可考慮其實際需要情況，本部當原則與有關各方面協商決定。

(三)航空系原有之師生員工（本年度在校在學者）原則上一律遷京，併入航空學院。

部長 馬敘倫

一九五一年五月　日

抄致
華東軍政委員會教育部
西北軍政委員會教育部
清華大學

中央人民政府教育部印

【1951 年 5 月，厦门大学航空工程系并入清华大学航空学院】

2015 年 4 月，在北京兄弟科研单位长期的关心支持下，厦大成立航空航天学院。2019 年 4 月，学院与北京凌空天行科技公司共同研制的“嘉庚一号”火箭点火升空。京厦两地共同承载的“空天报国”梦想拔地而起、高速腾飞。

新中国成立之初，一批批厦大青年才俊远赴北京进修学习，“领头雁”就是潘懋元。1945 年，潘懋元毕业于厦大教育系并留校任教，“为提高政治思想水平及搞好业务工作”，经学校推荐并华东教育部核准，1951 年，31 岁的教育系讲师潘懋元到中国人民大学教育学教研室进修。1952 年初，因院系调整，该进修计划从中国人民大学转到北京师范大学。潘懋元这段珍贵的学习经历，不仅为两地高等教育学科的密切交流结下了良缘，更为他创建我国高等教育学科奠定了坚实的理论基础。今年 8 月，“潘懋元教授从教 85 周年暨新时代中国高等教育改革与发展高峰论坛”在厦门大学隆重举办，众多北京高校专家学者和教育学术团体负责人纷纷与会，大会在表彰这位百岁老人为国家和学校作出贡献的同时，对新时代中国高等教育的改革与发展进行研讨与展望。

和潘先生一样与北京结下不解学术之缘的还有厦大原党委书记、马克思主义经济学家吴宣恭教授。1951 年，吴宣恭从厦大外文系毕业，服从学校需要，“半路转行”任政治理论课教师，在时任校长王亚南的支持下，他到中国经济学科教育重镇中国人民大学，就读政治经济学研究班，系统地弥补充实了马克思主义理论和知识。

首都许多高校也力邀厦大学者北上讲学。新中国成立初期，厦大著名化学家卢嘉锡受邀到北京大学等高校讲授物质结构课程，为新中国培养了一大批结构化学师资。1964年，北大邀请厦大生物系汪德耀教授讲授动物遗传及细胞学专业课程。北往南来，相得益彰。这期间到厦大讲学和从事科研工作的北京专家也络绎不绝。据厦大校史记载，仅1962—1963年度13名来校专家中就有10人来自北京，其中不乏史学家谢国桢、数学家陆启铿、语言学家林焘等名家大师。

进入改革开放新时期以后，北京学者到校兼任学术职务更多起来。如“半导体材料之母”林兰英院士、数学家陈景润、分析化学家陈国珍、因明学家虞愚等。厦大积极复办新办一些学科：1981年人类博物馆复建、1982年法律系复办、1983年艺术教育学院新办……来自中国社科院历史所尹达、北大法学家王铁崖、中央音乐学院金文达等北京专家均在多方面提供了鼎力支持。

“雏既壮而飞兮，乃衔食而反哺”，厦大在这一阶段也尽己所能为首都高校的学科建设贡献力量。

在对台研究方面，厦大台湾研究所作为海内外最早成立的台湾研究学术机构，在智库和学科建设等方面给北京相关院所提供了诸多支持。在高教研究方面，1983年中央教育行政学院专门致函厦大，感谢学校在师资、教材和研究资料等多方面的帮助。

孔雀东南飞，悠悠厦大情。进入21世纪，步入发展快轨的厦门大学吸引了更多北京学人到鹭岛筑巢育才，这其中包括清华大学院士赵玉芬、航空发动机专家尹泽勇、海协会原副会长张铭清、国台办原副主任孙亚夫、人民网原总编余清楚等。新时期，两地学科和人才交流越加频繁深入，燕山脚下、鹭岛之滨，奏出了一曲互济共进的动人协奏曲。

南方嘉木与报国栋梁

作为一所与中国共产党同年诞生的大学，厦门大学始终与民族共命运、与时代同步伐，坚守“为党育人、为国育才”的初心，引领一代又一代厦大学子将人生理想融入祖国和人民的事业之中。数十年来，一批批厦大学子来到共和国首都——北京，他们将爱国情、报国志融入本职工作中，将个人的理想和奋斗的汗水融入北京城市发展的年轮中，成为北京成长壮大、繁荣发展的重要参与者和贡献者群体之一。

作为中国高等教育发展史上最早创办化学教育的高校之一，厦门大学为首都和祖国培养了一大批一流的化学人才。其中，有一位院士在化学教育上的贡献影响了一代人，

【1973 年，唐敖庆（二排右二）、卢嘉锡（二排右三）、蔡启瑞（二排右一）等在厦门大学合影】

他就是厦大 1930 级校友，享誉中外的著名科学家和教育家卢嘉锡。1971 年，卢嘉锡获悉国家科研领导部门将组织“化学模拟生物固氮”的研究，他和唐敖庆、蔡启瑞主动请缨承担这一重大课题。1973 年就提出了固氮活性中心网兜模型，之后又提出过渡金属原子簇化合物“自兜”合成中的“元件组装”设想等问题，为我国科技界在世界上赢得了声誉。1981 年，卢嘉锡当选为中国科学院院长，领导中国科学院进行了一系列重大改革。这位一直将故乡先贤林则徐的“苟利国家生死以，岂因祸福避趋之”作为座右铭的厦大人，始终如一的人生目标就是报效祖国。

厦大化学系 1921 级校友刘思职院士在毕业后自费赴美国留学，学成后立即归国报效，在北平协和医学院从事生物化学研究。20 世纪 30 年代的生物化学还是一门新兴学科，但刘思职的内心已有一个朴素的心愿：“使生物化学这门学科根植中华、根深叶茂是我的宿愿，我愿为此竭尽全力。”1954 年，他主编了我国第一部自编的中文生物化学教科书《生物化学大纲》（后改名为《生物化学》），为培养我国生化科技人才作出了重要贡献。他不仅在蛋白质变性和免疫化学理论研究上卓有建树，而且潜心从教，呕心沥血。在他年逾 70 时，不顾手足偏瘫，坚持扶杖去实验室，直至病卧床榻，仍在指导学生。

厦大 1943 级校友张存浩，中国著名化学激光奠基人和中国分子反应动力学奠基人，国家天文台曾将他的姓名为小行星命名。1991 年至 1999 年，张存浩出任国家自然科学基金委员会主任并倡议设立“国家杰出青年基金”。这位在科学海洋中拼搏遨游了 60 多年的科学家，从水煤气合成液体的研究到火箭推进剂的研究，再到化学激光的研制等等，为了满足国家的需求他义无反顾地调整自己的研究方向，经历了 5 次“改行”。张存浩坦言，他人生最大的科研目标就是报国，国家的需要就是他研究的方向。

《资本论》中文全译本的问世，是马克思经济学说在中国系统传播的里程碑。该书的翻译者正是厦门大学 1923 级校友郭大力，以及后来担任厦大校长的王亚南。他们花了 10 年心血，历经万般艰辛，终于完成了《资本论》三大卷的全译工作。抗战胜利后，郭大力受王亚南邀请，到厦门大学经济系任教。1950 年，调至中共中央马列学院（高级党校）任政治经济学教研室主任。十年动乱之时，郭大力年逾花甲，身患重病，仍顶风逆浪，忍着病痛，在生活困顿中坚持从事马克思主义理论的校译和研究。他数十年如一日，直到生命最后一刻，还在为传播马克思主义贡献着自己的力量。

毕业于北京大学的著名经济学家王洛林，1961 年来到厦门大学经济系任教。在厦大的 30 余年中，王洛林曾任副校长、党委书记，直至 1993 年调任至中国社科院任副院长。王洛林潜心学问、深入钻研，在世界经济特别是苏联东欧经济的研究和有关外经贸等国内经济问题的研究领域里，进行了大量开创性的工作，取得了丰硕的研究成果。

1978 年，著名作家徐迟的一部长篇报告文学《哥德巴赫猜想》，让亿万读者认识了沉默寡言却被誉为世界数学王子的厦大 1950 级校友陈景润。1957 年，怀着科学报国的理想，在厦大工作的陈景润调入中国科学院数学研究所。在这里，他把研究目标锁定在哥德巴赫猜想这一世界难题上，在攻克的过程中，陈景润把生命的潜能发挥到极致：住在一间 3 平方米的房间，里面堆满了演算的草稿纸；寒冷的冬天没有暖气，他常常一天只吃 2 个馒头，再配上 5 分钱的菜……1972 年，陈景润终于排除万难摘取了数学皇冠上那颗熠熠生辉的明珠，为国家和民族赢得了极大荣誉。邓小平曾感慨地说，像陈景润这样的“世界上公认有水平的”科学家，“中国有一千个就了不得了”！直至今天，陈景润仍是激励着亿万青少年勇攀科学高峰的榜样和典范。2019 年，在新中国成立 70 周年之际，陈景润获颁“最美奋斗者”荣誉称号。

……

中国马克思主义理论家和翻译家、厦大 1923 级校友吴亮平；中国当代马克思主义经济学家、《政治经济学辞典》主编、厦大 1927 级校友许涤新；参与中国第一颗原子弹、氢弹和核潜艇等技术研发的厦大 1934 级校友陈国珍；《新编中药志》作者、中药和药用植物资源研究的开拓者、厦大 1949 级校友肖培根；中国当代马克思主义史学家、古代经济史学家和秦汉史学家、厦大 1948 级校友林甘泉；在泛函分析、计算数学研究领域的数学家、厦大 1952 级校友林群；在晶体结构化学、材料科学和固体物理三个学科交叉领域从事基础和应用基础研究工作的厦大 1955 届校友梁敬魁；淡水和海洋水域生态系统联网研究的主要学术带头人、中国科学院原副院长、国家自然科学基金委原主任、厦大 1964 级校友陈宜瑜；在多所首都高校从事过教育学研究和学校管理工作的著名学者、清华大学文科资深教授、厦大 1978 级校友谢维和；致力于有机金属化学研究领域的有机化学家、中科院院士、北京大学化学与分子工程学院特聘教授、厦大 1979 级校友席振峰……展开历史的画卷，厦门大学一大批杰出的毕业生在北京成长为科学家、教育家、经济学家、政治家，其中仅两院院士就达 47 位。他们秉持着“爱国、革命、自强、科学”的厦大精神在北京谱写出精彩的人生故事，影响和带动着一批又一批的厦大人相继来到北京，在各个领域为北京和祖国建设发展、为实现中华民族伟大复兴的中国梦，作出厦大人的贡献。

（文/李　静　陈运动　江　娇）

百年风云南北望
滨海依河鹭岛情

——厦门大学与天津的校地情缘

【《天津日报》2020 年 7 月 31 日】

“京南花月无双地，蓟北繁华第一城”，在渤海湾西部海岸线上，镶嵌着一颗璀璨的明珠，它就是我国北方最大的沿海开放城市，海河之畔的北方重镇——天津。数百年的历史，造就了这座城市古今兼容、中西合璧的独特风貌和厚重精深的历史文化。沿海岸线一路向南到东海之滨，在厦门湾北岸坐落着我国第一所由华侨创办的大学，鹭江之畔的“南方之强”—— 厦门大学。近百年的发展历程，铸就出这所学府雄厚的学科实力、鲜明的办学特色和深厚的文化底蕴。看潮起潮落，南来北往，百年岁月沉淀出厦门大学与天津相挽携行的情深隽永。

百年前，爱国华侨陈嘉庚以“教育为立国之本，兴学乃国民天职”为己任，倾资创办厦大。他一生爱乡爱国、兴学兴教、服务社会，以实际行动践行着“天下兴亡，匹夫有责”的信念。早在1915年天津发生水灾，远在南洋的陈嘉庚得知此消息，积极奔走于侨商各界。作为新加坡华侨筹款救济游艺会主席，他主持了游艺会、演讲、宣传、运动会等多项筹募赈款活动，募得20余万元救济天津。其后，陈嘉庚感慨道，“此为华侨开始不分南北畛域，及对祖国义赈破天荒之成绩，乃光复后民气进步之效果”。以嘉庚先生为代表的爱国华侨的慈善之光洒向故乡厦门，也洒向几千里外的津门，厦大与天津校地友好的历史画卷由此缓缓展开。

【陈嘉庚】

1949年5月的一天，一艘从香港驶出经仁川而来的英国客轮停靠在天津码头。船一停妥，接待人员便满怀热情地走上船来，有人喊着：“《资本论》的两位译者都到了啊。”他们所说的人物便是新中国成立后担任厦大首任校长的王亚南和曾在厦大求学任教的郭大力。1949年1月，王亚南等进步人士鉴于形势撤退到香港，而后随着解放战争的节节胜利，经我党有关方面安排，离港经天津赴北平见证新中国的成立。天津作为海上通往北京的咽喉要道，自古就是京师门户，畿辅重镇，这里汇聚过无数四方贤达，也承载了厦大人与祖国同心同向同行的闪光足迹。

【王亚南】

津门雅士　名重厦门

“自强！自强！学海何洋洋！谁欤操钥发其藏？鹭江深且长，致吾知于无央。吁嗟乎！南方之强！……”1921年4月6日，伴随着这首旋律激昂、催人向上的厦大校歌，厦门大学开校仪式隆重举行。校歌以厦大“自强”的校训精神为主要思想内容，由出生于天津的现代著名学者、语言学家、音乐家赵元任谱曲，是中国早期大学校歌中少有的以西式音乐为主要旋律的歌曲，也开启了赵元任为国内高校谱写校歌的先河。百年来，作为厦大精神文化载体的校歌代代传唱，激励着厦大人奋然前行。

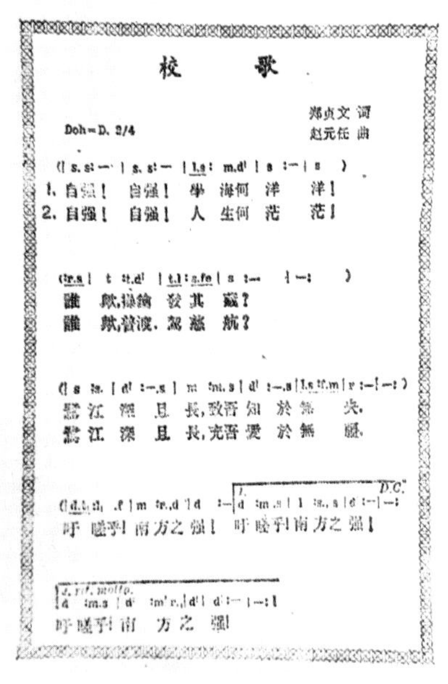

【厦门大学校歌】

弘一法师，俗名李叔同，这位集文学、戏剧、绘画、书法、诗词、音乐、佛学于一身的海河之子，一生充满传奇。1928年，弘一法师欲前往泰国弘法，轮船途经厦门时靠岸。当时主持厦大校政的陈嘉庚胞弟陈敬贤接待了法师一行。在陈敬贤等人的挽留下，弘一法师觉得厦门是理想的居住、著作、弘法之地，于是打消了前往泰国的念头，自此与闽南缘结十四载。弘一法师的书法造诣不凡，我国现代著名佛学家、因明学家、诗人和书法家虞愚，在厦大读书时，曾受弘一法师的指导和启迪，书法风格受其影响极大。2014年，厦大校友将收录有弘一法师在厦门鼓浪屿日光岩寺手抄经书真迹的书籍《弘一鼓浪写经》捐赠给厦门大学。该典籍汇集了佛教文化与弘一法师书法艺术的精髓，如今已成为厦门大学图书馆的馆藏珍品。

津厦名校　学缘深长

厦大建校初期，就明确了“研究高深学术，养成专门人才，阐扬世界文化”的办学理念。长期以来，厦大注重学科建设，海纳百川、兼学众长，与在津学术文化机构交流往来频繁。

厦大早在初创时期就设立了算学系，百年来厦大与在津高校的数学学者在你来我往间，为彼此的学科建设注入了生机与活力，其中与南开大学的渊源尤为深厚。姜立夫，著名数学家、教育家，南开大学数学系创始人，1926年携其得意门生江泽涵到厦大数学系任教，兼任数学系主任。任教期间，姜立夫精心安排教学计划，开设了“近世几何”“高等微积分”等课程，并购置大量图书、杂志等，为厦大数学系的充实和提高，奠定了良好基础。1933 年，应姜立夫之邀，1928 级厦大校友柯召到南开大学当助教，当时南开数学系只有他一个助教，一肩挑多门课程，勇担教学重任。春去春又来，1997 年，姜立夫之子姜伯驹受聘为厦大兼职教授，延续着父辈的情谊与期望。

张伯苓之子张希陆在 1930 年至 1935 年间，也曾任教于厦大数学系，后任理学院院长。据 1931 年厦大周刊记载，张希陆讲授“高等微积分”“解析投影几何”“复变函数论”“度量微分几何”“微分方程解法”等课程，授课数量之多为所有教员之最。此外，长期致力于南开数学工作的陈省身、胡国定也曾先后到厦大讲学和访问，增进了两校的学术交流。2019 年，国家天元数学东南中心正式落户厦大，南开大学组合数学中心主任陈永川作为学术委员会成员之一，续写着新时期厦大与南开的数学情缘。

【1931 年厦门大学理学院全体师生合影（第一排左一为张希陆）】

化学是厦大代表性的学科之一。厦大与天津高校在化学领域长期保持着密切联系。早在 1928 年，著名化学家、南开大学化学系创建人、理学院奠基人邱宗岳就曾来厦大任教。20 世纪 50 年代初，厦大化学系只有物理化学、分析化学两个方向。为平衡学科发展，学校于 1956 年春，先后派林硕田、潘容华、郭奇珍赴南开大学进修有机化学，有力推动了厦大有机化学专业课的开设。长期以来，厦门大学与南开大学、天津大学等高校互派学者讲学，增进学术交流，促进学科发展，培养出一批批优秀的化学人才。集美大学校长李清彪，本硕博均就读于天津大学化工系，后攻读南开大学博士后。1993 年起任教于厦大，曾任化工学院副院长、科技处处长、校长助理等职。他教学成果显著、科研成绩突出，荣获多项优秀教师奖、科研成果奖和厦门市劳动模范荣誉称号。以李清彪为代表的一批优秀学子延展着津厦高校间的学缘相交之路。

历史的车轮滚滚向前，学缘之路也越走越远、越走越宽。2016 年，“厦门大学 - 天津大学现代金融首届研讨会”在厦大举办。此次研讨会是厦门大学经济学院 / 王亚南经济研究院与天津大学管理与经济学部拓展院际合作的具体体现。双方协议将依托各自的学术资源优势，定期合作举办数理金融系列国际研讨会，以进一步加强厦门大学和天津大学现代金融学科交流合作，增强各自学科实力。

鹭飞天津　海河朝晖

近百年来，一批批厦大人从东南鹭岛北上津门大地，他们秉承着厦大“自强不息，止于至善”的校训，在天津经济、政治、文化、教育等各个领域积极进取、开拓创新，为天津经济和社会发展贡献力量，奋力书写着一篇篇服务天津、创业奉献的精彩华章。

1990 年 10 月 2 日，在天津大学建校 90 周年庆祝大会上，一位德高望重的学者被授予天津大学最高荣誉金钥匙奖，他就是著名化学家、教育家，天津大学化学系的创建者之一刘云浦。刘云浦 1927 年毕业于厦门大学，是厦大化学系首届毕业生，1952 年起任教于天津大学。刘云浦认为讲课贵在少而精，他讲授“物理化学”课程达数十年之久。该课程 2005 年被评为国家精品课程，2012 年获评国家精品资源共享课程，现已成为天津大学具有深厚底蕴的品牌课程；刘云浦注重师资队伍建设，20 世纪 60 年代前后，在其支持下，天津大学物理化学教研室师资队伍成长较快，他培养出正副教授十几位，均已成为教学骨干力量；新中国成立初期，刘云浦等人还牵头编写了国内第一套工科院校使用的《物理化学》《无机化学》《有机化学》等教材。

【刘云浦等修订的高校教材《物理化学》】

时代在变，不变的是一代代厦大人的初心与担当。1959 届校友王榕树，任教于天津大学，在环境核化学与水化学交叉领域，发展了多项基础理论、新方法和新材料，其研究成果“新型离子筛的研制及其应用”产生了明显的经济和社会效益，达到国际先进水平，获得国家技术发明奖二等奖。王榕树人如其名，《人民日报》还曾专文报道其先进事迹和道德学养。1983 届校友郑兴灿，一直致力于城市给排水和水环境领域的研究开发和工程设计工作，他的研究成果在城镇污水控源减排、污水再生利用、水环境质量改善等方面起到重要的技术支撑作用，先后获国家级有突出贡献中青年专家、天津市工程勘察设计大师等荣誉称号；2000 届校友卓好，在空客天津总装公司 A320 项目期间，作为唯一的女性工程师被首批派往欧洲培训，归国后担任首席试飞计划工程师，顺利完成首架飞机的交付工作，并于 2017 年获得“天津青年五四奖章”。

像这样奉献天津的厦大人还有很多，他们有的在各级领导岗位上为天津改革发展稳定和人民幸福安康尽心尽力；有的积极投身创新创业实践，把青春奋斗融入天津发展大潮；有的在教育沃土上倾心育人、躬耕前行；有的成长为在津科研院所的领头雁和骨干力量。据不完全统计，2013 年至 2019 年，共有 500 多名厦大学子到天津就业。同时，天津市委组织部制订了面向厦门大学定向选调生人才计划，吸引优秀毕业生赴天津干事创业。白鹭起舞挥洒青春本色，新时代青年厦大人用青春和汗水为津门大地注入新的生机与活力。

花开满地　时代扬帆

20 世纪 30 年代就有天津学子远赴厦大求学。他们在厦园里以梦为马、不负韶华。我国化学激光奠基人、著名物理化学家，1943 级厦大校友张存浩院士，年逾八旬回忆起厦大时光，心里仍满是感慨与深情。勤奋好学的学风，基础课程教学的强大讲授阵容，萨本栋、傅鹰、蔡启瑞等诸多名师的谆谆教导，都是其难以忘却的记忆。

长期以来，厦大发挥人才和科研优势，为在津企事业单位提供科技研究及决策咨询服务。滨海新区“十大战役”之一的轻纺经济区建设、领跑我国农业循环经济之路的天津凯润集团发展、滨海新区 2049 远景战略规划等，厦大专家学者都积极参与其中，贡献着厦大人的智慧与力量。2015 年至 2018 年，厦大共承接中海油天津化工研究设计院、国家海洋技术中心、天津海水淡化与综合利用研究所、天津市教育考试研究所、天津泰紫工程技术有限公司、南开大学、天津大学、中国民航大学等单位各类科技研究及课题咨询项目 20 余项，合同金额数百万元。

天津还是厦大学子投身社会实践的舞台。2005 年厦大经济学院天津暑期实践队，曾对天津市宝坻区工业化进程及未来发展出谋划策，还邀请来自 20 所国内知名重点高校的在校大学生 40 多人，与共青团宝坻区委联合主办了宝坻区首届大学生论坛。2012 年至 2019 年，厦大赴天津社会实践队达 24 支，共 180 余人。他们通过实地调研、发放问卷、深入访谈、实习实训等方式，对天津的经济发展、民俗文化、生态环境以及农业农村等问题进行学习研究，彰显青年担当，贡献青春力量。

2020 年 4 月 18 日，一次跨越山海、连通南北的思想碰撞在厦门大学管理学院 2018 级博士生党支部和南开大学商学院本科生第三党支部之间展开，这是双方携手策划的以“青春勇担当，战疫党旗扬”为主题的特别党日活动。两支部在党支部建设、青春战疫、专业学习等方面进行了互动交流。通过特殊时期的隔空对话，新时代青年党员更坚定了肩负社会责任、回应时代挑战的初心和使命。6 月 30 日，又一场南北共鸣的云端对话在

【厦门大学党委 - 天津大学党委建立不忘初心、牢记使命的制度专题座谈会】

厦门大学与天津大学之间展开。在建党 99 周年到来之际，厦门大学党委与天津大学党委联合举办专题座谈会，交流研讨建立不忘初心、牢记使命制度的理论与实践。此次连线，不仅是两校间的学术交流，更是两校党委对党建工作的深入探讨，是深化两校合作的新探索。初心如磐、使命在肩，征程未有穷期。厦门大学与天津大学两所著名兄弟高校正乘风破浪、携手同行，在为党育人、为国育才和建设中国特色世界一流大学的征程中阔步前进。

潮平岸阔风正劲，扬帆起航正逢时。进入新时代，天津正迎来新的重大发展机遇和发展平台，厦大也将实施“奋进新百年、共筑新伟业”的行动计划。站在新的历史起点，厦大与天津必将传承历史友谊，描绘合作发展新蓝图。

（文 / 张璐阳）

巍巍燕赵鹭岛情
山高水长手相牵

——厦门大学与河北的校地情缘

巍巍燕赵鹭岛情 山高水长手相牵

厦门大学与河北的校地情缘

红色基因薪火传 革命战火结情缘

燕赵儿女多壮志 扎根鹭岛勤耕耘

厦大学子守初心 情暖燕赵助发展

校地合作谋发展 聚势共赢谱新篇

【《河北日报》2020年6月24日】

渤海之滨，巍巍太行山东麓，是历史悠久、文化厚重、人文荟萃的燕赵大地——河北，鹭岛之南，秀美五老峰下，坐落着爱国华侨陈嘉庚先生创办的百年高等学府——厦门大学。背山而居，向海而生，兼具山的气魄和海的广阔，二者相遇相惜，彼此靠近。至山至海，至诚至爱，厦大与河北，跨越千里深情牵手，凝心聚力同心向前，共绘出一幅幅校地合作发展的动人画卷。

红色基因薪火传　革命战火结情缘

厦门大学自诞生之日起，就带着红色基因，一批批厦大人在争取民族独立、人民解放的辉煌历程中前赴后继，英勇奋斗。其中，就有不少厦大学子血洒燕赵大地，在战火中谱写出一曲曲英雄赞歌。

“九一八”事变后，厦大师生同仇敌忾，掀起各种形式的抗日救亡活动。在抗日怒潮中，厦大学生李治年、易元勋和图书馆职员秦贤行等人，毅然戎装北上参加抗日，于1933年2月26日辗转抵达河北海阳。战火纷飞中，他们随军身赴第一道防线视察防务工作，在冰天雪地的战壕里，积极宣传，激励前线将士，在人潮涌动的街道上，散发传单，发表演说，激发民众的抗日热情。同年4月，易元勋不幸血洒河北滦县，为国捐躯。燕赵大地见证了无数感天动地的抗战壮举，也见证了厦大学子的爱国热忱和英勇气概。

【1933年2月5日，厦门大学师生欢送易元勋、李治年、秦贤行等人北上抗日合影】

高捷成，中国人民银行前身之一冀南银行的创始人，我党金融事业的奠基者。1928年考入厦门大学经济系，后在家乡漳州积极协助红军筹款，到中央苏区、陕北从事财经工作，首创红军会计工作制度。抗战爆发后，高捷成赴晋冀鲁豫敌后抗日根据地，任冀南税务总局局长、晋冀鲁豫财经处处长。

面对日军的军事扫荡与经济掠夺，高捷成受任筹建冀南银行，他事必躬亲，对每个厂址、每个隐蔽点都反复实地查看。经过数月奔劳，1939年10月，冀南银行在山西黎城小寨村与河北南宫后索泸村同时挂牌成立，高捷成出任首任行长。

1941 年 9 月，冀南银行总行在邯郸涉县索堡村成立。在艰苦的环境下，高捷成与敌人开展货币斗争，发行冀南币，使之成为当时各解放区中流通区域最广的一种货币，同时扶持根据地人民搞生产，创建金融工作制度，极大发展了根据地经济，有力支持了抗战胜利和全国解放，为新中国金融事业的发展奠定了坚实基础。1943 年 5 月 14 日，高捷成到冀西一带检查部署工作，在河北内丘县白鹿角村遭遇日军袭击，突围时壮烈牺牲，年仅 34 岁。

高捷成的灵柩现安葬于邯郸市晋冀鲁豫烈士陵园，英雄之魂永留燕赵大地，也激励着一代代厦大人砥砺前行。

燕赵儿女多壮志　扎根鹭岛勤耕耘

燕赵自古多英豪，一批批河北英才千里奔赴鹭岛，为厦大“双一流”建设贡献心力，连接起厦大与河北的深厚情缘。

李文清，1918 年生于河北滦县，1939 年考入燕京大学，后留学日本。1950 年应政务院之邀回国，受聘为厦大数学系副教授。在李文清的直接推动下，厦大于 1972 年创办了控制论专业，他自编讲义，并担任课程主讲。1982 年，厦大计算机科学系诞生，作为该系的筹划者和首届系主任，李文清积极筹谋系务，几年下来，规模和影响不断显著。李文清的科研成果同样卓著，在整函数零点分布、函数逼近论、泛函积分、控制理论等领域的研究代表了当时的先进水平，赢得国内外学者的好评。

李文清从教数十载，桃李满天下。其中，最著名的就是陈景润了。一次课堂上，他提到了数论史上三个没有解决的难题：费马问题、孪生素数问题、哥德巴赫猜想问题，陈景润听后陷入沉思。尔后，陈景润写就了《他利问题》论文，并由李文清辗转推荐给华罗庚，为陈景润日后摘取“数学皇冠上的明珠”提供了最好的机遇。可以说，李文清是把陈景润引入“哥德巴赫猜想”殿堂的领路人。

【1981 年，陈景润（右二）回母校厦门大学参加 60 周年校庆与李文清（右一）等老师们合影】

李兰英，河北保定人，2004 年入职厦门大学法学院，入选教育部新世纪优秀人才，厦门市劳动模范。她教书育人，授课水平有口皆碑，深受学生喜爱。2008 年成为福建省第一位刑法学博士生导师，迄今培养了百余名硕博高端人才。她不仅深钻科研，成果丰硕，实现了福建省刑事法学领域承担教育部、国家社科、国际项目、国家社科重大项目“零”的突破，而且注重实践，在福建省多家法院、检察院担任专家咨询委员，为重大疑难案件提供专家意见。2014 年，由她带领的科研团队与福建省公安厅共同创办了高端研究机构“厦门大学经济犯罪研究中心”，持续为福建省的经济发展、法治建设建言献策。

张保平，河北无极人，闽江学者特聘教授。2006 年入职厦大，现为厦大电子科学与技术学院教授、副院长。张保平教授课题组长期进行绿光氮化镓（GaN）基垂直腔面发射激光器（VCSEL）的研究，解决了激光剥离、减薄抛光以及金属键合等关键技术，并且绿光 VCSEL 的主要器件性能指标处于国际领先水平，其带领的微纳光电子研究室是大陆唯一实现光泵以及电泵激射的研究室。2016 年，其课题组在绿光氮化镓（GaN）基半导体面发射激光器研究上取得突破性进展，填补了国际空白。

张杰，河北邢台人，厦门大学特聘教授，国家杰出青年科学基金、国家优秀青年科学基金获得者，教育部新世纪优秀人才，厦门市五四青年奖章获得者。2011 年加入厦大医学院神经科学研究所担任教授，从事重大神经系统疾病的发病机制和药物开发研究。近几年作为通讯作者在 *Nature Neuroscience*（自然神经科学）、*Neuron*（神经元）等杂志上发表多篇研究论文。张杰教授的研究为抑郁症、老年痴呆等疾病的诊治提供了新的靶点和方向，研究成果被国内外众多媒体和杂志报道。目前承担包括国家杰出青年科学基金、国家重点研发计划等多项科研项目。

杨振斌，河北邯郸人，学生时代担任过清华大学学生会主席，现在上海交通大学任职。2012 年 4 月至 2014 年 11 月担任厦门大学党委书记。杨书记在厦大工作时，与学校党政领导班子一道，在明确办学方向、改进党建和思想政治工作、加强领导班子和干部队伍建设、拓展办学空间、改善民生等方面开展了大量工作。他十分重视国防生培养工作，时常激励学生们“祖国终将选择那些选择了祖国的人”，同时他也引导广大优秀毕业生到国家最重要的行业、最需要人才的地方工作。他主动把手机号码留给学生，拉近师生与学校的距离，参加一名身患癌症的本科生的毕业论文答辩，勉励其勇敢面对困难，坚强乐观生活。

此外，还有荣获全国学生资助工作“优秀个人案例典型”称号的刘俊英，获得年度厦门大学“我最喜爱的十位老师”的陈桂芝、崔旭、白云涛等等。

生为燕赵人，自有奉献魂，他们在厦大躬耕不辍、孜孜前行。

厦大学子守初心　情暖燕赵助发展

河北，雄踞华北，京畿重地，一批批厦大学子集聚于此，胸怀赤子之心，身怀一身本领，立志一展抱负。仅2015年至2018年，就有约140名厦大优秀毕业生到河北就业工作，他们秉持厦大“自强不息，止于至善”的校训，在河北各领域战线上贡献力量。

李华甫，福建福州人，1952年毕业于厦大财金系。1958年到邯郸钢铁厂工作，被称为邯钢的“活账簿”。1990年，邯钢经济效益严重下滑，时任总会计师的李华甫勇于探索，敢于创新，认为计划经济管理模式像一堵无形的“墙”，阻隔了“墙”外市场经济的大海，于是提出“推墙入海”的思路，把市场机制引入企业内部管理，并提出了降低成本的邯钢发展政策。为此，李华甫用了8个月时间，带领全厂财会人员，反复测算三遍，测算出各个分厂各个工序之间的目标成本和目标利润，细化出10万多个指标，最终，李华甫协助厂长等人共同谋划实施了一种适应社会主义市场经济的经营管理机制——“模拟市场核算，实行成本否决”，取得了显著的经济效益和社会效益，创造了闻名全国的“邯钢经验”，被誉为“全国工业战线上的一面红旗”。他说：一个国有企业生存的价值就是为国家作出较大的贡献。李华甫身上所体现的正是厦大人改革创新、使命担当和爱国奋斗精神。

林双川，福建泉州人，1982年毕业于厦门大学中文系，历任新华社记者、高级编辑、新华社新闻研究所特约研究员、《半月谈》杂志主编等。2018年3月，林双川到雄安官网工作，向国内外传递着动人的雄安故事，展示着不同凡响的中国力量。此外，他还用诗歌的形式记录雄安新区的文脉传承、风土人情和建设风貌。2019年，林双川的诗集《我想做雄安的一棵树》出版发行，收入了其深入雄安新区体验生活的100多首雄安诗歌，字里行间洋溢着对雄安的热爱，对未来的坚定和对新时代的讴歌，正如他所写的一句诗“我想做雄安的一棵树，把根扎进这片热土，任枝丫迎风舒展，尽情飞舞”。

【2020年1月3日，厦门大学EMBA融达班、明德班赴尚义开展新年慰问活动】

还有这样一个厦大群体，他们虽身不在河北，但爱已传递到河北尚义县贫困学生的心中。2015年，厦门大学EMBA融达班、明德班的同学们自发捐资，委托浩德基金会开展手拉手助学项目。2018 年初，在厦门大学 EMBA 融达班、明德班的支持下，浩德基金会与河北省尚义县慈善总会合作，开启了当地助学项目，该项目为长期可发展型项目，在孩子家庭脱贫之前，可以支持孩子到大学。截至今年初，尚义已有 11 所学校，188 名学生从中受益。初心不改，矢志不移，厦门大学 EMBA 爱心校友主动肩负社会责任，在公益的道路上一路前行。

校地合作谋发展　聚势共赢谱新篇

厦大与河北有着深厚的历史渊源、良好的合作基础。长期以来，双方在教育培训、科技研发、发展研究，特别是人才培养方面开展合作交流，取得良好成效。

20 世纪 60 年代开始，厦大发挥学科优势，接收河北大学、石家庄师范大学、河北财经学院等高校青年教师前来进修。厦大还积极为河北省政府部门及企事业单位开展干部能力提升培训班、高级研修班等，仅 2015 年至 2018 年，就达 30 多个班次，培训近 2000 人次，助力河北省干部综合素质能力的提升。

2012 年至 2018 年，厦门大学赴河北实践队共 36 支，参与学生达 300 多人。他们追寻红色足迹，扎根基层开展民生调研，研究经济产业发展和环境治理等。荣获 2014 年福建省大中专学生“三下乡”社会实践活动优秀团队的“厦冀传梦”暑期社会实践队，在河北唐县北都亭小学，捐建“厦门大学－河北唐县乡村图书角”，捐献图书 1000 多册，助力当地儿童图书勤学之梦。2017 年，“厦门大学雄安新区研究生暑期社会实践队”对雄安新区经济社会发展开展实地调研，为新区未来发展献计献策。该团队以雄安环境生态问题为研究基础，参加“2017 阿美亚洲杯能源环保创新大赛”，荣获三等奖。

【2017 年 7 月 6 日，厦门大学雄安新区社会实践博士团合影】

厦大围绕河北省经济社会发展需求，受有关单位委托在生物医药、海洋生态、化学化工、法律法规等方面提供科技研发及决策咨询服务。2015 年以来，共承接各类科技研究及课题咨询项目 10 多项，合同金额 520 多万元。2015 年，厦大管理学院与新奥集团正式签订学生就业实习基地合作协议，2016 年，厦大能源学院与河北省邢台市宁晋县签署战略合作备忘录，就合作共建能源学院实习实践基地、科研成果转化基地和产学研合作达成共识。

育人，乃大学的第一重要使命。早在20世纪30年代就有河北籍学子远赴厦大求学，近几年，厦大每年招收河北籍学子超过300人，他们在厦园播种、耕耘、收获，然后带着母校的希冀在社会各领域重新启航，有的回到家乡河北，有的奉献在闽水之滨。康书生，1993年至1998年，在厦大从事访问学者工作，并攻读博士，现为河北大学金融学科带头人；王光远，1993年至1995年在厦大经济学博士后流动站做博士后研究，是我国第一位会计学博士后，曾任教于厦大，现仍在闽服务……

2019年9月14日上午厦大举行开学典礼。代表校友讲话的是1987年毕业于厦大经济系的河北石家庄人张宏樑。在校期间他勤奋学习，勇于实践，利用寒假调研正定旅游业发展现状，毕业论文以正定实际情况为依据，论述我国农业土地集中问题。毕业后，他以“掌‘志存高远、行循自然’之舵，扬‘脚踏实地、自找苦吃’之帆”激励自己成长为新时代的奋斗者。他多次回到母校和师生们分享自身经历和人生感悟，其践行的精神信念，教育和影响了一大批学弟学妹，成为厦大河北学子对母校精神文化的生动诠释。

从历史中走来，在现实中奋进，向未来处眺望。河北站在新的历史起点，以京津冀协同发展、雄安新区建设为契机，燕赵大地迎来一系列新的发展机遇。厦门大学将进一步发挥自身优势，新征程中，展现厦大新担当，实现厦大新作为，助推校地合作再上新水平、再迈新台阶！

（文 / 张璐阳）

晋山闽水海天隔
四千里外有相知

——厦门大学与山西的校地情缘

山西日报

SHANXI RIBAO

习近平同纳米比亚总统根哥布就中纳建交30周年互致贺电

中共中央致电祝贺老挝人民革命党成立65周年

山西健康码 智慧化公共服务新模式的成功尝试

来自抗击疫情一线的报道

晋山闽水海天隔 四千里外有相知

——记厦门大学与山西的校地情缘

【《山西日报》2020 年 3 月 23 日】

三晋古城，表里山河；八闽大地，钟灵毓秀。坐落于祖国东南、海峡西岸的百年厦大，是一所与中国共产党同龄的高等学府，她与人杰地灵、英雄辈出的人文山西虽远隔4000余里，却有着很深的缘分。不论是战争年代，还是和平建设时期；不论是科研合作，还是人才培养，厦大与山西立足家国，彼此携手，演绎了一段段感人的故事。

厦大渊源的山西战士

南侨机工 —— 这是一个被山西和厦大共同铭记的名字。

时光往前追溯到抗战年代。抗战爆发后，著名爱国侨领、厦门大学创办人陈嘉庚先生，通过南侨总会在东南亚各国华人子弟中招募了3200多人，组成“南洋华侨机工回国服务团”回国急应国难。这群后来被称为“南侨机工”的特殊战士往返穿梭在当时中国最重要的国际通道 —— 滇缅公路上，勠力保证了这条“抗战输血管”的畅通，至抗战胜利。苏荣禄便是这当中的一员。

那年，在招募令发出后，年仅12岁的苏荣禄第一时间报名。1940年起他独立驾驶汽车运输军用物资，奔波于云南、湖南、贵州、广西等地，哪怕敌军的炸弹随时在身边爆炸，也没有遏阻住他前进的车轮。“那时候路不好，不是现在的柏油路，都是土路。再加上日军轰炸，滇缅公路上经常发生事故，死的人也是最多的。”有一次，他驾车行至贵州附近，遭遇日军飞机低空扫射，一颗炸弹落下，苏荣禄倏地跳入路边3米多深的壕沟内，再扭头看去时，他的车子已经被炸散了。

2016年3月，作为山西最后一名南侨机工，被誉为太原市“南侨之宝”的苏荣禄老人在太原家中安然辞世。消息传来，人们不胜感伤，陈嘉庚先生长孙陈立人在唁电中说道：“苏老先生当年响应先祖父陈嘉庚的号召，投身抗日大业，贡献出青春年华。他是南侨老机工，抗日老英雄，他的逝世，是我们的巨大损失。”

【1948年，王克铭（右二）与同学在厦门大学宿舍楼前】

厦门大学航空系1946级校友王克铭，山西省建筑工程学校离休干部，曾任厦门大学山西校友会副会长。他的一生颇具传奇色彩。

解放前夕的厦门，形势波

谲云诡。为配合南下大军解放厦门，王克铭利用自身善于交往的优势，策反了当时国民党驻厦门海军军官学校的学员周继祖、喻克良和陈健，在国民党中引起了不小的骚动和混乱。周继祖等人投入革命阵营以后，很快加入中国共产党，又被派回到一个国民党工兵连里，配合原先潜伏在那里的地下工作人员，策动该工兵连起义，再次给国民党反动派沉重打击。1949 年 4 月，在当时的厦大党总支女生直属党小组组长刘正坤的介绍下，王克铭秘密加入了中国共产党，成长为一名共产主义的坚强战士。

来自山西的厦大“当家人”

翻开校史，厦门大学的不少“当家人”，与山西有着不解之缘。

未力工，来自山西武乡县杨桃沟村，14 岁参加革命，曾任长江支队第五大队秘书长，1952 年调入厦门大学工作，先后出任厦大党委副书记、副校长，代理厦门大学党委书记，被亲切地称为“老未”。

老未注重跑基层做调研。尤其在面临一些重大决策时，老未就跑得更多，做得更细了，甚至在路上偶遇的老师，也能成为他的“调研”对象，就某个问题详细征询。老未很善于换位思考。1979 年，时任副校长的老未，负责学校的拨乱反正和落实政策等工作。他常跟身边的工作人员说，我们要带着感情来做落实工作，即使来访的人中说了过头的话，我们也不能恼。如果我们能设身处地，也就能理解他的怒气了。老未真诚待人，没有半点领导架子，大家都愿意和他坦诚交流想法。

他对厦大教育事业的关心，即便是在他离休多年后依然没有按下“暂停键”。据厦大校史研究室工作人员回忆，离休后，老未每天准时到校史研究室，风雨无阻，全身心投入厦大党史校史编撰工作中。他带着大家对厦大党史校史编撰全面统筹规划，不到 5 年时间，编辑出版“厦大校史丛书”、《厦门大学党史资料》、《厦门大学校史资料》等共计 16 册 500 多万字，为厦大校史整理工作打下了扎实的基础，为中国高等教育史及高等教育学的研究提供了一份宝贵的材料，受到高校校史专家、同仁的一致好评。

20 世纪 80 年代，著名作家丁玲曾经来过厦大，对老未这位大学领导毫无架子、平易近人的作风印象深刻。在《丁玲文集》中，记载着丁玲写给未力工的一封信，信中说道：“这次我在厦大，虽然是第一次见到你，但你的态度诚恳，平实，热情不急躁，我们都很感动。”

20 世纪 70 年代末至 80 年代初，正是拨乱反正、改革开放关键时期。这一时期，除了老未以外，厦门大学中还有多位山西籍校领导，如来自山西临汾七里村的赵源（时任校党委副书记、副校长）、来自山西屯留的司守行（时任校党委副书记），来自山西武乡的张存友（时任校党委常委、组织部部长）等等，他们与其他的校领导一起，为厦大重振雄风、走上发展的快车道发挥了转承启合的重要作用。

【1953 年，张玉麟（右三）、未力工（右二）与中共厦门大学委员会委员研究防空工作】

厦大的另外一名党委书记张玉麟也与山西缘分颇深。张玉麟籍贯虽为广东，但从其青年时期加入山西同盟会起，就将其革命生涯镌刻在了三晋大地上。

1952 年 7 月，中共厦门大学委员会成立，山西南下干部团中的杰出代表张玉麟出任厦大首任党委书记。20 世纪 50 年代，台海局势紧张，厦门大学地处海防前线，肩负着其他高校所没有的“海防斗争”使命。为了努力办好海防前线大学，张玉麟卓有成效地领导了反空袭斗争，保障了教学秩序。此外，张玉麟在厦大建立起了辅导员制度，有力地加强了大学生的思想政治工作。为使大学生树立正确的人生观和世界观，张玉麟亲自担任“中国革命史”等课程的主讲教师。每周六下午，他还给全体教师作时势报告，他语言生动，声音铿锵，报告内容丰富精彩，师生们常常被他的讲授所吸引和感染。

张玉麟特别重视和广大教师交朋友，他不仅在工作上、业务上与他们有共同语言，而且在生活上，他也努力与教师接触、融合、相知相亲。著名数学家、哥德巴赫猜想研究的重要贡献者陈景润，是厦大 1953 届毕业生、年轻教师，他对张玉麟特别敬重和爱戴。1981 年，陈景润回厦大参加母校 60 周年校庆，大会后坚持搀扶着张玉麟，一直护送到家。那份不同寻常的情谊，令人感动。

校地融合结硕果

厦门大学与山西在科研、人才培养等方面的合作往来、融合共赢由来已久，在东海之滨和三晋古城之间架起了一座合作的桥梁。

在科研领域，蔡启瑞、彭少逸两位院士的联手攻关就是一段佳话。

1986 年，厦门大学化学化工学院蔡启瑞院士亲自致信我国著名的燃料化学家，时任中国科学院山西煤炭化学研究所名誉所长的彭少逸院士，商讨跨单位、跨部门组织科学研究。

【20世纪80年代末，蔡启瑞院士（前排左一）与彭少逸院士（前排左二）等“碳一化学催化基础研究”项目组部分成员合影】

之后的数年间，两位院士共同主持国家自然科学基金重大项目“碳一化学催化基础研究”课题，并取得了重大突破。跨学科、跨团队协作的主要研究成果被汇集于蔡启瑞、彭少逸主编的《碳一化学中的催化作用》一书中。这些国家急需的重要成果促进了国家碳一化学的发展，并与其他老一辈科学家一起引领着中国从催化大国走向催化强国。

近年来，厦大与山西之间的科研合作的步伐仍在继续。仅2016年至2018年，厦门大学积极向山西省有关单位提供科技咨询和研发服务，共承接了环境保护、生物医药、能源材料等各类科技研究及咨询项目近10项。作为半个世纪以来中国10项重大考古发现之一，山西“侯马盟书”的挖掘，也有厦大考古系师生的参与。

在人才培养领域，早在20世纪50年代，厦大和山西大学就往来密切。

50年代，在恢复山西大学建制伊始，厦大就在师资进修方面给予了大力支持，如厦大1958届学生张鸿超到山西大学工作，后来又在山西大学的支持下，回母校继续深造。

数千名优秀的山西籍厦大校友在母校的培养下，在山西或福建的热土上奉献着自己的青春和热血。他们活跃在政界、学界和商界，有的在推进“法治山西”建设、为地方经济社会又好又快发展提供了有力保障；有的在促进全省环境保护提升、力保三晋“山青、水秀、河畅、岸绿、景怡”方面施展着自己的智慧；有的在团结广大归侨侨眷上作出了不俗的业绩；有的默默奉献，践行着教书育人和航空报国的不懈追求；有的成为商界翘楚，以卓越的领导能力带领企业成为所在领域的标杆，

【2019年，厦门大学“晋识乡宁”实践队在山西省临汾市乡宁县进行公益教育活动】

为当地社会经济发展作出了突出了贡献；有的热心公益，先后为希望工程、中国老年基金会、汶川地震、青海玉树地震等慷慨解囊……

现在的厦门大学中，也有很多优秀的山西厦大人，他们在各自不同的科研和教学领域中绽放光彩，如中青年法学家、厦门大学法学院院长宋方青教授，青年才俊杜兴强教授、郑泽芝教授、王华教授……

在更细微处，作为实践育人的重要途径，厦大已经连续10年派出社会实践队共35支前往山西。他们的足迹遍布三晋的山山水水，内容涉及乡村振兴、企业调研、基层帮扶、食品工程和服务地方等方方面面，厦大与山西的深厚情谊在年轻后辈学子手中不断延续。

【2017年，厦门大学社会实践队在山西省长治市壶关县做电商扶贫】

千秋太行，中国脊梁；百年厦大，巍巍黉宫。虽远隔千里、历经风雨，但山西与厦大数十年来共同织就的全方位合作蓝图，已经为两地情缘作了最好的注解。“相知无远近，万里尚为邻”。历史的接力棒已经传到了21世纪的厦大和山西手中，我们有充分的理由相信，厦大和山西携手奔跑在新时代的路上，一定会花开满枝，一路芬芳。

（文/陈 文 欧阳桂莲）

瀚海与草原之恋

——厦门大学与内蒙古自治区的校地情缘

内蒙古日报　文化　北疆风光周刊　7

执行主编：海阔　责任编辑：徐跃　版式策划：王艳艳　制图：安宁　2019年6月14日　星期五　邮箱：172965245@qq.com

春草秋原

在我国东南之滨，碧波海浪边，坐落着中国近代教育史上第一所华侨创办的百年高等学府——厦门大学。数十年来，厦门大学因其厚重的文化底蕴、深切的家国情怀，与内蒙古人民建立起了质朴而深厚的校地友谊。而今，在双方的共同努力下，这条跨越数千里的友谊之路不仅越走越宽、越走越好，而且鲜花满园，硕果累累。——编者

瀚海与草原之恋：厦门大学与内蒙古的校地情缘

1938年，厦门大学首任校长萨本栋（二排左六）与国立厦门大学第一届毕业同学合影。

1992年，唐崇惕在呼伦贝尔草原实验室做实验。

2018年9月5日，厦门大学"沙漠绿洲"考察小分队到达内蒙古巴彦淖尔市五原县考察当地居民生产生活情况。

玛奈蒙古马

【《内蒙古日报》2019年6月14日】

草原是凝固的大海，大海是流动的草原。一静一动，一绿一蓝之间，有着天然的不解之缘。在我国东南之滨，碧波海浪边，坐落着中国近代教育史上第一所华侨创办的百年高等学府——厦门大学。数十年来，厦门大学因其厚重的文化底蕴、深切的家国情怀，与内蒙古人民建立起了质朴而深厚的校地友谊。而今，在双方的共同努力下，这条跨越数千里的友谊之路不仅越走越宽、越走越好，而且鲜花满园，硕果累累。

“大海边的内蒙古人”执掌南方之强

20 世纪 30 年代，一位“大海边的内蒙古人”在厦大这片土地上呕心沥血、舍命办学，架起了厦大与内蒙古之间的缘分桥梁，他就是我国著名物理学家、电机工程学家和教育家——萨本栋。

萨本栋，字亚栋，1902 年 7 月 24 日出生于福建闽侯的一个蒙古族家庭，其远祖萨拉布哈为元世祖忽必烈战将，后经世代辗转迁徙至福州。萨本栋自小勤奋好学、成绩优异，30 年代初已是声誉隆盛的清华大学物理学名师。

1937 年 7 月 6 日，抗日战争全面爆发的前一天，萨本栋受陈嘉庚倾资创办厦大精神的感召，临危受命，毅然同意出任刚刚转为国立的厦门大学首任校长。萨本栋执掌厦大的 8 年，也是中国人民奋起抗击日寇侵略的 8 年。在抗战烽火中，萨本栋带领厦大师生内迁闽西山城长汀坚持办学。在长汀期间，虽然条件异常艰苦，但萨本栋抱着“抗战必胜”和为国储才的坚定信念，苦心经营，以其丰富精粹的教育思想、卓越高远的办学理念、艰苦卓绝的治校实践，将厦门大学办成战时“中国最完备的大学之一”，培养出一批批栋梁之材，“南方之强”的美誉由此传开。抗战时期，厦门大学弦歌不辍、声誉日隆，萨本栋却积劳成疾，英年早逝。

【1938 年，萨本栋（二排左六）
与国立厦门大学第一届毕业同学合影】

直到今天，厦大师生无不被萨本栋的高尚品格和治学之道所折服，以萨本栋为代表的老一代厦大人艰苦办学的自强精神已成为厦门大学宝贵的精神财富，至今熠熠生辉，激励着一代代厦大人砥砺奋进。

厦门大学与内蒙古大学的兄弟情谊

62 年前，南方之强的教育火种在内蒙古点燃，也由此开启了厦门大学与内蒙古大学的友谊之门。1957 年内蒙古大学筹建初期，高教部从北京大学、南开大学、复旦大学、厦门大学等 12 所高校抽调优秀教师，组建最初的师资队伍。厦大积极响应，组织学校一批教学、科研骨干远离家乡，奔赴边疆，成为内蒙古大学师资队伍的生力军。时任厦大校长助理、著名物理化学家、中国科学院院士卢嘉锡对此事给予了极大关注，特地安排自己的得意门生胡盛志（著名晶体化学家）北上执教，为内蒙古大学化学系的筹建与发展贡献力量。除充实内蒙古大学师资队伍外，厦大还向内蒙古大学捐赠了一批仪器、标本、刊物、讲义等。1957 年 10 月 14 日，内蒙古大学举行隆重的建校典礼，时任厦门大学校长助理张玉麟到场祝贺，与草原人民共同见证这一难忘的历史时刻。

厦门大学与内蒙古大学虽南北相距甚远，却结下了兄弟般的深厚情谊。正如时任厦门大学校长、著名的马克思主义经济学家王亚南在庆祝内蒙古大学成立贺信中提到的“我们两所大学远隔数千里，但在党的领导下我们会像兄弟般团结，互相帮助，交流经验，共同进步”。

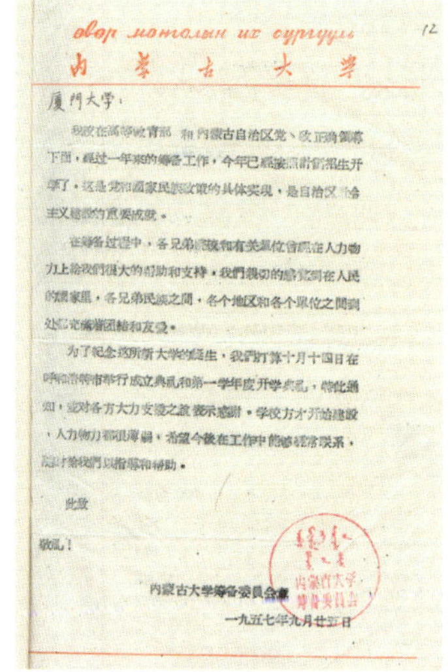

Өвөр монголын их сургууль
内蒙古大学

厦門大学：

我校在高等教育部和内蒙古自治区党、政正确領導下面，經过一年來的筹备工作，今年已經[illegible]招生开学了。这是党和国家民族政策的具体实现，是自治区社会主义建設的重要成就。

在筹备过程中，各兄弟院校和有关單位曾在人力物力上給我們很大的帮助和支持。我們親切的感覺到在人民的大家庭里，各兄弟民族之間，各个地区和各个單位之間到处充滿着团結和友愛。

为了紀念这所新大学的誕生，我們订于十月十四日在呼和浩特市举行成立典礼和第一学年度开学典礼，特此通知，並对各方大力支援之誼表示感謝。学校方才开始建設，人力物力都很薄弱，希望今後在工作中能經常联系，随时給我們以指導和帮助。

此致

敬礼！

内蒙古大学筹备委員会

一九五七年九月廿五日

【1957 年 9 月内蒙古大学邀请厦门大学参加建校庆典的邀请信】

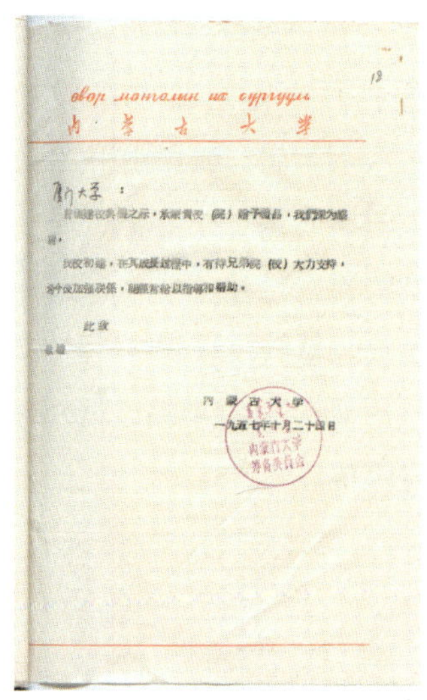

Өвөр монголын их сургууль
内蒙古大学

厦門大学：

[illegible]建校典礼之际，承蒙贵校（院）赠予礼品，我們深为感謝。

我校初建，在其成長过程中，有待兄弟院（校）大力支持，今後加强联系，随时給以指導和帮助。

此致

敬礼

内蒙古大学

一九五七年十月二十四日

【1957 年 10 月内蒙古大学给厦门大学的感谢信】

“候鸟院士”的草原情怀

做一件事不难，难的是几十年如一日的初心与坚守。有这样一位女院士，她热爱科学、情系草原，数十年致力于内蒙古畜牧业科研和发展，彰显着一位科学家的执着与大爱，也承载着厦门大学的草原情怀。她就是著名寄生虫学家、中国科学院院士、厦门大学教授唐崇惕。

1977 年，内蒙古科尔沁草原牛羊群暴发胰脏吸虫病，唐崇惕与同为厦大生物系教师的父亲唐仲璋义无反顾地投入疫情研究。唐崇惕亲自奔向茫茫草原，与当地科研人员一起深入牧区，克服重重困难，终于查出了传播媒介，并据此提出了防治措施，极大减少了牧民的经济损失。此后迄今，唐崇惕像“候鸟”一样，几乎每年夏天都前往科尔沁草原和呼伦贝尔草原开展研究，取得丰硕科研成果。值得一提的是，唐崇惕的这些研究都是与当地畜牧兽医研究机构的同志合作完成的，一项项研究课题虽已结束，但留下的却是思想、智慧和启迪，以及与当地人民亲人般的深情厚谊。

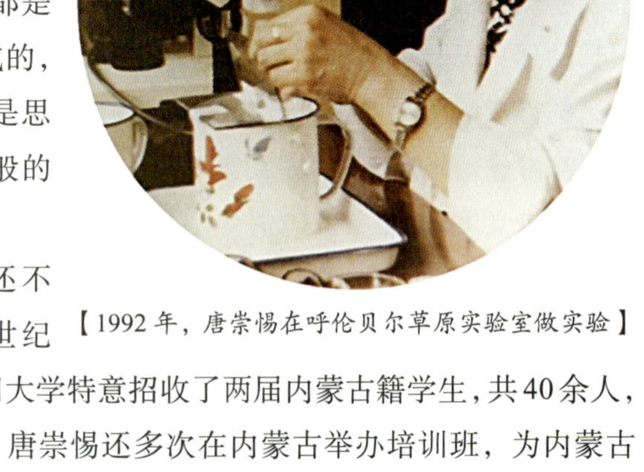
【1992 年，唐崇惕在呼伦贝尔草原实验室做实验】

在进行科学研究的同时，唐崇惕还不遗余力地为内蒙古培养专业人才。20 世纪七八十年代，考虑到内蒙古实际需要，厦门大学特意招收了两届内蒙古籍学生，共 40 余人，跟随唐崇惕等学习研究寄生虫学。此外，唐崇惕还多次在内蒙古举办培训班，为内蒙古畜牧兽医站培养学生。数十年来，师承唐崇惕的内蒙古籍学生众多，很多人成为内蒙古畜牧领域的佼佼者。

如今，唐崇惕已近 90 高龄，谈及内蒙古大草原，立刻精神矍铄，言语间流露着深情与厚望。

厦门大学广纳草原英才

育人，是大学的根本使命。厦门大学始终以为国家培养优秀人才为己任，为学生成长成才提供优良环境和条件。1973 年，厦门大学在内蒙古招收 36 名工农兵学员，至今，已有 2000 余名内蒙古学子在厦大这片沃土上不负韶华、成就梦想。据统计，仅 2013—2017 年，厦大在内蒙古共招生 406 名优秀生源，他们当中 509 人次获得国家级、校级等各类奖学金，135 人次获得各类荣誉称号。2016 级内蒙古学子王颖心，连续两年获得国家奖学金，并被授予厦门大学“优秀三好学生”、“学术之星”、金砖国家领导人厦门会晤“优秀志愿者”等荣誉。王颖心说，厦大浓厚的学术氛围、优质的教育资源、国际化的教学模式、舒适的生活环境等为自己搭建了良好的成长平台，除专业学习外，自己的心态更加积极向上、性格更加开朗乐观，对厦大充满人文关怀的校园文化归属感也越来越强烈。

近年来，在学校多元文化交流的影响下，厦大吸引了一批优秀的内蒙古师资人才，他们活跃在厦大多个学科，仅厦门大学艺术学院就拥有国家一级演奏员苏力、油画家张立平等一批富有草原气息的艺术家，他们与世界各地和祖国各民族区域的师资共同为推动厦大人才培养作出了卓越贡献。

草原是厦大学子挥洒青春的舞台

“好儿女志在四方，有志者奋斗无悔”。多年来，厦门大学研究生支教团扎根西部、默默奉献，在服务西部中践行时代使命与青春担当。自2011年起厦门大学共派遣了45名优秀研究生到内蒙古最西端的额济纳旗中学支教。严寒的天气和艰苦的生活磨炼了他们的意志和品格，孩子们聪慧无邪、追求知识的渴望更给了他们坚持的勇气和力量。支教队员充分发挥自身学科优势，组织开展科技创新、法制教育、励志讲座等特色活动，深受当地学生的喜爱。“一年额旗行，一生额旗情”，一年的支教时光是短暂的，但短暂的时光带不走的是一批批厦大研究生支教团人在额济纳旗留下的青春印记，以及与额济纳旗人民的浓浓深情。

社会实践是大学生扎根群众、深入基层、践行服务的平台，厦门大学每年选派多支社会实践队前往内蒙古各地市开展主题鲜明、内容充实、形式多样的社会实践活动。2012—2018年，厦门大学26支实践队，共252人踏上远赴内蒙古的实践征程，他们怀揣着激情与责任，挥洒智慧和汗水，取得了丰厚的实践成果。2018年，厦门大学“沙漠绿洲”科技中国小分队奔赴内蒙古阿拉善左旗乌兰布和沙产业园进行实地考察和项目对接，该项目已形成集沙漠固沙剂、盐碱地改良剂和全元水溶性肥料等多项产品，并在沙漠和盐碱地治理以及农作物和经济作物增收方面效果显著，不仅能扩大经济作物种植面积，还能促进畜牧养殖业发展，提供就业机会、增加农牧户收入，有力推进精准扶贫工作的开展。“沙漠绿洲”项目团队荣获第四届中国“互联网+”大学生创新创业大赛银奖。

【2018年9月5日，厦门大学“沙漠绿洲”考察小分队到达内蒙古巴彦淖尔市五原县考察当地居民生产生活情况】

内蒙古厦大人放歌北疆发展

2016年，90岁高龄、1947级法律系校友白植品在女儿陪同下，怀着对母校无限的感恩情怀与美好记忆，不远千里从呼和浩特回到母校参加95周年校庆活动。他孩子般动情地说，此行满足了他晚年最大的人生愿望，他很幸福。半个多世纪前，白植品作为最早一批投身边疆建设的厦大学子来到内蒙古，兢兢业业，为祖国西部建设奉献终生。此后，一批又一批的厦大学子前赴后继奔向草原。目前，在内蒙古工作的各行各业厦大毕业生已经超过600人。内蒙古厦大人在各自工作岗位上，倾情投入，涌现出一批杰出校友代表，他们在边疆热土上兢兢业业挥洒智慧和汗水，绘就了内蒙古厦大人放歌北疆发展，为社会和国家贡献心力的美好蓝图。

【厦门大学1947级学长白植品在厦门大学内蒙古校友会成立大会上讲话】

2014年11月29日，厦门大学内蒙古校友会成立，作为共同的“温馨之家”，厦大校友会架起了校友与校友、校友与母校、校友与社会之间沟通交流的平台，为共同助力内蒙古发展提供了积极保障。

数十年来，厦大积极响应党中央号召，为内蒙古发展源源不断注入人才资源。厦大先后选派优秀干部到西部挂职，积极为内蒙古自治区直属单位、呼和浩特市、包头市、巴彦淖尔市等地开展干部能力提升培训班、高级研修班等，帮助提升内蒙古干部素质能力，推动工作高质量发展。近几年，厦门大学发挥科研优势，在机械制造、电子信息、“一带一路”研究以及军民融合项目等方面与内蒙古开展合作。2015—2018年，厦门大学共承接内蒙古企事业单位委托项目近10项，与内蒙古北方重工业集团有限公司、内蒙古京新药业有限公司、中国兵器内蒙古第一机械集团有限公司等开展紧密的产学研合作。

2019年4月23日，伴随着一声巨响，厦门大学“嘉庚一号”火箭在内蒙古西部沙漠无人区腾空而起、直冲云霄，这不仅昭示着双方正朝着更广领域、更深层次合作的方向迈进，更预示着双方的友谊之路必将像火箭划过天空的轨迹一样走得更远、飞得更高。

回首过往，厦门大学与内蒙古的校地情谊源远流长，历久弥新。展望未来，厦门大学仍将紧紧围绕国家重大战略需求，把服务边疆发展作为自身的重要使命和社会责任，厦门大学将与内蒙古人民心手相牵，共谱发展新篇章。

（文/石慧霞）

百年南北相望
路远海阔情长

——厦门大学与辽宁的校地情缘

辽宁日报 BEIFANGFUKAN 北方副刊 2020年7月8日 星期三 10

百年南北相望 路远海阔情长——厦门大学与辽宁的校地情缘

自强不息 止于至善 鹭江北上的兴辽英才

致知无央 充爱无疆 来自辽沈大地的厦大人

同频共振 砥砺奋进 谱时代新声的校地情缘

沿蒲河岸回故乡辽中

山绿果红

七月畅想

词三首

【《辽宁日报》2020年7月8日】

百年风雨同舟路，情若比邻有相知。厦门大学与辽宁南北相望，在历史变迁中携手共进，谱写了一曲曲令人难以忘怀的时代乐章。

1921年，著名爱国华侨领袖陈嘉庚先生于民族危难之际，胸怀“教育为立国之本，兴学乃国民天职”的崇高理想，倾资创办了厦门大学。创校伊始，便有辽宁学子来厦求学，亦即开始了厦大与辽宁绵延不绝的百年情缘。

1931年，“九一八”事变后，厦大师生同仇敌忾，与辽宁人民、全国人民奋起开展抗日活动。厦大师生700多人加入抗日义勇军和救护队，部分师生怀抱爱国热忱，自发北上抗日，其中不乏为国捐躯者。厦大闽海学会选出15名会员组成“抗日救国委员会”，号召全校师生“一致向前奋斗”。

新中国成立前夕，1949年6月新政协筹备会议结束后，厦大校主陈嘉庚随即启程前往他尤为关心的辽宁等地考察，“到处所见扩大繁荣，大异以往”，并写下《东北观感集》，为辽宁等地发展建言献策，奠定了厦大与辽宁情缘“志怀祖国、希图报效”的主旋律。

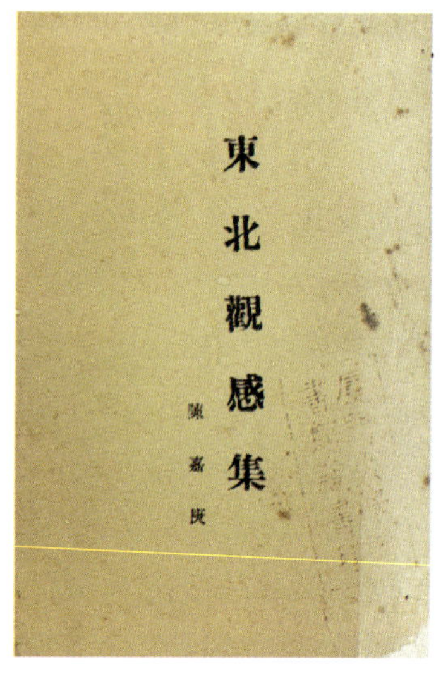

【陈嘉庚著《东北观感集》】

自强不息　止于至善
——鹭江北上的兴辽英才

“摧伤虽多意愈厉，直与天地争春回。”新中国成立后，创新实干、奋斗自强的辽宁在帝国主义和国民党留下的烂摊子上迅速建成为新中国重要的工业基地，被誉为“共和国长子”。1955年，陈嘉庚先生再赴辽宁等地考察，不禁感慨“从东北看全中国，国家建设的前途是一片光明”。一批批厦大人秉承嘉庚之志，从东海之畔、鹭江之滨北上辽沈大地，为祖国建设和辽宁振兴事业倾力奉献。

2013年度国家最高科学技术奖得主、中科院大连化学物理研究所研究员张存浩院士于1940年秋至1944年夏在福建长汀厦大度过了这段难忘的时光。1940年，年仅12岁的张存浩跟随应萨本栋校长邀请来厦大任教的姑父傅鹰、姑母张锦从重庆南开中学转到福建长汀中学（当时厦大为躲避战火，内迁闽西长汀），并居住在厦大校园里。1943年，正在长汀中学读高二的张存浩考入厦门大学化学系，次年随姑父姑母转入重庆中央大学化工系。就读厦大时，张存浩得到了使他终生缅怀的萨本栋校长的培养和特别敬佩的蔡启瑞教授手把手的指导。在一次化学实验中，浓硫酸喷进了他的双眼，所幸急救得法，几天内就痊愈了。回忆在厦大难忘的美好时光，他不无感慨地说："我仍然衷心感谢几位老师的帮助和厦大极为过硬的、有效的运作系统。"

"从青年时代起，为自己树立的最大科研人生理想，就是报国。国家的需要，就是我的研究方向。"1951 年春天，张存浩谢绝多所著名高校和科研单位的邀请，只身一人来到东北科研所大连分所（中科院大连化学物理研究所前身），开始了他扎根辽宁、报效祖国的科研人生。他总是急国家之所急，为祖国需要多次"改行"；不负国家所期，作为我国化学激光的奠基人、分子反应动力学的奠基人之一，在催化、火箭推进剂、化学激光、分子反应动力学等领域取得了多项国际先进成果，把一生都奉献给了祖国的科技事业。

辽宁也是中国"飞豹之父"陈一坚院士的飞机设计生涯真正起步的地方。1948 年，陈一坚得知厦大航空系开始招生，当机立断报考并被录取。在 1951 年全国高校院系第一次调整中，厦门大学和清华大学航空系合并，陈一坚随后从厦大转入清华学习。1956 年，陈一坚调入刚刚组建的新中国第一个飞机设计室—— 沈阳飞机制造厂飞机设计室，参与我国第一架自行设计的歼击教练机—— 歼教 1 的研制，实现了自行设计飞机零的突破。1961 年，沈阳飞机设计研究所（简称 601 所）成立，陈一坚同年由专业组长升任 601 所机身室主任。在这里，陈一坚先后干过总体、气动、强度、结构、系统等专业的设计，为他熟悉各专业情况、统揽全局工作，直至后来担任"飞豹"飞机的型号总设计师打下了坚实的基础。

志之所趋，无远弗届。1950 年，新中国成立后的第一届厦大毕业生共有 199 人，他们在东北招聘团鼓励下纷纷报名参加东北经济建设，曾任辽宁电力设计院副院长的陈慰慈、厦大中文系教授石文英（1957 年调回厦大）都在其中。据今年 92 岁高龄的石文英回忆，除了法律系毕业生被留在福建，其他文、理、工各系的超半数毕业生奔赴东北。当时福建省内交通十分不便，没有铁路，奔赴东北的大队人马乘坐八九部旧货车前往鹰潭。沿途道路泥泞颠簸，不时需要下车步行，却无一人叫苦，无一人掉队。到辽宁后，他们被分配到鞍山、沈阳、辽阳、抚顺、本溪等地，立即背起行囊在各地不同的岗位上投入工作，为新中国的建设添砖加瓦。

博士毕业于厦大教育研究院的张德祥教授一生勤耕在教学、研究和管理的领域。自 1969 年 5 月正式成为一名乡村教师算起，50 多年来，他当过小学、中学教师，也当过大学教师；虽然经历了很多职务的变化，但从没有离开过教育，他对一直给学生上课引以为傲。他曾表示，"自 1969 年成为教师以来，一直在做教育工作。不管是在沈阳师范学院当院长，在辽宁省教育厅当厅长，在大连理工大学当党委书记，还是在大连理工大学高等教育研究院当院长，我一直坚持给学生上课”。

从社会主义革命时期的激情燃烧、建设时期的忠诚担当，到改革开放时期的勇于探索，再到老工业基地振兴时期的实干自强，怀揣报国梦想的一代代厦大人始终牢记校主陈嘉庚的嘱托和希冀，积极活跃在辽宁各行各业，在辽沈大地上谱写厚重精彩的自强乐章。

致知无央　充爱无疆
——来自辽沈大地的厦大人

“自饶远势波千顷，渐满清辉月上弦。学海无涯愿无尽，鹭门岁岁衍薪传。”百年来，辽宁学子4000余人先后求学于厦大。近年来，厦大每年高考招收辽宁籍学生近百人。“爱国、革命、自强、科学”厦门大学“四种精神”代代相继，成为越来越多辽宁英彦砥砺前行的梦想之地。

厦大附属翔安医院院长陈洪铎院士的学医报国理想在辽沈大地的沃土上生根、发芽、生长。1950年，18岁的陈洪铎放弃在上海所学的专业，选择到中国医科大学学医。毕业后，他先后任中国医科大学医师、讲师、研究室主任，中国医科大学教授兼主任医师，中国医科大学附属第一医院院长、名誉院长，几十年如一日地在科研一线奋斗。他是辽宁省医疗领域第一位中国工程院院士，也是我国皮肤性病学界首位院士，在皮肤免疫、皮肤性病防治以及医学美容方面有着高深造诣，是我国朗格汉斯细胞研究的奠基人。2017年，陈洪铎院士受聘为厦大附属翔安医院院长。在他的带领下，厦大附属翔安医院于2019年4月6日（厦大建校98周年校庆日）正式对外开业运营，目前正朝着“国内一流、国际知名”的目标大步迈进。在他的主持下，厦大附属翔安医院皮肤科与中国医科大学第一医院皮肤科和纽约Ackerman Academy of Dermatopathology共建皮肤病理国际诊疗平台，形成稳定的诊疗模式，为厦门和辽宁的人民群众提供国际顶尖水平的医疗服务。

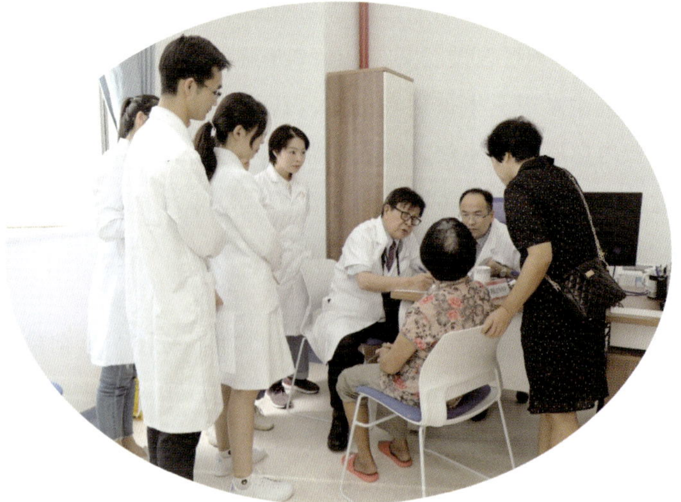
【陈洪铎院士坐诊厦门大学附属翔安医院】

曾任厦大艺术学院副院长、毕业于中央美术学院的著名雕塑家李维祀教授，籍贯辽宁黑山，创作早期曾遭遇瓶颈。1984 年，李维祀调入厦大后，便进入了创作的黄金时期。在厦大，他拿出的第一件作品《林则徐纪念像》便让他一举成名，此后的雕塑作品《妈祖》《郑成功》《施琅》《屈原》《孔子》《陈嘉庚》《鲁迅》《林语堂》等，都产生深远的影响。

厦大原副校长邬大光教授，籍贯辽宁锦州，1990 年从厦门大学博士毕业，是我国自己培养的首批高等教育学博士。他数十年耕耘在教育研究领域，投身于高等教育实践，在高等教育理念与制度、高等教育大众化、民办高等教育、高等学校贷款、高等学校教育资源整合等研究领域均提出独到见解。

像这样一批优秀的辽宁籍师资已成为厦大一道亮丽风景线。他们来到厦大的时间各有不同，研究领域各异，但都始终牢记厦大“养成专门人才、研究高深学术、阐扬世界文化、促进人类进步”的办学宗旨，将才智和力量贡献于这座南方学府，奋力推动厦大向着一流大学目标前行。

同频共振　砥砺奋进
——谱奏时代新声的校地情缘

“中国科学院石油研究所（大连）：我校化学专业物理化学即将开设‘化学动力学’选课，以催化机理研究作为重点……你所在催化研究方面有丰富实际经验，我校物理化学与物质结构两个教研组拟逐步与你所开展工作联系。倘蒙同意，具体事项容后详细商议……”这是厦大档案馆珍藏的 1957 年中国科学院石油研究所（大连）与厦门大学人员往来的函件。

新中国成立后，厦门大学便与中国科学院石油研究所（大连）（中科院大连化学物理研究所前身）、大连海运学院（后更名为大连海事大学）等科研院所、高校、辽宁省机关单位进行深度的交流合作，互派人员实习进修培训，开展联合科研攻关。

早在 1958 年，厦大的蔡启瑞与中科院大连化学物理研究所的郭燮贤等人一同赴莫斯科进行催化方面的参观访问，便建立了良好的关系。改革开放以来，蔡启瑞院士等推动组建了固体表面物理化学国家重点实验室和厦大催化团队，郭燮贤院士等则推动了催化基础国家重点实验室和中科院大连化学物理研究所催化团队的组建。“一南一北”两个催化研究团队从成立起就建立了良好的合作关系。中科院大连化学物理研究所林励吾院士、李灿院士、包信和院士、张涛院士等人先后担任固体表面物理化学国家重点实验室的学术委员会委员或顾问委员。厦大蔡启瑞院士、万惠霖院士、王野教授先后担任催化基础国家重点实验室的学术委员会委员或顾问委员。“八五”期间，郭燮贤院士与蔡启瑞院士等联合策划“煤、石油、天然气优化利用的科学基础”项目并入选国家“攀登计划”。

2014 年 10 月，由厦大、复旦、中科大和中科院大连化学物理研究所等单位发起成立的“能源材料化学协同创新中心”获得教育部、财政部认定，成功跻身国家队的“协同创新中心”（“2011 计划”）。厦大与中科院大连化学物理研究所又在新的起点开始了全面战略合作，一道肩负起“国家急需、世界一流”的重担。双方围绕能源材料相关领域开展合作研究；联合发起并主持国家自然科学基金委——中国科学院学科发展战略研究项目“能源化学学科发展战略研究”；突破人事制度壁垒，首创研究人员全时异地组建研究团队。2014 年起，中科院大连化学物理研究所青年研究员邓德会全时在厦大组建了 16 人的研究团队，在二维催化材料与能源小分子转化方向取得系列突破性成果。

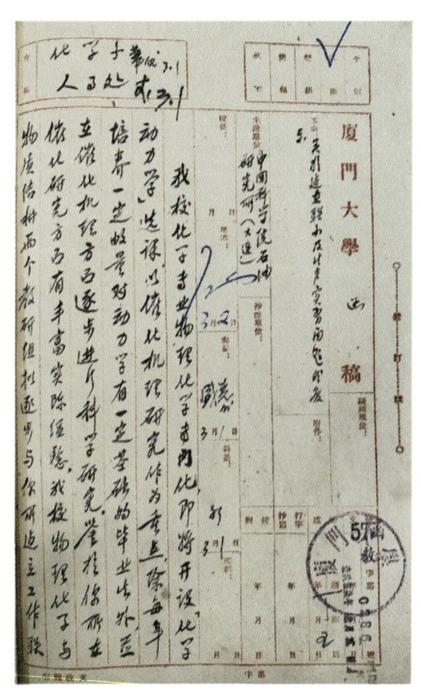
厦門大學 函稿

我校化学专业物理化学专门化即将开设化学动力学选课，以催化机理研究作为重点，除每年培养一定数量对动力学有一定基础的毕业生外，正在催化机理方面已逐步进行科学研究。鉴于你所在催化研究方面已有丰富实际经验，我校物理化学与物质结构两个教研组拟函与你所建立工作联

【1957 年，厦门大学与中科院石油研究所（大连）实习往来函件】

厦门大学与大连海事大学渊源深厚。福建素有航海传统，也是近代航海学校汇集区。1946 年，厦大成立中国第一个海洋学系，成立伊始即设立航海组，开设有航海课程。1951 年全国高校院系调整，厦门大学航务专科与福建私立集美水产商船专科学校合并成立国立福建航海专科学校。1953 年，福建航海专科学校、上海航务学院整建制迁往大连，与东北航海学院合并成立大连海运学院（后更名为大连海事大学）。自 20 世纪 50 年代始，厦大与大连海事大学便在人员往来与学术交流等方面开始了紧密互动、合作。厦大档案馆至今珍藏着一份 1957 年两校来往的函件：“大连海运学院：关于你院吴景荣、施超、鲍啟勳三位同志至我校旁听‘理论力学’课程拟请改为进修一点，我校可以同意……”

2010 年，厦门大学与大连理工大学签署本科生合作培养协议，双方安排本科生进行交换培养，迄今数十位毕业生依托两校的优势学科学成后，在各自岗位上绽放光彩。

厦大与辽宁协同合作，将地方、国家需求融入学科建设，成为厦大与辽宁校地情缘中不可或缺的一环。2015 年以来，厦大为辽宁的政府部门及企事业单位开展干部能力提升培训班、高级研修班等 30 多个班次，这些学员运用厦大所学正日益成为各行业的中流砥柱；厦大承接辽宁省及相关市区有关单位委托的各类科技研究及课题咨询项目 40 余项，这些集成性成果正在为辽宁营商环境等相关领域的提升发挥重要的智力支撑作用，同时也极大地促进了厦大的学科影响力。

【2018 年，厦门大学辽宁校友会在辽阳清风寺竹影堂举办纪念余光中诗文朗诵会】

厦大辽宁校友会于 1988 年开始筹备，在 1993 年正式成立。校友会成立后积极团结在辽校友，宣传母校，开展了许多颇有影响的活动，促进了辽宁校友之间、辽宁校友与母校之间的联络与沟通，为推动辽宁与厦大的交流作出许多贡献。校友会正成为新时代厦大与辽宁的桥梁，让凤凰花开满盛京，让白鹭在渤海岸边飞翔。

“装点此关山，今朝更好看”。在新时代中国特色社会主义的伟大实践中，家国情怀代代相传的厦门大学和有着“长子情怀、忠诚担当”精神的辽宁相向偕行，在爱国担当的激扬旋律中携手奋进，共谱全面振兴、全方位振兴的新时代乐章。

（文 / 崔庆炜　何春雨　李光媛　黄宇霞）

山高海阔踏浪逐雪
北吉南厦莫逆相交
——厦门大学与吉林的校地情缘

吉林日报　Email:jlrbBS3BS@163.com　电话:(0431)88600592　专刊　2020年3月19日 星期四　编辑 王娟伟　05

山高海阔踏浪逐雪　北吉南厦莫逆相交
——厦门大学与吉林的校地情缘

林济源　楼红英

缪篆肖像

"据《章太炎年谱长篇》载：'子才善测绘，尝为吉林图'……缪子才'绘吉林、黑龙江二图，较旧东三省图为精'。"在《鲁迅与他的乡人二集》一书中，缪篆的事迹收录其间。缪篆（1877-1937），字子才，泰州人，哲学家，康熙年间探花缪沅的后裔，画家范曾的外祖父。早年留学日本的他，曾在厦门大学与鲁迅共事，任哲学教授，著述颇丰。

由此可窥，在厦门大学建校初期，"吉林地图测绘者"与"厦大教授"的双重碰撞，让厦大与吉林校地情缘的序曲悄然奏起。

百年回眸，南北相望，厦大与吉林省，一所高等学府与一个省份的悠远情缘，在时光流转中娓娓道来。或隐于文献书籍中的淡然一笔，或在口口相传中延展开来，直至今日，仍在一笔一划，浓墨重彩地续写着崭新篇章——

志在东北　愿将此身长报国

将镜头对准新中国成立初期的这一批厦大人。从四季长青的南国海滨到冰天雪地的北国，这些壮志青年用足迹表明：报效祖国，无悔一生。

1946年秋天，正值抗战胜利后厦大从长汀迁回厦门，来自福建永定的陈滞年考入了厦大数理系。1950年，他从电机系毕业，成为新中国第一届毕业生。同年8月，他接受国家首次高等学校毕业生统一分配，由东北人民政府工业部派到东北电业管理局，在辽源发电厂任技术员，成为了东北建设新兵。

"自强不息为动力，止于至善作旨宗。"在长达40余年的电力建设工作中，陈滞年对东北尤其是吉林省的电力发展事业作出了很多方面的贡献。除了从事电力生产技术研究与创新工作，他长期担任市、省电力工业局的领导。1980年在省局任副局长后，他主持农村电气化工程，负责全省电网建设规划，亲自筹建省电力系统技术学校、职工大学，帮助吉林省核电站前期工作……工作期间，他获得了党和政府的多项奖励和表彰：1959年被评为吉林省先进生产者，1989年能源部评定其为教授、研究员级高级工程师，1992年起享受国务院特殊津贴，名字和事迹被载入《中国电力人物志》。

"吾日三省吾身——为四化大局谋而不忠乎？与国内外同行交流学术而乏创新乎？奖掖后进不落实乎？"这是物理化学家、中科院院士卢嘉锡的座右铭。1994年，卢嘉锡手书此条幅赠予陈滞年等同学。陈滞年如获至宝，对他而言，卢嘉锡是永定老乡、师长，亦是在厦大开学典礼中的"演讲者""领路人"，而这"三省"在无形间早已成为自己践行一生的行为准则。

另一位是陈鼎铭。祖籍福建南安的陈鼎铭出生于柬埔寨金边市的一个华侨家庭，1948年报考大学时，在法国和中国之间，陈鼎铭选择了后者。1952年，从厦大毕业后，在留校任教与去东北工作之间，他再一次遵从本心。

时任校长王亚南给毕业生作报告时说："中国包括以前的大学生，全国只有24万人，要建设社会主义新中国到处都缺少人才。""祖国的需求就是我的志愿"，既然国家需要一大批人到东北支援老工业基地，陈鼎铭不甘为人后，毅然报名。他与厦大150多名同学坐汽车到江西上饶再挤上一节火车厢，走了七天七夜，到达沈阳。他先被分配到东北人民政府，后来调至吉林省。

落户吉林，满怀赤诚。从工业厅到石化设计院，再到任吉林省侨联副主席、名誉主席，长春华侨饭店董事长，无论身居何职，陈鼎铭始终恪尽职守，为吉林市亚麻厂合资经营、一汽卡车出口印尼、合资兴建长春华侨饭店等付出了辛勤的汗水。因其为吉林省经济建设和海外来华投资作出的贡献，1994年，他荣获"全国侨界十杰"荣誉称号。

为吉林省邮电管理事业砥砺前行的厦大1949届机电工程学系毕业生李存模，将青春奉献给吉林丰满水电站的1952届土木工程学系毕业生薛希贵，奋斗在中国科学院长春应用化学研究所科研一线的1952届化学系毕业生秦汶……一个名字背后便是一个别样的故事，他们来自五湖四海，尽管专业身份各异，却怀着同一个梦想，以国家为先，毅然北上，用行动书写好厦大人与新吉林人的精彩开篇。

高校协同　与国家发展同频共振

"专家来校年月：1962.2.3，专家所属单位：吉林大学数学系，专家姓名：王柔怀……讲学方式：上课……起讫时间：62.2.19-3.17，每周时数：9，共30节。"这是厦门大学档案馆珍藏的《1961-1962年度专家来厦大情况登记表》的一项记录。

从上世纪60年代开始，厦门大学与吉林省高校间的进修培训、来校讲学、联合科研等活动便有序开展。数十年来，解决学科发展不均衡问题，将地方、国家需求融入学科建设等"默契"，逐渐成为了厦大与吉林校地情缘中不可或缺的一环。

上世纪60年代，厦门大学张乾二教授参与了吉林大学唐敖庆教授"配位场理论"课题组研究，将原子结构研究成果推广到分子体系，研究为发展稀土化合物的应用提供了理论依据。这个国际领先的成果获得1982年国家自然科学奖一等奖。

在我国化学史上，化学模拟生物固氮研究是极具代表性意义的课题。1972年，厦大蔡启瑞教授与唐敖庆、卢嘉锡两位杰出的科学家联袂参加共襄化学模拟生物固氮的研究方略，从不同角度在国际上最早提出多核原子簇结构的固氮酶活性中心模型和已知的固氮酶底物的多核配位活化模式，极大带动了中国催化学科的发展。

1973年，唐敖庆（2排右2）、卢嘉锡（2排右3）、蔡启瑞（2排右1）在厦门研讨化学模拟生物固氮

1955年，黄本立在中科院吉林应化所子光谱分析实验

到了上个世纪80年代，改革开放浪潮在中国涌动。作为经济特区的厦门，学科建设亟待崭新力量注入。61岁的黄本立积极响应中科院关于支援特区建设的号召，作别奋斗了36年的东北，南下来到厦门大学。

"国家需要解决什么问题我就做什么。"早在1950年，25岁的黄本立等不及毕业，毅然放弃赴美留学的机会，和同学们热血沸腾地北上"革命"去了，来到长春东北科学研究所，将自己的命运与原子光谱分析紧扣。而在厦门大学，黄本立从无到有建成了堪称国内一流的原子光谱实验室，对厦门大学现代分析科学的学科建设和发展起到重要作用。

一直以来，由吉入厦的师者中不乏学科带头人。其中，厦大历史系教授、博导王旭由东北师范大学调入，厦大中文系教授、博导李无未来自吉林省敦化市，毕业于吉林大学。他们在厦大坚持立德树人，推进教学科研改革，为一流学科建设注入不竭动力。与此同时，厦大为国育才初衷不改——曲晓辉，吉林长春人，全国会计硕士专业学位论证发起人，1989年毕业于厦门大学会计学系，获博士学位，是我国第一位经济学（会计学）女博士和第一位会计学博士生女导师。

承前启后，继往开来。在新时期，厦门大学与吉林的合作交流始终落在实处，着眼未来。

厦门大学与吉林大学姊妹情深，两校领导高度重视、密切联系，建立起深厚友好的合作关系。2009年，《厦门大学吉林大学关于交流培养本科生协议书》签订，推动两校教育资源共享，切实提高人才培养质量。厦门大学法学院与吉林大学法学院在多领域深化合作，著名法学家张文显教授长期受聘任厦大法学院兼职教授、博导，致力于学术推广与人才培养。

2015年至2018年，厦大为吉林省政府部门及企事业单位[illegible]

2018年11月26日，吉林大学黄大年先进事迹报告团应邀做客厦门大学师德师风讲堂暨党校名家讲坛

[illegible]

2018年11月，吉林大学黄大年先进事迹报告团走进厦大，生动讲述黄大年感人事迹，厦大师生无不为新时期优秀知识分子"心有大我，至诚报国"的崇高境界而备受激励。

2019年6月，在白求恩逝世80周年之际，吉林大学医学部门前新落成了一座白求恩铜像，其设计者是厦门大学艺术学院林春教授，时任吉林大学党委书记、曾任厦门大学党委书记的杨振斌为铜像揭幕。厦门大学与吉林大学的缘分因为弘扬"毫不利己、专门利人"和"满腔热忱、精益求精"的白求恩精神而更加深厚。

奉献吉林各行各业的厦大人

洁白雾凇花，梦里长白山。改革开放以来，一大批有理想、有抱负的厦大实干青年，沿着前辈的路径，在吉林这片热土扎根立业，绽放青春之花。

工业，是吉林省经济的重要支柱。一汽则是重点企业中"抓自主、狠创新、勇改革"的排头兵。厦大统计系校友辛士明自2007年毕业后，便成为了一名光荣的"一汽人"。无论是前期参与投资、成本管理，还是当前从事汽车金融推广工作，他始终秉承"自强不息，止于至善"的厦大校训精神，兢兢业业、履职尽责。在其团队的助力下，"解放"成为国内第一卡车品牌。他个人也在2018年获得集团优秀党员称号。

吉林的政治、金融、教育、媒体、科技等诸多领域，同样活跃着厦大人的身影。

他们中，有的是经济金融行业先锋。王学宇，高级经济师、研究员，吉林德惠人，中共党员，硕士毕业于厦大经济学院财金系，中国农业银行吉林省分行原副行长。工作期间，王学宇脚踏实地为吉林省金融事业贡献智慧；积极组织开展各类群众性研究活动，深入推进产教融合；笔耕不辍，撰写大量调查、规划、方案、学术专著等，其撰写的《关于农村利率的调查报告》获中央有关部门的高度评价和重视，文中有关建议为国家调整方案采用。

他们中，有的是驻守基层的奋斗者。董雪冰，河南兰考人，曾为厦大计统系本科生。他将焦裕禄作为为人民服务的榜样，认定"吉林是一片可以安放青春与梦想的土地"，从兄弟学校研究生毕业后主动选择到长春基层锻炼成长，一干就是8年。

他们中，有的是求真务实的科研工作者。厦大2001届校友、中科院长春光学精密机械与物理研究所白越研究员致力于无人飞行器研究与应用，其团队自主研发的专用无人机为东北三省生物防治工作提供科学保障。厦大1991届校友、中科院长春应用化学研究所苏朝晖研究员，厦大1995届校友、中科院长春应用化学研究所白晨曦研究员也分别在各自领域潜心研究，发光发热。

他们中，还有为城市转型发展提供支持的高新企业。"中国城镇化的速度很快，环保是个大市场……"厦大化学博士毕业生王焱良在校创业期间就曾在环保科技研发领域初试锋芒。如今，他带领厦门市净屋环保科技有限公司的团队将空气净化新方案带到了长春。

战"疫"有我　厦大附属医院中的最美医学人

2019年4月6日，时值厦门大学建校98周年校庆之日，厦门大学附属翔安医院盛大开业。

[illegible]

支援发热门诊，作为党员和带头人，理应冲锋在前，所以我和科室医生主动报名到门诊出诊。为医院发展，为百姓健康出力是分内事，没有什么特别的。"厦大翔安附属医院的内分泌科主任王威说。

王威，1974年出生，籍贯吉林永吉。在厦大附属翔安医院的发展过程中，他勇担当、甘奉献，积极推进建设厦门首家国家标准化代谢性疾病管理中心，着力发展医院内分泌科医疗特色，全力助力厦大医学教学科研发展。这一次，面对疫情的突然来袭，他又站了出来，不计私利，坚定地走在前方。

在翔安医院下发"征集参加武汉前线防控的医护人员"通知后，来自吉林长春的麻醉科主治医师邓斌瞒着家人报了名。在得知医院停止休假紧急召回时，他又第一时间改签机票，从千里之外的故乡迅速返回医院，投入到忙碌的临床医疗及抗疫工作当中。

春节与家人团聚不足48小时，附属翔安医院药学部药师王菁就踏上了从吉林到厦门3000多公里的回厦路程。为了打消家人的挂念，她每日上岗前都会留下一张自拍照发给家人。

"只要生命还可珍贵，医生这个职业就值得敬佩。"籍贯吉林省扶余县的感染科医师莫雪说。"我们一定坚守岗位，毫不懈怠，坚持科学防疫，做好预检分诊，守护群众安全！"来自长春的护士长周丽伟话语铿锵。

党员带头，坚守一线。他们或毕业于吉林高校，或在身上有着鲜明的标签——"吉林人"，他们来厦的时间各有不同，但他们守护"健康厦门"的决心毫无二致。从东北雪国到东南海滨，他们的加入，让"医者仁心"的职业精神在厦门及荆楚大地上熠熠生辉。

……

"个人梦"融入"中国梦"，"青春梦"托起"中国梦"。在新时代的伟大实践中，厦大人不负韶华、只争朝夕，在不同领域、不同行业中书写下自己的奋进之笔。在校地合作新征程，期待厦门大学与吉林省携手共进，推动教育教学、科研创新、社会服务领域合作迈上新台阶。

（本版图片均为资料图片）

厦门大学翔安医院医生在抗疫一线

【《吉林日报》2020年3月19日】

“据《章太炎年谱长编》载：‘子才善测绘，尝为吉林图’……缪子才‘绘吉林、黑龙江二图，较旧东三省图为精’。”在《鲁迅与他的乡人》一书中，缪篆的事迹收录其间。缪篆（1877—1937），字子才，泰州人，哲学家，康熙年间探花缪沅的后裔，画家范曾的外祖父。早年留学日本的他，曾在厦大与鲁迅共事，任哲学教授，著述颇丰。

由此可窥，在厦大建校初期，“吉林地图测绘者”与“厦大教授”的双重碰撞，让厦大与吉林校地情缘的序曲悄然奏起。

百年回眸，南北相望，厦大与吉林省，一所高等学府与一个省份的悠远情缘，在时光流转中娓娓道来。或隐于文献书籍中的淡然一笔，或在口口相传中延展开来，直至今日，仍在一笔一画、浓墨重彩地续写着崭新章节——

志在东北　愿将此身长报国

将镜头对准新中国成立初期的这一批厦大人。从四季常青的南国海滨到冰天雪地的北国，这些壮志青年用足迹表明：报效祖国，无悔一生。

1946 年的秋天，正值抗战胜利后厦大从长汀迁回厦门，来自福建永定的陈溶年考入了厦大数理系。1950 年，他从电机系毕业，成为新中国第一届毕业生。同年 8 月，他接受国家首次高等学校毕业生统一分配，由东北人民政府工业部派到东北电业管理局，在辽源发电厂任技术员，成为东北建设新兵。

“自强不息为动力，止于至善作旨宗。”在长达 40 余年的电力建设工作中，陈溶年对东北尤其是吉林省的电力发展事业作了很多方面的贡献。除了从事电力生产的技术研究与创新工作，他长期担任市、省电力工业局的领导。1980 年在省局任副局长后，他主持农村电气化工程，负责全省电网建设规划，亲自筹建省电力系统技术学校、职工大学，帮助吉林省核电站前期工作……工作期间，他获得了党和政府的多项奖励和表彰：1959 年被评为吉林省先进生产者，1989 年能源部评定其为教授、研究员级高级工程师，1992 年起享受国务院特殊津贴，名字和事迹被载入《中国电力人物志》。

“吾日三省吾身——为四化大局谋而不忠乎？与国内外同行交流学术而乏创新乎？奖掖后进不落实乎？”这是物理化学家、中科院院士卢嘉锡的座右铭。1994 年，卢嘉锡手书此条幅赠予陈溶年等同学。陈溶年如获至宝，对他而言，卢嘉锡是永定老乡、师长，亦是在厦大开学典礼中的“演讲者”“领路人”，而这“三省”在无形间早已成为自己践行一生的行为准则。

另一位是陈鼎铭。祖籍福建南安的陈鼎铭出生于柬埔寨金边市的一个华侨家庭，1948 年报考大学时，在法国和中国之间，陈鼎铭选择了后者。1952 年，厦大毕业后，在留校任教与去东北工作之间，他再一次遵从本心。

时任校长王亚南给毕业生做报告时说："中国包括以前的大学生，全国只有24万人，要建设社会主义新中国到处都缺少人才。""祖国的需求就是我的志愿"，既然国家需要一大批人到东北支援老工业基地，陈鼎铭不甘为人后，毅然报名。他与厦大150多名同学坐汽车到江西上饶再挤上一节火车厢，走了七天七夜，到达沈阳。他先被分配到东北人民政府，后来调至吉林省。

落户吉林，满怀赤诚。从工业厅到石化设计院，再到出任吉林省侨联副主席、名誉主席，长春华侨饭店董事长，无论身居何职，陈鼎铭始终恪尽职守。在吉林期间，他为吉林市亚麻厂合资经营、一汽卡车出口印尼、合资兴建长春华侨饭店等付出了辛勤的汗水。因其为吉林省经济建设和海外来华投资作出的贡献，1994年，他荣获"全国侨界十杰"荣誉称号。

为吉林省邮电管理事业砥砺前行的厦大1949届机电工程学系毕业生李存模，将青春奉献给吉林丰满水电站的1952届土木工程学系毕业生薛希贵，奋斗在中国科学院长春应用化学研究所科研一线的1952届化学系毕业生秦汶……一个名字背后便是一个别样的故事，他们来自五湖四海，尽管专业身份各异，却怀着同一个梦想，以国家为先，毅然北上，用行动书写好厦大人与新吉林人的精彩开篇。

高校协同　与国家发展同频共振

"专家来校年月：1962.2.3。专家所属单位：吉林大学数学系。专家姓名：王柔怀……讲学方式：上课……起讫时间：62.2.19—3.17。每周时数：9。共30节。"这是厦门大学档案馆珍藏的"1961—1962年度专家来厦大情况登记表"的一项记录。

从20世纪60年代开始，厦门大学与吉林省高校间的进修培训、来校讲学、联合科研等活动便有序开展。数十年来，解决学科发展不均衡问题，将地方、国家需求融入学科建设等"默契"，逐渐成为厦大与吉林校地情缘中不可或缺的一环。

20世纪60年代，厦门大学张乾二教授参与了吉林大学唐敖庆教授"配位场理论"课题组研究，将原子结构研究成果推广到分子体系，研究为发展稀土化合物的应用提供了理论依据。该国际领先的成果获得1982年国家自然科学奖一等奖。

在中国化学史上，化学模拟生物固氮研究是极具代表性意义的课题。1972年，厦大蔡启瑞教授与唐敖庆、卢嘉锡两位杰出的科学家联袂参加共襄化学模拟生物固氮的研究方略，从不同角度在国际上最早地提出多核原子簇结构的固氮酶活性中心模型和已知的固氮酶底物的多核配位活化模式，极大带动了中国催化学科的发展。

20 世纪 80 年代，改革开放浪潮在中国涌动。作为经济特区的厦门，学科建设亟待崭新力量注入。61 岁的黄本立积极响应中科院关于支援特区建设的号召，作别奋斗了 36 年的东北，南下来到厦门大学。

【1955 年，黄本立在中科院吉林应化所做原子光谱分析实验】

“国家需要解决什么问题我就做什么。”早在 1950 年，25 岁的黄本立就等不及毕业，毅然放弃赴美留学的机会，和同学们热血沸腾地北上“革命”去了，来到长春东北科学研究所，将自己的命运与原子光谱分析紧扣。而在厦门大学，黄本立从无到有建成了堪称国内一流的原子光谱实验室，对厦门大学现代分析科学的学科建设和发展起到了重要作用。

一直以来，由吉入厦的师者中不乏学科带头人。其中，厦大历史系教授、博导王旭由东北师范大学调入，厦大中文系教授、博导李无未来自吉林省敦化市，毕业于吉林大学。他们在厦大坚持立德树人，推进教学科研改革，为一流学科建设注入不竭的活力与动力。与此同时，厦大为国育才初衷不改——曲晓辉，吉林长春人，全国会计硕士专业学位论证发起人，1989 年毕业于厦门大学会计学系，获博士学位，是中国第一位经济学（会计学）女博士和第一位会计学博士生女导师。

承前启后、继往开来，在新时期，厦门大学与吉林合作交流始终落在实处，着眼未来。

厦门大学与吉林大学姊妹情深，两校领导高度重视、密切联系，建立起深厚友好的合作关系。2009 年，“厦门大学吉林大学关于交流培养本科生协议书”签订，推动两校教育资源共享，切实提高人才培养质量。厦大法学院与吉大法学院在多领域深化合作，著名法学家张文显教授长期受聘任厦大法学院兼职教授、博导，致力于学术推广与人才培养。

【2018 年 11 月 26 日，吉林大学黄大年先进事迹报告团应邀做客厦门大学师德师风讲堂暨党校名家讲坛】

2015 年至 2018 年，厦大为吉林省政府部门及企事业单位开展干部能力提升培训班、高级研修班等近 20 个班次，培训 800 多人次。

2012 年至 2019 年，厦大共组织了 12 支队伍奔赴吉林参加社会实践，结合所学专业，调研国企改革等热点议题，为服务地方经济发展挥洒青春热血。

2018 年 11 月，吉林大学黄大年先进事迹报告团走进厦大，生动讲述黄大年感人事迹，厦大师生无不为新时期优秀知识分子“心有大我，至诚报国”的崇高境界而备受激励。

2019 年 6 月，在白求恩逝世 80 周年之际，吉林大学医学部门前新落成了一座白求恩铜像，其设计者是厦门大学艺术学院林春教授，时任吉林大学党委书记、曾任厦门大学党委书记杨振斌为铜像揭幕。厦门大学与吉林大学的缘分因为弘扬“毫不利己、专门利人”和“满腔热忱、精益求精”的白求恩精神而更加深厚。

奉献吉林　各行各业的厦大人

洁白雾凇花，梦里长白山。改革开放以来，一大批有理想、有抱负的厦大实干青年，沿着前辈的路径，在吉林这片热土扎根立业，绽放青春之花。

工业，是吉林省经济的重要支柱。一汽则是重点企业中“抓自主、狠创新、勇改革”的排头兵。厦大统计系校友辛士明自 2007 年毕业后，便成为一名光荣的“一汽人”。无论是前期参与投资、成本管理，还是当前从事汽车金融推广工作，他始终秉承“自强不息，止于至善”的厦大校训精神，兢兢业业、履职尽责。在其团队的助力下，“解放”成为国内第一卡车品牌。他个人也在 2018 年获得集团“优秀党员”称号。

吉林的政治、金融、教育、媒体、科技等诸多领域，同样活跃着厦大人的身影。

他们中，有的是经济金融行业先锋。王学宇，高级经济师、研究员，吉林德惠人，中共党员，硕士毕业于厦大经济学院财金系，中国农业银行吉林省分行原副行长。工作期间，王学宇脚踏实地为吉林省金融事业贡献智慧：积极组织开展各类群众性研究活动，深入推进产教融合；笔耕不辍，撰写大量调查、规划、方案、学术专著等，其撰写的《关于农村利率的调查报告》获中央有关部门的高度评价和重视，文中有关建议为国家调整方案采用。

他们中，有的是驻守基层的奋斗者。董雪冰，河南兰考人，曾为厦大计统系本科生。他将焦裕禄作为榜样，认定“吉林是一片可以安放青春与梦想的土地”，从兄弟学校研究生毕业后主动选择到长春基层锻炼成长，一干就是 8 年。

他们中，有的是求真务实的科研工作者。厦大 2001 届校友、中科院长春光学精密机械与物理研究所白越研究员致力于无人飞行器研究与应用，其团队自主研发的专用无人机为东北三省生物防治工作提供科学保障。厦大 1991 届校友、中科院长春应用化学研究所苏朝晖研究员，厦大 1995 届校友、中科院长春应用化学研究所白晨曦研究员也分别在各自领域潜心研究、发光发热。

他们中，还有为城市转型发展提供支持的高新企业。“中国城镇化的速度很快，环保是个大市场……”厦大博士毕业生王焱良在校创业期间就曾在环保科技研发领域初试锋芒。如今，他带领厦门市净屋环保科技有限公司的团队将空气净化新方案带到了长春。

战“疫”有我 厦大附属医院中的最美医学人

2019 年 4 月 6 日，时值厦门大学建校 98 周年校庆之日，厦门大学附属翔安医院盛大开业。

“这场没有硝烟的战斗，对成立不到一年的附属翔安医院来说是挑战更是检验。”2020 年新春，新冠肺炎疫情打破了这个本该热闹的“年”。处于厦门战“疫”一线的医务工作者用敬业奉献筑牢生命健康防线。

“在疫情来临之际，没有考虑那么多，临值春节，院里通知支援发热门诊，作为党员和带头人，理应冲锋在前，所以我和赵宏医生主动报名发热门诊出诊。为医院发展、为百姓健康出力是分内事，没有什么特别的。”厦大翔安附属医院的内分泌科主任王威说。

【厦门大学翔安医院医生在抗疫一线】

王威，1974 年出生，籍贯吉林永吉。在厦大附属翔安医院的发展过程中，他勇担当、甘奉献，积极推进建设厦门首家国家标准化代谢性疾病管理中心，着力发展医院内分泌科医疗特色，全力助力厦大医学教学科研发展。这一次，面对疫情的突然来袭，他又站了出来，不计私利，坚定地走在前方。

在翔安医院下发“征集参加武汉前线防控的医护人员”通知后，来自吉林长春的麻醉科主治医师邓斌瞒着家人报了名。在得知医院停止休假紧急召回时，他又第一时间改签了机票，从千里之外的故乡迅速返回医院，投入到忙碌的临床医疗及抗疫工作当中。

春节与家人团聚不足 48 小时，附属翔安医院药学部药师王菁就踏上了从吉林到厦门 3000 多公里的回厦路程。为了打消家人的挂念，她每日上岗前都会留下一张自拍照发给家人。

“只要生命还可珍贵，医生这个职业就值得敬佩。”籍贯扶余县的感染科医师莫雪说。“我们一定坚守岗位，毫不懈怠，坚持科学防疫，做好预检分诊，守护群众安全！”来自长春的护士长周丽伟话语铿锵。

党员带头，坚守一线。他们或毕业于吉林高校，或身上有着鲜明的标签——“吉林人”，他们来厦的时间各有不同，但他们守护“健康厦门”的决心毫无二致。从东北雪国到东南海滨，他们的加入，让“医者仁心”的职业精神在厦门及荆楚大地上熠熠生辉。

……

“个人梦”融入“中国梦”，“青春梦”托起“中国梦”。在新时代的伟大实践中，厦大人不负韶华、只争朝夕，在不同领域、不同行业中书写自己的奋进之笔。在校地合作新征程中，期待厦门大学与吉林省携手共进，推动教育教学、科研创新、社会服务领域合作迈向新台阶。

（文 / 林济源　楼红英）

自强不息
止於至善

北国思鹭岛
纸短情义长

——厦门大学与黑龙江的校地情缘

【《黑龙江日报》2020年8月4日】

这里，广袤而肥沃的黑土地一望无垠，万山红遍、层林尽染，千里冰封、万里雪飘的如诗画卷尽收眼底；这里，一条蜿蜒4300多公里的界江连接着中国版图的最东端和最北端，这就是被誉为“地球之肾”“冰雪北国”的黑龙江省。从黑龙江省最北端沿着地图轮廓线，绵延南下至东海之滨厦门湾旁，就来到素有“最美校园”“南方之强”美誉的厦门大学，她是一所由著名爱国侨领陈嘉庚于1921年创办的高等学府。百年时光流转中，厦园记载着一批批龙江人奋斗的身影，辽阔的黑土地上，也挥洒着一代代厦大人的青春热血。

南强栋梁　报国情怀

1925年，厦门大学化学系迎来了一名新生——陈康白。

他在厦大攻读化学专业，受到了厦大时任化学系主任、著名化学家刘树杞的指导，成绩优异并留校任教。

那个时候的陈康白大概不知道，若干年后，他会来到创建于1920年的百年名校哈尔滨工业大学，成为哈工大校长和哈工大军工奠基人之一。

【陈康白（网络资料图）】

新中国成立初期，我国重工业基础薄弱，国家工业水平亟待提高，1951年6月25日，陈康白临危受命，奔赴哈尔滨工业大学主持工作。彼时，他已经是德国哥廷根大学毕业的“海归”博士。陈康白甫一上任，便成为当时整个中国高等教育界关注的焦点。

所谓大学者，非谓有大楼之谓也，有大师之谓也，师资正是大学发展的第一资源和要素。1950年，教育部电告各省选派2~3名优秀青年教师、助教到哈工大读研究生。陈康白努力向教育部争取，留下20名教师和干部骨干。他们中很多人后来被誉为哈工大第一代“八百壮士”的组成人员。陈康白倡导的多种师资引进和人才培养模式，为现今哈工大的雄厚师资力量奠定了良好的基础。

“设备很要紧，要购买现在最先进的设备。”陈康白十分重视仪器设备的购置和使用，重视实验室等科研基地建设。哈工大从苏联购进了一大批先进仪器设备，一批一流的实验室投入运转，其中包括当时全国最大、最强的结构实验室，这间实验室成为后来多所高校建造结构实验室的样板。陈康白的办学理念立足于国家需求和现代化建设，在他的推动下，哈工大以自己鲜明的办学特色，对全国高等教育特别是高等工业学校办学贡献了宝贵经验。

为国家建设培养栋梁之材的共同使命使得厦大与黑龙江高校的交流合作绵延不断。

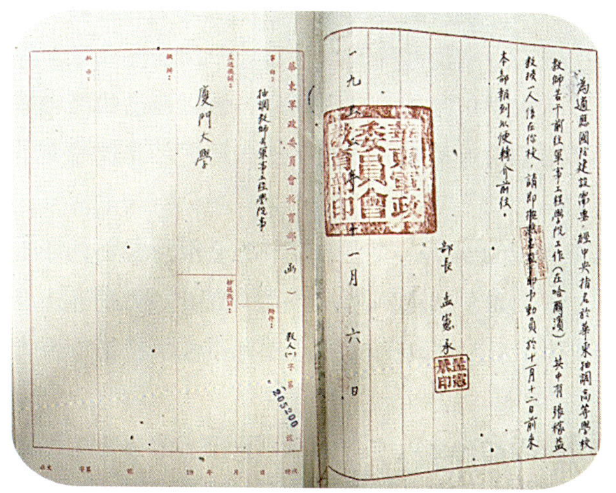
華東軍政委員會教育部（函）
厦門大學
抽調教師前往軍事工程學院事

為適應國防建設需要，經中央指定於華東抽調高等學校教師若干前往軍事工程學院工作（在哈爾濱）。其中有張稼益教授一人係在你校，請即飭[illegible]動員於十月十二日前來本部報到以便轉介前往。

部長 孟憲承

一九[illegible]一月六日

【1952 年，抽调厦门大学教师赴哈尔滨军事工程学院的函件】

新中国初建的中国海军，对舰船动力的技术需求和人才需求都十分迫切。1953 年哈军工成立之初，舰船动力仅有海军工程系造船科下设的 352 教授会。曾在厦大任教的张稼益教授是 352 教授会主任，他带着一批优秀人才启动专业建设、教材编著、实验室建设等工作，为舰船动力发展贡献了很大力量。

1984 年 12 月，哈工大与厦大建立协作关系，此后几十年间，多位哈工大毕业的优秀人才来到厦门，助力厦大工科腾飞。比如曾任厦大软件学院院长的廖明宏教授和现任厦大信息学院特聘教授、国家优秀青年科学基金获得者纪荣嵘教授。纪荣嵘教授在移动视觉搜索、视觉场景分析、社会多媒体方向取得了突出的研究成果，为学校在人工智能领域的新开拓打下了较好基础。

一位在黑龙江出生并生活多年的厦大校领导对黑龙江与厦大的人文和地缘有着隽永深长的切身感受，他说："上世纪 80 年代全国流行两首著名的'岛屿'歌曲，一首《太阳岛上》，一首《鼓浪屿之波》。太阳岛位于哈尔滨松花江畔，鼓浪屿毗邻厦门鹭江之滨。喜爱这两首歌的人都会对黑龙江与厦大的情缘怀有深刻的理解，在太阳岛的悠远大气与鼓浪屿的清新典雅之间，传递的是大家心底里对祖国锦绣河山的热爱！"

龙江英才 厦大名师

厦门大学在创校之初，陈嘉庚先生就提出 "独是师资一项，最为无上第一要切"。昔日厦大学子陈康白北上黑龙江，担任名校校长举贤任能尽心办学。如今龙江人南下厦门大学，成为名师名家，齐心助力一流大学建设。

1996 年，在国家教委、卫生部、省市两级政府的大力支持和帮助下，厦门大学医学院正式宣告成立。与此同时，一批怀揣远大医学志向和热心特区建设的人士从全国各地来到厦大，投身于医学院的建设中，其中包括多位龙江人。

厦大医学院建院20周年“突出贡献奖”获得者金铮教授就是杰出代表。当时，哈尔滨医科大学前校长金铮教授受邀任厦门大学校长顾问，指导厦大推进医学院建设。在鹭岛工作的8年里，他以丰富的医科院校办学经验帮助厦大医学学科建设发展，为解决建院之初师资紧张的问题，他四处奔走，引进了一批优秀师资。从瑞典归国的厦大医学院前副院长齐忠权教授本科就读于哈尔滨医科大学医疗系，在厦期间，他以自己的努力搭建了厦门医学界与国际交流的新桥梁，帮助学校与欧美，以及澳洲多所著名高校建立了良好的交流合作关系。

现任厦大医学院副院长、“厦门市五一劳动奖章”获得者薛茂强教授曾在黑龙江工作多年。在他和同事们的不懈努力之下，解剖台、标本陈列室等实验设备从无到有，厦大也成为厦门市第一家遗体器官捐赠接受点，建立了较完备的实验标本教学机制，极大地提高了学生的实践能力。

在厦大附属的多家医院，有数百位龙江籍的医学人才。他们为厦门、为福建人民的健康福祉贡献了力量。被誉为“刀尖上的舞者”的著名神经外科专家王占祥教授，原籍黑龙江大庆。新冠肺炎疫情来袭时，他以常务副院长身份临危受命担任厦门市新冠肺炎定点救治医院院长，日以继夜备战在厦门市防控疫情的第一线，成为厦门防控疫情的“守护神”。疫情期间，他正式被任命为厦门大学附属第一医院院长。

黑龙江籍学者在厦大多个学科领域深耕、发光：马克思主义与中国发展研究所所长张艳涛教授，绥化人；台湾研究院副院长张羽教授，伊春人；在证监会、上交所、深交所里打造 “移动课堂”的法学院肖伟教授，齐齐哈尔人……他们以自己对教学与科研的认真执着共同为学校的人才培养贡献着力量。

校地合作　硕果累进

2020年4月24日上午，一场特殊的研究沙龙在线举行，一端是即将迎来百岁华诞的中国高等教育学科奠基人、著名教育家，厦门大学潘懋元教授和他的多位弟子；另一端是远在嫩江之畔的齐齐哈尔工程学院的近百位教师，大家围绕“以学生为中心”课程建设研究进行了热烈而深入的讨论。

厦门大学是我国高等教育研究的重镇，以潘先生为代表的厦大学者们坚持“高等教育研究者眼睛要往下看，要着眼于现实，要关注社会大众，要勇于承担社会责任”，多年来持续关心黑龙江省民办院校的发展、职业院校的壮大、地方院校的转型等，多次远赴黑龙江实地调查，撰写研究论文、组织课题研究，为黑龙江省高等教育事业的发展出谋划策。

优势互补、合作共赢，厦大和黑龙江虽远隔数千里，却紧密相连。近年来，厦大紧紧围绕黑龙江省经济社会发展需求开展科研攻关，在航空工业、机械制造、发展规划等方面提供科技研究及决策咨询服务。

厦大航空航天学院与中国航空工业集团公司哈尔滨空气动力研究所有着长期合作关系。厦大航空航天学院常务副院长、“中国青年五四奖章”获得者尤延铖教授作为气动院研究所的学术委员会委员，每年多次前往哈尔滨，参加年度评估工作，进行学术交流，努力搭建更加广阔的学术平台。2019 年，厦大能源学院和哈尔滨工程大学动力与能源工程学院签署战略合作协议，双方充分发挥各自研发优势，正在合力为服务国家重大战略需求的大成果协同攻关。

南鹭北燕　展翅高飞

2008 年 9 月 6 日，北京残奥会开幕式在“鸟巢”隆重地拉开帷幕。在全场数万观众的注视中，侯斌缓缓地上升到位于场地上空的主火炬台下。他手持“祥云”火炬，点燃位于主火炬台下方的引火装置。霎时一条火龙盘旋而上，点燃了北京残奥会的主火炬台。出生于佳木斯、获过三届残奥会跳高金牌，成长为优秀运动员、厦大新闻传播学院广告学专业学子侯斌，以这样的方式在残奥会历史上留下了浓重的一笔。而他一路走来，唱歌、修手表、学画画、当工人和担任北京申办冬奥会形象大使的自强故事，更是激励了无数厦大学子。

【侯斌点燃北京 2008 残奥会主火炬（网络资料图）】

与侯斌一样，许多位龙江人从冰雪北国来到东海之滨，与美丽的厦大邂逅，成为厦大人。北国之寒赋予了他们面对磨难刚毅不屈的毅力，鹭岛海风让他们以水善利万物的方式乐于助人。他们在厦大学知识、学本领，学成之后在各行各业贡献着智慧和力量。

“我是闯关东的后代，来自东北，在大庆铁人精神和北大荒精神的哺育下成长，也感悟着下南洋英雄陈嘉庚先生伟大的爱国情怀。在武汉，一路支撑我们走来的是爱和责任，我不怕辛苦，更不能退缩，深知自己多坚持一秒，患者就多一分康复的希望”。新冠肺炎疫情袭来，厦大附属翔安医院急诊医学科护师、“90后”张楠第一时间请战驰援武汉。52天里，她全身心投入在重症病区悉心照料病患，从没有一丝一毫的懈怠。为了使患者消除病房生活的恐惧不安，没有学过画画的她在防护服上画哪吒、孙悟空、葫芦娃，用幽默和乐观传播正能量，用驱魔战鬼的卡通形象激发患者对抗病毒的顽强信心。这位以自己的勇敢激励别人的勇敢，以自己的豁达激发患者自信的龙江姑娘，在武汉抗疫第一线光荣地加入中国共产党。

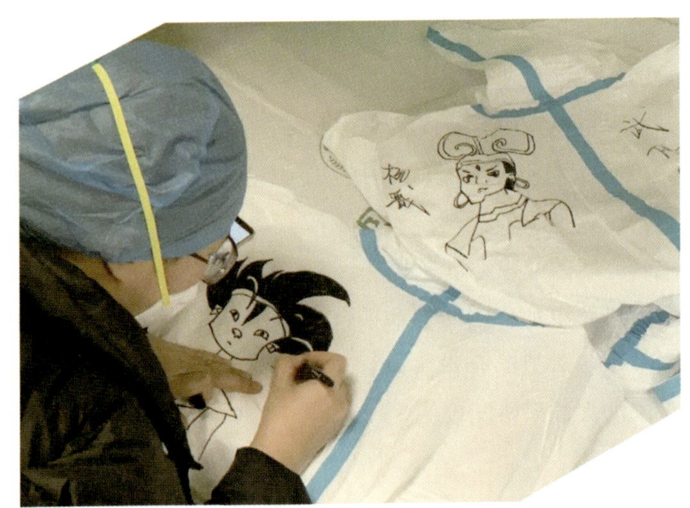

【正在为大家的防护服作画的张楠】

北国好风光，厦门满城花。勤劳勇敢的黑龙江人不会忘记“东北抗联精神、北大荒精神、大庆精神、铁人精神”，而“爱国、革命、自强、科学”的厦门大学四种精神也已融入厦大人的血液里。北上南下的南鹭北燕们，在龙江精神与厦大精神的交相辉映中，正不断开拓创新、和鸣时代，共谱校地发展新的篇章。

（文/刘　宁　欧阳桂莲　王柏晴　曾芷霖）

东风海上来
潮畔大厦生
——厦门大学的沪上情缘

东风海上来 潮畔大厦生
——厦门大学的沪上情缘

郭俊秀 魏 昊 谢图南

上海，这颗太平洋西海岸的明珠、中国最大的工商业城市，与厦门大学所在的厦门，均以港立市、因商而兴。在百年发展历程中，上海与厦门大学有着极为深厚的历史渊源，是厦门大学孕育之所、启航之地，也是众多厦大学子心怀天下、回报社会的一个大舞台。在上海海纳百川而成其大、追求卓越而立其伟的进程中，厦大学子倾情奉献，恰如一束束被誉为“校花”的凤凰花，红艳艳怒放于浦江两岸。

启航之地

校叶相连

契合的精神气质

南强才俊耀浦江

沪上学人在厦大

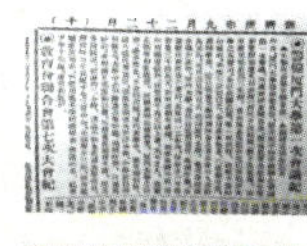

图 1.厦门大学建南楼群
图 2.厦大校训刻石
图 3.1920 年，《申报》报道厦大筹备委员会第一次会议
图 4.1994 年 4 月 6 日，厦大建校 73 周年庆祝大会上，卢嘉锡（左三）、谢希德（左四）和校领导向“南强奖”获得者颁奖

【《解放日报》2020 年 10 月 22 日】

上海，这座太平洋西海岸的明珠，中国最大的工商业城市，与厦门大学所在的厦门，同属“五口通商”的口岸，对外开放的门户，均以港立市，因商而兴。在百年发展历程中，上海与厦门大学具有最深厚的历史渊源，是厦门大学孕育之所、梦想起航之地，也是众多厦大学子心怀天下、回报社会的大舞台。在上海海纳百川而成其大，追求卓越而立其伟的进程中，厦大学子倾情奉献，恰如被誉为“校花”的一束束凤凰花，浓烈火红怒放于浦江两岸。

启航之地

位于中国南北海岸的中心点，上海处于长江与黄浦江的交汇处。上海在宋代成镇，元代设县，明代筑城，清代开埠，它既是中国现代化运动的产物，又扮演中国现代化的肇始者和推进器角色，长期领中国开放风气之先。

百年前的上海，1920 年 11 月 1 日，现代中国的几位著名教育家走进了老靶子路（今武进路）的华侨联合会，他们是：时任江苏教育会副会长黄炎培，全国青年总干事余日章，私立上海复旦大学校长李登辉，南京高等师范学校校长郭秉文，私立上海大同大学校长胡敦复，北洋政府教育部参事邓萃英，福建省立第十三中学校长黄琬。他们作为厦门大学筹备委员会委员，应陈嘉庚之邀，前来出席筹备厦门大学成立的委员会第一次会议。

身居异邦的陈嘉庚，始终心怀祖国，他深感祖国积弱乃国民缺乏文化素质教育所致，故而抱着“教育救国”“教育强国”的信念，倾资兴办教育等公益事业。在陈嘉庚的蓝图中，他准备筹建的大学应当是“世界之大学”，因此他选择了当年与世界联系最密切的“十里洋场”上海召开筹备会。

会上陈嘉庚报告了捐资倡办厦门大学的宗旨，他表示：余信救国之道唯一在教育，并为厦门大学确立“研究高深学术，养成专门人才，阐扬世界文化”的宗旨。会议提出并讨论了有关办校的各种问题，包括成立厦门大学董事会、确定大学行政和教学机构、决定厦大开学时间、推举邓萃英为首任校长等事宜。

籌備厦門大學第一次會議紀

教育會聯合會第七次大會紀

【1920 年 11 月 2 日，《申报》报道厦门大学筹备委员会第一次会议】

1920 年 11 月 2 日的《申报》郑重地记载了这段历史。毫无疑问，正是在上海，怀抱教育救国理想的一批民族精英谋划了厦门大学的未来，描绘了学校发展的蓝图。

从上海起航，厦大开始了她波澜壮阔的兴学航程。天风海涛，鹭江深长。百年来，厦大人秉持陈嘉庚立校志向，艰苦创业，奋发图强，取得了令世人瞩目的成就，赢得了“南方之强”的美誉。

枝叶相连

厦门大学与上海的高校颇有渊源。1924 年在上海成立的大夏大学，最初的师生主要来自厦门大学。1951 年，大夏大学和光华大学合并，同时调进复旦、同济等高校部分系科，在大夏大学原址上成立了华东师范大学。

1952 年，新中国经过三年的努力，国民经济得到了全面恢复和发展，为了适应大规模的经济建设对人才的急需，中央决定开展以东北、华北、华东为重点的全国规模的院系调整。厦门大学积极响应中央号召，服从高校教育资源统筹布局，与众多上海高校结下不解之缘。

1952 年至 1953 年，厦门大学的法律系与原圣约翰大学、复旦大学、南京大学等八所高校的法律系、政治系和社会系等合并组建成立华东政法学院，成为新中国创办的第一批高等政法院校，这就是现在的华东政法大学。厦大也因此被誉为对华东政法大学创办作出重要贡献的大学之一。当时，有 53 名厦大学生转入华东政法学院，其中包括陈鹏生、张斌生、庄亨浩等。陈鹏生从事法律史学教学和研究，曾任华东政法学院副院长、中国法律史学会会长，也担任过厦门大学上海校友会理事长。他倡议成立的中国儒学与法律文化研究所，成为当时全国法律院校中第一个此类研究所，1995 年又在全国第一个招收法文化专业研究生。2012 年，陈鹏生被中国法学会授予“全国杰出资深法学家”称号。

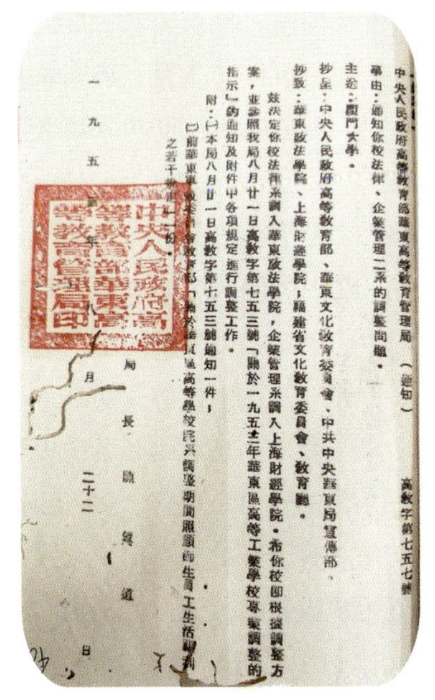
中央人民政府高等教育部華東高等教育管理局（通知）　高教字第七五七號
事由：通知你校法律、企業管理二系的調整問題。
主送：廈門大學。
抄呈：中央人民政府高等教育部、華東文化教育委員會、中共中央華東局宣傳部。
抄致：華東政法學院、上海財經學院；福建省文化教育委員會、教育廳。
茲決定你校法律系調入華東政法學院，企業管理系調入上海財經學院。希你校即根據調整方案，並參照我局八月廿一日高教字第七五三號「關於一九五三年華東區高等工業學校專業調整的指示」的通知及附件中各項規定進行調整工作。
附：(一)本局八月廿一日高教字第七五三號通知一件；
(二)前華東軍政委員會教育部「關於華東區高等學校院系調整期間照顧師生員工生活福利之若干規定」一份。
中央人民政府高等教育部華東高等教育管理局印
局長　陳望道
一九五三年八月二十二日

【1953 年，厦门大学法律系、企业管理系分别调入华东政法学院、上海财经学院】

1953 年前后，厦门大学企业管理系等多所高校的财经系科相继并入上海财政经济学院，该校群贤毕至，成为华东地区著名的财经高等学府，后发展为现在的上海财经大学。50 年代，厦门大学土木专业部分师生与浙江大学、南京工学院等校的部分工科专业一起调入同济大学，进一步充实了同济大学的工科力量。

经过院系大调整，厦门大学原有专业布局发生重大变化，厦大以自己的忍痛割爱，为上海乃至新中国高等教育的发展，作出了贡献。厦门大学与复旦大学、上海交通大学、同济大学、华东师范大学等多所沪上高校在人员交流、学术往来、科研合作等方面互动频繁，形成了高校间协同互济、生动活泼的学术风景线。

契合的精神气质

上海是一座承载着光荣与梦想的城市，经过长期积淀而形成的“海纳百川、追求卓越、开明睿智、大气谦和”的城市精神，为上海的发展提供强有力的精神支撑。厦门大学在百年办学历程中也形成了自己独特的文化传统，秉承“自强不息，止于至善”的校训，弘扬“爱国、革命、自强、科学”精神，坚持为党育人、为国育才。厦大的优良传统与上海的城市精神相得益彰，合于根而契于心。

【厦门大学校训刻石】

上海是中国共产党的诞生地，早期中央领导机构的所在地、早期工人运动的发祥地，红色基因融入城市血脉。厦门大学与中国共产党诞生在同一年，是福建省第一个党组织所在地。1926 年 1 月，厦大学生罗扬才在厦大组建福建省第一个中共党支部，并任支部书记，红色基因从此植入厦大并伴随厦大的发展不断传承。

2018 年，第一届中国国际进口博览会在上海拉开帷幕，“迎五洲客，计天下利”，上海不断用实际行动，诠释开放、创新、包容的鲜明品格。同一时期，厦门大学大力实施全球开放战略，持续深化开放办学，从办学伊始的旨在“与世界之大学相颉颃”到今天初步建成“一带一路”上的教育明珠“厦门大学马来西亚分校”，在展示和弘扬中华民族优良传统文化的同时，理解、学习和接纳世界多元文化。时至今日，当你步入厦大校园芙蓉隧道观赏涂鸦墙，当你在校园偶遇荣获“感动中国 2019 年度人物”的厦大美籍教授潘维廉，当你感慨厦大马来西亚分校为“一带一路”培养民心相通的文化交流使

【厦门大学芙蓉隧道】

者，厦门大学的开放包容和走向世界的文化自信或许就已显现其中。

追求卓越是上海突出的城市品格，这种品格体现在上海城市发展中，就是其勇于创新、敢于争当世界第一的精神。“自强不息，止于至善”是厦门大学建校之初就确立的校训。语出《周易·乾》和《礼记·大学》的厦大校训把顽强的奋斗精神和积极进取的态度融合到了一起。不难体会，希冀积极向上，奋发图强，以臻尽善尽美，厦门大学校训与上海城市精神，有着共同的信念和一致的追求。

沪上学人在厦大

上海作为对外开放的门户，在设立新式学堂，创办现代大学教育的过程中既领全国风气之先，也为其他大学输送教师。在厦门大学创办初期，很多优秀的教师来自上海或是有在上海求学的经历。

周辨明，著名语言学家，倡导汉语拼音先驱人物之一，1911年毕业于上海圣约翰大学，在1921年厦大初创时期，周辨明就到校任教。有感于陈嘉庚“倾资兴学”的精神，他对厦大感情深厚，贡献了自己全部心力。他在厦大工作了27年，历任外文系主任、文学院院长、教务长等职。彼时，初生的厦大正是因为有周辨明等一批大家名师的加盟而声名远播。

中国现代著名学者、文学家、语言学家林语堂，1916年毕业于上海圣约翰大学。1926年，林语堂受厦门大学校长之邀，出任厦大文科主任、筹备国学研究院，由于他的到来，一批大师接踵而至。他们把现代科学精神和研究方法带到了厦大，对厦大文科的发展产生了深远影响。

钱伯海，我国著名经济学家和经济统计学泰斗。厦门大学文科资深教授，统计学国家级重点学科主要创立者和领军带头人。曾任国务院学位委员会经济学科评议组成员、国务院全国国民经济核算统一领导小组总体规划组组长，是“国民经济学”和“国民经济统计学”等多门经济与统计新学科奠基人，他提出的“国民经济核算平衡原则”被称为“钱氏定理”，对中国新国民经济核算体系的改革、建设和发展作出杰出贡献，被誉为“中国的国民经济核算之父”。1951年他复旦大学毕业后到厦门大学任教，曾任厦门大学经济学院院长，毕生勇于探索，开拓创新，成就斐然。获多项国家级和省部级奖励，多次评为省劳模和国家部委优秀教师，主要成果汇集在《钱伯海文集》（共五卷）中。

为厦门大学的百年辉煌奉献自己的光与热的专家学者远不止前述三位，他们各有自己的感人故事和精彩人生。

作家施蛰存，8岁时迁居江苏松江（现属上海市）。1940年至1942年间，施蛰存担任厦门大学中文系副教授。上海愚园路1018号是施先生的旧居，他的书斋“北山楼”得名于福建长汀，当年施先生任教于内迁长汀的厦门大学。“北山”二字寄予了他对长汀、对烽火岁月中在厦大任教时光的深深怀念。

陈汝惠，1917年出生于上海宝山，爱国作家、教育家。抗战年代的上海“孤岛”时期，他以笔代枪，创作了大量思想深刻、文字犀利的文学作品，表达受压迫同胞的心声和对敌人的无比仇恨，发出抗日救国的呼声。解放后，在新中国首任教育部长马叙伦的建议和推荐下到厦门大学任教。他热爱学生、倾心教研，对我国高等教育研究领域贡献良多。桃李不言，下自成蹊。2008年，陈汝惠教授逝世10周年之际，厦门大学举办了“陈汝惠教授创作及学术研究研讨会”，纪念他一生兢兢业业于文学创作和教书育人，斯人已逝，风范永存。

据不完全统计，近百年来，厦大各学科领域发光发热的上海籍教职工超过百名。

南强才俊耀浦江

长期以来，上海都是厦门大学学子向往的工作、创业的理想家园。怀揣着“志怀祖国，希图报效”的情怀，一代又一代厦大人来到上海这座神奇的城市，成家立业，寄托梦想，为上海的建设发展奉献自己的智慧和汗水。

【1994年4月6日，厦门大学建校73周年庆祝大会上，卢嘉锡（左三）、谢希德（左四）和校领导向“南强奖”获得者颁奖】

谢希德，著名物理学家、教育家和社会活动家。1942年考入厦大数理系，毕业后为科学救国求学海外，新中国成立后，历尽曲折返回祖国。谢希德是我国半导体物理学的开拓者之一，是我国表面物理研究的先驱者和奠基人。她主持筹建复旦大学物理系半导体专门组，经过十几年不懈努力，建成了应用表面物理国家重点实验室，使之成为我国表面物理研究和人才培养的基地。谢希德是新中国的第一位大学女校长，是一位富有实践经验的教育家，桃李满天下。她还是一位享有盛誉的社会活动家，她积极参政议政，关注并投身国际学术文化交流，为复旦大学和中国走向世界作出了自己的贡献。她对母校厦门大学感情深厚，上世纪80年代，亲自复建厦门大学上海校友会并担任理事长，悉心指导上海校友更好地服务于上海经济社会发展。

乌通元，被校友们尊称为与母校同龄的学长，1921年出生于浙江镇海。1942年，他由上海商学院转入厦门大学会计系就读，毕业后进入上海保险业，工作了整整一甲子。他是中国精算事业和人寿保险学科的先行者和奠基人，被誉为中国保险的“活字典”。乌通元生前经常参加厦大上海校友会年会，他说：“感恩母校厦门大学给我的一切。抗战时期我在长汀的学习和生活，是我人生的转折点，她改造了我，从道德品质、身体和工作能力三个方面极大影响了我。”在从事保险业的几十年中，他始终牢记母校师长的教导，凭着在烽火厦大中磨练出来的坚强意志，不断奋发图强，荣获了“中国金融启蒙终身成就奖”“上财保险和精算教育突出贡献奖”“共和国60年保险业60人”等荣誉称号。

苏东水，1949年考入厦门大学企业管理系，在校时，他读到了老校友郭大力和校长王亚南翻译的《资本论》，启迪了他对事物“社会属性和自然属性”的认知，他认为这是影响他一生也是让他受益一生的一本书。毕业后，他先后在上海财经大学、上海社科院、复旦大学从事教学研究工作，是新中国最早从事管理学研究、教学和实践的学者，他的东方管理学是世界管理科学中第一位中国人建立的学派。对于母校厦门大学，苏东水始终抱有感恩之心，倾尽心力回报母校。除了支持厦门大学上海校友会开展工作外，他一直关心关注母校的成长与发展，为厦大经济学、管理学的师资培养倾注了极大心力。

万建华，1978级经济系校友，现任上海市互联网金融行业协会会长，中国银联的筹建者和第一任掌舵人，被称为“银联之父”，为银联卡成为国际化品牌奠定了坚实基础。忆及厦大求学时代，万建华说，厦大是自己专业的启蒙地，更是梦想起飞的摇篮。母校深厚的文化底蕴和丰富的图书宝藏为他事业发展和人生远航奠定了坚实的基础。万建华敢于迎接挑战，他是证券行业互联网金融创新的主要倡导者。走过峥嵘岁月，万建华更加热心于传承厦大精神文化，全心全意推动上海校友会建设发展。2018年5月，第六届厦门大学全球校友会会长秘书长暨校友代表大会在上海召开，厦大上海校友会理事长万建华事必躬亲，从筹备到举办全程紧盯，他说这是“全体上海校友在以最好的形象，展示海派厦大人的精神风貌和为母校百年华诞献上特别贺礼”。

群贤溢彩，聚势前行。厦大人将自己的青春和汗水挥洒在浦江大地，在上海实现人生抱负，为上海的城市建设和发展、为上海阔步迈向具有世界影响力的社会主义现代化国际大都市贡献自己的力量。上海不仅是创业之城，还是人文之城。成立于1936年的厦门大学上海校友会，让年至耄耋的校友和初到上海的年轻校友，都找到了温馨的精神家园，在这里，所有来沪的厦大人，无论是从厦大走出去的校领导、教师还是毕业的学生，无论是直接从厦门来的，还是辗转从其他地方来的，“不再是上海的过客，而更像是归人”。

2009年4月，国务院正式提出上海要打造“四个中心”，即国际经济中心、国际金融中心、国际贸易中心、国际航运中心。2014 年 5 月 24 日，习近平总书记在上海考察调研时，对上海提出了“加快向具有全球影响力的科技创新中心进军”的要求。围绕上海“五个中心”建设，厦门大学充分发挥学科优势，积极为上海输送建设人才。在银行、证券、保险、基金、会计、法律、科技创新等行业无不活跃着厦大学子的身影。仅 2016 年至 2019 年，学校共输送 1491 名优秀毕业生到上海工作。厦门大学互联网（上海）创投大赛已经成为享誉上海滩的一项青年创业活动，至今已举办三届。

厦门大学与上海在教育培训、科技研发、决策咨询等方面的合作交流也十分活跃，在生物医药、化学化工、机械制造、海洋科学、电子信息等方面都有科技研发项目，在制度研究、文化传播、管理科学等方面，厦大师生也为上海市发展提供多项决策咨询服务。2017 年至 2019 年，厦门大学共承接上海市政府部门及企事业单位委托项目近 20 项，包括上海市人民政府台湾事务办公室 2017“We 爱 · 两岸青年短片大赛”效果评估、“一带一路”背景下海外投资法律保障机制研究等。厦大与上海药明康德新药开发有限公司、中国船舶重工集团第七二六研究所、中国航发商用航空发动机有限责任公司等单位开展紧密的产学研合作。近年，厦大还与中国科学院上海天文台签署新一轮的“中国科学院上海天文台—厦门大学天文学系天体物理联合中心”合作协议。

斗转星移沧桑巨变，春华秋实枝繁叶茂。当前，上海市正在加快建设“五个中心”和具有世界影响力的社会主义现代化国际大都市，全力打造国内大循环的中心节点、国内国际双循环的战略链接。厦门大学正朝着创建中国特色、世界一流大学的奋斗目标踔厉奋进。站在新的历史起点上，厦门大学与上海将继续携手前行，努力再创新的辉煌！

（文 / 郭俊秀　魏　昊　谢图南）

吴韵汉风翰墨香
凤凰花开江南岸
——厦门大学与江苏的校地情缘

吴韵汉风翰墨香 凤凰花开江南岸

——厦门大学与江苏的校地情缘纪实

"江南好,风景旧曾谙。日出江花红胜火,春来江水绿如蓝。能不忆江南?"一曲《忆江南》道尽了江苏的悠长韵味,美丽的自然风光、人文古迹以及江苏独有的民风民俗汇集成一幅吴韵汉风文化长卷。坐落在东海之滨有"中国最美大学"之称的百年高等学府——厦门大学,由著名爱国华侨领袖陈嘉庚先生于1921年创办,碧波与远山相映,凤凰花开红霞满天,滋养了一代代学子,被誉为"南方之强"。厦门大学自建校初始,就与钟灵毓秀、人杰地灵的江苏风雨同路,在百年历史进程中谱写出校地情缘的华丽篇章。

江苏先贤助力厦大筹办

厦门大学与江苏的情缘始于厦大筹备之时。教育家黄炎培,江苏省川沙县(今上海市浦东新区)人,曾任江苏省教育司司长、江苏教育会会长。1917年6月,黄炎培到南洋考察教育,在新加坡和陈嘉庚晤面,两人一见如故,成为挚友。1919年5月,陈嘉庚回国筹办厦大,特地邀请黄炎培前来考察校址。6月26日,黄炎培来到厦门,未及安顿,就接到了陈嘉庚的邀约——到演武场参观厦大校址。对于此次见面,黄炎培在《陈嘉庚毁家兴学记》中写道:"君亟亟导观演武亭地,语余曰:'吾之归自南洋,晨七时至,八时即来观。今君晨七时到,亦亟亟以八时导君观,知君必急吾之急,亦乐吾之乐也'。"陈嘉庚一边兴奋地带他参观,一边解释为何选择这里:"地广数千亩,足备后日扩张……背山面海……过阔海者,遥瞩山坡上下,栋宇巍峨,弦歌之声,与海潮相答……"后厦大筹办过程中遇到困难,陈嘉庚特意前往上海与黄炎培商议,决定组织筹备委员会,先聘黄炎培、蔡元培等人为筹备员,并经黄炎培介绍,再聘任国立东南大学校长郭秉文、全国青年会总干事余日章、私立上海复旦大学校长李登辉、私立上海大同大学校长胡敦复等教育界名流为筹备员,后陈嘉庚再邀福建省第十三中学校长黄琬、集美学校校长叶渊、时任北京政府教育部参事邓萃英为筹备员。1920年10月,陈嘉庚到上海召集厦大筹备委员会委员开会,拟定厦门大学组织机构;议决成立董事会,作为最高领导机关;推举邓萃英为首任校长。

1921年4月6日,厦大借集美学校举行开校式,高朋满座,群贤毕至。学生们激动地唱起江苏武进籍著名学者、语言学家、音乐家赵元任作曲的校歌:"自强!自强!学海何洋洋!谁欤操钥发其藏?鹭江深且长,致吾知于无央。吁嗟乎!南方之强!吁嗟乎!南方之强!自强!自强!人生何茫茫!谁欤普渡驾慈航?鹭江深且长,充吾爱于无疆。吁嗟乎!南方之强!吁嗟乎!南方之强!"1922年2月,第一批校舍落成,厦大师生由集美迁入新校舍上课,再次唱起校歌。歌声悠扬,吟唱至今,谱母校深情,展青春长卷!

废墟上重建,江苏籍生物学家接掌厦大

1944至1950年间,有一位江苏籍生物学家勇担重任、主持校政,为厦大复员于厦门并在废墟上重建做出了突出贡……

长,1946年9月任厦大校长。时值抗战胜利,厦鼓光复,学校的首要任务就是复员于厦门,当时厦大教职员生总数为内迁……

发展,创办中国第一个海洋学系,复办外国语言文学系,增设国际贸易系,厦大发展为文、理、工多学科共5个学院18个系……

群贤荟萃,熠熠生辉

同心同行开新局 融合聚力谱新篇

【《新华日报》2020年4月27日】

“江南好，风景旧曾谙。日出江花红胜火，春来江水绿如蓝。能不忆江南？”一曲《忆江南》道尽了江苏的悠长韵味，美丽的自然风光、人文古迹以及江苏独有的民风民俗汇集成一幅吴韵汉风的文化长卷。坐落在东海之滨有“中国最美大学”之称的百年高等学府——厦门大学，由著名爱国华侨领袖陈嘉庚先生于1921年创办，碧波与远山相映，凤凰花开红霞满天，滋养了一代代学子，被誉为“南方之强”。厦门大学建校初始就与钟灵毓秀、人杰地灵的江苏在百年历史进程中风雨兼程，谱写出校地情缘的华丽篇章。

江苏先贤助力厦大筹办

厦门大学与江苏的情谊始于厦大筹备之时。教育家黄炎培，江苏省川沙县（今上海市浦东新区）人，曾任江苏省教育司司长、江苏教育会会长。1917年6月，黄炎培到南洋考察教育，在新加坡和陈嘉庚晤面，两人一见如故，成为挚友。1919年5月，陈嘉庚回国筹办厦大，特地邀请黄炎培前来考察校址。6月26日，黄炎培来到厦门，未及安顿，就接到了陈嘉庚的邀约——到演武场参观厦大校址。对于此次见面，黄炎培在《陈嘉庚毁家兴学记》写道：“君亟亟导观演武亭地，语余曰：‘吾之归自南洋，晨七时至，八时即来观。今君晨七时到，亦亟亟以八时导君观，知君必急吾之急，亦乐吾之乐也’。”陈嘉庚一边兴奋地带他参观，一边解释为何选择这里：“地广数千亩，足备后日扩张……背山面海……过闽海者，遥瞩山坡上下，栋宇巍峨，弦歌之声，与海潮相答……”后厦大筹办过程中遇到困难，陈嘉庚特意前往上海与黄炎培商议，决定组织筹备委员会，先聘黄炎培、蔡元培、汪精卫等三人为筹备员，并经黄炎培介绍，再聘任南京高等师范学校校长郭秉文、全国青年会总干事余日章、私立上海复旦大学校长李登辉、私立上海大同大学校长胡敦复等教育界名流为筹备员，后陈嘉庚再邀福建省立第十三中学校长黄琬、集美学校校长叶渊、时任北京政府教育部参事邓萃英三人为筹备员。1920年10月，陈嘉庚到上海召集厦大筹备委员会委员开会，拟定厦门大学组织机构；议决成立董事会，作为本大学最高领导机关；推举邓萃英为首任校长。

【厦门大学建校之初校景】

1921年4月6日，厦大借集美学校举行开校式，高朋满座，群贤毕至。学生们激动地唱起江苏籍著名学者、语言学家、音乐家赵元任作曲的校歌：“自强！自强！学海何洋洋！谁欤操钥发其藏？鹭江深且长，致吾知于无央。吁嗟乎！南方之强！吁嗟乎！南方之强！自强！自强！人生何茫茫！谁欤普渡驾慈航？鹭江深且长，充吾爱于无疆。吁嗟乎！南方之强！吁嗟乎！南方之强！”1922年2月，第一批校舍落成，厦大师生由集美迁入新校舍上课，再次唱起校歌。歌声悠扬，吟唱至今，谱母校深情，展青春长卷！

废墟上重建，江苏籍生物学家接掌厦大

1944—1950年间，有一位江苏籍生物学家勇担重任、主持校政，为厦大复员厦门并在废墟上重建作出突出贡献。他，就是细胞生物学家汪德耀。

汪德耀（1903—2000），字伯明，江苏灌云县人。1919年，汪德耀参与组织北师大附中学生的“五四”爱国运动，并作为仅有的两名中学生代表之一参加了同北洋政府的谈判。1931年获法国国家博士学位，是我国首位细胞学博士。面对军阀混战、列强侵略、贫穷落后的旧中国，汪德耀毅然放弃国外优渥的条件，回国兴科学办教育，报效多灾多难的祖国。

1943年汪德耀应聘为厦大教授，先后任生物系主任、理工学院院长、代理校长,1945年9月，任厦大校长。时值抗战胜利、厦鼓光复，学校的首要任务就是复员厦门，当时厦大教职员生总数为内迁长汀时的五倍，复员任务艰巨。他精心谋划，先设立新生院于鼓浪屿，1945年12月，一年级新生率先在鼓浪屿上课，厦大成为全国最早在收复的沦陷区复课的大学。1946年6月1日举校开始回迁厦门。彼时，国民党忙于内战，无暇顾及教育。厦大复员经费一再缩减，获拨教育经费更是严重不足，而在国民党的腐败统治下，地处国统区的厦门物价飞涨，经济崩溃。艰难困苦中，在汪德耀主持下，厦大相继修竣了群贤楼群，扩建了白城教工宿舍楼、工学馆等教学科研设施；学科也得到了进一步发展，创办中国第一个海洋学系，复办外国语言文学系，增设国际贸易系，全校发展为文、理、工多学科共五个学院十八个系的综合性大学格局。

【1946年，汪德耀校长与前往鼓浪屿新生院指导选课的系主任合影】

1949 年新中国成立前夕，汪德耀接到国民党接连两封密电，要他把厦大“可靠”的师生、贵重的仪器图书搬到台湾。汪德耀为了装装样子，前往台湾为厦大“选址”，待了十天回来后，汪德耀电告当时的“教育部”，没有找到合适的地址，阻止了厦大迁往台湾。

此后，汪德耀长期在厦大任教，作为我国细胞生物学的奠基人之一，从事细胞生物学的教学和科学研究，硕果累累、桃李芬芳。

群贤荟萃，熠熠生辉

江苏素来文风颇盛，名士辈出，江苏籍的师生学者在厦大的历史上留下了浓墨重彩的一笔，从厦大这座百年学府走出的一代代学子，也把才华和热忱贡献给了江苏这片土地，诸多江苏籍学子也在各界大放异彩。

—— 不管阴晴与昼昏，总把清香吐：史学大家韩国磐

韩国磐（1919—2003），江苏如皋人。文科资深教授，著名历史学家。1945 年毕业于厦大历史系，1946 年起开始了在厦大 57 年的教学生涯，是厦大魏晋隋唐史学科和中国经济史学科的奠定者之一。韩先生一生著作等身，1975 年因食道癌切除 20 厘米食道后，虽疾病缠身，仍笔耕不辍，有一半以上学术论著都是在术后完成的，所著的《隋唐五代史纲》和《魏晋南北朝史纲》曾获国家教委颁发的优秀教材奖，影响了一代又一代的青年学者，堪称经典之作。他更身体力行地活跃在教书育人的第一线，桃李满天下，所开创和建设的团队在学术界享受很高的声誉。韩先生一阙咏梅词中有“不管阴晴与昼昏，总把清香吐”，体现了他坚毅达观的精神境界，也是他意志品质的最好写照。

—— 执着求真，勇于创新：会计学泰斗葛家澍

葛家澍（1921—2013），江苏兴化人。文科资深教授，厦大会计学的一面旗帜。1945 年毕业于厦大商学院（主修会计学）并留校任教。葛先生一生潜心研究，刻苦钻研，独立思考，追求真理，学术上“独树一帜”，会计对象“资金运动论”、会计本质“信息系统论”的观点已成为我国会计学的主流观点。他也是促进并参与我国企业会计准则制定的一位有影响的人物。在他的带领下，厦大会计学科在多次全国重点学科评估中，名列所有经济学科第一。斯人已逝，余香犹存。葛先生严谨治学的态度、勇于创新的学术思想、率先垂范的工作作风、诲人不倦的高尚情操、宽厚慈爱的长者风范为年轻学者树立了人生的典范，是厦大一笔宝贵的精神财富。

—— 一门出双杰，不负韶芳华：科研翘楚郑重与郑兰荪

海洋科学、化学学科一直是厦大的传统优势学科，2017 年在教育部全国第四轮学科评估中被评为A+、A类学科。这两个王牌学科离不开一对江苏籍父子的努力。郑重(1911—1993)，江苏吴江人，中国现代著名海洋生物学家。1947年回国后创立厦大海洋学系“海洋浮游生物学”专业，在浮游生物研究领域取得了丰硕的成果，其著作《海洋浮游生物学》获得国家教委全国高等院校优秀教材特等奖。其子郑兰荪，无机化学家、中国科学院院士。郑兰荪创立了厦大无机化学博士点，其研究课题“原子团簇科学”被国家科委列为优先发展的领域，为我国乃至世界原子簇科学研究领域的发展作出了贡献。郑重夫人顾学民也是江苏吴江人，厦大教授、无机化学家。1987年，郑重、顾学民夫妇设立了“重学奖学金”，以表彰品学兼优、成绩突出的厦大优秀学生。2001年，郑兰荪向该奖项增资。父子两代人在厦大贡献才干，捐资助学，光阴不老，厦大情深！

——情融“江苏”，共创未来

厦大百年历史中，多位江苏籍学者到厦大任教。例如教育学家孙贵定、中国近代物理学事业奠基人之一胡刚复、水生生物学家陈子英、经济学家钱伯海、植物学家何景......厦大也培养了一批具有国际影响力的江苏学子，例如航空学家张启先、企业家朱伯舜、诗人余光中……建校以来，厦大共招收江苏籍学生8300多人。众多厦大学子也在江苏干事创业，例如1921级教育系校友、南京长江大桥副总工程师戴尔宾，1953级物理系校友、中国工程院院士许居衍，著名经济学者刘志彪……2010—2012年，厦大共选派三批共15位教师作为“科技镇长团”成员、2名教师作为“科技镇长团”团长，赴南京、苏州、南通、镇江等地进行为期一年的挂职，通过挂职干部的桥梁纽带作用，厦大与上述挂职所在地就人才和科技等方面进行了广泛良好的合作。

同心同行开新局，融合聚力谱新篇

中华人民共和国成立后，厦大与江苏的交流迈上了新台阶，在人才培养、科学研究、社会服务等方面成效显著，拉开了新时代校地共建的序幕。

1952年我国开始进行高校院系第一次大调整。1953年，厦大工学院无线电通讯与广播、热力发电厂装置两个本科专业及机械系二年级学生调入南京工学院，即后来的东南大学；厦大水利技术建筑专修科及其他高校水利专业合并，成立了华东水利学院，即后来的河海大学；1954年，厦大俄语专业合并到南京大学外文系；1986年，南京工学院支援厦大筹办建筑系及联合筹办建筑设计院。

厦门大学与南京大学两校情谊根深叶茂，物理学科交流更是源远流长。1956年，教育部将北京大学、复旦大学、南京大学、厦门大学和东北人民大学（现吉林大学）的有关教师，部分优秀的四年级本科生和研究生集中到北京大学，创办五校联合半导体专门化，北京大学黄昆任主任，厦门大学1942级数理系校友、复旦大学谢希德任副主任，在厦门大学建立中国第一个电致发光实验室的吴伯僖也作为优秀中青年教师参与教学。两年间培养出毕业生200多名，包括中科院院士、南京大学教授郑有炓，从厦大物理系转至半导体专门化学习的陈辰嘉教授与许居衍院士……这些毕业生成为我国新兴半导体事业的第一批骨干力量，对我国从无到有地建立和发展半导体科学技术和工业体系起到了不可磨灭的作用。厦门大学与南京大学两校领导对双方合作高度重视，2017年起两校物理学科在重大课题科研攻关方面互动更加频繁，校际合作蓬勃发展。两校联合课题组在光学领域的研究成果发表在《物理评论快报》【*Physical Review Letters* 119, 033902 （2017）】上，并被编辑选为推荐论文。时光如水，情谊依旧，2019年纪念黄昆先生百年诞辰暨“五校联合半导体物理专门化”学术研讨会在北大召开，南大、厦大等高校物理学科学者参会并发表研究成果，承先人之志，传学术之风！

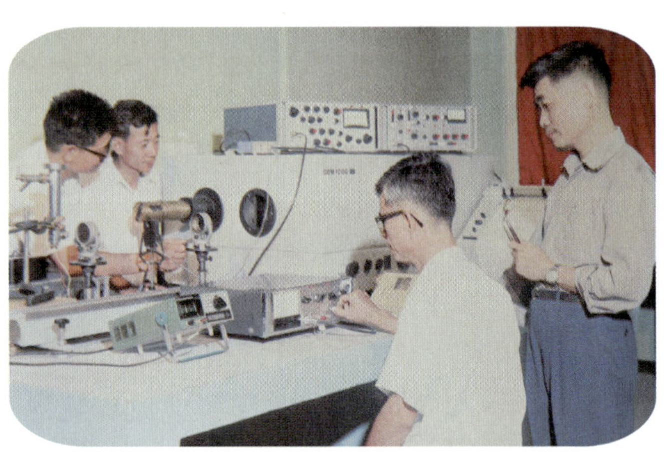

【1950年代，吴伯僖（右一）在厦门大学发光物理教研室】

2016—2019年，厦大与江苏在化学化工、能源材料、智能制造、电子信息、生物医药、海洋科学等各方面开展较广泛的产学研合作，共承接江苏省企事业单位委托项目超60项，合同金额达4500多万元；在考古勘探、高等教育、规划设计等为江苏省有关单位提供决策咨询服务，共承接江苏省企事业单位委托项目近60项，合同金额约1500万元。江苏校友会是各地校友会中非常活跃的校友会之一，目前在南京、苏州、无锡、常州、南通、镇江设有6个分会，校友5000多名。厦大气势宏伟、高耸入云的“颂恩楼”，就是由生于江苏扬州的泰国爱国华侨丁政曾先生与其夫人蔡悦诗女士捐资兴建。江苏校友为厦大发展积极献策献力，体现了对母校的深情厚谊。

【校友丁政曾、蔡悦诗伉俪捐建的颂恩楼】

忆往昔峥嵘岁月稠，看今朝旖

【2017 年，厦门大学江苏暨南京校友会联谊与迎新大会举行】

旎风光秀。画卷刚刚展开，史诗还在续写。江苏是一方不断创造发展奇迹的热土，厦大是一所追求卓越、争创一流的百年学府。放眼未来，厦大将继续聚焦国家重大战略需求，与江苏心手相牵，齐头并进。共同的心愿凝聚成双方发展的强大力量，在厦门大学百年校庆来临之际，相信厦大与江苏的校地情缘会历久弥新，再创辉煌！

（文 / 吕凤楠）

鹭岛滨，钱塘畔，激荡时代百年情

——厦门大学与浙江的校地情缘

责任编辑：童健　版式：邵雯雯　联系电话：0571-85312675　邮箱：lmb0808@8531.cn
ZHEJIANG DAILY

鹭岛滨，钱塘畔，激荡时代百年情

——厦门大学与浙江的校地情缘

王智兰　张易皎

1921年4月6日，历经两年筹办的厦门大学举办开学典礼，我国近代第一所由华侨创办的高等学府由此创立。带着"止于至善"的梦想，这所创办不久即被誉为"加尔各答以东最完善"的大学，从此开启了教育兴国的奋斗之旅！时代，赋予了厦门大学和浙江以特殊的情谊！

扬时代风帆　在杭州开启《资本论》翻译的厦大人

1927年1月4日，厦大学生会欢送鲁迅先生大会合影。(资料照片)

傲时代先锋　共建"南方之强"的浙籍群贤

担时代重任　之江大地敢为人先的厦大人

奏时代合弦　携手同行共谱百年华章

郭大力、王亚南合译的《资本论》全卷本(1938年版)。(资料照片)

杭州西湖。(资料照片)

【《浙江日报》2020年3月25日】

是时代，赋予了厦门大学和浙江以特殊的情谊！

1921 年 4 月 6 日，历经两年筹办的厦门大学举办开学典礼，我国近代第一所由华侨创办的高等学府由此创立。带着“止于至善”的梦想，这所创办不久即被誉为“加尔各答以东最完善”的大学，从此开启了教育兴国的奋斗之旅！

三个多月后，距离厦门数百公里外的浙江南湖，中国革命从碧波之上的红船起航。来自之江大地的火种点亮了民族复兴的天空，指引着中华民族实现了从站起来、富起来到强起来的伟大飞跃，让它不断走向世界舞台中央。

求解时代问题的共同使命、致力于国富民强的共同梦想，将厦大与浙江紧紧联系在一起。百年来，浙江儿女敢为人先、奋斗奉献的品格，厦大人爱国、革命、科学、自强的精神，在与时代的同频共振中互哺共融、交相辉映，璀璨了鹭岛长空，照亮了之江大地。

扬时代风帆：
在大佛寺开启《资本论》翻译的厦大人

20 世纪初的中国内忧外患、风雨飘摇，马克思主义为中华民族带来了曙光、指引了方向，中国从此开始了波澜壮阔的马克思主义中国化的伟大实践。

被誉为马克思主义百科全书的《资本论》中文全译本的问世，在马克思主义中国化历程中留下了浓墨重彩的一笔。

该书翻译者正是厦大学子郭大力以及后来担任厦大校长近二十年的王亚南，他们立志合作翻译《资本论》则源于浙江杭州大佛寺的一场萍水相逢。

郭大力，1923 年以优异成绩考入厦大，后转入上海新创办的大夏大学就读。1928 年，在无故被解聘而生活无着落、回乡探亲又缺旅费的困顿交加下，郭大力栖身于杭州大佛寺。对中国革命前途的担忧、个体生活的艰难，激发了郭大力探寻改变中国面貌良方的念头，他开始仔细研读《资本论》这部马克思主义经典，萌生了将该书翻译成中文的想法。

《资本论》篇幅宏大、内容深奥，翻译极其不易，但对革命的满腔热情、对真理的不懈追求、对无产阶级革命领袖的无限敬仰让郭大力最终战胜了所有困难，他在大佛寺的青油灯下坚定地用汉字写下了“资本论”三个字，开始了艰巨的翻译工作。

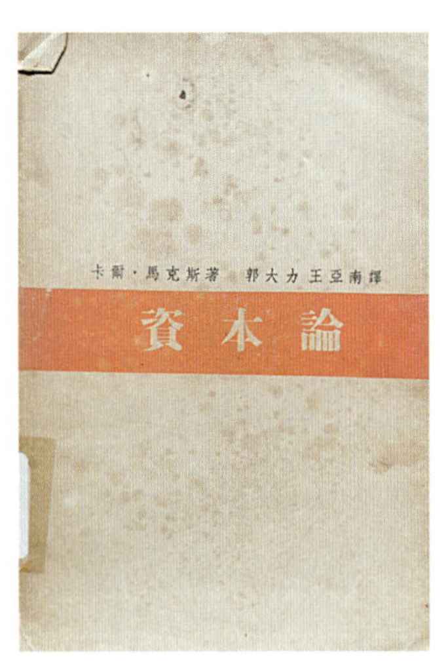

【郭大力、王亚南合译的《资本论》全卷本（1938 年版）】

不久，大佛寺又住进来一位青年，叫王亚南。两位青年遭遇相似、志趣相投，成了莫逆之交。他们从个人遭遇到中国现实无所不谈，当王亚南谈到中国革命前途时，郭大力顿然提出“我意改造社会，应该从经济制度着手”，并提议一起研究和翻译《资本论》。

王亚南看过郭大力刚翻译的《资本论》，对其学识和翻译功底充满信心，欣然应允。双方随即商订下了合作翻译的计划。译书过程两人备尝艰辛，几经周折，《资本论》中文全译本最终于 1938 年首次出版面世。

个人命运总是与时代紧紧相连。郭大力和王亚南迎着时代浪潮扬帆前行，勇于承担《资本论》中文翻译重任，从此开启了传播马克思主义艰辛而光辉的一生。浙江杭州大佛寺也因《资本论》中文翻译而给后人留下一段传奇。

做时代先锋：
共建“南方之强”的浙籍群贤

厦大创校初期，陈嘉庚先生提出“独是师资一项，最为无上第一要切”，优良的尊师重教传统吸引了一大批浙籍名师云集鹭岛，共同铸就“南方之强”的筋骨和气度。

走进“南方之强”，扑面而来的是浓浓的人文气息，具象到个体，鲁迅、孙伏园、施蛰存……一批浙籍文人在历史烟尘中闪耀。

1926 年，鲁迅先生应邀前来厦大任教。短短 135 天时间，鲁迅留给厦大的却是深远的影响。

【1927 年 1 月 4 日，厦大学生会欢送鲁迅先生大会合影】

他开设“中国文学史”“中国小说史”等课程，编写《汉文学史纲要》等论著，与当时汇聚在厦大的国学界名士一起，将刚创办的厦大国学研究院迅速推向当时全国国学研究的中心之一；他积极发表演讲，鼓励和鞭策穷苦工农子弟、青年学生勇于改革社会、奋勇前进；他支持和指导厦大学生成立“泱泱社”“鼓浪社”等文学团体，创办《波艇》《鼓浪》等进步刊物，传播革命文化……

在如今的厦大校园里，鲁迅先生的“痕迹”随处可见。鲁迅纪念馆、鲁迅塑像、鲁迅广场、校徽上“厦门大学”的鲁迅手迹，甚至《厦门大学报》的副刊“波艇”和中文系文学刊物《鼓浪》都沿袭着鲁迅在厦大时创办刊物的名字。

抗战时期，浙江杭州人、文坛巨匠施蛰存应邀来到内迁长汀的厦大，他的课精彩至极，深受学生欢迎；他的宿舍成为学生社团“笔会”聚集场所，汇聚了姚一苇、潘懋元等一大批学生。教书之余，施蛰存借助厦大丰富的藏书，大量阅读外国文学书籍并将其译介到国内，同时开始辑录《金石遗闻》《宋元词话》等著作，使长汀时期的厦大人文气息续而不绝。

走进“南方之强”，让人仰叹的是巍巍黉宫里的科学思辨。

2017 年厦大化学学科入选国家“双一流”建设学科，2019 年国家天元数学东南中心落户厦大，延续着厦大化学、数学的传统优势。追溯历史，浙籍化学家、数学家在厦大的身影挥之不去。

1926 年，浙江温州龙港人、现代数学奠基者、中央研究院院士姜立夫，受邀前来厦大任教，他精心安排数学系教学计划，致力于将厦大办成我国南方的数学教学科研中心。

1930 年，浙江宁波鄞县人、有机化学家、中国科学院数理化学部委员纪育沣，来到厦大任教，并出任化学系第二任系主任，他毕生从事药物化学及有机合成工作，以研究嘧啶化合物著称，为厦大化学学科发展积淀了厚实的基础。

1943 年，浙江温州瑞安人方德植，受聘前来厦大，从此在厦大任教达半个世纪之久，为重建数学系而殚精竭虑，培养了众多数学人才，厦大于 1986 年授予方德植首届“南强奖”一等奖，1988 年方德植被收入《世界名人录》。

1952 年全国院系调整时，浙江温州永嘉人张鸣镛从浙大调至厦大，他在多重调和函数、多重调和势位及多重调和张量场方面做出了重要成果，“张鸣镛常数”被列入教育部审定的函数论教学大纲，成为唯一以中国数学家命名的条目。

走进“南方之强”，感受到的是鲜明的海洋特色。

厦大创校之初就兴办生物海洋学科，如今的海洋学科已是全国第四轮学科评估中的 A+ 学科。从我国近代植物学奠基人钱崇澍院士，到在厦大迈出了人生事业第一步的伍献文院士，回首百年历史，浙籍学者为厦大海洋学科摇篮积淀了底蕴和力量。

如今，在厦大工作生活的浙籍人士有 200 多人。历史学研究成一家之言的原常务副校长郑学檬，在国际学术舞台充分展现领导力的中国海洋科学家、中国科学院院士戴民汉……

这些浙籍厦大人或潜心学术，或精心管理，努力将“南方之强”推向世界一流。

担时代重任：之江大地敢为人先的厦大人

“国有成均，在浙之滨”，浙江大学与厦门大学作为东南沿海高等教育的两颗明珠，始终与祖国同呼吸共命运。

抗战时期，两校在战火纷飞的年代相互扶持，相互接收借读或转学的学子，开展联合招生，保障战时人才培养不辍，建立了深厚情谊。

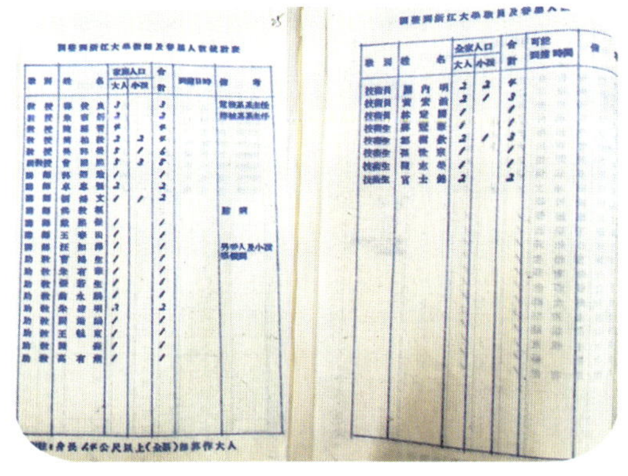

【1953 年，厦门大学调整到浙江大学教师名单及眷属人数统计表】

1952 年，厦大 30 多位教师服从全国院系调整安排来到浙大，他们在浙大求是创新的氛围中，发扬厦大人自强不息的精神，力争上游、科教报国，成绩斐然。

中国岩土工程学科先驱之一的曾国熙就是其中一员。

曾国熙毕业于厦大土木工程系、留美回国后任厦大副教授。调整到浙大后，他倡导岩土工程应以基本理论、试验研究和工程实践三者密切结合的指导思想，取得了重大科研成就，培养了一大批杰出人才，成为浙大岩土工程学科创始人。浙大创立“曾国熙讲座基金”、浙江省岩土力学与工程学会设立“曾国熙岩土工程奖”，激励着后学勇攀科学高峰。

2019 年，浙大校园落成一座塑像，纪念浙大半导体材料学科的奠基人和带头人阙端麟，这位深受尊敬的先生也是优秀的厦大人。1951 年他于厦大机电系毕业并留校任教，两年后服从调整到了浙大，研制成功我国第一台温差发动机，在硅单晶研究方面取得了多个重量级成果，1991 年当选中国科学院院士。

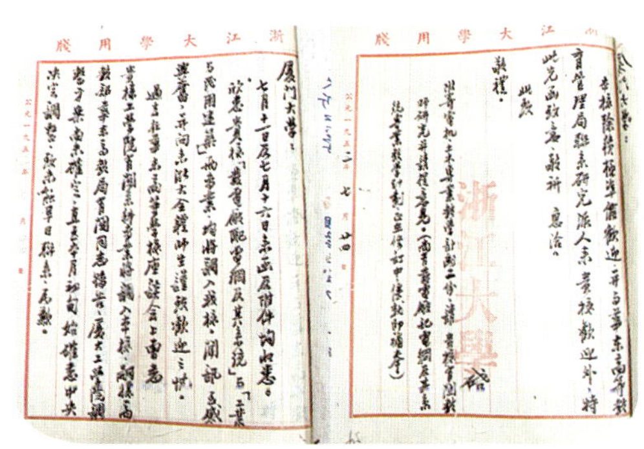

【1953 年，厦门大学部分科系调入浙江大学来往函件】

不同的历史风云际会，同样的是报效祖国、反哺社会之心。一批批厦大人从鹭岛之滨来到钱塘江畔，在浙江这片改革创新的热土上立足各行各业，敢为人先、勇立潮头，自觉担当着时代赋予的重任。

陈纯，1982 年毕业于厦大数控理论专业，致力于将高水平的研究成果应用于轻工和纺织业的改造和提升，在大型智能轻纺装备的原始创新上屡获突破，2015 年当选中国工程院院士；盛子潮，曾是我国著名文学评论家、国家一级作家、浙江省宣传文化系统“五个一批”人才；王春生，多次担任首席科学家探秘海底，是我国首位也是次数最多的乘“蛟龙号”下潜的科学家；林国聪领队主持的宁波象山“小白礁 I 号”水下考古发掘项目获中国考古学界最高质量奖；陈瑞祥成功将钟表修复技艺申请成为温州市非物质文化遗产项目……

“母校是根，学子是叶，这是叶子对根的感恩。”耄耋之年的曹潜龙老校友，将一生的积蓄献给母校，建立“金兆芬曹潜龙奖学金”，诉说着浙江校友对母校永远的感念。成立于 1986 年的厦大浙江暨杭州校友会，如今已凝聚 8600 余位在浙校友，续写着厦大人服务社会、支持母校的精彩故事。

奏时代和弦：携手同行共谱百年华章

福建与浙江山水相依、文脉相亲，自古文化互动、人员往来频繁，历史上曾多次被划归为同一行政区域。相邻的地缘优势、深厚的历史渊源，奏响了厦大与浙江携手同行的时代和弦。

百年来，有近万名浙籍学子考入厦大求学，近年来厦大每年招收浙江省学生（含本硕博）近 400 人。1997 年，厦大与温州市签约创办“厦门大学瓯江学院”，连续 7 年为温州培养 700 多名人才；1998 年，温州大学与厦大联办 4 个专升本教育和研究生课程班，为温州学子提供更多自我成长的机会；2016—2018 年，厦大为浙江相关单位开办 330 多个班次，培训近 17000 人次，助力浙江干部综合素质能力提升。

厦大与浙江还共建了许多学生实习实践基地，共同打造优质人才培养平台。2012—2019 年，厦大共有 115 支队伍 1012 人赴浙江开展了多元丰富的社会实践活动。

“志同道合，能引其类”。

厦大充分发挥学科优势，紧紧围绕国家重大战略以及经济社会发展急需，与浙江开展科研合作，结出丰硕果实。

1999 年，浙江企业养生堂凭着厦大夏宁邵教授的“我们起步比别人晚，条件不如人，我们唯有更辛苦”一句话，决心投资当时名不见经传的夏宁邵团队。2000 年，双方签订协议共建“厦门大学养生堂生物药物联合实验室”。

20 年过去，合作成就了校企双方。

全球首个戊肝疫苗、宫颈癌疫苗等一系列高质量原创疫苗，在国际疫苗界建立了中

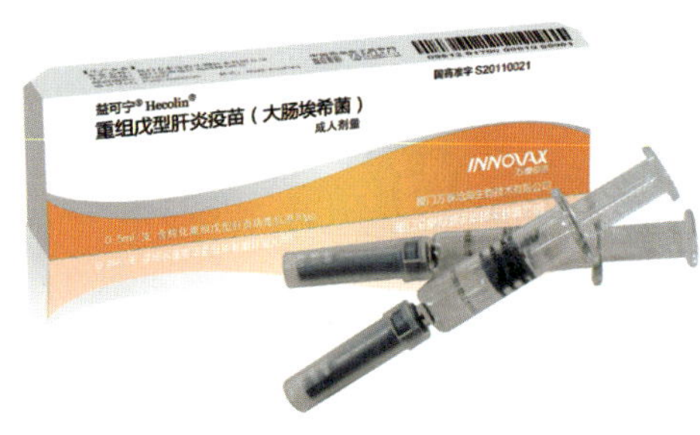

【2012 年，厦门大学与养生堂合作研发的全球首个戊肝疫苗成功上市】

国技术新优势，为人类健康作出了重要贡献。

这支“唯有更辛苦”的团队还与浙大附属第一医院李君教授团队协同攻关，历经 5 年建立了国际上首个高度模拟人类乙肝病毒（HBV）自然感染诱发的慢乙肝肝硬化小鼠模型。

2017 年，厦大近海海洋环境科学国家重点实验室、浙大流体动力与机电系统国家重点实验室及中天海洋系统有限公司三方合作共建“东山—漳江海底观测网”；厦大人文学院与宁波市文物考古研究所联合发掘的“宁波城区西门口汉唐遗址”入选浙江 2019 年考古重要发现……

厦大与浙江共同承担社会责任、国家使命，正在进行着一场盛大壮美的合作之旅。

【2018 年 7 月，厦门大学第十一届党委常委集体参观浙江嘉兴南湖革命纪念馆】

2018 年 7 月，厦大校党委书记张彦、校长张荣率领学校第十一届党委常委集体赴浙江学习考察，瞻仰红船感悟初心，与浙大交流办学经验，看望浙江校友代表。这，正是厦大与浙江携手前行、相互滋养、共同奋斗的生动写照。

百年情谊，昭示未来。从新的历史起点出发，这所具有光荣革命传统、正阔步迈向世界一流大学的名校，这片正致力于为“中国的明天”提供更多“浙江样本”“浙江经验”的土地，曾经心手相牵，携梦同行，未来必将在实现中华民族伟大复兴的征程上，因为伟大的奋斗而结下更为深沉的友谊！

（文 / 王智兰　张盈盈）

徽风皖韵传情千里
南强钟声响彻江淮
——厦门大学与安徽的校地情缘

12 专版 2020年7月24日 星期五 安徽日报

徽风皖韵传情千里 南强钟声响彻江淮

——记厦大与安徽的校地情缘

闻名遐迩的皖籍名师

架起合作之桥

奉献安徽的厦大校友

南强英才书写学科情缘

【《安徽日报》2020年7月24日】

徽风皖韵、博大精深，千年时光打造出人文荟萃、秀美灵动的江淮大地；南方之强、源远流长，百年岁月泼墨出英才辈出、卓越至善的厦门大学。迎客松前胸襟展，鹭江边上文化扬，安徽和厦门大学虽相距千里，但却在四季轮转的历史长河里纵横交织、送往迎来，留下一个个精彩的瞬间，串联成一段醇香悠扬的校地情缘。

2020 年 2 月，厦门大学校党委通报表扬第一批新冠肺炎疫情防控先进个人，来自安徽临泉的周丙东作为厦大附属翔安医院第一批驰援厦门市抗击新冠肺炎的医务工作者，榜上有名。身为重症医学科护士、护理带教老师的他临危受命，逆行而上，坚守一线。而像周丙东这样在厦大的皖籍师生，全校目前超 3000 人。他们生于安徽，成在厦大。

闻名遐迩的皖籍名师

安徽的文学流派自古以来便闻名遐迩，留下的著作更是数不胜数。在厦门大学建校之初，国文就被列为一项重点学科，并重金礼聘知名文学家来校执教，皖籍名师络绎。

1926 年厦门大学国学研究院成立，一批青年才俊纷至沓来。皖籍著名文史学家丁山便是其中之一。他在厦大成书《说文阙字考》，和鲁迅、林语堂、顾颉刚等人的著作一起列入国学院出版计划，助力刚创办的厦大国学研究院迅速成为当时全国国学研究的中心之一。厦大国学研究院成立后，面向全国公开招收研究生 2 名，成为国内最早开展研究生教育的高校之一。

1927 年，邓以蛰举家来到厦门，任厦大哲学系教授。邓以蛰，字叔存，安徽怀宁人，是我国著名美学家，也是“两弹元勋”邓稼先的父亲。在厦大时，邓以蛰一家居鼓浪屿之上，他每日渡海上课，课时不少。当时，学校常举办公开学术演讲会，均由著名教授主讲。邓以蛰来校不久即受邀作题为“中国绘画之派别及其变迁”的演讲。1927 年 12 月 10 日出版的《厦大周刊》第 176 期刊登了他的演讲稿，并报道了这次演讲会，称“邓教授对于中西艺术颇有精深研究，听者均甚满意”。

【建校初期，厦大文学院师生合影】

1935 年，台静农经胡适推荐到厦大国文系任教。这位著名皖籍文学家，在厦大任教的一年间深得学生敬重。他自己生活清苦，却周济过贫苦学生；他授课时不善言谈，却在黑板上写下极详细纲目，以平淡语言条分缕析，兢兢业业。有学生回忆："静农师对待学生慈蔼宽厚，从不摆架子……训海勤勉，弟子门生无不景仰而心向之。"

百年来，国文系和国学研究院已变身为如今的厦门大学人文学院，据不完全统计，目前人文学院在职的皖籍教师人数依然众多，绵延着厦大与安徽的笔墨之缘。

不仅人文学科，在厦门大学，由徽入厦的师者芸芸。韩家淮，安徽淮南人，中国科学院院士、全国优秀科技工作者，曾经担任厦门大学副校长。当年高考以优异成绩考入北京大学，在海外工作多年后，2007 年韩家淮放弃美国斯克里普斯研究所的终身教授职位，到厦大生命科学学院任全职教授，带领团队扎根免疫炎症反应分子机制的研究。他不仅是 p38 信号通路的发现者，还发现了 RIP3 是某些细胞坏死过程中的关键分子开关，直接推动了学界对细胞坏死的重新认识。近日，韩家淮团队还联合其他课题组在《自然》杂志上发表了最新研究成果。

南强英才书写学科情缘

"独是师资一项，最为无上第一要切。"在厦大一流学科建设征程中，皖籍教师展现出独特的风采。厦大各学科中活跃着 180 多位皖籍专家学者，他们潜心学术、立德树人，在各自重点耕耘的领域中独当一面，为厦大的人才培养和学科建设注入源源不断的活力，书写了安徽人参与厦大建设的光荣篇章。

化学学科是厦大久负盛名的学科之一，位列 ESI 全球前 1‰，其中就有多位优秀的皖籍学者的贡献，他们教书育人、钻精研微，多次在国内外顶级期刊发表论文。江云宝，1990 年获得理学博士学位后留校任教，曾任化学化工学院院长，现任学校副校长。他致力于质子电子转移光物理化学、超分子光化学荧光传感与分子识别等研究，曾多次获得国家部委科技奖项。2008 年国家杰出青年获得者龙腊生，在稀土—过渡金属化合物合成等领域深耕，成果突出。特聘教授赵金保，在新能源汽车动力电源技术、国家重点研发计划可再生能源与氢能等领域颇有建树……不仅师资拔尖，皖籍化学学子也表现优异，"嘉庚奖章"是厦大学生最高荣誉奖项，自 2013 年首度设立以来，共有 7 位学生获奖，其中就有两位来自安徽——朱从青和刘朋昕。他们都就读于化学化工学院，在学期间潜心学术研究，朱从青两次在《自然—化学》发表关于全新芳香性物质——金属杂戊搭炔的学术论文，开拓了构筑芳香体系的新途径，成果入选了 2013 年度"中国高等学校十大科技进展"；刘朋昕在《科学》杂志上以第一作者身份发表学术文章，并取得两项发明专利授权。

【厦门大学马来西亚分校主楼】

徽派建筑是中国建筑艺术的一大派系，在厦大建筑学科中，皖籍建筑师们表现尤其亮眼。罗林，规划设计了厦门大学马来西亚分校区，以建筑为载体把优秀而独特的中华文化远播东南亚；凌世德，主持完成厦门大学海韵校区、漳州校区等建筑设计，还为厦门地区城市建设贡献了许多智慧；王绍森，参与设计厦大嘉庚楼群、厦大图书馆等，入选百名“当代中国建筑师”、荣获“中国建筑教育奖”。

名校汇群贤，各地名家在厦大校园舞台上绽放了自己的光彩，也把塑造自己的地域文化基因带到了这座东南学府。皖籍师生的身上安徽人艰苦奋斗、敢闯敢拼的优秀品格融入厦门大学百花园，为最美大学注入了分外的芬芳。

奉献安徽的厦大校友

在安徽校友会 2019 年“春厦之约”主题年会上，在皖校友 200 余人欢聚一堂。1956 级中文系校友、安徽大学中文系退休教授程自信分享了自己与厦大的情缘。

青年时期，程自信考入厦门大学中文系，一进入校园，从宏伟的“芙蓉二”楼顶垂直下挂的一幅醒目的大标语即呈现在他的眼前：欢迎您，鲁迅事业的继承者。当时的中文系名师荟萃，更令他庆幸的是，几位活跃的教授曾得到过鲁迅先生的直接教导，他的古代汉语课的教授就是其中一位。“他对祖国传统文化的热爱、对青年学生的关切、对人民教育事业的忠诚，永远激励着我在刻苦治学与教书育人的征途上，不断排除困难、奋勇前行。”半个多世纪过去了，程自信仍忘不了当年恩师的高大身躯、音容笑貌以及那厚实的近视眼镜片也遮掩不住的深邃目光。

在后来的教学生涯里，程自信常劝导学生们耐心读书、戒骄戒躁，希望学生胸怀“板凳要坐十年冷，文章不写一句空”的务实学风和文风。“这些是我毕生的信念，我也希望将它一代一代传承下去。”

在安徽的中国科学技术大学，有一位厦大校友令人瞩目。谢毅，中科大教授，也是厦大 1988 届毕业生。她是教育部化学领域第一位女性长江特聘教授，是首位获得国际纯粹与应用化学联合会（IUPAC）化学化工杰出女性奖的华人科学家。2013 年年底，谢毅当选中国科学院院士，两年后又一举获得 2015 年度“世界杰出女科学家奖”，成为第 4

【谢毅院士】

位获此殊荣的中国女科学家。

1984 年，因高考化学成绩出色，谢毅被录取到厦门大学化学系，开始了她化学事业的最初起点。谢毅笑谈："直到大四开始学结构化学，一下子喜欢上了各种各样美丽的固体结构。随后进实验室做本科论文时，豁然发现，化学原来这么有意思。"

在安徽，经济、管理、文化、教育等领域活跃着许多厦大人的身影。1948 届土木工程专业校友陶树钢，曾为淮河安徽段的治理工作立下功劳；1957 届经济系校友虞芬芬，将 30 年青春奉献给安徽的经济建设……

据不完全统计，2015—2019 年，厦大共输送近 300 名优秀毕业生来到安徽这片热土。他们以"自强不息，止于至善"的校训精神，在这里奋斗打拼，在新时代阐扬响亮坚定的安徽声音、擦亮"改革、创新、共享、生态、文化"的安徽名片。

架起友谊与合作之桥

建校以来，厦大和安徽在人才培养、科技研发、发展研究等方面都开展了深层次、多领域、全方位的交流合作，在东海之滨和江淮家园间架起了一座"合作之桥"。

厦门大学的傅衣凌教授是中国徽学研究的拓荒者，他对徽州研究的发端可以追溯到上个世纪 30 年代。1947 年，傅先生发表的《明代徽商考》，成了中国徽商历史学的开山之作，之后他又率先对徽州地区农奴问题展开研究。1986 年，傅先生拖着重病的身体，重新修订校核了三位学者的长篇文稿，全力支持安徽社科院准备出版的徽学研究文集。作为厦大历史系的金字招牌之一，傅先生的一生都投入到徽学研究的不懈探求中。

【傅衣凌先生】

早在上世纪中叶，厦大就在教育领域和安徽有了往来合作，先后接收安徽大学、安徽农学院等学校的教师来厦进修，并向安徽财贸学院等学校供应教材，委派厦大老师赴安徽讲学。

近年来，厦大积极为安徽省政府部门及企事业单位开展多批次的干部能力提升培训班和高级研修班，进一步提升干部的综合素质能力。为打造绿色文明发展的安徽样板提供科技支撑，厦大一直在努力。围绕安徽发展需求，受安徽省文物考古研究所、国网安徽省电力公司经济技术研究院、中国科学院合肥物质科学研究院等有关单位委托，厦大在考古勘探、发展研究、化学化工、电子信息等方面常年为安徽提供决策咨询及科技研发服务。

拥有着深厚底蕴的安徽是厦大学子重要的社会实践地之一。近8年，厦大去往安徽社会实践的队伍共36支，人数达300多人。2019年，第五届“互联网+”大学生创新创业大赛“青年红色筑梦之旅”全国对接活动在六安举行，厦大“LCM材料”项目团队带着“种植金银草—回收秸秆—制作板材”这一脱贫致富的新方案来到迎河村。“金银草的秸秆还能制成这样的优质板材，给村民带来经济收益，真不错。”村主任当即签订意向协议。同期，厦大“红树林公益教育”项目走进大湾村，和包括杨楼镇汤沟小学在内的8所中小学签署合作协议，还携手5所高校支教团，为农村孩子搭建起一个随时交流、及时答疑的线上支教平台。

【2019年，厦大“LCM材料”项目团队到安徽六安迎河村社会实践】

20世纪初期，抱着“教育为立国之本，兴学乃国民天职”的信念，厦门大学依海而建；百年来，怀揣着初心和梦想，将智力成果和技术资源辐射到安徽，为老区的乡村振兴、新兴产业的发展注入青春新动能，厦大步履不停、足印铿锵。

徽风皖韵的独特魅力、世代相传的南强风范，在过去的百年里交织出一幅美妙画卷。站在历史的新起点，进步的号角已吹响，期待下一个百年，厦大与安徽再续前缘，以全新的姿态齐头奔跑、拥抱未来。

（文/张　夏）

面朝大海
行远同梦

——厦门大学与福建

理论文艺部 责任编辑:谢海潮 电话:(0591)87095224 电子信箱:fjrbws@sina.com

面朝大海 行远同梦

——厦门大学与福建

[illegible]

"下南洋"的福建人

[illegible]

远渡南洋的福建人经受了惊涛海洋的生死考验，在异国他乡的土地上或工或商。他们发扬中华民族勤劳节俭的优秀传统，以福建人勇往直前的性格，繁荣了海上丝绸之路，书写了华人在南洋的奋斗历程。尽管客居异乡的生活在辛勤劳作、积极进取和精打细算中渐入佳境，但远离故土的福建人心中对家乡的思念却一直萦绕心头。他们一方面积极融入居住国的生产生活，开创一番新天地；另一方面无时无刻不心系故乡，胸怀祖国，有识之士更身体力行，为居住国地区和祖国家乡建设做出卓越贡献。被毛泽东誉为"华侨旗帜，民族光辉"的陈嘉庚先生便是其中的翘楚。

1874年10月，陈嘉庚出生于福建同安县集美社。其父陈杞柏早年下南洋经商。16岁那年，陈嘉庚接到在南洋经商的父亲家书，便离别了当时经济凋敝、饱受屈辱的祖国，在凶险与未知的大海上辗转漂泊，来到马来亚的新加坡，开启了他波澜壮阔的一生。始终秉承中华民族"诚以待人，毅以处事"传统的陈嘉庚，在新加坡这片土地上兢兢业业，一步一个脚印，用汗水与智慧建立了遍布世界的庞大企业王国，成为新加坡乃至整个东南亚的杰出企业家。他热心公益事业，是新加坡华文教育先驱，为新加坡的发展发挥了重要作用；他品格高尚，成为世界公认的华侨领袖，为新中国的建立做出了重要贡献。在家乡，他被每一位福建人所深刻铭记的，还有他为家乡教育事业谋划宏图、殚精竭虑的伟大事迹。

2014年陈嘉庚先生140周年诞辰之际，习近平总书记在给厦门市集美校友总会回信时动情地表示："我曾长期在福建工作，对陈嘉庚先生为祖国特别是为家乡福建做出的贡献有切身感受。他爱国兴学，投身救亡斗争，推动华侨团结，争取民族解放，是侨界的一代领袖和楷模。他艰苦创业、自强不息的精神，以国家为重、以民族为重的品格，关心祖国建设、倾心教育事业的诚心，永远值得学习。"

"兴教育"的爱国心

陈嘉庚先生一生奉行"国家之富[illegible]厦大捐献给政府，并始终关注"国立"厦门大学的发展。新中国成立后，他与李光前先生翁婿同心、合力建设厦大的事迹，更成为厦大校史上的一段佳话。在"嘉庚精神"的传承中，在海内外各界人士的慷慨捐赠与倾力襄助下，厦大感恩前行，成为福建省高等教育的佼佼者和领头羊，在海内外享有很高的声誉，一度被冠以"加尔各答以东最完善之大学"和"南方之强"的美誉。

陈嘉庚倾尽家产兴办教育的壮举是福建华侨华人捐资办学、发展祖国教育事业的突出写照和典型代表。在我国教育发展史上，福建籍华侨华人捐资办学、回馈桑梓的事迹层出不穷，其捐资阶层之广，持续时间之长，无不令人感动。"实现中华民族伟大复兴，是海内外中华儿女的共同心愿，也是陈嘉庚先生等前辈先人的毕生追求。"习近平总书记对广大华侨华人的报国之举曾给予高度评价，希望他们"弘扬'嘉庚精神'，深怀爱国之情，坚守报国之志，同祖国人民一道不懈奋斗，共圆民族复兴之梦"。耳濡目染于这样的民族情怀和爱国行动中，厦大师生也始终坚持"自强不息，止于至善"的校训，为祖国强盛和民族崛起而奋斗不息。

"播火种"的革命志

与中国共产党同年诞生于民族危难之中的厦门大学，有着光荣的革命传统和深厚的革命文化底蕴。自建校之初，追求光明的厦大师生就在救国追寻与五四精神的感召下，开始阅读学习马克思主义著作，宣讲马克思主义学说，这是福建省研习与传播马克思主义的开端。作为福建省首先宣讲马克思主义的学校，厦大汇聚了一批又一批以爱国报国为己任、以共产主义为信仰的优秀人才。他们怀揣一颗颗赤子之心，以高昂的革命热情和坚定的革命意志，舍身忘我，为共产主义事业而奋斗不息。

作为厦大兴建的首批校舍之一，囊萤楼历经百年风雨，在革命的炮火中见证了厦大人的英勇顽强和舍小我成大我的高尚情怀。1926年2月，罗扬才、罗秋天和李觉民在这里举行秘密会议，宣告中共厦门大学支部正式成立，罗扬才担任支部书记。这是福建省的第一个中共党组织。从这里出发，一批又一批厦大共产党人和热血青年将革命的火种播撒到八闽大地。一年多时间里，在罗扬才等人的领导下，厦门、龙岩、漳州、泉州所属地区共建立党支部28个，发展党员230多人。厦大党支部成为闽西南地区的革命摇篮，揭开了福建党史的新篇章。

1927年6月，年仅22岁的罗扬才英勇就义，留下了令人动容的诀别誓言："为革命而死，我们觉得很光荣，很快乐。不革命无以救中国！我早已视死如归，准备牺牲。不必为我悲伤，应踏着我们的血迹前进！我家有年迈的父母，各同志有能力时便照顾一下。各位同志别矣！永别矣！"在这饱含理想与信念的字里行间，我们读到了革命先辈无私无畏的英雄气概和舍小家为大家的崇高格局。作为福建学生运动与工人运动的杰出领袖，罗扬才烈士是无数胸怀祖国和人民、为革命事业义无反顾的中国共产党员形象的真实写照，也是引领厦大师生不忘赤子初心、为革命事业前赴后继、笃定向前的重要精神力量。无论是在两次国内革命战争时期，还是在抗日战争和解放战争时期，坚信"只有共产党才能救中国"的厦大共产党人在与反动派和敌对势力做斗争的过程中一次次得到锤炼，并逐步成长起来，为中国革命和民族解放事业做出了应有的贡献。

铭记革命历史是为了更好地不忘初心、牢记使命，更加坚定前进的步伐。新时代，厦门大学继承革命传统，弘扬革命精神，勇于扛起为党育人、为国育才的重任，以一流党建引领一流大学建设，培养担当民族复兴大任的时代新人。厦门大学党委贯彻落实新时代党的组织路线，坚持强基固本，厚植学校基层党建基础，树立党的一切工作到支部的鲜明导向，把党支部建设尤其是学生党支部建设放在更加突出的位置。学校以罗扬才烈士之名，实施学生党支部书记培养的"扬才计划"，开展一系列"铸魂、赋能、强基"培训，着力增强学生党支部书记政治素质和履职能力，充分发挥学生党支部书记"头雁效应"，推动学生党支部组织力全面提升，切实增强组织育人实效，为办好中国特色世界一流大学提供坚强组织保证。

作为著名的革命老区，福建培育了辉煌的古田会议精神和伟大的苏区精神，凝聚了宝贵的革命精神财富。传承了红色基因的厦大人也在实践中塑造了大山般的品格，立场坚定，高瞻远瞩。在新时代的长征路上，他们砥砺前行，为成就祖国和人民的美好未来奋勇向前，不懈努力。

"敢拼搏"的自强魂

"不畏艰难，迎头而上，勇于拼搏，敢为人先"的进取精神和自强个性是"福建精神"的重要内涵。在熟悉大海的福建人眼中，"人生可比是海上的波浪，有时起，有时落"，唯有"爱拼才会赢"。因此，福建人无论是在顺风顺水之中，还是在逆风大浪来袭之时，始终保有一股与生俱来的拼劲和不向困难妥协的韧劲。在国家民族大业中，无论是在民主革命时期，还是在改革开放过程中，视野开阔的福建人也始终保有追求进步的优良传统，屡开风气之先。

回顾中国改革开放的历史，1984年福建企业家联名呼吁"松绑放权"的开创之举至今为人称道，不断推动中国企业乃至中国经济的解放思想和改革创新。而备受关注的"晋江经验"也启迪了全国民营经济的发展道路。在中国庆祝改革开放40周年大会上，福建人吴荣南、陈景润和钟南山因在各自领域的杰出贡献，被授予改革先锋称号。他们不仅是福建人自强奋进精神的突出代表，而且是我们齐心建设美好新中国的时代榜样。

在厦门大学的百年校史上，自强精神始终激励着师生们奋发有为、昂首阔步。出生于福建省闽侯县的萨本栋，是厦大由私立转为国立的首任校长，也是厦大自强精神的代表人物。他上任面临的第一件事就是研究战火中学校的搬迁大事。尽管当时诸多中国高校大都选择迁移到西部或西南大后方，但厦大最终选择了坚守福建。萨本栋认为，"东南半壁的高等教育，还需要维持"，把厦大"留在东南最偏远的福建省内，以免东南青年向隅"，利于"闽浙赣粤学生之负笈"。内迁福建山城长汀的八年多时光里，萨本栋校长呕心沥血，带领厦大人成就了厦大的辉煌。而闽西老区人民也以宽广的胸怀接纳了厦大师生，并以实际行动无私支持厦大办学。他们和厦大一起，共克时艰，凝聚了民族精神，守住了八闽文脉，培养了不少优秀的国家栋梁，结下了深厚的校地情谊，成就了中国抗战教育史上的一个奇迹。

作为激励全国青年勇攀科学高峰的典范，毕业于厦大数学系的福建人陈景润既是家乡的骄傲，也是母校的骄傲。在那个历经磨难、百废待兴的年代，他不畏逆境，潜心学习，独立钻研，取得解析数论研究领域多项重大成果，其"哥德巴赫猜想"研究至今仍居世界领先水平。他醉心科学探索、执着追求真理的事迹激发了一代青年对科学的美好情感和不懈追求，福建的厦大也由此成为许多青年心目中向往的学术殿堂。

改革开放以来，面对经济腾飞、社会蓬勃发展的景象，厦门大学加大科研投入力度，以自强不息的拼搏精神向一系列世界科研高地发起冲锋，取得了卓越成就。厦大科学家在世界上首次合成了比C60小的富勒烯，首次高产率制备出具有高表面能的二十四面体铂纳米晶体催化剂，首次在全球范围内提出"微型生物碳泵"理论框架，首次发现了可调控细胞死亡方式的人体蛋白激酶，首次提出壳层隔绝纳米粒子增强拉曼光谱方法，并且自主研制了世界上第一个防治戊型肝炎的基因工程疫苗；此外，厦大还成功设计、研制和发射了"嘉庚一号"火箭，并拥有完全知识产权的"嘉庚号"海洋科学综合考察船和宫颈癌疫苗等。

今年初以来，面对来势汹汹、威胁全人类生命安全和身体健康的新冠肺炎疫情，厦大人充分发挥自己的教学和科研优势，努力为抗疫大考交出厦大答卷。厦大科研团队与时间赛跑，分秒必争，全力组织新冠肺炎科学研究，成功研制出全球首个用于新型冠状病毒抗体检测的双抗原夹心法总抗体检测试剂，研发的鼻喷流感病毒载体新冠肺炎疫苗亦已开始临床试验。通过自身努力，厦大与全国人民一道，风雨同舟，守望相助，共同筑起了抗击疫情的巍峨长城。

从创办至今，无论是在动荡不安、炮火连天的岁月里，还是在和平发展、改革奋进的年代中，厦大始终与福建人民一道，充分展现了不畏艰难、勇于拼搏、坚忍不拔的自强精神和奋斗精神。

"纳百川"的包容力

海洋资源丰富的福建有着独特鲜明的海洋文化。福建海洋文化是开放包容的，它与中原文化、闽越文化和海外文化等相互渗透、相互融合，在尊重差异、博采众长与和谐共生中，逐渐塑造了各具地域特色的八闽文化，并催生了多样化的福建方言体系，是"多元并存的文化集合体"。在其包裹下，福建人自古就具有海纳百川的开阔胸襟和兼收并蓄的宽广气度。无论是以"海纳百川，有容乃大"自勉的民族英雄林则徐，还是被誉为"中国西学第一人"的严复，以及"学贯中西的幽默大师"林语堂和"兼诗人与建筑学家于一身"的才女林徽因等，都生动诠释了福建人的这一宝贵品质。

作为福建乃至中国放眼世界的一扇重要窗口，厦门大学成立之初，第二任校长林文庆便定下了"本大学之主要目的，在博集东西各国之学术及其精神，以研究一切现象之底蕴与功用，同时并阐发中国固有学艺之美质，使之融会贯通，成为一种最新最完美之文化"的校旨。彼时，厦大即已邀请外国的专家学者来厦大授课，为新一代的中国大学生开阔视野、了解世界提供了条件。在发展人文社会学科时，厦大还特别重视生物、海洋、化学等科学研究。早在1923年，厦大教授、美籍动物学家莱德就在美国《科学》杂志上发表了《厦门大学附近的文昌鱼渔业》，首次揭开了无脊椎动物向脊椎动物转化的奥秘。1946年，中国高校的第一个海洋学系在厦大宣告成立，是中国海洋科学研究与教育的"摇篮"。1958年，厦门大学化学系蔡启瑞教授组建了中国高校的第一个催化教研室，搭建了中国催化科学领域的教学与研究基地。

上世纪60年代，厦大开创"面向东南亚华侨、面向海洋"的办学特色，在海内外产生了广泛持久的影响。1983年，在海内外学者的共同努力和推动下，厦大成立新闻传播系，以"传播"冠名，开中国大陆先河，其广告学专业被业界誉为"中国广告黄埔军校"……百年间，厦大为国家培养了许多享誉海内外的科学家、工程专家和文学家等；为国家输送了第一位会计学博士、第一位审计学博士、第一位财政学博士、第一位海洋学博士、第一位高等教育学博士；在永攀科学的高峰中，广纳天下英才的厦大亦取得了许多令国人自豪的成果。

2013年，习近平总书记提出共建"一带一路"的倡议后，身处"海丝核心区"的厦大，充分结合自身的优势和特点，发挥"海丝、海峡、海洋"的办学特色，推进海外办学、共建孔子学院，努力为增进福建与"一带一路"国家和地区的教育科技文化交流合作提供前沿平台。作为福建与马来西亚友好关系的见证，厦大马来西亚分校在福建省委和省政府的高度重视和大力支持下，已成为"一带一路"建设在教育合作领域的标杆，促进着福建与"海丝"沿线国家和地区的文化交流。2017年，省政府专门设立"厦门大学马来西亚分校'福建省政府奖学金'"，旨在为"一带一路"合作倡议的实施输送更多高素质国际化人才。

时至今日，厦大校园里醒目的嘉庚建筑，依然以其"穿西装、戴斗笠"的特色装扮，静默而又坚定地向世人传递着厦门大学"纳百川"的包容力和生命力。作为福建省第一位外籍永久居民，厦大教授潘维廉每每在谈及上世纪80年代，为何选择厦门作为其一家在中国的落脚点时，都无不感慨这里对当时来华外国人的接纳与包容。在闽三十余年，来自美国的"老潘"与中国人民建立起了深厚的感情，对中国的了解和认同也与日俱增。他先后出版了《魅力厦大》《魅力厦门》《魅力福建》等著作，向世界介绍他的中国"故乡"；其最新著作《我不见外——老潘的中国来信》则以一个外国人的亲身经历，向世界讲述了中国改革开放以来的发展故事。对于他"不见外"地为厦门、为福建代言，向世界讲述真实中国故事的行为，习近平总书记表示了高度赞赏。2019年农历春节即将来临之际，习近平总书记在给潘维廉教授的回信中，特别感谢他把人生30年的宝贵时光献给了中国的教育事业，并祝他"全家'福安'、一生'长乐'"。在"感动中国2019年度人物"颁奖现场，"老潘"表示，"说实话，不是我感动中国，是中国感动我，感动世界"。寥寥数语，却是一位国际友人融入中国之心路历程的真实写照。

"共命运"的骨肉情

在百年的相互守望中，厦门大学与福建彼此交融，休戚与共。可以说，厦门大学的发展与改革离不开福建省的支持，福建省的建设同样需要厦门大学的积极参与。

一直以来，福建省委和省政府都十分重视关心厦门大学的建设发展，对厦门大学始终给予大力支持。改革开放之初，福建省与厦大联办艺术教育学院和政法学院，不仅加快了厦大的发展步伐，而且开创了地方参与办学的先例。1995年，福建省政府与国家教委签订了共建厦门大学的协议，在全国首开先河。进入21世纪，教育部、福建省政府和厦门市政府一起做出"关于重点共建厦门大学的决定"并签署协议，开启了三方共建厦大的历史进程；福建各地与厦门大学的共建步伐也进一步加快：厦大漳州校区的建设和投入使用，翻开了厦大跨海办学的重要一页；厦大翔安校区的建成使用，也得益于当地政府的鼎力支持；2007年起，福建9个设区市和平潭综合实验区先后与厦大签订了战略合作协议。在各方支持下，厦大不仅成为国内较早进入全国"211工程""985工程"建设行列的高校，而且还在2017年入选国家公布的A类世界一流大学建设高校名单。2018年，教育部、福建省政府、厦门市政府达成《关于重点共建厦门大学的意见》，共同支持厦大创建世界一流大学。

于厦大而言，尽管早已誉声中外，但始终对脚下这片滋养着自己的土地始终满怀深情、心存感激。办学至今，厦大始终把回馈脚下这片热土作为己任，把为福建培养人才作为立身之本。目前，厦大已为国家培养了40多万名本科生和研究生，其中约三分之一奋斗在八闽大地上，成为引领福建发展的重要支撑力量。在福建的政治、经济、文化、交流等各个领域中，厦大人都以自己的方式，争相参与其中，贡献心力。

在服务福建经济社会发展上，厦门大学也发挥优势，找准方向，全力融入。为服务国家战略需求，对接福建经济社会发展需要，厦大不断拓展办学空间、优化学科专业结构、提升服务社会实效。1980年，厦门经济特区开始筹建，厦大积极发挥人才和智力优势，服务福建对台优势和特区发展需要，成立了全国最早的台湾研究学术机构。身处侨乡的厦大还着力为海外华侨华人牵线搭桥，促进他们与祖国的沟通交流，不遗余力地推动中华文化在海外的传播。

党的十八大以来，习近平总书记亲自为福建擘画了建设"机制活、产业优、百姓富、生态美"的新福建宏伟蓝图。八闽大地同心协力，紧紧围绕全方位推动高质量发展超越这一目标，聚力建设高素质高颜值的新福建。厦门大学认真贯彻于伟国书记"希望厦门大学紧紧把握深入实施创新驱动发展战略的重大机遇，以新发展理念为引领，'双一流'建设为契机，以'机制活'为牵引，在八闽大地实施更多创新项目、转化更多科技成果、培养更多专门人才，在建设新福建实践中结出更多丰硕成果，实现优势互补、合作共赢"的要求，积极作为、主动融入，努力为新福建贡献厦大智慧和力量。

厦门大学紧紧围绕福建省产业发展布局，坚持创新引领，深入推进产学研用深度融合，着力促进人才链、产业链和创新链有机衔接，努力为福建高质量发展注入新动能，大力推进在大数据、集成电路、人工智能、新材料、新能源和生物医药等重点领域打造重大研发平台和科技成果转化平台。2019年，福建省、厦门市、厦门大学三方共建中国福建能源材料科学与技术创新实验室（简称"嘉庚创新实验室"），是福建省近年来投入最大的科技创新平台之一。结合福建省开展21世纪海上丝绸之路核心区创新驱动发展试验的规划，厦大提出"海丝创谷"的创新思路，以"世界科技+福建智造+全球市场+海丝文化"为特色，形成具有国际影响力的资源汇聚再创新的高端平台。

福建的山与海，哺育了厦大；厦大亦牢牢扎根八闽大地，不忘以高山深海般的情谊回馈福建。正如厦大党政领导所言，在全体厦大人的共同努力下，今后的厦大，必将以更加积极的姿态融入新时代新福建的建设当中。

回首百年，下南洋归来的陈嘉庚先生，敬聘诚邀，群贤毕至，在郑成功的演武场旧址，面向蓝色海洋，擘土奠基，成立厦门大学，为福建高等教育做出了重要贡献。春去秋来，星移斗转，厦大经历了沧桑百年，已经长成参天大树，根深叶茂，硕果累累，与民族共命运、同时代奋进。放眼未来，在全球化的世界里，在这历史的转折点，身处"21世纪海上丝绸之路"的核心区，志在全方位推动高质量发展超越的福建和朝着世界一流大学目标奋进的厦大，将在习近平新时代中国特色社会主义思想指引下，面朝大海，齐力远行，以高度的使命感和饱满的热情，积极参与国家"海洋强国"的建设，为"海丝"战略、为中华民族的伟大复兴，谱写富有时代意义的崭新乐章。

（杨颖 王荧华）

【《福建日报》2020年10月12日】

地处中国东南的福建，以山为脊，以海为怀，不仅是中华农耕文明的传承者，还是中华海洋文明的发源地。在这片蓝色海洋的腹地上，世代福建人坚守中华民族的优秀传统，以勤劳之身躯、智慧之力量和坚韧之毅力，开拓进取，向海而生，为后世子孙留下了宝贵的物质和精神财富。创办于 1921 年的厦门大学就是这其中的重要一笔。背靠五老峰、面朝大海的厦大，不但坐拥福建依山傍海的自然景观，被誉为“最美海上花园学府”；而且浸润着福建人打拼海外、心系故土的家国情怀，是“中国近代教育史上第一所华侨创办的大学”。

习近平总书记在福建工作期间曾指出，办好厦门大学，不仅是厦大自身发展的需要，也是福建省实施“科教兴省”战略，建设“教育强省”“经济强省”的需要。百年来，厦大与福建早已相互交融，不可分割。作为中国第一所在海外建立分校的知名大学，厦大在面向海洋、走向世界的进程中，始终与福建相伴共进，勇立潮头。

“下南洋”的福建人

从亘古走来的大海变幻莫测，令人望而生畏。但对于具有“深蓝基因”的福建人而言，神秘的大海却也孕育着生机和希望。所谓“海者，闽人之田也”，囿于福建“八山一水一分田”的地形条件，福建先民们不得不转向大海讨生活，铸就了勇敢与开拓的精神。特别在战乱、饥荒的苦难岁月，大海成了福建人向外开拓、寻找生计的出路。因此，一批又一批、一代又一代的福建人背井离乡，漂洋过海，下南洋（今东南亚）谋求发展，形成了中国历史上著名的大规模人口迁徙活动之一。与“走西口”和“闯关东”等国内迁徙活动相比，“下南洋”被认为是“中国近代史上规模最大、路程最远”的跨国大迁徙，其跨国跨洋之壮观与艰险，都在中华民族的发展史上留下了深刻的印迹，形成了中华文化中独特的福建海洋文化。

远渡南洋的福建人经受了浩瀚海洋的生死考验，在异国他乡的土地上或工或商。他们发扬中华民族勤劳节俭的优秀传统，以福建人勇往直前的性格，繁荣了海上丝绸之路，书写了华人在南洋的奋斗历程。尽管客居异乡的生活在辛勤劳作、积极进取和精打细算中渐入佳境，但远离故土的福建人心中对家乡的思念却一直萦绕心头。他们一方面积极融入居住国的生产生活，开创一番新天地；另一方面无时无刻不心系故乡，胸怀祖国，有识之士更身体力行，为居住国地区和祖国家乡建设作出卓越贡献。被毛泽东誉为“华侨旗帜，民族光辉”的陈嘉庚先生便是其中的翘楚。

1874 年 10 月，陈嘉庚出生于福建同安县集美社。其父陈杞柏早年下南洋经商。17 岁那年，陈嘉庚接到在南洋经商的父亲家书，便离别了当时经济凋敝、饱受屈辱的祖国，在凶险与未知的大海上辗转漂泊，来到马来亚的新加坡，开启了他波澜壮阔的一生。始终秉承中华民族“诚以待人，毅以处事”传统的陈嘉庚，在新加坡这片土地上兢兢业业，一步一个脚印，用汗水与智慧建立了遍布世界的庞大企业王国，成为新加坡乃至整个东南亚的杰出企业家。他热心公益事业，是新加坡华文教育先驱，为新加坡的发展发挥了重要作用；他品格高尚，成为世界公认的华侨领袖，为新中国的建立作出了重要贡献。在家乡，他被每一位福建人所深刻铭记的，还有他为家乡教育事业谋划宏图、殚精竭虑的伟大事迹。

2014 年陈嘉庚先生诞辰 140 周年之际，习近平总书记在给厦门市集美校友总会回信时动情地表示：“我曾长期在福建工作，对陈嘉庚先生为祖国特别是为家乡福建作出的贡献有切身感受。他爱国兴学，投身救亡斗争，推动华侨团结，争取民族解放，是侨界的一代领袖和楷模。他艰苦创业、自强不息的精神，以国家为重、以民族为重的品格，关心祖国建设、倾心教育事业的诚心，永远值得学习。”

“兴教育”的爱国心

陈嘉庚先生一生奉行“国家之富强，全在于国民；国民之发展，全在于教育”的理念。从 1894 年创办集美惕斋学塾开始，陈嘉庚用半个多世纪的心血创办和资助的学校多达百余所，为祖国乃至居住国的教育事业立下了汗马功劳。20 世纪初，中国身处民族危难之际，但他坚信，“民心未死，国脉尚存，四万万人民的中华民族决无甘心居人下之理。今日不达，尚有来日；及身不达，尚有子孙……”1919 年在对南洋侨界公开发表谈话时，陈嘉庚表示，“此后本家生理及产业逐年所得之利，虽至数百万元，亦尽数寄归祖国，以充教育费用，乃余之大愿也。”厦门大学的创立，集中体现了陈嘉庚先生倾资办学的爱国心和民族情。

在创办集美学校和新加坡南洋华侨中学后，心怀“教育为立国之本，兴学乃国民天职”之念的陈嘉庚，感叹“闽省千万余人，公私立大学未有一所”，于是毅然捐献 400 万大洋倡办厦大。从选校址、定校长到主持建筑校舍等，陈嘉庚无不亲力亲为。时至今日，我们依然能在厦大的一砖一瓦、一草一木以及流传的历史故事中读出浸染其间的爱国爱乡之情和兴我中华之志。如今的厦大思明校区演武场是厦大最早的校址。这里曾是民族英雄郑成功为收复台湾选将练兵、操练军队的地方。定址于此，不仅体现了陈嘉庚对厦大的宏大和长远规划，也表达着他对郑成功的崇敬之情和秉承先辈遗志，爱国兴邦之寓意。1921 年，陈嘉庚特别选择“5 月 9 日”这一警励国人毋忘袁世凯政府接受日本“二十一条”之耻的“国耻纪念日”，为厦大校舍建筑奠基，以期厦大师生永远铭记“勿忘国耻，奋发图强”。在个人企业遭受世界经济危机重创而一蹶不振的境遇下，陈嘉庚“宁可变卖大厦，也要支持厦大”“生意可以不做，学校不能停办”的话语振聋发聩，体现了山一般的坚韧品格和海一般的博大胸怀。

【厦门大学思明校区】

1937 年，心有余而力不足的陈嘉庚为了厦大的长久发展，无条件地将厦大捐献给政府，并始终关注“国立”厦门大学的发展。新中国成立后，他与李光前先生翁婿同心、合力建设厦大的事迹，更成为厦大校史上的一段佳话。在“嘉庚精神”的传承中，在海内外各界人士的慷慨捐赠与倾力襄助下，厦大感恩前行，成为福建省高等教育的佼佼者和领头羊，在海内外享有很高的声誉，一度被冠以“加尔各答以东最完善之大学”和“南方之强”的美誉。

陈嘉庚倾尽家产兴办教育的壮举是福建华侨华人捐资办学，发展祖国教育事业的突出写照和典型代表。在我国教育发展史上，福建籍华侨华人捐资办学、回馈桑梓的事迹层出不穷，其捐资阶层之广，持续时间之长，无不令人感动。“实现中华民族伟大复兴，是海内外中华儿女的共同心愿，也是陈嘉庚先生等前辈先人的毕生追求。”习近平总书记对广大华侨华人的报国之举曾给予高度评价，希望他们“弘扬‘嘉庚精神’，深怀爱国之情，坚守报国之志，同祖国人民一道不懈奋斗，共圆民族复兴之梦”。耳濡目染于这样的民族情怀和爱国行动中，厦大师生也始终坚持“自强不息，止于至善”的校训，为祖国强盛和民族崛起而奋斗不息。

“播火种”的革命志

与中国共产党同年诞生于民族危难之中的厦门大学，有着光荣的革命传统和深厚的革命文化底蕴。自建校之初，追求光明的厦大师生就在救国追寻与五四精神的感召下，开始阅读学习马克思主义著作，宣讲马克思主义学说，这是福建省研习与传播马克思主义的开端。作为福建省首先宣讲马克思主义的学校，厦大汇聚了一批又一批以爱国报国为己任、以共产主义为信仰的优秀人士，他们怀揣一颗颗赤子之心，以高昂的革命热情和坚定的革命意志，舍身忘我，为共产主义事业而奋斗不息。

作为厦大兴建的首批校舍之一，囊萤楼历经百年风雨，在革命的炮火中见证了厦大人的英勇顽强和舍小我成大我的高尚情怀。1926 年 2 月，罗扬才、罗秋天和李觉民在这里举行秘密会议，宣告中共厦门大学支部正式成立，罗扬才担任支部书记。这是福建省的第一个中共党组织，从这里出发，一批又一批厦大共产党人和热血青年将革命的火种播撒到八闽大地，一年多时间里，在罗扬才等人的领导下，厦门、龙岩、漳州、泉州所属地区共建立党支部 28 个，发展党员 230 多人。厦大党支部成为闽西南地区的革命摇篮，揭开了福建党史的新篇章。

1927 年 6 月，年仅 22 岁的罗扬才英勇就义，留下了令人动容的诀别誓言："为革命而死，我们觉得很光荣，很快乐。不革命无以救中国！我早已视死如归，准备牺牲。不必为我悲伤，应踏着我们的血迹前进！我家有年迈的父母，各同志有能力时便照顾一下。各位同志别矣！永别矣！"在这饱含理想与信念的字里行间，我们读到了革命先辈无私无畏的英雄气概和舍小家为大家的崇高格局。作为福建学生运动与工人运动的杰出领袖，罗扬才烈士是无数胸怀祖国和人民、为革命事业义无反顾的中国共产党员形象的真实写照，也是引领厦大师生不忘赤子初心，为革命事业前赴后继、笃定向前的重要精神力量。无论是在两次国内革命战争时期，还是在抗日战争和解放战争时期，坚信"只有共产党才能救中国"的厦大共产党人在与反动派和敌对势力作斗争的过程中一次次得到锤炼，并逐步成长起来，为中国革命和民族解放事业作出了应有的贡献。

铭记革命历史是为了更好地不忘初心、牢记使命，更加坚定前进的步伐。新时代，厦门大学继承革命传统，弘扬革命精神，勇于扛起为党育人、为国育才的重任，以一流党建引领一流大学建设，培养担当民族复兴大任的时代新人。厦门大学党委贯彻落实新时代党的组织路线，坚持强基固本，厚植学校基层党建基础，树立党的一切工作到支部的鲜明导向，把党支部建设尤其是学生党支部建设放在更加突出的位置。学校以罗扬才烈士之名，实施学生党支部书记培养的"扬才计划"，开展一系列"铸魂、赋能、强基"培训，着力增强学生党支部书记政治素质和履职能力，充分发挥学生党支部书记"头雁效应"，推动学生党支部组织力全面提升，切实增强组织育人实效，为办好中国特色世界一流大学提供坚强组织保证。

作为著名的革命老区，福建培育了辉煌的古田会议精神和伟大的苏区精神，凝聚了宝贵的革命精神财富。传承了红色基因的厦大人也在实践中塑造了大山般的品格，立场坚定，高瞻远瞩。在新时代的长征路上，他们砥砺前行，为成就祖国和人民的美好未来奋勇向前，不懈努力。

"敢拼搏"的自强魂

"不畏艰难，迎头而上，勇于拼搏，敢为人先"的进取精神和自强个性是"福建精神"的重要内涵。在熟悉大海的福建人眼中，"人生可比是海上的波浪，有时起，有时落"，惟有“爱拼才会赢”。因此，福建人无论是在顺风顺水之中，还是在逆风大浪来袭之时，始终保有一股与生俱来的拼劲和不向困难妥协的韧劲。在国家民族大业中，无论是在民主革命时期，还是在改革开放过程中，视野开阔的福建人也始终保有追求进步的优良传统，屡开风气之先。

回顾中国改革开放的历史，1984 年福建企业家联名呼吁“松绑放权”的开创之举至今为人称道，不断推动中国企业乃至中国经济的解放思想和改革创新。而备受关注的“晋江经验”也启迪了全国民营经济的发展道路。在中国庆祝改革开放 40 周年大会上，福建人吴荣南、陈景润和钟南山因在各自领域的杰出贡献，被授予改革先锋称号。他们不仅是福建人自强奋进精神的突出代表，而且是我们齐心建设美好新中国的时代榜样。

在厦门大学的百年校史上，自强精神始终激励着师生们奋发有为，昂首阔步。出生于福建省闽侯县的萨本栋，是厦大由私立转为国立的首任校长，也是厦大自强精神的代表人物。他上任面临的第一件事就是研究战火中学校的搬迁大事。尽管当时诸多中国高校大都选择迁移到西部或西南大后方，但厦大最终选择了坚守福建。萨本栋认为，“东南半壁的高等教育，还需要维持”，把厦大“留在东南最偏远的福建省内，以免东南青年向隅”，利于“闽浙赣粤学生之负笈”。内迁福建山城长汀的八年多时光里，萨本栋校长呕心沥血，带领厦大人成就了厦大的辉煌。而闽西老区人民也以宽广的胸怀接纳了厦大师生，并以实际行动无私支持厦大办学。他们和厦大一起，共克时艰，凝聚了民族精神，守住了八闽文脉，培养了不少优秀的国家栋梁，结下了深厚的校地情谊，成就了中国抗战教育史上的一个奇迹。

作为激励全国青年勇攀科学高峰的典范，毕业于厦大数学系的福建人陈景润既是家乡的骄傲，也是母校的骄傲。在那个历经磨难、百废待兴的年代，他不畏逆境，潜心学习，独立钻研，取得解析数论研究领域多项重大成果，其“哥德巴赫猜想”研究至今仍居世界领先水平。他醉心科学探索、执着追求真理的事迹激发了一代青年对科学的美好情感和不懈追求，福建的厦大也由此成为许多青年心目中向往的学术殿堂。

改革开放以来，面对经济腾飞、社会蓬勃发展的景象，厦门大学加大科研投入力度，以自强不息的拼搏精神向一系列世界科研高地发起冲锋，取得了卓越成就。厦大科学家在世界上首次合成了比 C60 小的富勒烯，首次高产率制备出具有高表面能的二十四面体铂纳米晶体催化剂，首次在全球范围内提出“微型生物碳泵”理论框架，首次发现了可调控细胞死亡方式的人体蛋白激酶，首次提出壳层隔绝纳米粒子增强拉曼光谱方法，并且自主研制了世界上第一个防治戊型肝炎的基因工程疫苗；此外，厦大还成功设计、研制和发射了“嘉庚一号”火箭，并拥有具备完全知识产权的“嘉庚”号海洋科学综合考察船和宫颈癌疫苗等。

2020 年年初以来，面对来势汹汹、威胁全人类生命安全和身体健康的新冠肺炎疫情，厦大人充分发挥自己的教学和科研优势，努力为抗疫大考交出厦大答卷。厦大科研团队与时间赛跑，分秒必争，全力组织新冠肺炎科学研究，成功研制出全球首个用于新型冠状病毒抗体检测的双抗原夹心法总抗体检测试剂，研发的鼻喷流感病毒载体新冠肺炎疫苗亦已开始临床试验。通过自身努力，厦大与全国人民一道，风雨同舟，守望相助，共同筑起了抗击疫情的巍峨长城。

从创办至今，无论是在动荡不安、炮火连天的岁月里，还是在和平发展、改革奋进的年代中，厦大始终与福建人民一道，充分展现了不畏艰难、勇于拼搏、坚忍不拔的自强精神和奋斗精神。

“纳百川”的包容力

海洋资源丰富的福建有着独特鲜明的海洋文化。福建海洋文化是开放包容的，它与中原文化、闽越文化和海外文化等相互渗透、相互融合，在尊重差异、博采众长与和谐共生中，逐渐塑造了各具地域特色的八闽文化，并催生了多样化的福建方言体系，是“多元并存的文化集合体”。在其包裹下，福建人自古就具有海纳百川的开阔胸襟和兼收并蓄的宽广气度。无论是以“海纳百川，有容乃大”自勉的民族英雄林则徐，还是被誉为“中国西学第一人”的严复，以及“学贯中西的幽默大师”林语堂和“兼诗人与建筑学家于一身”的才女林徽因等，都生动诠释了福建人的这一宝贵品质。

作为福建乃至中国放眼世界的一扇重要窗口，厦门大学成立之初，第二任校长林文庆便定下了“本大学之主要目的，在博集东西各国之学术及其精神，以研究一切现象之底蕴与功用，同时并阐发中国固有学艺之美质，使之融会贯通，成为一种最新最完美之文化”的校旨。彼时，厦大即已邀请外国的专家学者来厦大授课，为新一代的中国大学生开阔视野、了解世界提供了条件。在发展人文社会学科时，厦大还特别重视生物、海洋、化学等科学研究。早在 1923 年，厦大教授、美籍动物学家莱德就在美国《科学》杂志上发表了《厦门大学附近的文昌鱼渔业》，首次揭开了无脊椎动物向脊椎动物转化的奥秘。1946 年，中国高校的第一个海洋学系在厦大宣告成立，是中国海洋科学研究与教育的“摇篮”。1958 年，厦门大学化学系蔡启瑞教授组建了中国高校的第一个催化教研室，搭建了中国催化科学领域的教学与研究基地。

上世纪 60 年代，厦大开创“面向东南亚华侨、面向海洋”的办学特色，在海内外产生了广泛持久的影响。1983 年，在海内外学者的共同努力和推动下，厦大成立新闻传播系，以“传播”冠名，开中国大陆先河，其广告学专业被业界誉为“中国广告黄埔军校”……

百年间，厦大为国家培养了许多享誉海内外的科学家、工程专家和文学家等；为国家输送了第一位会计学博士、第一位审计学博士、第一位财政学博士、第一位海洋学博士、第一位高等教育学博士；在永攀科学高峰的征途中，广纳天下英才的厦大亦取得了许多令国人自豪的成果。

2013 年，习近平总书记提出共建“一带一路”的倡议后，身处“海丝核心区”的厦大，充分结合自身的优势和特点，发挥“海丝、海峡、海洋”的办学特色，推进海外办学、共建孔子学院，努力为增进福建与“一带一路”国家和地区的教育科技文化交流合作提供前沿平台。作为福建与马来西亚友好关系的见证，厦大马来西亚分校在福建省委和省政府的高度重视和大力支持下，已成为“一带一路”建设在教育合作领域的标杆，促进着福建与“海丝”沿线国家和地区的文化交流。2017 年，省政府专门设立“厦门大学马来西亚分校‘福建省政府奖学金’”，旨在为“一带一路”合作倡议的实施输送更多高素质国际化人才。

【厦门大学马来西亚分校】

时至今日，厦大校园里醒目的嘉庚建筑，依然以其“穿西装、戴斗笠”的特色装扮，静默而又坚定地向世人传递着厦门大学“纳百川”的包容力和生命力。作为福建省第一位外籍永久居民，厦大教授潘维廉每每在谈及上世纪 80 年代，为何选择厦门作为其一家在中国的落脚点时，都无不感慨这里对当时来华外国人的接纳与包容。在闽三十余年，来自美国的“老潘”与中国人民建立起了深厚的感情，对中国的了解和认同也与日俱增。他先后出版了《魅力厦大》《魅力厦门》《魅力福建》等著作，向世界介绍他的中国“故乡”；其最新著作《我不见外——老潘的中国来信》则以一个外国人的亲身经历，向世界讲述了中国改革开放以来的发展故事。对于他“不见外”地为厦门、为福建代言，向世界讲述真实中国故事的行为，习近平总书记表示了高度赞赏。2019 年农历春节即将来临之际，习近平总书记在给潘维廉教授的回信中，特别感谢他把人生 30 年的宝贵时光献给了中国的教育事业，并祝他“全家‘福安’、一生‘长乐’”。在“感动中国 2019 年度人物”颁奖现场，“老潘”表示，“说实话，不是我感动中国，是中国感动我，感动世界”。寥寥数语，却是一位国际友人融入中国之心路历程的真实写照。

“共命运”的骨肉情

在百年的相互守望中，厦门大学与福建彼此交融，休戚与共。可以说，厦门大学的发展与改革离不开福建省的支持，福建省的建设同样需要厦门大学的积极参与。

一直以来，福建省委和省政府都十分重视关心厦门大学的建设发展，对厦门大学始终给予大力支持。改革开放之初，福建省与厦大联办艺术教育学院和政法学院，不仅加快了厦大的发展步伐，而且开创了地方参与办学的先例。1995 年，福建省政府与国家教委签订了共建厦门大学的协议，在全国首开先河。进入 21 世纪，教育部、福建省政府和厦门市政府一起做出了“关于重点共建厦门大学的决定”并签署协议，开启了三方共建厦大的历史进程；福建各地与厦门大学的共建步伐也进一步加快：厦大漳州校区的建设和投入使用，翻开了厦大跨海办学的重要一页；厦大翔安校区的建成使用，也得益于当地政府的鼎力支持；2007 年起，福建 9 个设区市和平潭综合实验区先后与厦大签订了战略合作协议。在各方支持下，厦大不仅成为国内较早进入全国“211 工程”“985 工程”建设行列的高校，而且还在 2017 年入选国家公布的 A 类世界一流大学建设高校名单。2018 年，教育部、福建省政府、厦门市政府达成《关于重点共建厦门大学的意见》，共同支持厦大创建世界一流大学。

【厦门大学漳州校区】

于厦大而言，尽管早已蜚声中外，但她对脚下这片滋养着自己的土地始终满怀深情、心存感激。办学至今，厦大始终把回馈脚下这片热土作为己任，把为福建培养人才作为立身之本。目前，厦大已为国家培养了 40 多万名本科生和研究生，其中约三分之一奋斗在八闽大地上，成为引领福建发展的重要支撑力量。在福建的政治、经济、文化、交流等各个领域中，厦大人都以自己的方式，争相参与其中，贡献心力。

【厦门大学翔安校区】

在服务福建经济社会发展上，厦门大学也发挥优势，找准方向，全力融入。为服务国家战略需求，对接福建经济社会发展需要，厦大不断拓展办学空间、优化学科专业结构、提升服务社会实效。1980 年，厦门经济特区开始筹建，厦大积极发挥人才和智力优势，服务福建对台优势和特区发展需要，成立了全国最早的台湾研究学术机构。身处侨乡的厦大还着力为海外华侨华人牵线搭桥，促进他们与祖国的沟通交流，不遗余力地推动中华文化在海外的传播。

党的十八大以来，习近平总书记亲自为福建擘画了建设“机制活、产业优、百姓富、生态美”的新福建宏伟蓝图。八闽大地同心协力，紧紧围绕全方位推动高质量发展超越这一目标，聚力建设高素质高颜值的新福建。厦门大学认真贯彻于伟国书记“希望厦门大学紧紧把握深入实施创新驱动发展战略的重大机遇，以新发展理念为引领，‘双一流’建设为契机，以‘机制活’为牵引，在八闽大地实施更多创新项目、转化更多科技成果、培养更多专门人才，在建设新福建实践中结出更多丰硕成果，实现优势互补、合作共赢”的要求，积极作为、主动融入，努力为新福建贡献厦大智慧和力量。

厦门大学紧紧围绕福建省产业发展布局，坚持创新引领，深入推进产学研用深度融合，着力促进人才链、产业链和创新链有机衔接，努力为福建高质量发展注入新动能，大力推进在大数据、集成电路、人工智能、新材料、新能源和生物医药等重点领域打造重大研发平台和科技成果转化平台。2019 年，福建省、厦门市、厦门大学三方共建中国福建能源材料科学与技术创新实验室（简称“嘉庚创新实验室”），是福建省近年来投入最大的科技创新平台之一。结合福建省开展 21 世纪海上丝绸之路核心区创新驱动发展试验的规划，厦大提出“海丝创谷”的创新思路，以“世界科技 + 福建智造 + 全球市场 + 海丝文化”为特色，形成具有国际影响力的资源汇聚再创新的高端平台。

福建的山与海，哺育了厦大；厦大亦牢牢扎根八闽大地，不忘以高山深海般的情谊回馈福建。正如厦大党政领导所言，在全体厦大人的共同努力下，今后的厦大，必将以更加积极的姿态融入新时代新福建的建设当中。

回首百年，下南洋归来的陈嘉庚先生，敬聘诚邀，群贤毕至，在郑成功的演武场旧址，面向蓝色海洋，挥土奠基，成立厦门大学，为福建高等教育作出了重要贡献。春去秋来，星移斗转，厦大经历了沧桑百年，已经长成参天大树，根深叶茂，硕果累累，与民族共命运、同时代齐奋进。放眼未来，在全球化的世界里，在这历史的转折点，身处“21 世纪海上丝绸之路”的核心区，志在全方位推动高质量发展超越的福建和朝着世界一流大学目标奋进的厦大，将在习近平新时代中国特色社会主义思想指引下，面朝大海，齐力远行，以高度的使命感和饱满的热情，积极参与国家“海洋强国”的建设，为“海丝”战略、为中华民族的伟大复兴，谱写富有时代意义的崭新乐章。

（文 / 杨　颖　王荣华）

红色记忆中的战友情

——厦门大学与江西的校地情缘

4 江西日报 JIANGXI DAILY　聚焦 Culture　2020年1月24日 星期五

副刊部主办　主编 罗翠兰　美编 杨 敷　电话：0791-86849202

红色记忆中的战友情

——记厦门大学与江西的校地情缘

□ 张 夏 张璐阳 林秀莲

福建和江西毗邻，地缘相近，人文相亲。从群山叠翠的井冈山到美丽富饶的鄱阳湖，江西见证了中国革命的星星之火可以燎原。而在福建的东南一方，矗立着一所具有鲜亮爱国底色的百年高等学府——厦门大学。她沐浴着马克思主义的光辉，诞生了福建省第一个共产党支部，点燃了八闽革命的火种。厦门大学和江西早在百年之前就结下了革命情缘，在时光流转的动人岁月里，相依相伴，携手共进。

硝烟战火中的革命战士

风情鹭岛上的赣籍名师

赣鄱热土上的厦大校友

鹰厦铁路拉近的校地情缘

实践路上的熠熠初心

守岁灯

□ 罗荣青

【《江西日报》2020年1月24日】

福建和江西毗邻，地缘相近，人文相亲。从群山叠翠的井冈山到美丽富饶的鄱阳湖，江西见证了中国革命的星星之火可以燎原。而在福建的东南一方，矗立着一所具有鲜亮爱国底色的百年高等学府——厦门大学，她沐浴着马克思主义的光辉，诞生了福建省第一个共产党支部，点燃了八闽革命的火种。厦门大学和江西早在百年之前就结下了革命情缘，在时光流转的动人岁月里，相依相伴，携手共进。

硝烟战火中的革命战士

厦门大学雄壮的革命史篇章中，江西籍的革命战士们留下了浓墨重彩的一笔。

他是隐蔽战线的“地下英雄”，在厦大潜伏时书写传奇。

肖炳实，1900 年生于江西萍乡，1926 年加入中国共产党。1929 年秋至 1931 年 3 月底在厦大任教。在校期间，他以教职身份作掩护，遵照党组织的嘱托，把自己的住处开辟为中共福建省委聚会的秘密据点、省委与党中央的联络站，党中央拨给福建省委经费由其秘密转交。

【肖炳实】

这是一栋二层的小洋楼，位于大南新村 16 号——现厦门大学大南 3 号，每当省委开会之时，肖炳实一家三口严格执行着任务：妻子采购食物准备与会人员的用餐，大儿子肖纯在楼外观望来往路人，而肖炳实则站岗放哨、保证会议安全。厦门大学因此成为了福建省委开展隐蔽工作、指导全省革命运动的重要基地。

“干革命是为了追求信仰，不是为了地位名誉！”肖炳实如是说，也如是践行着。他长期坚持隐蔽战线工作和共产国际、苏军总参远东情报工作，并作出了特殊贡献，成为一位鲜为人知的秘密工作传奇人物。

他们是厦大“战时后方服务团”，把革命的战鼓在瑞金擂响。

抗日战争全面爆发。厦大学生成立“战时后方服务团”，组织 400 多人的宣传队，开展更广大的救亡运动。1938 年 8 月，一行 18 位厦大学子高唱着洪亮的救亡歌曲，翻越崎岖不平的山道，向瑞金前进。细雨飘落的那个夏天，厦大学子教导瑞金儿童把红歌唱响在每个街角，创编的戏剧在数千观众的注目下落幕。在瑞金，厦大学子和民众们同仇敌忾，决心以头颅与热血来寻求国家民族的自由与平等，共同迈出了在抗战道路上浴血前进的一步。

他们是“第二条战线”上的英勇战士，成就厦门大学“东南民主堡垒”的美名。

【1938 年厦大赴瑞金宣传队合影】

熊德基，江西南昌人。1946 年到厦门大学历史系任教，并与党组织取得联系，曾任中共闽西南厦门工委书记、厦门临时市委书记。他积极为学生集会演讲，激发青年的革命热情；指导厦大进步学生开展爱国民主运动，并以笔为矛为之呐喊。他在《实践社》特刊上慷慨题词，和厦大师生共同声援“台湾人民‘二二八’起义”；他奋笔撰写《我为助学运动呼吁》，支持学子们开展“反饥饿、反内战、反迫害”运动；他在厦门《星光日报》“反对美帝扶日专刊·教授笔谈”栏目中，噙泪发文痛批美国。解放前夕，根据形势需要，他调派数批党员及进步学生分赴游击区开展工作，为游击区输送大批骨干。

在厦大进步师生奋力开辟“第二条战线”，频频掀起爱国民主运动的革命浪潮中，有不少江西籍学子的身影——何永龄、谭成祖、叶森玉和林敏……他们在“抗议美军暴行”、“反饥饿、反内战、反迫害”、助学救饥与“三罢”斗争、“反对美国扶植日本”等运动中历练，成为厦大地下党团组织的中坚力量。其中不少人还分赴闽粤赣边区、闽西南、浙南等游击区，积极参加所在地区的战斗和建设，为开创和保卫革命政权立下功绩。

1949 年 10 月 17 日，厦门解放！厦门大学也终见光明！历史不会忘记，在这光明的背后，有着许许多多江西籍师生浴血奋战，让厦大革命传统得以传承。

风行鹭岛的赣籍名师

“独是师资一项，最为无上第一要切。”厦门大学建校之初就重金礼聘名师，来校执鞭授业。

1922 年，江西南昌人钟心煊来到厦大，主讲植物学，是厦大植物学系首位系主任。在任的 9 年时间里，钟心煊殚精竭虑。除了筹划系务、亲授课程，课余时间他带着学生采集研究植物标本，并亲自揣着标本走遍美国的大学博物馆交流。经过几年的努力，钟心煊草创的厦大植物标本馆收集了海内外大量珍稀木材标本，并与国际知名的哈佛大学阿诺德树木园等建立了关系。在他的带领下，20 世纪 20 年代，厦大植物标本馆馆藏丰富，位居全国学府前列。

鸡鸣而起、燃烛而读、布衣素食、兢兢业业，这是余謇几十年如一日教学生活的写照。余謇，字仲詹，江西南昌人，1927 年到厦大任教，历任厦大中国文学系主任，文学院代理院长等职。在厦大的 26 年，他精心治学，爱护青年学生。厦门解放前夕，余謇尽力掩护进步学生开展革命活动，用办公室供学生秘密集会、为进步学生辩护，广受学生爱戴，被尊称“民主教授”。学生们回忆，无论风雨或身体抱恙，他总是坚持站上讲台，从不迟到缺席。一生含辛茹苦，余謇临终时嘱咐家人把所有的文稿全都赠送给厦大，对教育的赤诚之心、对厦大的深爱之情日月可鉴。

余绪缨，民国厦大之高材，管理会计之大师。1922 年出生于江西省靖安县，1945 年以优异成绩毕业留校任教，从此开启了毕生在厦大从事教学科研的生涯。60 多年里，他站在学科前沿，创立了“控制现在和筹划未来”的管理会计理论体系等先进成果，是中国管理会计的开拓者和奠基人；编著出版了适合中国干部培训、本科生和研究生等不同层次需要的管理会计教材体系，教书育人、桃李芬芳。他是 20 世纪中国“现代管理会计”方向第一位的博士研究生导师，招收了首位来自科威特的“洋”博士，标志着“现代管理会计”博士点的教学、科研达到了国际水平。

百年来筚路蓝缕，厦门大学延续着“广纳群贤、人尽其才”的优良办学传统，持续书写着与江西缔结的贤师之缘。历史系教授罗耀九、生物系教授丘书院、法律系教授盛新民……今天的厦大共有超 200 名江西籍教师，他们在祖国的东南一隅聚集成长、教书育人，为把厦大建设成为中国特色世界一流大学贡献江西力量。

赣鄱热土上的厦大校友

1949 年之前，不少厦大校友到江西工作，裘宗舜就是其中一员。在校时，他是优秀学生，多次获得“嘉庚奖学金”。1944 年毕业后，裘宗舜到新成立的江西财政经济学院（现江西财经大学）任教，一干就是一辈子，先后担任会计系主任、经济研究所所长、副院长、代院长等职，为把江西财经大学建设成为江西最著名的大学之一作出了卓越贡献。从事财经教育工作半个世纪时间里，他为江西培养了一大批优秀人才，1993 年被评为全国优秀教师。他是我国著名会计学家、审计学家、会计信息论奠基人之一，代表作《经济效益学》“填补了我

【著名会计学家、审计学家、会计信息论奠基人裘宗舜（图片来源于网络）】

国经济和会计学中的空白”。

上世纪 50 年代，厦大人批量分配到江西，支援老区建设。1958 届校友陈文华从厦大历史系毕业后，分配在江西博物馆，他带着厦大历史人严肃治学和精益求精的态度，为农业考古学科打下了坚实的基础，被称为“中国农业考古第一人”，还在婺源打造出了“中国茶文化第一村”。

【2015 年，徐长青在海昏侯考古现场清理青铜器】

1988 年，徐长青从厦大考古专业毕业，此后 30 多年的韶华都奉献给了江西的考古事业。他参加过新干大洋洲遗址发掘，主持过南昌海昏侯墓以及侯国都城遗址发掘与遗产保护项目。他人在江西，心系母校，所任职的江西省文物考古研究院，成为厦大传统友好单位，每年都有一批厦大学子前往实习。在他的影响下，儿子也成为新一代厦大人，爱校情结代际传承。

厦大人离不开江西这个鱼米之乡的滋养，赣鄱发展同样离不开厦大人的同心勠力。近三年，厦大为江西输送近 200 名优秀毕业生。母校情缘让厦大人扎根赣鄱大地，相互帮助、相互鼓励，为江西建设发展贡献力量，让厦大和江西的这份校地情缘历久弥新，生生不息。

鹰厦铁路拉近的校地情缘

八闽大地，峰岭耸峙，建国初期那个百业待兴的年代，爱国华侨领袖、厦门大学创办人陈嘉庚四处奔走努力，一条由江西鹰潭为起点的铁路修到了祖国东南重镇厦门，打通了厦门去往祖国各地的道路。

依托于地缘和交通的优势，双方在人才培养、教育培训、科技研发、发展研究等方面开展合作交流，成效显著。

建校之初，就有江西学子来厦大求学。现今，每年从江西来厦大读书的学生已超过 500 人。近百年来，他们从厦大走向华夏各地大放异彩：首部《资本论》全译本的合译者郭大力；中科院院士、著名量子化学家、教育家邓从豪；台湾戏剧大师姚一苇；原台湾“省教育会理事”刘文华……厦大还积极为江西各单位举办培训班，帮助提高江西省干部素质与能力，2016—2018 年间，共计培训近 6000 人次。

双方在能源材料、化学化工、光电信息等方面开展科技合作。近三年，厦大承接了江西省政府部门及企事业单位委托项目 15 项，其中包括“江西宁新新材料股份有限公司—厦门大学石墨烯工程与产业研究院新材料研发中心”项目，以及与上饶市交通局、国网江西省电力有限公司信息通信分公司等开展的产学研合作。2017 年 3 月，厦大物理科学与技术学院和九江市合作成立厦门大学九江研究院，致力于建设江西省重点实验室（工程技术研究中心），服务九江市产业转型升级。厦大还为江西省在考古调研、制度研究、规划设计等方面提供决策咨询。

厦大与赣州市、吉安市建立长期稳定的战略合作关系，在科技研发与转化、文化艺术交流与合作、决策咨询等方面开展合作；与井冈山大学签署对口合作协议，围绕师资队伍建设、学科建设、科学研究、人才培养、师生交流、干部培养等方面深化合作，共建“厦门大学井冈山革命传统教育基地”，为学生教学、科研、实习、实践等提供实践平台……厦大和江西的合作交流正日益密切，浓厚情谊历久弥坚。

实践路上的熠熠初心

2018 年，在第四届中国“互联网 +”大学生创新创业大赛“青年红色筑梦之旅”全国对接活动（江西）出征仪式上，厦门大学生命科学学院 2016 届博士生贾玉龙带着他的重点项目“果蔬卫士”亮相。

这个项目致力于“新一代果蔬保鲜剂”研究，希望延长果蔬储藏期，提高农产品经济价值。贾玉龙带着团队奔波在吉水、瑞金等地调研展示，赶赴脱贫农户家考察，受到当地农户的极大关注。团队还与沙洲坝镇人民政府、大柏地院溪村政府签订项目合作意向书，为江西乡村振兴和脱贫攻坚奉献厦大学子的一份力。

2016 年，厦门大学“扶贫兴业 · 井冈圆梦”实践队一行 16 名师生来到井冈山重温革命历史、实地调研。他们在炎炎夏日走访了大井村、神山村、井冈山市扶贫办等地，用问卷发放、入户访谈、数据分析的方式积极探索井冈山地区“互联网 +”精准扶贫现状和发展前景，充分发挥厦门大学商学院专业优势，给革命老区的经济发展模式提出对策建议，为井冈山更长远的可持续发展作出力所能及的贡献。2018 年，厦门大学建筑与土木专业的师生积极响应“三下乡”活动号召，赴江西婺源，以李坑村为驻扎点，对婺源境域村落进行调研，并设立“厦门大学婺源李坑村大学生校外实践基地”，理论结合实际，为江西的乡村振兴建言献策……

红色基因一脉相承、代代相传。近六年来，厦门大学赴江西开展红色实践活动的学生数超过 700 人。在井冈山聆听英雄故事、接受理想信念教育；在瑞金感受革命老区翻天覆地的变化；去到婺源农村开展“三下乡”实践活动……他们的足迹印在了江西这片红土地上，他们的青春在赣鄱舞台上尽情挥洒。砥砺奋进百年，站在新的历史起点，厦大学子带着熠熠初心和炽热爱心，在江西这片红色热土上奋力书写着时代新篇章。

（文 / 张　夏　张璐阳　林秀莲）

厦大缘绵长
齐鲁情未了

——厦门大学与山东的百年故事

"海洋文化"牵线，成就千里好姻缘：厦大学者北上，齐鲁学子南下，佳话绵绵近百年——

厦大山大海大，血脉相连一家亲

刘椿曾任厦大山大化学系主任：
"我最高兴学生超过自己。"

唐世凤带领厦大师生北上青岛
组建山东大学海洋系

"海上山东"建设提出
"透明海洋"工程创三个国际第一

秦琼故里 济南寻福

聚焦山东春晚

家庭组合齐亮相 亲情满屏

《溯源宁津》讲古：廉颇泪洒望儿台 六郎布阵败辽军

好看好玩的更丰富，乐趣更多！

来山东过大年，花画贺年

【《大众日报》2020年1月19日】

东海之滨，厦门大学面海而建。渤海之边，山东省因海而生。海洋催生的海洋文化，是生命起源之孕育，是不惧波涛之气魄，是勇立潮头之奋进，是海纳百川之交融。“我们人类居住的这个蓝色星球，不是被海洋分割成了各个孤岛，而是被海洋连结成了命运共同体。”厦大与山东，有着相似的海洋文化，有着深厚的校地情缘。在百年的历史浪潮中，携手奋楫万里海，扬帆潮头正当时。

海之孕育：
嘉庚教育宏愿 开启校地情缘

百年前的中国，内忧外患，风雨飘摇，仁人志士，为国奔走。1921 年，怀着“教育救国”信念的陈嘉庚，创办厦门大学。首届学生仅 98 名，却规划几千亩校园。呕心沥血倾资办学，“立下兴办生物科以为开发祖国山海资源之长计”。短短几年间，闻名遐迩，“可以与欧美诸优等海洋研究所匹美……”

厦大首届生物学学子，后成为我国鱼类学、水生生物学的奠基人伍献文，1935 年主持了“渤海海洋调查”。这场历时 6 个月，航程 7054 海里的调查，是中国近代第一次对渤海、黄海北部的多学科、长时间航海作业的海洋调查，成为了我国海洋科学考察的开端。厦大与山东，因为海洋，开始了深厚的地缘联结。

伍献文学生、后成为我国海洋科学教育事业的奠基者唐世凤，负责此次考察的具体筹备和组织实施，这也是他第一次接触到海洋学、接触到祖国的海洋。1936 年，唐世凤再到烟台，完成了山东省最大的海湾—— 渤海莱州湾带鱼孵化渔场的观测报告。

1946 年，唐世凤受聘筹建厦门大学海洋学系，这是我国第一个专事海洋学高等教育的机构，后被誉为“蓝色摇篮”。四年后，在全国院系调整中，唐世凤带领厦大海洋系教师 2 人、学生 18 人北上青岛，与山东大学赫崇本教授及讲师 1 人、绘图员 1 人，组建山东大学海洋系。厦大与山东，因为海洋，开启了百年的学科渊源。

【1947 年 2 月，国立厦门大学海洋学会成立典礼第一次会员大会（前排居中为唐世凤，二排左三为尤芳湖）】

海洋充满了未知，但也充满了孕育。战火纷飞中、生死存亡间，陈嘉庚投身教育，奠定百年树人之伟业。厦大师生因为海洋，与齐鲁大地，建立了深厚的联结和渊源，缓缓展开了这幅百年故事的连绵画卷。

海之气魄：
纵然天下交兵 弦歌之声不绝

20世纪30年代，日寇侵袭、战火蔓延，东南半壁江山已安放不下一张书桌。1937年冬，厦大西迁长汀，成为当时粤汉铁路线以东唯一的国立大学。

山东诸城人、时任厦大理学院院长的刘椽，负责该院系西迁。斜跨福建省，运上一堆玻璃仪器、药品、图书，走了20多天终到长汀。把孔庙当办公室、祠堂当宿舍、牢房改成实验室。他一人担起九门化学专业课，以英文原版书为主线，自编讲义；用竹管代替自来水管、泥炭火炉代替酒精灯，带学生开展实验训练；批改作业除专业知识，英语的语法和化学拉丁文的表达也细致修改。这种集知识、技能、语言为一体的“全方位教学法”，形成了完整的“教学链”。

【1937年5月，厦大算学、化学两学会联合欢送卢嘉锡赴英留学合影（左七为刘椽，左六为卢嘉锡，来自《华夏赤子 科教巨擘卢嘉锡》）】

卢嘉锡在刘椽的鼓励下，后考上全国只招一名的化学类“庚款”留英生。从江西临川步行到长汀求学的邓从豪，在刘椽的指导下完成毕业论文。学生陈国珍、蔡启瑞更是常聚老师刘椽家中，是粗茶便饭，也是学术家国。

抗日战争终于迎来胜利。刘椽离开厦大回到山东老家，担任山东大学总务长、化学系主任，后赴河南筹建郑州大学。卢嘉锡、陈国珍、蔡启瑞之后在物理化学、分析化学、催化化学等领域多有建树，培养了许多人才。后成长为著名的量子化学家、教育家的邓从豪，也在刘椽的邀请下北上，开启了与山东大学的诸多故事。时任校长萨本栋问刘椽：“在厦大服务18年最高兴的是什么？”刘椽答道：“我最高兴学生超过自己。”

海洋深邃，但也让面向海洋的人们更加坚韧。秦汉之际，刘邦举兵围鲁，鲁中诸儒尚讲颂习礼乐，弦歌之声不绝。长汀时期的厦门大学，在日军的轰炸声中，更是书声不停。坚韧的山东人、坚韧的厦大人，在艰苦的岁月中更加卓越。厦大不仅在校生从200多人发展到 1000 多人，更是在全国大学生学业竞赛中连续两年第一，获全国通令嘉奖，被赞为“加尔各答以东之第一个大学”，造就“南方之强”。

海之奋进：
国家之所需 我辈之所向

新中国成立后，百业待兴。“以培养工业建设人才和师资为重点，发展专门学院，整顿和加强综合大学的方针”，1952 年，全国高等院校科系调整，唐世凤带领厦大师生北上，组建了山东大学海洋系。1959 年，以山大海洋系为基础，新中国第一所、当时亚洲唯一的一所专门培养高级海洋人才的高等学府——山东海洋学院成立。当时跟随唐世凤北上的助教陈宗镛，后在国内率先开创了“潮汐动力学”和“海平面的研究”。跟随北上的学生之一施正铿，1987 年任山东海洋学院院长。1988 年，山东海洋学院更名为青岛海洋大学，后更名为中国海洋大学。

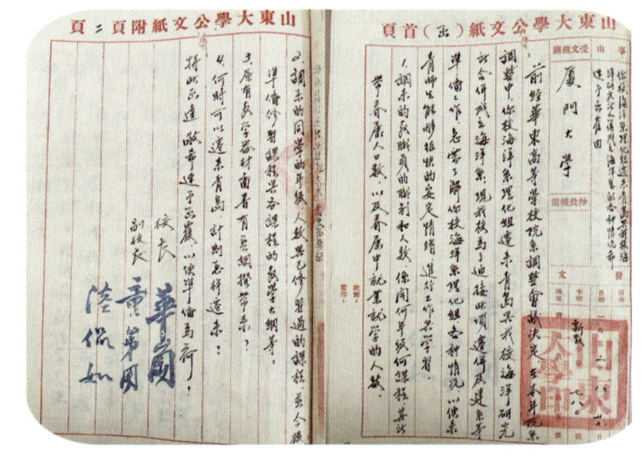
山東大學公文紙附頁之頁
山東大學公文紙（五）首頁

【1952 年，厦门大学海洋系理化组调入山东大学，组建海洋系】

厦大 1927 级学子、我国海藻学奠基人曾呈奎，在山东参与筹建了中国科学院水生研究所青岛海洋生物研究室。“我们在战争中失去了所有的家底……”需要在低温下进行的海洋生物实验，曾呈奎就定做了一个大冰箱做实验室，穿上防寒服在里面埋头工作。数十年后，原来那个小小的实验室现在已成为世界闻名、我国最大的综合性海洋研究机构——中国科学院海洋研究所。

“应山东急需人才的要求，想调你到山东工学院任教”，1953 年，时任厦大校长王亚南对艾兴说到，这位曾经的厦大学子、时任厦大机械系教研室主任的艾兴，也踏上了北上的路。艾兴后来成长为我国切削加工研究领域开拓者之一，首创融合切削学与陶瓷学于一体的陶瓷刀具研究和设计的理论新体系，获国家发明奖和省部级科技进步奖 10 项，培养了硕士生 100 余人，博士生和博士后 60 余人。

1953 年，教育部在青岛举办的暑期物质结构讲习班，卢嘉锡担任主讲之一，邓从豪在他的指导下，“逐渐与物质结构及量子化学结下了不解之缘”。1978 年，邓从豪获全国科学大会奖及山东省科学大会奖，后任山东大学校长、签订建设威海分校，创建齐鲁

【邓从豪参加卢嘉锡与唐敖庆在青岛举办的暑期物质结构学习班（来自《院士怎样读书与做学问》）】

创业大学。1956年，山东大学教师张克从、蒋民华被派到厦门大学化学系进修，也师从卢嘉锡，回校后组建了晶体生长专门化小组，即山东大学晶体材料研究所前身。后成为我国重要的晶体培养基地，不仅满足国内生产需要，还大量出口到国外。

大海是奔腾不止的，奋斗是从不停息的。或北上或南下、或重组或合并，没有地域之别、小我之虑，只有祖国所需、人民所忧。带着最朴素的价值观，最热忱的报国心，南方之强的师生在齐鲁大地上叙写起他们的奋斗故事。

海之交融：
纵横万里海疆　百年故事新篇

今日之山东，有着海洋资源、海洋科教人才、海洋平台和海洋经济的显著优势，朝着海洋强省的时代蓝图砥砺前行。今日之厦大，有着“海丝、海峡、海洋”区位优势和办学特色，朝着中国特色世界一流大学昂扬奋进。今日的山东与厦大，因为对海洋共同的热爱与执着，学脉相通、志向相连。

在山东海洋强省的建设征程中，南强学子贡献着厦大智慧。20世纪90年代，厦大海洋学系首届学子、海洋学家尤芳湖，提出的“海上山东”建议，被山东省采纳，列为跨世纪工程之一。他组织了“山东省海岸带和海涂资源综合调查”，5000多人次参调；主持的多学科、多层次的“山东省海岛调查和开发试验”，首次确认山东500平方米以上的海岛326个……

2013年，青岛海洋科学与技术试点国家实验室成功获批，成为我国海洋领域首个试点运行的国家实验室。这个“国之重器”筹备近十年。厦大1981级海洋学子、现任实验室学术委员会秘书长潘克厚，自2005年筹办起就参与其中。实验室所承担的“透明海洋”工程，已填补了国内两项空白，创造了三个国际第一。

在厦大“双一流”建设的奋进历程中，也不乏山东人的奋斗身影。山东潍坊人、1979级山东海洋大学学子焦念志，2000年加盟厦大，现担任近海海洋环境科学国家重点实验室（厦门大学）副主任。同是山东潍坊人的王克坚，现担任厦门大学海洋与地球学院院长。山东临沂人王海黎，1988年来厦大求学，已负责建起了厦大拥有独立知识产权的“嘉庚”号科考船……

【全球级、无限航区的3000吨级“嘉庚”号科考船】

时光辗转，有些散落的篇章也将重新续写。“鉴于我国海洋科学的薄弱和任务的艰巨，双方共同感到迫切需要加强单位间之协作，以促进海洋科学事业的发展。”1963年厦大与当时的山东海洋学院就签订协作合同。时隔近半个世纪后的2002年，厦门大学与山东大学再次签订了校级合作协议，继续深化“师资共享、人才培养、科研合作、资源共享、文化交流”等方面的合作。

近十五年内，厦大培养了6000多名山东籍毕业生，相互交换学生进行交流近千名；近两年为山东省政府部门及企事业单位开展干部研修班近500个班次、27000人次；承接山东省企事业单位委托项目近30项，合同金额超过千万元……

时光回到近百年前，1921年，陈嘉庚创办厦门大学时就提出面向海洋、面向世界的办学愿景。他临终前口授遗嘱：“海洋事业一定要大力发展。”2018年，以习近平同志为核心的党中央对山东提出殷切希望：“海洋是高质量发展战略要地。要加快建设世界一流的海洋港口、完善的现代海洋产业体系、绿色可持续的海洋生态环境，为海洋强国建设作出贡献。”

厦大，曾经面海而建，如今跨海办学。山东，昔日因海而生，今日因海而兴。两者因海洋而连结，因海洋文化而共鸣。在建设海洋强国的时代背景下，在推进“一带一路”的时代征程中，厦大与山东将携手续写校地情缘的动人故事，协力推进海洋事业的迅速发展，共同翻开百年渊源的新时代篇章。

（文/卢　昱　黄伟彬）

“豫”见厦大 古今佳话

——厦门大学与河南的校地情缘

“豫”见厦大 古今佳话

——厦门大学与河南的校地情缘

爱国华侨陈嘉庚

河南，中华民族的主要发祥地之一。九曲黄河，奔涌河南，16.7万平方公里的黄土地上跳跃着中华文明的源远流长和博大精深，也承载着中原崛起和中华民族伟大复兴的梦想。厦门大学，坐落在祖国东南沿海的一所世界知名大学，经历百年，为国家和民族培养了数十万高级人才，雄厚的学科优势、鲜明的办学特色和深厚的文化底蕴，更使得她在中国的大学中亭亭玉立，优雅动人。

有人说，想读懂中国，绕不开河南。事实上，要读懂福建、读懂闽南，更绕不开河南。中原文化与闽南文化有着强烈的亲缘关系，从西晋末年的中原“八姓入闽”到唐初陈元光的闽南“开漳”，再到唐末的王氏兄弟“入闽”，河南可以说是福建人特别是闽南人真正意义上的“老家”。

河南也是厦门大学的创办者、著名爱国华侨领袖陈嘉庚的祖地。陈嘉庚在他撰写的《南侨回忆录》中专设《河南是故乡》一目，言“余先祖原属光州固始县人，数百年前迁移福建……”。

百年厦大中的河南人

扎根中州大地的厦大人

合作硕果满枝头

2018年7月，厦门大学系列学员在厦门大学参加干部培训班

凤凰花下的厦园

1956年，郑州大学教师赴厦门大学进修函。

厦园群贤楼

【《河南日报》2020年6月19日】

河南，中华民族的主要发祥地之一，九曲黄河，奔涌河南，16.7 万平方公里的黄土地上流淌着中华文明的源远流长和博大精深，也承载着中部崛起和中华民族伟大复兴的梦想。厦门大学，坐落在祖国东南沿海的一所世界知名大学，经历百年，为国家和民族培养了数十万高级人才，雄厚的学科优势、鲜明的办学特色和深厚的文化底蕴，更使得她在中国的大学中亭亭玉立，优雅动人。

有人说，想读懂中国，绕不开河南。事实上，要读懂福建、读懂闽南，更绕不开河南。中原文化与闽南文化有着强烈的亲缘关系，从西晋末年的中原“八姓入闽”到唐初陈元光的闽南“开漳”，再到唐末的王氏兄弟“入闽”，河南可以说是福建人特别是闽南人真正意义上的“老家”。

【陈嘉庚】

河南也是厦门大学的创办者、著名爱国华侨领袖陈嘉庚的祖地。陈嘉庚在他撰写的《南侨回忆录》中专设《河南是故乡》一目，言“余先祖原属光州固始县人，数百年前迁移福建……”。

血缘上的同根共祖、文化上的血脉相连，让河南与厦大的“遇见”，具有了某种程度上的必然性，而随之而生的便是一段关于校地情缘的动人佳话。

百年厦大中的河南人

在厦大近百年的历史长河中，留下了一批批河南人奋斗的身影。

1921 年 4 月 6 日，陈嘉庚怀抱教育救国、教育强国的宏愿，创办了厦门大学。建校之初的厦大求贤若渴、广纳贤才。一时间，名家云集、群贤毕至，这其中就包括河南开封人，著名动物学家、教育家，我国近代生物学的主要奠基人之一的秉志。

【秉志】

1922 年，厦大设立了“植物学科”和“动物学科”，次年春，改称植物学系和动物学系。1926 年 7 月，秉志从东南大学受聘任厦大动物学系教授，并担任系主任。在正式入职厦大之前一年，就帮助厦大筹建了生物材料处，以助教学、研究之用。厦大校史中一份“1926 年秋季关于各科教员每周授课时数调查”显示：秉志讲授比较解剖学实习、普通动物学演讲、动物胚胎学演讲、实习等课程，每周长达 19 小时，在所有受调查的文、理、教育、商、法各科几十名厦大主要教员中授课时数最多。

在秉志的辛勤主持下，厦大动物学系的教学科研取得了显著进展。当时与他同期在厦大工作的还有著名植物学家钟心煊（厦大第一任植物学系系主任）等。厦大校史记载，“至 1926 年，‘厦门岛附近海洋动物的采集和分类研究’‘昆虫的调查与研究’‘中国白蚁种类的研究’‘福建林业的研究’等课题，及动植物标本之采集、制作、鉴定，均取得新的成果。1926 年冬，动物系与植物系联合创办生物材料供应所，采集海洋、淡水及陆地之生物标本，以应国内外各学校及生物研究机构之需求，成为当年全国生物标本供应主要基地之一，对生物科学的研究贡献了力量”。

【上世纪 20 年代，厦门大学动物标本陈列室之一】

秉志不仅是著名的动物学家，还是一名出色的教育家。他重视对学生的培养，并“严管 + 厚爱”对待学生。1926 年，秉志在厦门大学做了一次主题为“生物学与大学教育”的演讲。在这篇演讲中，他除了深入阐述生物学的重要性之外，还对学生们“求学”提出三点希望：（一）当有诚恳之态度；（二）诸君选课，不可避难趋易；（三）将来欲专攻某学，当认定兴趣主义，视自己天性所最近者，选为主课。

秉志生前曾在多所大学任教，在几十年里为我国生物学界培养了大批人才，其中成长为专家的数十人，直接或间接受过训练的学生逾千名。我国动物学界许多著名的老专家，如王家楫、伍献文、杨惟义、寿振黄等，都是他的学生。由于秉志的言传身教，他的许多学生都秉承了勤奋刻苦、持之以恒的学风，成长为动物学界的著名专家，为我国的教育和科学事业作出了重要贡献。

沧海桑田，情缘赓续。如今的厦大，仍有河南籍教工 200 余人，他们或在学术领域潜心耕耘，或在党政管理上兢兢业业，为厦门大学的建设、改革和发展默默贡献着青春、才智和力量：李庆阁，厦大生命科学学院教授、厦门市劳动模范，在新冠肺炎疫情暴发期间，他带领团队科研攻关，成功研制新型冠状病毒 RNA 假病毒标准品、一次性使用病毒采样管、病毒核酸提取试剂盒及新型冠状病毒检测一体机，为疫情防控贡献了厦大科

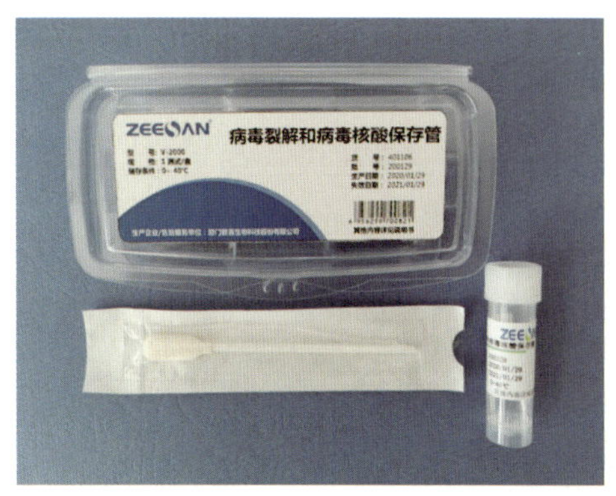

【由厦门大学专家团队研发的新型冠状病毒RNA假病毒标准品、病毒裂解和病毒核酸保存管以及病毒核酸提取试剂盒】

研力量；朱亚先，厦大化学化工学院教授、曾获厦大学生评选的“我最喜爱的十位老师”称号，在化学“苗圃”精心培育英才25载；王艳艳，厦大管理学院教授，国家自然科学基金优秀青年基金获得者、福建省“青年五四奖章”获得者，相关研究成果曾被美国会计学会审计准则委员会作为美国独立审计报告改革的证据支持，为在国际传播中国会计、审计实践贡献了力量；佳宏伟，厦大马克思主义学院青年教师、“全国思想政治理论课教学标兵”，在三尺讲坛给学生心灵埋下真善美的种子，引导学生扣好人生第一粒扣子……

扎根中州大地的厦大人

近百年来，在一批批河南人南下鹭岛、投身厦大建设的同时，也有一代一代的厦大人来到中原大地，扎根河南、融入河南、建设河南，为河南的发展和腾飞贡献了厦大智慧和厦大力量。

这些厦大人当中，有一个闪亮的名字——刘椽。刘椽是著名化学家、教育家，上个世纪30年代初从海外学成归来，回国后即应聘至厦门大学化学系，历任副教授、教授，1936年任理学院院长，后又兼任化学系系主任、厦大总务长。

在抗日战争的烽火中，厦大西迁到闽西继续办学。刘椽挑起了厦大理学院西迁的重任。他带领大家带上图书和玻璃仪器、药品，走了二十多天终到长汀。他带领师生自己动手改建校舍，把过去的庙宇、牢房改造成教室和实验室，把祠堂改成教工宿舍。他一人担起九门化学专业课，以英文原版书为主线，自编讲义；用竹管代替自来水管、泥炭火炉代替酒精灯，带学生开展实验训练；批改作业除专业知识，英语的语法和化学拉丁文的表达也细致修改。这种集知识、技能、语言为一体的“全方位教学法”，形成了完整的“教学链”。据卢嘉锡回忆，刘椽老师讲课用英语，思路敏捷，逻辑严谨，经常在讲课后半段安排课堂讨论，来启发学生的学习主动性。他还亲自吹制各种实验所需的玻璃管。

【刘椽（郑州大学档案与校史馆提供）】

在敌机的轰炸声中，在艰苦岁月里，大山之中的化学系却更发展了，不少专家如傅鹰来执教，一批人才脱颖而出，卢嘉锡、蔡启瑞、陈国珍、邓从豪等后来成长为国内外著名的化学家。

解放战争前夕，刘椽深为国民党反动派打内战不满，鼓励卢嘉锡保护好厦大，迎接新中国的诞生。

1947 年，刘椽到山东大学任教。1956 年 4 月，时任山东大学总务长、化学系主任的刘椽奉高教部之命调往郑州，筹建郑州大学。通知下来仅仅三天，他就搁下手头的科研项目，以筹建处主任身份奔赴郑州。从选择校址，动员农民卖地搬迁，到规划设计校园，事无巨细，事必躬亲。

在郑大筹建过程中，他肩挑全校总务和化学系筹建两副重担。他说：“办教育要先练‘底气’。”他从山东大学和吉林大学调来了教学骨干，把徒工送到山东大学培养成能吹制异型和特型玻璃器皿的高级技工；他亲自采购美国、德国化学专利刊物。对青年教师的外文培训更是身体力行。关于总务，他说：“总务就是服务。”只要有调来的教职工，他都亲自到车站迎接。短短五个月，郑州大学就开了学。刘椽任化学系主任兼校长助理。初创时的郑大，除了刘椽，还汇聚了历史学家、哲学家嵇文甫，化学家车得基、徐墨耕、嵇耀武，物理学家霍秉权等一批著名学者，为郑大到今天发展为双一流建设高校打下了厚实的基础。

欢庆郑大诞生的锣鼓尚余音缭绕，一场灾难却悄悄地向刘椽袭来，在那个特殊的年代，他没能躲过迫害……他病倒了，高血压、心脏病乘虚而入。但是，刘椽并没有沉沦绝望，还主动申请为青年教师开设化学英语和化学德语课。为了支援农业，刘椽积极研究和试制了多种杀虫剂、植物激素和除草剂等。在他患病不能到实验室工作的情况下，仍不顾红薯黑斑病菌的感染，把实验设备搬到家里进行实验。

1971 年 5 月，刘椽因病去世。他在弥留之际嘱托家人，将一生集存的专业图书资料，无偿赠与郑大图书馆。

历史的车轮滚滚向前，时光流转中，一批批厦大人来到河南这片历经风雨洗礼的大地，兴业安居，成为新的河南人。目前，厦大在河南校友近 800 人，他们活跃在河南的政治、经济、文化、教育等各个领域。2000 届化学化工学院校友刘钟栋，任第一届国家食品安全标准委员会委员，参与了中国食品添加剂和配料行业的奠基；同时他作为联合国食品添加剂法典主持国代表，推动联合国食品法典制度修订，为人类的共同健康扛起该行业的使命担当。1994 届管理学院校友李继新，作为河南省注册会计师协会副会长、全国先进会计工作者，积极促成国际四大会计师事务所之一的安永率先入驻河南，实现国际“四大”在河南设立分支机构“零”的突破。2005 届管理学院校友程光，作为全国会计领军人才，积极发挥优势，推动组建河南省第一家校企共建会计学院成立，开启了会计行业培养的新模式。2006 届经济学院校友宗方，组织编撰的《河南经济蓝皮书》为河南省政府提供了重要经济形势分析与预测参考，他组织的全省全面建成小康社会统计监测工作为推进河南全面建成小康社会提供了决策依据……

年轻的校友也在奉献服务中迅速成长。在新冠肺炎疫情防控工作中，厦大 2015 届医学院毕业生邢景月、2016 届医学院毕业生李腾、2018 届生命科学学院毕业生薛丹阳、2018 届教育研究院毕业生张晓迪、2019 届海洋与地球学院毕业生陈志远等一批年轻的校友，始终坚守各自岗位，或在医护一线，或在社区前沿，兢兢业业、默默奉献，以实际行动诠释着厦大人的家国情怀和自强至善的精神，让“厦大人”的名字在当地疫情防控工作中闪闪发光。

合作硕果满枝头

深厚的历史渊源，使厦门大学与河南省之间的校地合作由来已久，不断扩大。长期以来，双方在人才培养、教育培训、科技研发、发展研究等方面展开了多方位、多层级的交流合作，绘就了一幅“累累硕果满枝头”的校地合作画卷。

在厦大档案馆，至今仍保存着多份郑州大学派教师来厦大进修的函件。这些已经发黄的纸张静静述说着两校割舍不断的情谊：早在上世纪 50 年代，郑州大学在初创之时，由于师资缺乏，先后选派多名教师到厦大进修。厦大则充分发挥自身优势和特色专业学科的带动作用，为郑州大学的马克思主义和经济学等学科的师资培养提供了尽其所能的帮助。

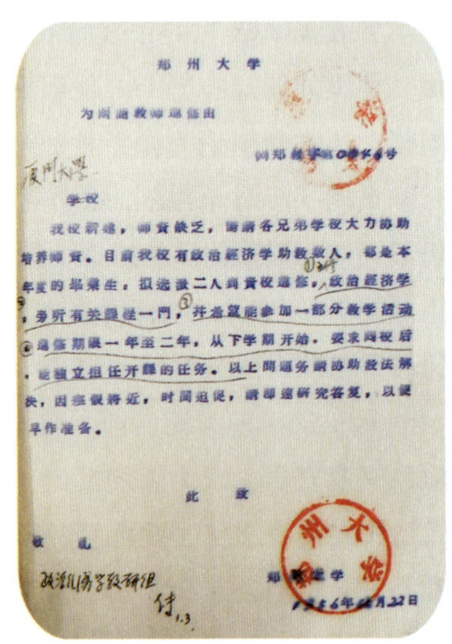

郑州大学

我校新建，师资缺乏，需请各兄弟学校大力协助培养师资。目前我校有政治经济学助教数人，都是本年度的毕业生，拟选派二人到贵校进修，政治经济学，务听有关课程一门，并希望能参加一部分教学活动，进修期限一年至二年，从下学期开始，要求回校后，能独立担任开课的任务。以上问题务请协助设法解决，因寒假将近，时间迫促，请即速研究答复，以便早作准备。

此致

敬礼

郑州大学

1956年 月22日

【1956 年，郑州大学教师赴厦门大学进修函】

河南是我国的人口大省、农业大省。厦门大学自建校之初，便开始在河南省招收各级各类学生，为河南培养专门人才。自 1921 年至 1999 年间，共有 1077 名专科生、本科生、研究生等在厦大就读、进修和函授。随后的十多年，厦大又从河南省招录了 5000 多名学生，其中本科生 2200 多名，研究生 3100 余名。此外，厦大还积极引导毕业生奔赴河南建功立业、绽放青春。2016—2019 年间，厦大共输送了 259 名毕业生到河南就业。同时，河南省委组织部也制定了面向厦门大学定向选调生的人才计划，吸引优秀毕业生赴河南施展才华、干事创业。

2008年以来，河南省和厦门大学密切合作开展教育培训。针对实际需求，厦大面向河南开展了全方位的职业教育培训，提供优质、实效和个性化的教学培训和管理咨询服务。以2016—2018年为例，厦大为河南省政府部门及企事业单位开展干部能力提升培训班、高级研修班等200多个班次，培训达11700多人次，有效帮助提升了河南省干部的综合素质能力。厦大也将党性教育培训放在了革命老区。2018年7月中旬，厦大机关党务干部60余人前往大别山干部学院进行"不忘初心、牢记使命"主题教育学习，通过课堂教学、现场教学、体验教学、情景教学和访谈教学等，大家身临其境地触摸了红色历史，学习和领悟了大别山精神，接受了深刻的思想教育和党性教育。

【2018年7月，厦门大学机关党务干部前往大别山干部学院学习】

2014年6月，双方的合作迈上一个新台阶——厦大与河南省签署战略合作协议，双方开展产学研全面合作，着力打造以国家技术转移郑州中心为枢纽的跨区域、跨领域、跨机构的技术流通与转化新格局，促进河南经济建设和社会发展，推动厦大科技成果转化。几年来，双方的合作稳步推进，一些合作成果已初步显现。

河南与厦大的合作，既有面上布局，也有点上突破。近年来，双方在化学化工、能源材料、建筑设计、教育研究等领域开展合作，这其中包括与河南省电力公司开展能源经济研究战略合作、与河南驻马店中天生物技术有限公司合作共建"生物发酵技术研发中心"、与多氟多化工股份有限公司合作开展锂离子电池评价体系的建立以及高性能电解液的开发研究、提升区域民办高校校级领导治学水平研究、中外合作办学教学改革与师资建设研究等。

2019年11月19日，河南省地方史志办公室向厦门大学图书馆捐赠《河南历代方志集成》。该丛书涵盖河南自然、社会、经济、文化的发展变迁，版本齐全，为研究河南提供了珍贵的历史文献资料，为校地合作注入了新的内容。

更多的厦大青年学子也在"行万里路"实践活动中来到了河南。2012年以来，厦门大学共选派了54支社会实践队奔赴河南郑州、开封、信阳等17市20余县开展社会实践、调查研究等活动，参与学生近500人次，其中21支为跨学院跨学科的融合团队。实践队员们通过实地走访、问卷调查等方式对河南电商新村扶贫、农村土地改革、养老保险保障、城市交通治理等进行深入的调查研究。他们走村进户，上山下乡，宣讲国家扶贫政策，帮助困难群众解决实际问题，服务乡村发展，深受当地群众的欢迎，为当地发展贡献了厦大学子的青春力量。

（文/李　静　江　娇　张　琳）

江海大潮涌
极目楚天舒

——厦门大学与湖北的校地情缘

社会 11

简案快办 难案细办

襄城区法院妙解执行难

简案快办：案件分类办理 人员分工协作

难案细办：细致走访 信息联动

我省力争优良天数75%以上

基本消除劣Ⅴ类水体

警方提醒注意防范电信网络骗局

巴东展示"冰雪秘境"魅力

江海大潮涌 极目楚天舒

——厦大与湖北的校地情缘

中国银行保险监督管理委员会湖北监管局公告

中国银行保险监督管理委员会湖北监管局公告

黄石临空经济区LOGO形象标识、定位语、宣传语征集公告

中国银行保险监督管理委员会湖北监管局公告

【《湖北日报》2020年1月22日】

2020年1月28日，福建省卫健委征召第二批医疗队驰援武汉。通告一发出，厦门大学附属翔安医院的群里报名不断。短短两小时内，100多名医护人员主动请缨！

截至1月31日，厦门大学附属中山医院、附属厦门第一医院、附属福州第二医院、附属翔安医院，已有8名医护人员奋战在武汉一线，还有15名医护人员也入选福建省卫健委赴鄂医疗队，集结待命，随时出征。

荆楚大地，东海之滨，虽远隔千里，亦紧连一心。在这场没有硝烟的战“疫”面前，在与湖北并肩作战的战场之上，有厦大最美逆行者星夜驰援，不顾疲累；更有众多厦大人时刻心系、深深牵挂着那片土地和湖北人民。世纪渊源，是厦大与湖北的心手相牵、人才交融、科教交流，演绎出一所大学和一个省份的动人故事。携手战“疫”，更是特殊时期的校地情缘。

湖北，加油！中国，必胜！

执掌厦大的“湖北之光”

在厦门大学近百年的历史长河中，有一个湖北人的名字熠熠生辉。在厦大的办学中，他将湖北人身上的那种筚路蓝缕的奋斗精神、革故鼎新的创新精神、博采众长的开放精神及坚忍不拔的拼搏精神发挥到淋漓尽致，奠定了厦门大学研究型大学的坚实基础。他就是厦门大学在新中国成立后的第一任校长王亚南。

王亚南，字直淮，号渔邨，1901年出生在湖北省黄冈县王家坊村。父亲早逝，家中生活窘迫，在兄长的支持下在黄州读完小学。1916年以优异成绩考入湖北省立第一中学，1922年考入武昌中华大学教育系。1944年，王亚南任福建省研究院社会科学研究所所长，并兼任厦门大学经济系讲座教授，从此与厦大结下了不解之缘。1950年6月，王亚南被政务院任命为厦门大学校长，成为新中国成立后任命的第一批大学校长之一。

【王亚南（前排左五）与经济研究所师生】

王亚南一上任，就针对当时呼之欲出的社会主义经济建设高潮和文化建设高潮，着手厦门大学的改制工作，从新中国建设急需的人才出发，将原法学院的法律系与政治系合并为政法系，并与文学院合并成文法学院，将商学院撤销，与法学院的经济系合并为财经学院，下设财政金融系、贸易系、会计系、工商管理系、统计系，同时创办了全国高校第一个经济研究所，自己亲任所长，在全国首开经济学培养研究生的先河……这一系列举措，显示了一位经济学家和教育家的远见卓识，厦大财经学院不仅是厦门大学新设立的学院，也是当时国内大学新的高校建制，厦门大学经济与管理学科的优势与在国内领先的地位，其基础便是在王亚南校长主持下奠定的。

上世纪 50 年代，厦门大学被确定为综合性大学，当时，全国与厦大一起被定为综合性大学的只有 13 所。王亚南根据国家需要与厦大所处的环境与办学特点，提出了厦门大学“面向海洋，面向东南亚”的办学方针。他主张社会科学与自然科学的教育并重，要求厦门大学要充分重视科学研究，要创造自由研究的科学风气，培养国家需要的自然科学和社会科学的研究人才。1963 年，教育部将厦门大学列入全国重点高等学校。

在人才培养上，他反对填鸭式的教育，重视学生的独立思考和创新能力，不遗余力地推动厦大学生的自学活动。在他的带领下，厦大学生的自学风气浓厚，并形成了一种教学相长、师生互动、同学共学的优良学风。

在长篇报告文学《哥德巴赫猜想》中，作家徐迟曾称赞王亚南是“一个懂得人的价值的经济学家”。王亚南是一个极其珍惜学生才华的人，他对青年的关心和培养广为流传，尤其是他对著名数学家陈景润的关怀、帮助和扶持已是中国教育界的一段佳话。

从 1950 年到 1969 年逝世，王亚南一直担任着厦门大学校长，19 年的任期，也使得王亚南成为厦大校史上任职时间最久的一任校长。他不辞辛劳，殚精竭虑，为厦门大学的建设和发展乃至新中国的经济学、高等教育的事业作出了重要贡献。直到今天，以王亚南校长、陈景润教授为代表的科学精神还在深深激励着一代又一代厦大人上下求索。著名经济学家千光远先生概括了王亚南一生的两大成就：“一是翻译《资本论》和以此为武器研究中国；二是为厦门大学的事业作出了巨大的贡献。”

奉献湖北的厦大人

湖北，是长江流域最重要的省份之一。有人曾说，“如果把中国拟人化，湖北就是中国的丹田”。湖北的重要位置，由此可见一斑。一直以来，这里都是人才的乐土，吸引着大批有理想、有才华、有抱负的人前来，谱写出一曲曲“奋斗之歌”。这其中就包括众多将青春和热血挥洒在湖北土地上的厦大人。

在武汉的珞珈山麓、东湖之滨，坐落着中国科学院水生生物研究所（以下简称“水生所”），这是一家专门从事内陆水体生命过程、生态环境保护与生物资源利用研究的综合性学术研究机构，已经“90岁”。外人不知的是，在这个中国水生生物学科技的“国家队”里，有两位所长是厦大校友：一位是第二任所长、中科院院士、中国鱼类学和水生生物学的奠基人之一的伍献文，另一位是第五任所长、中科院院士陈宜瑜。

被水生所尊称为“三老”之一的伍献文，是厦大1927届校友，也是厦大第一届的动物学系毕业生。不过，在成为厦大“学生”之前，他已经是厦大的一名助教。1922—1928年，他先后任厦大教师莱德（美国人，生物学家，厦门大学第一篇在《科学》杂志发文的作者）、秉志（著名动物学家、教育家，我国近代生物学的主要奠基人）、外籍教师何传利（德国人，圆虫学专家）的助教。对于这段经历，伍献文曾说过，“我对动物学的训练而说，得力于厦门大学做助教的时期最多。”在厦门大学时期，伍献文自称自己的生活和学习状态是“关门用功，不问世事”。据他回忆，他当时住在生物馆三楼而实验室在一楼，他可以一两个星期不出生物馆的大门。

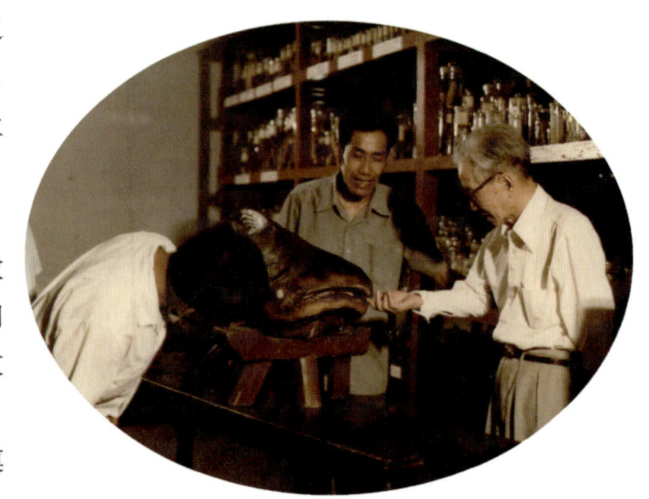

【伍献文（右一）和陈宜瑜（右二）开展研究工作（中国水生研究所提供）】

陈宜瑜，1964年毕业于厦门大学生物系，1991年当选中国科学院院士，1995年任中国科学院副院长，2003年12月任国家自然科学基金委员会主任。陈宜瑜主要从事淡水鱼类分类和系统进化的研究，是淡水和海洋水域生态系统联网研究的主要学术带头人。从新闻报道看，陈宜瑜毕业后曾多次回到母校，最近的一次是2019年12月4日，他回到厦大做客生命科学学院“科学与人生”系列讲座。在这次讲座中，他分享了自己的科研生涯，为年轻一代的生命科学学子提出科研建议，并为他们写下寄语：“淡泊人生、献身科学。”院方还为陈宜瑜颁发了“厦门大学生物学科杰出校友”纪念牌。

事实上，不止在水生所，在湖北政治、经济、科技等诸多领域，都活跃着厦大人的身影。厦大1946届机电工程系校友、桥梁专家、中铁大桥局高级顾问钱学新，作为新中国桥梁建设的第一批拓荒者之一，1953年从广州铁路局奉调武汉长江大桥工程局，参加武汉长江大桥建设，参与了大桥建设的核心设备新型震动打桩机的研制、试验、试用的全过程。厦大1953届校友、原七一〇研究所高级工程师许其贞，2000年3月牵头联合13位全国政协委员，在全国政协九届三次会议上提出“大力发展光电子产业，建议在武汉建立中国光谷”的提案，得到国家有关部门的高度重视和采纳，批准在武汉建设中国

【钱学新参加长江大桥的建设工作（前排左三）（钱学新提供）】

光谷，加快发展光电子信息产业。经过多年发展，现在的“武汉·中国光谷”作为国家创新驱动的“先行区”、全面深化改革的“试验田”，已经成为武汉一张闪耀的城市名片……

据不完全统计，现在，每年有100多位厦大毕业生来到湖北，来到这片热土就业创业。他们正在为当前湖北“建成支点、走在前列”和率先全面建成小康社会源源不断地贡献着才智和力量。

战略合作结硕果

近期，由武汉大学和厦门大学等单位合作完成的“大数据环境下高精度道路地图众包测绘与动态更新技术”获得教育部2019年度高校科技进步一等奖。该项目针对现有地面测绘车、航空摄影测量、航天卫星遥感等道路数据“难采集”、精细信息“难提取”、道路模型“难表达”、实时变化“难更新”、全球应用“难开展”的“卡脖子”难题，提出了面向车道的多层次三维道路网络模型，研发了车道级高精度道路众包测图系统，推动了测绘地理信息科技的发展。

这项成果是厦门大学与湖北开展合作的一个缩影。多年来，作为享有“南方之强”盛誉的厦门大学与被称为“教育大省”的湖北在人才培养、科技研发、发展研究等方面开展了深层次、多领域、全方位的交流合作，在东海之滨和荆楚大地架起了一座“合作之桥”。

早在上个世纪五六十年代，厦门大学就发挥自身优势学科和专业优势的辐射作用，先后接受了武汉大学、华中师范学院、武汉地质学校和湖北大学等高校青年教师来校进修，搭建起校际合作桥梁，促进湖北青年教师快速成长。80年代初，著名高等教育学家、时任厦门大学副校长的潘懋元教授应邀到华中师范学院承办的中南地区高等学校处、系中层干部进修班讲学，受到该院及武汉地区许多高等院校的广泛热烈欢迎。其间，华中师范学院根据潘先生讲学内容整理编印的《高等教育学的若干问题》一经出版供不应求，一再追加印数。一年间，该书发行27000册。迄今，已百岁高龄的潘懋元老先生还是华中科技大学和华中师范大学的名誉教授。

人才培养是大学的核心使命。2013 年以来，已有 2314 名湖北学生考入厦门大学，成为厦大学子。不止如此，厦大还积极发挥智力优势和学科优势，帮助湖北提升干部素养。2015—2018 年，为湖北省直部门和武汉市、襄阳市、孝感市等地的政府部门及企事业单位开展干部能力提升培训班、高级研修班等 30 余个班次，培训近 2000 人次。

在科研领域，近年来，厦大与湖北在光电信息、化学化工、机械制造等多方面开展项目合作，与中国船舶重工集团第 709 研究所、武汉齐纳新材料有限公司、武汉大学、华中科技大学、武汉理工大学等单位开展紧密的产学研合作，全力加快科技创新成果转化。同时，厦门大学还与湖北省在文化遗产保护、制度研究、规划设计等方面开展合作，为湖北省有关单位提供决策咨询服务。

2015 年 7 月，厦门大学与黄冈市签署战略合作备忘录，市校双方建立全面战略合作关系，在决策咨询、人才培养与交流、科技成果转化、创新平台建设、科技创新试验基地与大学科技园建设和项目申报等方面开展深入合作。2017—2018 年，厦大先后组织管理学院和经济学院博士生服务团暑期社会实践队来到黄冈，聚焦产业升级，调研非公经济发展，为黄冈的经济建设献智献力。

【2017 年，厦门大学学生赴黄冈开展调研活动】

据统计，近五年来，厦门大学共选派了 38 支社会实践队赴湖北，参与学生累计达 281 人次。他们通过社会调研、交流互访等方式对红色基因传承、养老保险保障、留守儿童教育、乡村治理观察、产业兴村服务、林业综合改革等深入开展调查研究，用自身所学助力当地经济和教育发展。

一段割舍不断的“厦楚”情缘

在今年的厦大武汉校友会年会上，“最佳风范奖”颁给了一位湖北荆州的瘦削老人——87 岁的徐明慧。

徐明慧并非毕业于厦大，她为何会得到厦大校友会的这个特殊奖项？原来，徐明慧的丈夫林毅雄是厦大 1952 级生物系植物专业的学生，毕业后到北京，先后在中国医学科学院药物研究所、中国林业大学、中国科学院生态环境研究中心工作。

因为丈夫的关系，“厦门大学”这个中国南方大学的名字，开始在徐明慧的生命里频繁出现，并变得清晰而明媚。林毅雄的家乡在厦门，差不多每两年就要回一次厦门，每次回厦门，林毅雄一定会带徐明慧去厦大，看看母校和曾经的恩师。再后来，林毅雄晚年生病后，身体不太好了，就时常跟徐明慧商量，“我们力量有限，但将来如果能留下一笔钱，就捐给学校吧，帮助培养人才。”

徐明慧说，她和丈夫都是老师，属于工薪阶层，之所以有捐款的想法，是因为丈夫总是说，校主陈嘉庚艰苦办学令他感动，特别是当年，他的老师教学非常严谨。林毅雄认为，自己后来取得的成绩，得益于厦大老师的严格教育。

【2018 年，厦门大学 97 周年校庆徐明慧（左）替丈夫林毅雄捐赠百万设立基金】

2012 年，林毅雄去世。徐明慧下定决心要完成丈夫的遗愿。2016 年，她卖掉自己和丈夫在北京唯一的一套 66 平方米房子，除去自己定居在老年公寓所需的基本养老费用外所剩下的全部款项 100 万元，捐给丈夫的母校——厦门大学，并在他毕业的生命科学学院设立“林毅雄育人基金”，资助家境贫困的学生完成学业。

2018 年 4 月 1 日，在厦门大学 97 周年校庆前，徐明慧拄着拐杖，在家人的陪伴下，坐汽车、搭火车，辗转 16 个小时来到厦大，在校庆当日把 100 万元支票交到学校领导手中。返回湖北后，她对着丈夫的照片喃喃地说道：“你放心，你的遗愿，我帮你实现了。”

如今的徐明慧，在湖北荆州的一家养老院里过着简单平静的生活。她最开心的时候，是收到厦大受助同学来信的时候。截止 2019 年底，这份饱含着林毅雄夫妇的爱心基金已资助、奖励 24 名学生。不仅如此，基金所在单位——厦大生命科学学院将“林毅雄育人基金”设为开放式基金，欢迎校友和社会各界力量加入，让感恩精神代代相传，让爱心代代延续。

（文 / 李　静　江　娇）

凤凰花开
芙蓉情深

——厦门大学与湖南的校地情缘

15

湘江周刊 WEEKLY

湖南日报

桥观古今 风流湖湘

1 桥缘湖湘

2 长沙，那座湘江一桥

3 洞庭波涌连天堑

4 逼出来的"招数"

5 湖湘奇桥：力量与美，化身为桥

厦门大学与湖南的历史渊源

五老峰前多志士

南强硕彦湘才盛

【《湖南日报》2020 年 5 月 22 日】

凤凰，是与福建长汀一道被著名教育家、作家路易·艾黎赞誉为“中国最美山城”的湖南县城，而与之同名的“凤凰”花在厦大校园一年开两季—— 一季老生走、一季新生来，她是每一位厦大学子内心深处割舍不断的情愫。芙蓉花是湖南省花，芙蓉国甚至成为湖南省的代称，而“芙蓉”在厦大也是每一位师生再熟悉不过的名字：芙蓉湖、芙蓉楼、芙蓉餐厅、芙蓉隧道……这是巧合，抑或是厦门大学与湖南冥冥之中的一种缘分？

湖南是华夏文明的发祥地之一，汇集三湘四水之粼粼波光，挥洒南岳诸峰之滚滚云海，以心忧天下、敢为人先、经世致用之特质，浸染出湖湘文化的不朽画卷。厦门大学是一所由爱国华侨创办的百年学府，探索无央知识，播洒无疆大爱，以研究高深学问、养成专门人才、阐扬世界文化为归旨，书写了南方之强的黉舍华章。百年来，厦门大学与湖南有着深厚的历史渊源，携手以国家之务为己任，始终与祖国同呼吸、共命运，奋斗不息、追梦不止。

五老峰前多志士

两千年前，伟大爱国诗人屈原行吟于湘，从湖湘文化中汲取养料，写下了忧愁幽思、感天动地的《离骚》。九十多年前，厦门大学创校校长林文庆，矢志弘扬中华传统文化，在繁忙的校务之余，把《离骚》翻译成英文，并获得印度诗人泰戈尔作序，进而把湖湘文化的源头诗歌译介给世界。

THE LI SAO
AN ELEGY ON ENCOUNTERING SORROWS
BY
CH'Ü YÜAN
TRANSLATED INTO ENGLISH VERSE WITH INTRODUCTION, NOTES, COMMENTARIES, AND VOCABULARY
BY
LIM BOON KENG
PRESIDENT OF THE UNIVERSITY OF AMOY
WITH AN INTRODUCTORY NOTE BY
H. E. SIR HUGH CLIFFORD
AND PREFACES BY
PROFESSOR H. A. GILES, LL.D.
DR. RABINDRANATH TAGORE
DR. CHEN HUAN-CHANG
THE COMMERCIAL PRESS, LIMITED
SHANGHAI, CHINA

【林文庆译《离骚》英文版】

湘楚儿女多奇志。自创校起，一批批优秀的湖南青年赴厦求学，在这所天然具有鲜明爱国底色的高等学府，“指点江山，激扬文字”。他们不仅发扬了湖南先辈车胤“囊萤夜读”的刻苦精神，更是把湖湘文化中的“心忧天下”发挥得淋漓尽致，在厦门大学办学史上留下了浓墨重彩的一笔。

囊萤楼，既是厦门大学首批校舍之一，也是福建省第一个中共党组织——厦门大学党支部的诞生地。1926 年 2 月，罗扬才等三人在此宣告中共厦门大学支部正式成立，熊熊燃烧的革命烈火自此迅猛地向闽西南地区蔓延。党支部成立之后最早发展的两名厦大学生党员，其中一名就是湖南籍学子刘大业。不但如此，许多湖南籍学子走在革命运动

【中共厦门大学支部诞生地囊萤楼】

前列，做出了极大的奉献甚至是牺牲性命。

1923 年，籍贯湖南临湘的黄淑以优秀成绩考入厦门大学，在学期间，不仅勤奋刻苦、学有所成，而且涵养了爱国情怀，成为爱国学生运动先锋。1926 年回临湘参加革命，并被吸收为共产党员，担任新成立的临湘县女界联合会主席。翌年，中共临湘县委成立时又当选为县委委员。黄淑率领组织起来的妇女同胞，争取婚姻自主和妇女解放，使妇女成为革命的重要力量。她还担任基层妇女、农民组织的负责人，使临湘县妇女运动开展得有声有色。1927 年，蒋介石在上海叛变革命后，临湘反动团防纷纷反攻倒算。黄淑不幸被捕，献出了宝贵的生命。

1925 年，来自湖南长沙的陈康白（原名陈运煌），进入厦门大学攻读化学专业。毕业后，他先后在厦门大学、北京大学工作，并前往德国哥廷根大学从事有机化学研究。1937 年抗日战争爆发后毅然回国并赴延安参加革命，隔年加入中国共产党。他发挥科研背景优势，不仅发起成立延安首个科学技术团体“边区国防科学社”，筹划举办陕甘宁边区工业展览会，还缔造了中国共产党创建的第一所自然科学大学——自然科学院（北京理工大学前身），先后培育了 500 多名自然科技人才，为抗日根据地发展经济建设作出了巨大贡献。新中国成立后，陈康白到哈尔滨工业大学主持工作，并被中央正式任命为哈工大新中国成立后第一任校长，培养了一批熟悉高等教育的管理干部和教师，成为哈工大第一代“八百壮士”的重要力量。陈康白的爱国情怀和精神力量犹如引路明灯，照耀着一代代年轻学子奋勇前行、立志报国。

芙蓉国里尽朝晖

新中国成立以来，厦门大学加强了与湖南各高校的密切往来。1959 年，厦门大学与中南矿冶学院发挥各自学科优势，互相代培学生。1963 年，厦门大学生物系主任、原校长汪德耀教授应邀赴湘为湖南师范学院十周年校庆讲学一周，他曾参与该校的筹建并担任教务长。此外，厦门大学还接收湖南大学、湖南师范学院、湖南农学院、湖南医学院、湖南财贸学院等校专任教师来校进修学习，为湖南高校培养了一大批教学骨干。“挥毫当得江山助，不到潇湘岂有诗”，改革开放以来，一批批厦大教授亦前往中南大学、湖南大学、国防科技大学、湖南师范大学等在湘高校授课交流、启迪智慧、碰撞思想，在潇湘大地上汲取营养、激发灵感、捕捉创意，从而推动学问进步、学科发展、学术繁荣。

湖南物华天宝、山灵水秀，更是厦大毕业生放飞梦想、施展才华的热土。厦大校友在这片充满瑰丽想象和独特魅力的潇湘大地上发挥聪明才智，为湖南省建设发展作出了积极的贡献。目前，厦大湖南校友在文物考古、科研院所、金融、法院、高校、企业等经济社会发展各领域努力拼搏，成绩斐然。

湖南悠久的历史文化，为厦大考古学科毕业生提供了大展身手、淬炼专业的广阔空间。在湖南文物博物馆界，就有多位专家来自厦门大学考古学专业：贺刚（1979 级），主持发掘的洪江高庙遗址和参与发掘的澧县城头山遗址分别获得年度中国十大考古新发现；柴焕波（1981 级），主持发掘的永顺老司城遗址入选世界文化遗产名录；吴顺东（1981 级），长期致力于田野考古研究和非预设条件的文化遗产抢救性保护工作，坚持精细考古理念指导下的聚落考古学实践。

简牍，是中国在大规模使用纸张以前最主要的书写载体，有着深远的影响。湖南是学界公认的“简牍大省”，出土的简牍涵盖楚简到晋简，贯穿整个“简”时代，尤其长沙出土的数量占全国出土简牍近一半。长沙简牍博物馆是我国第一座以“保护和弘扬简牍文化”为宗旨的专题博物馆，馆长李鄂权 1988 年毕业于厦门大学人类学系，始终秉承“让文物活起来”的理念，致力于简牍收藏保护、整理研究、陈列展示、宣传教育，推动设立故宫研究院长沙简牍研究中心，为中华优秀传统文化创造性转化、创新性发展积极贡献力量。

2010 年 8 月 15 日，厦门大学湖南校友会举行成立大会。她的成立，进一步凝聚起三湘大地的校友力量，为服务湖南省经济社会发展、弘扬厦大精神文化发挥了重要作用。湖南校友会引导在湘校友立足岗位作贡献，并积极开展捐资助学、志愿服务、关爱青年和支持创新创业等活动。2020 年新冠肺炎疫情期间，针对当地防控物资紧缺的情况，湖南校友会多方筹集了 14000 个口罩，助力打赢疫情防控阻击战。

南强硕彦湘才盛

厦门大学群贤毕至、人才荟萃，其中不乏湖南籍的专家学者教授。富有传奇色彩的长沙人汪澍白是哲学家、毛泽东思想研究专家，曾经从事地下工作，新中国成立后历任《新湖南报》（《湖南日报》前身）秘书长、湘潭大学副校长、湖南省社会科学院院长等要职，1984 年到厦大时已是耳顺之年，他到校后倾注全部精力从事毛泽东思想发展史及中国近现代思想文化史研究，后在厦大离休；其在厦大出版的《毛泽东思想与中国文化传统》

被誉为“国内研究毛泽东思想与传统文化关系的开拓之作”，在学界具有广泛影响，曾获中国图书奖荣誉奖。衡阳人郑道传毕业于厦大经济系，饱经沧桑挫折，不坠青云之志，1980年以一位双目失明的六旬老人身份重登阔别廿载的厦大讲台，以常人不可想象之毅力，继续传道授业解惑，带学生、开课程、写论文，用热血与坚忍谱写了一曲感人肺腑的奋斗者之歌，获评“全国自强模范”，生动诠释了“自强不息”的校训精神。1954年到厦大执教的益阳人贺建勋，是我国著名的系统工程专家、国内最早从事常微分方程基本理论和稳定性理论研究的主要学者，其“唯一性定理”在国际上领先多年且至今仍被引用；1981年在厦大创办的系统工程专业，开国内之先河，也是厦大系统科学和管理科学两个一级学科的前身。

家喻户晓的知名学者易中天也是长沙人。他1992年调入厦门大学，长期从事文学、艺术、美学、心理学、人类学、历史学等研究，著有《〈文心雕龙〉美学思想论稿》《艺术人类学》等作品。厦大的学术氛围让他的才华得到了充分的发挥。他不仅当好一名教授，还到凤凰卫视开设讲坛，2006年在央视《百家讲坛》“品三国”，一夜红遍大江南北，声名如日中天，如今仍致力于传播国学文化。他曾说，厦大是他生活和工作时间最长的地方，对厦大很有感情。

目前，学校现有湖南籍专任教师141人，高级职称就有105人，其中“长江学者奖励计划”特聘教授、国家杰出青年科学基金获得者、国家高层次人才特殊支持计划入选者等国家级高层次人才21人次，省部级高层次人才63人次。他们在化学、数学、航空、生命科学、医学、药学等理工医领域，以及人文、法学、经济、管理、新闻等文科领域都表现不俗。

夏宁邵，这位来自湖南宁乡的学者就是其中的杰出代表。1995年调入厦大工作的他，从单枪匹马起步，逐步建成了一支围绕疫苗和诊断试剂开展基础、转化和应用全链条研究的“国家队”，通过与养生堂有限公司旗下的万泰生物公司开展稳定的产学研合作，产出一批“硬核”成果——全球首个戊肝疫苗、首个国产宫颈癌疫苗、全球首个艾滋尿液自检试剂、全球首个指导乙肝治疗的核心抗体定量试剂，在《新英格兰医学杂志》《柳叶刀》《科学·转化医学》《自然·微生物学》《细胞·宿主与微生物》等高水平期刊上发表论文，获国家技术发明二等奖、国家科技进步二等奖等奖励，入选《自然·生物技术》评选的“2016年度全球二十位转化研究者”，系中国大陆首位入选的学者。2020年，夏宁邵带领师生团队在新冠肺炎疫情防控应急科研攻关中再立新功。联合万泰生物基于自主构建的五大检测平台研制出的15个检测试剂获得中国、美国、欧盟、世界卫生组织等27项注册证，其中研制的全球首个新冠总抗体检测试剂在丹麦、荷兰、奥地利、比利时、捷克等国家组织的多次评估中获评最优，被比利时权威媒体誉为新冠抗体检测试剂中的“劳斯莱斯”。新冠病毒相关检测试剂支援武汉同济医院、火神山医院、雷神山医院等全国医疗机构，包括湖南省疾控中心、长沙血液中心等20多家湖南的医疗机构，同时还供应荷兰、奥地利、德国、英国、美国、意大利、捷克、荷兰、瑞典、葡萄牙、韩国、阿联酋、菲律宾等70多个国家和地区。与香港大学、万泰生物联合承担国家新冠肺炎疫苗应急攻关项目，被纳入全国新冠肺炎疫苗应急攻关的五条技术路线，研制出全球首个鼻喷减毒流感病毒载体新冠疫苗并推进到临床试验阶段。

【夏宁邵与科研团队工作中】

新时期的厦大湘籍学子也不负韶华、勇于拼搏、敢为人先，在学术研究中屡创佳绩。湘潭人李江龙就是其中的佼佼者。在厦大读博期间，他在《金融研究》《经济研究》等文科最优刊物上都发表了学术文章。仅2015年，他就发表了5篇学术文章，其中被《中国社会科学》刊发1篇，SCI和SSCI各收录2篇。用汗水浇灌出的骄人成绩，使他成为2016年厦大学子最高荣誉奖项——“嘉庚奖章”的唯一获奖者。如今，“90后”的他已成长为西安交通大学经济与金融学院教授、博士生导师。

校地同行更有为

岳麓巍巍，见证山盟；鹭江泱泱，映照海誓。迈入新世纪，厦门大学不仅加强与在湘各高校的学术交流与科研合作，同时充分发挥自身优势，在各方面深化与湖南省的深度合作。

厦门大学每年面向湖南省招生约400名，每年有近100名优秀毕业生前往湖南省发展事业。在艺术类招生方面，作为文艺大省的湖南省是厦门大学在省外生源最多的省份，每年为学校艺术类人才培养输送了大批好苗子，录取比例甚至一度超过20%。在就业方面，湖南省委组织部制定了定向厦门大学选调生人才计划，旨在吸引更多厦大优秀毕业生赴湖南省直、市州直机关及长沙市所属县乡机关工作。

厦门大学积极发挥科技智力优势，助力湖南省经济发展。近四年，学校与湖南省在生物医药、航空航天、电子信息等方面开展项目合作，承接省政府部门及企事业单位委托项目 10 余项，与中南大学湘雅三医院、中国航发南方工业有限公司、国防科技大学、湖南中医药大学等产学研合作紧密；与湖南省在勘探、规划设计等方面开展合作，承接各单位委托项目 50 余项；为省直部门，长沙、湘潭、岳阳等地的政府部门及企事业单位开展干部能力提升培训班、高级研修班等逾 280 余班次，培训近万人次，助力提升干部素质能力。

【屈原乡村图书馆】

厦门大学还积极派出“爱洒湘江”志愿者队、“湘书河图”实践队等近百支队伍赴湖南开展支教或社会实践。值得一提的是，2007 年 7 月 16 日，由厦门大学学生社团——南强乡村学社发起捐建、藏书近 4 万册的“屈原乡村图书馆”在湖南汨罗江畔新塘乡玉龙村开馆，这是当时国内藏书最多的、完全由志愿者捐建的乡村图书馆。捐建活动，被人们称为大学生参与新农村建设的有益探索。此后，南强乡村学社对屈原乡村图书馆的模式进行完善与推广，先后建成四川什邡“震区爱心图书馆”“海西乡村图书馆宁德馆、古田馆”等 13 所乡村图书馆，以及遍布全国各地的众多爱心图书角，共计募集图书 200 多万册，在乡村与孩子们心中洒下了书籍的芬芳与梦想的种子。

处江南而相望兮，源远而流长；得英才以教育兮，自强以报国。当前，厦门大学正加快建设中国特色世界一流大学的步伐，湖南省建设富饶美丽幸福新湖南的号角也已吹响，校地间的情缘将在深化交流合作、携手砥砺奋进之中更加深厚隽永，在助力国家富强、推进民族复兴之中更加弥足珍贵。

（文 / 周民钦）

垂杨紫陌
碧海蓝天

——厦门大学与广东的百年情深

垂杨紫陌　碧海蓝天

——厦门大学与广东的百年情深

梅州的梅

蛙鼓声声

千钟粟

木棉花，那一树的火红

【《南方日报》2020 年 6 月 11 日】

亚热带季风吹过的厦门大学和广东，繁花似锦，四季常青，三四月的木棉，六九月的凤凰，春夏秋冬的三角梅，用热烈而奔放的姿态吐露着厦大和广东在碧海蓝天之下的浓情蜜意。回望一百年前的盛夏，爱国侨领陈嘉庚回到家乡，身体力行，躬身筹办厦大，使之屹立于东海之滨，成为人人吁嗟的“南方之强”。时光荏苒，在历史车轮的悄无声息之间，厦大与广东已相挽走过了一百个光阴流年。

晚晴相会

1909 年，厦大创办人陈嘉庚参加同盟会在新加坡晚晴园组织的聚会，与孙中山相识，并深受孙中山革命思想的影响。1910 年，陈嘉庚剪掉发辫，加入同盟会，之后出资、募捐支持孙中山的革命活动，怀抱“教育救国”理想，在家乡和南洋，兴办学校，发展教育。他“念邻省广东江浙公私大学林立，医学校亦不少，闽省千余万人，公私大学未有一所，不但专门人才短少，而中等教师亦无处可造就。乃决意倡办厦门大学……”决定回国筹办厦大。

1919 年 5 月底，陈嘉庚从新加坡启程回国，中途到广州，受邀参加他捐资兴建的岭南大学附属小学礼堂的落成典礼，该礼堂被命名为“陈嘉庚堂”，现为“陈嘉庚纪念堂”。他还参观了岭南大学的校舍建筑，调查该校历年经费开支情况，了解开办大学应该注意的一些事项。中西合璧的岭南大学校舍建筑，对陈嘉庚设计厦大的建筑风格有一定的影响，厦大早期建筑中群贤、集美、同安三座楼的宫殿式屋顶，还选用了广东佛山的绿色琉璃瓦。1921 年 4 月 6 日，厦大举办开学式，同年，14 名广东籍学子蟾宫折桂，来到厦大求学。

【中山大学陈嘉庚纪念堂】

1921 年 5 月，因首任校长辞职，陈嘉庚电邀其新加坡好友、著名华侨林文庆出任厦大校长。与此同时，孙中山在广州就任非常大总统，电召林文庆回国襄助外交。为此，林文庆特地发电报给孙中山，在征得孙中山的同意之后，欣然接受陈嘉庚的聘请。此后，林文庆执掌厦大长达 16 年，拟定校旨及一系列规章制度，礼聘名师，迅速把厦大发展成为拥有 5 学院、21 学系的多科性大学，为实现“南方之强”奠定了坚实基础。

囊萤之光

20 世纪初期的广东被誉为南方革命中心，革命思想活跃，孕育出许多热血青年。厦大学子蔡光举投笔从戎，在东征讨伐军阀的战役中，血洒惠州，成为“黄埔军校牺牲第一人”。厦大学子雷经天、高捷成、何畏等也都曾在广东接受革命洗礼，后历经长征到达陕北，为我党的金融、法律等事业作出巨大贡献。中共厦门大学支部也是在中共广东区委的直接领导下诞生，这是福建省第一个党组织，揭开了福建党史新篇章。

罗扬才，广东大埔人。1924 年 9 月考入厦大预科，1925 年 12 月升入教育科，同年 11 月赴广州参加两广地区大学生代表会期间，由时任共青团广东区委书记杨善集和宣传干事罗明介绍，被大会临时党支部吸收加入中国共产党，是厦门第一位共产党员。李觉民，1926 年 1 月在广州参会期间，经杨善集和罗明的介绍，加入中国共产党。为了满足 3 名党员设立支部条件，经中共广东区委指示，广东大学党员罗秋天转学到厦大。1926 年 2 月，中共厦大支部在厦大囊萤楼成立，罗扬才任首任书记。随后，以中共厦大支部及其发展的党员为骨干的队伍分赴漳州、泉州、闽西地区建立党组织，中共厦大支部成为厦门和闽西南地区建党的发祥地和播种机。

【厦门大学烈士园罗扬才雕像】

1927 年 1 月，罗扬才出任厦门总工会首任委员长，先后建立 30 多个基层工会，拥有会员 2 万多人，领导全市工人掀起“二五”加薪运动，掀起工人运动高潮。1927 年“四九”反革命政变爆发，罗扬才被捕，6 月 2 日英勇就义。他在留致同志书中写道：“为革命而死，我们觉得很光荣，很快乐。各位同志，不必为我悲伤，应踏着我们的血迹前进。”罗扬才是厦门第一位革命烈士，也是厦大革命精神的杰出代表，激励着一代代厦大人奋勇前行。

共话山长

厦大一贯礼聘优良教师，汇聚贤能之士，1921 年到 1978 年间，就有 120 位广东籍教师在厦大从事教育教学活动。同时，厦大也培育出一批批优良之师，他们或在广东及其他地区的教育界作出卓越贡献，或留校任教，在三尺讲台，孕育桃李。此外，厦大与广东高校特别是中山大学在师资流动、互助方面较为频繁，无论是上个世纪厦大国学院大师鲁迅、顾颉刚、孙伏园去往中大，还是经济学家王亚南、郭大力从中大来到厦大，抑或是现在两校校友在两校的管理育人岗位上倾力奉献，以及两校之间源源不断的学术交流与合作，体现着两校共同为祖国培养人才、服务社会的不懈追求。

张资珙，广东梅县人，化学家、中国分析化学理论体系的建构者，1930 年应邀到厦大任理学院院长兼化学系主任。张教授有一个著名分子式 C_3H_3，即 Clear Head(清醒的头脑)、Clever Hands(灵巧的双手)、Clean Habit (整洁的习惯)，他向学生介绍这是“化学家的分子式”，是一个化学家应该具备的品格，给学生留下深刻的印象。同时，他酷爱人才，在教学中发现学生卢嘉锡，虽是辅修生，成绩却很出色，很有潜力，便有意引导他向化学方面发展。从第二学期起卢嘉锡改为“主系化学，辅系数学”，由此，中国的另一位化学家诞生。

潘懋元，广东揭阳人，文科资深教授、中国高等教育学科的创建者和奠基人， 1941 年考入厦大教育系，1946 年 10 月回到厦大执教。他从上世纪 50 年代就倡议建立高等教育学科，促进高等教育的改革与发展，培养社会主义现代化建设的专门人才。他创建了我国第一个高等教育研究机构——厦门大学高等教育科学研究室，主编了我国第一部高等教育学专著——《高等教育学》，奠定了这一学科的理论基础。对高等教育事业“人不下鞍，马不停蹄”的不倦追求，让这位百岁先生至今依旧躬耕在教学科研第一线。

厦大学子许涤新，广东揭阳人，1928 年，为寻找组织，献身革命，离开厦大。从上世纪 40 年代开始，他着手研究旧中国的国民经济，重写《广义政治经济学》、主编《中国资本主义发展史》、集中全国经济学家主编 3 部经济学词典、开拓生态经济学和人口学。他积极探索中国新民主主义经济发展道路，推进了马克思主义经济学中国化的历史进程，为构建中国马克思主义经济学体系作出重大贡献。

奋战在广东教育战线上的厦大学子还有很多，如我国老一辈著名经济学家、为广东省经济研究理论建设作出杰出贡献的蔡馥生教授，在有机化学和高分子化学的理论基础研究领域有很大成就的化学家、中国科学院院士林尚安教授，在信息、通信、水声工程和电路与系统等方面都有很深造诣的电子学家徐秉铮教授，为广东教育事业发展作出卓越贡献的原广东省副省长王屏山，海洋生物学家陈清潮教授，以及带领厦大拨乱反正、重新走上稳步发展道路的厦大原党委书记兼校长曾鸣……他们在教学、科研、管理的岗位上都作出了突出贡献。

情寄南粤

厦大依海而生、伴海而长，其经济学科不仅是厦大最重要的优势学科和支柱学科之一，也是我国经济研究的学术重镇，吸引了不少喜爱经济学的学子到厦大就读。广东因海而兴、因海而富，其快速发展的经济和良好的创业环境，成为许多厦大学子开创事业、奋发作为的首选之地。仅近三年，就有近3000名厦大优秀毕业生到广东就业，他们在广东的商、政、法律、科研等领域默默耕耘、倾力奉献。

活跃在广东的厦大人很早就在广州、梅县、潮州、韶关等地成立同学会，1940年5月，厦大广东校友会即在广州成立，1982年恢复运作，尔后在潮汕、深圳、珠海、东莞、佛山相继成立校友组织，他们将在粤的厦大人汇聚在一起，秉承厦大校训，发扬嘉庚精神，凝心聚力，在当地积极投身创新创业实践，在各自的岗位上努力拼搏，取得不俗成绩，不仅为广东经济社会发展出力，也为母校树立良好形象和品牌。

【厦门大学广东校友欢庆新中国成立70周年】

如今，在广东创业的厦大人已形成厦大校友企业家群体，不少校友企业在当地乃至全国颇具影响，有校友企业获得国家科技进步二等奖，还有校友企业填补了中国质谱仪生产的空白。2019年，在广东省百强民营企业评选中，5家厦大校友及校友关联企业进入榜单。厦大也在卫星与惯性导航融合定位、室内定位、5G通信、水下通信、水下组网等高新技术领域，与校友企业开展横向、纵向合作。

1994年2月，中国红树林之父——林鹏率领厦大课题组来到深圳湾，合作开展“深港治理深圳河工程环境评估研究”。从2002年开始，课题组中的蔡立哲老师继续接力，牵头率领团队在深圳湾进行大型底栖动物的研究，直到2014年才结束。20年的研究，为深圳河和深圳湾的治理提供了大量基础性的资料，蔡立哲老师也因此被聘为深圳华侨城湿地顾问。

2017年3月12日，一只受伤的迷途抹香鲸在大亚湾海域附近被发现，经营救无效，于三天后死亡。厦大专家团队受邀，参与其中最困难的抹香鲸表皮解剖和标本制作。经过一系列准备工作之后，抹香鲸的骨骼和表皮被运往厦大，经由专家团队进行为期半年的不懈努力，而今抹香鲸的整体标本在惠州抹香鲸馆展出，让世人一睹它的优美身姿。

“投之以桃李，报之以琼瑶”，广东校友长期关注、支持母校的建设与发展，积极回馈母校，从穿梭在校园的“陆地方舟”、卢嘉锡雕塑、“自强不息”石刻壁画、遍布的茶花、蔡启瑞教育基金、广东校友助学基金……都可窥见校友们对母校的满满情义。他们不仅捐资、捐物，还结合母校教学、科研、学生等中心工作，搭建平台，拓展实习基地，提升学弟学妹们的创新创业能力。

相挽同行

厦大创校伊始，就与广东结下深厚的情谊，在近百年的时间里，两地在人才培养、社会服务等方面的合作越来越紧密，在本、硕、博的学生培养中，厦大已经培育了近8000名广东籍学子。1999年，厦大成为深圳“虚拟大学园”的首批入驻成员。2000年5月，“厦门大学深圳研究院”成立，积极推进深圳与厦大的产学研合作和科技成果转化。近年来，厦大紧紧围绕广东经济社会发展需求，在海洋科学、电子信息、生物医药、能源材料、建筑设计、经济法律等方面广泛开展项目合作，仅2016—2018年，在科技合作领域，厦大就承接了广东省企事业单位委托项目近90项，合同金额数千万元。

厦门与广东的潮汕地区同属闽南文化圈，二者地缘相近，语言相通，文化相融。早在上世纪30年代，厦大就在汕头设立招生处，以方便该区域的学生报考。上世纪80年代，汕头大学建校初期，厦大抽调财经、中文、物理、海洋专业师资支援汕大的建设发展。跨入21世纪以来，厦大不仅与汕头市政府签订战略合作协议，在发展研究、科技合作、教育服务、文化研究等方面开展紧密合作，还以首批科研核心团队的身份，入驻由汕头、潮州、揭阳三市共建的化学与精细化工广东省实验室，一起引领、带动化学与精细化工领域基础理论研究及应用，推动汕头、广东乃至全国的相关产业升级改革。

【2016年5月8日，厦门大学“嘉庚”号科考船在广州下水】

2016年5月，厦大3000吨级海洋综合科考船在广州下水，并被命名为“嘉庚”号，不仅是为了纪念深怀“开拓海洋，挽回海权”理想的厦大创办人陈嘉庚，也是期望“嘉庚精神”传遍世界。这艘由广州广船国际股份有限公司打造的海洋综合考察船已达到世界同类型科考船顶级水平，创下多项第一：全球第一艘在升降鳍上设置走航超洁净海水采集系统的科考船，我国第一艘由高等学校拥有完全知识产权的海洋综合考察船，我国第一艘全电力静音推进科学考察船，可在全球所有无冰洋区航行，两次加油可绕地球赤道一圈，被称为“移动的校区”和“海上厦大”。“嘉庚”号的下水，既用实力证明了“广州打造”，也让数代厦大人的海洋梦能顺利逐浪前行。而今的“嘉庚”号，航行在辽阔的深蓝大海，完成一个又一个海上综合考察任务。

2018年，厦大与深圳大鹏新区管委会共建的“厦门大学湾区（大鹏）规划与发展研究中心”正式揭牌成立，这是大鹏新区首次与高校的实质性合作。不仅为厦大师生的教学、科研与实践活动提供重要基地，也为大鹏新区的发展献计献策，助力“美丽大鹏”建设。同时，厦大力争成为湾区规划与发展方面具有知名度和影响力的智库。

2020年初，新冠肺炎疫情暴发，在粤校友积极行动起来，为武汉、广东和母校分别捐赠了多批口罩、消毒液、防护镜、测温仪等防控物资，支援疫情防控工作。厦大也快速启动应急科研攻关，与深圳市第三人民医院、北京万泰生物药业联合，研制了新冠病毒抗体检测试剂盒（双抗原夹心酶联免疫法），这是国内外首个经大样本临床验证的新冠病毒总抗体检测试剂盒，其准确、快速、便捷的突出特点，可明显改善新冠肺炎疫情防控中疑似患者核酸检测速度慢、采样复杂、敏感性不高等难点，成为疫情防控的一大利器。

英雄花开又是一年春，它染红了广东的大街小巷，也染红了厦大的校园小径，厦门大学和广东的百年故事写不尽，道不完，作为后来人唯有踏着前人同舟共济的足迹，在东南海岸的碧海蓝天下加强合作，携手同行。

（文 / 薛小勤　单　明）

八桂大地厦大情
百年悠悠携手行

——厦门大学与广西的校地情缘

潜心科研路 矢志追梦人

——记广西医科大学纳米抗体研究中心主任卢小玲

1 勇夺国家创新团队实现广西零的突破

2 新型纳米抗体检测技术国际领先

3 身正为范培育新人

全区教育工作电视电话会议提出

确保完成"十三五"教育规划目标任务

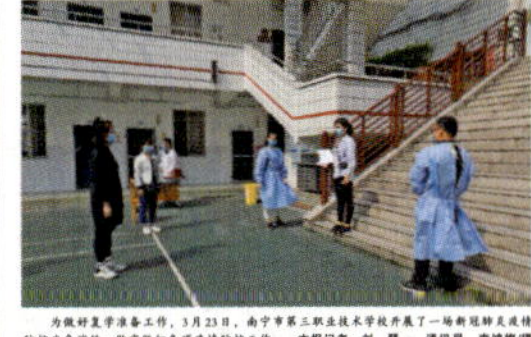

八桂大地厦大情 百年悠悠携手行

——记厦门大学与广西的校地情缘

陈嘉庚的广西往事

广西革命斗争中的厦大人

大爱执着书写广西"红树林传奇"

选调生，新时代的广西厦大人

续写家国情怀新篇章

【《广西日报》2020年3月25日】

厦门大学是著名爱国华侨领袖陈嘉庚先生秉持“教育救国”理念创办，与生俱来就是一所具有使命担当的大学。从广西山的烟岚里，从厦门海的光影中，从烽火岁月到和平年代，这所百年高等学府自创办之日起就与位于中国华南地区的广西在山海间书写下一段段家国情怀和感人故事，双方百年携手前行，谱写了校地发展的美好乐章。

广西革命斗争中的厦大人

与中国共产党同龄的厦门大学，自诞生之日起就带着红色的基因。来自广西的厦大学子邓拔奇和雷经天在危急关头肩负党中央的重托，分别领导团结广西人民开展革命斗争，在广西的八桂大地上点燃了革命的星星之火，迅速恢复和重建了共产党在广西的党组织。他们用自己的传奇革命斗争经历和光辉的业绩诠释了厦大人的革命精神和家国情怀。

【百色邓拔奇塑像】

1903 年，邓拔奇出生于广西怀集县（今属广东省），1922 年秋，考入厦门大学攻读法律。1924 年仅 21 岁的他加入了中国共产党。在厦门大学学习期间，他积极参与雷经天等学生运动领袖组织的革命活动，逐步接受了马克思主义。大革命失败后，广西党组织遭到严重破坏，邓拔奇毅然接受中共广东省委委派，到梧州组建中共广西地方执行委员会，领导恢复广西各地的党组织。10 月，他继任中共广西地委书记，成为广西早期中共党组织的领导者。他先后奔走于梧州、贵县、桂林、柳州、玉林、武宣、桂平、平南等地，积极领导革命，开展武装斗争，使革命的火种在广西大地又燃烧起来。1930 年 3 月，中共广东省委指派邓拔奇再次担任中共广西特委书记，组织领导全省革命斗争。在邓拔奇领导下，广西党组织得到了较快的发展。

【雷经天】

雷经天，1905 年 5 月出生，广西南宁人，1923 年以优异成绩考入厦门大学理科，是厦门大学早期学生运动先锋。参加革命后，他先后投身于“五卅”运动、北伐战争、南昌起义、广州起义、百色起义。1928 年 1 月，雷经天先后两次秘密回到广西开展革命工作，重建广西党组织。雷经天潜回南宁后，经过艰苦努力，恢复了南宁的共青团组织和党的领导机关。1929 年 1 月，中共中央决定成立广西省委，不久广西省委改组为特委，雷经天被选为广西特委书记，领导广西全省斗争，推动广西工农革命运动的蓬勃发展。9 月，广西第一次党代会后，雷经天任中共右江特委书记。1929 年 12 月 11 日，雷经天作为百色起义领导人之一，领导了百色起义，成立了中国工农红军第七军和右江工农民主政府。

邓拔奇和雷经天先后担任广西党组织的领导人，在国民党一片白色恐怖下，他们勇敢机智地领导革命群众开展革命斗争，在广西迅速恢复和重建了党组织，发展壮大中共在广西的力量，不愧是中共广西党组织的创建人之一。他们的传奇革命事迹已被载入史册，成为广西的骄傲，成为厦门大学家国情怀的真实写照。

陈嘉庚的广西往事

厦门大学创办人陈嘉庚，1874 年出生于福建厦门。抗日战争期间，他热心帮助广西办学校，投资工业建设，尽力为广西办实事，至今仍为广西人民所敬佩和感念。

1940 年春，正值举国上下浴血奋战、抗击日寇的时候，陈嘉庚不顾 67 岁高龄，率领南洋华侨慰问团漂洋过海，回到国内。1940 年 8 月 21 日，他来到广西，实现他“祖国万里行”的重要一程。

早在抗日战争初期，陈嘉庚就响应广西省政府为前方将士购置雨衣胶鞋运动的号召，发动南洋侨胞为前方抗战部队募捐得寒衣 50 万件，又为李宗仁指挥的第五战区部队募得雨衣、胶鞋各数十万套，极大缓解了当时担负津浦路和徐州一带守备任务，阻击日本侵略军大举进攻的第五战区部队赤脚淋雨作战之苦。

【亲率慰劳团慰问各地军民时的陈嘉庚】

1937 年，广西中山纪念学校设立出征将士子女教育基金，聘任陈嘉庚等组成基金管理委员会。在 1940 年 8 月抵达广西前，陈嘉庚先生还为该校募得抗战阵亡将士遗孤教育基金约 40 万元。1941 年秋，当得知桂林儿童教养院经费困难时，陈嘉庚立即捐款 6 万元给院里作生产事业费，使得教养院得以继续开办直至抗战胜利。1941 年，陈嘉庚还在广西投资兴办企业，他出资 850 万元在广西柳州建立集资银行，专为投资广西的工业建设。

从后来的文献记载得知，陈嘉庚在广西桂林逗留了八天，从 8 月 23—29 日。在这八天中，陈嘉庚全然不顾日本敌机空袭警报和广西酷热，满腔热情地在广西考察、慰问、宣传，充分表现了一个爱国华侨的崇高品质和浓厚的家国情怀。陈嘉庚的广西之行，深深感染和感动了广西人民，他为当时广西的抗战事业和建设发展，作出了重要贡献。

大爱执著书写广西“红树林传奇”

1991 年，一个厦大人，怀着对红树林研究的眷恋和执著，从厦门大学博士毕业之后，挥别故乡福建，从舒适美丽的鹭岛来到北部湾畔的广西北海，开始了他在广西近 30 年的红树林研究，铸就了一段“红树林传奇”，他就是广西红树林研究中心和广西红树林保护与利用重点实验室主任范航清。如今的他是联合国环境署全球环境基金红树林研究国际专家、中国首席科学家，也是中国生态学学会红树林生态专业委员会主任。

范航清在广西几十 年如一日地从事海岸生态学，特别是红树林生态系统的研究和技术管理工作，他带领着广西红树林研究中心的科研团队，逐渐向人们揭开红树林的神秘面纱，为研究、保护和开发红树林资源提供了重要的科学依据，为我国沿海生态安全和世界环保工作进行了卓有成效的探索，产生了巨大的经济效益和生态效益。

【范航清（左二）在考察红树林】

他的研究在学术界有多项“第一”。首次在国内提出“近海渔业—红树林—海堤”的生态养护模式，首次开展红树林腐叶有效能量和沙滩红树林的研究，首次研究我国红树林的鱼类多样性，开创利用围垦资料低成本评估红树林历史生长情况的研究方法。他还力促联合国环境规划署在中国建立第一个红树林示范区，在全球首创“基于地下管道的红树林原位生态保育系统”等方面做了大量的开创性研究和实践探索。

在专注红树林研究的同时，范航清还不遗余力地培养人才。作为广西大学特聘教授和广西大学生态学博士生导师，范航清先后培养了红树林生态学、海草生态学和滨海植物生态学等专业的研究生 20 多人，为广西海洋科学的高层次人才培养作出了重要贡献。他还经常往返于厦大和广西之间，开展科研合作、做学术报告，参加国家重点研发计划项目的论证会等，为密切校地合作交流作出了积极的贡献。

“一辈子专心做好一件事，就没有白过。”回忆起自己 29 年的坚守，范航清说，厦大不仅仅教会他知识，更教会他做人。

选调生，新时代的广西厦大人

家国情怀是厦大人最重要的精神底色，在近百年的发展历程中，为国而立、为国而兴、为国而进，培养出了一大批报效国家、奉献社会的杰出人才。新时代，有一批厦大学子，他们选择成为广西选调生，将家国情怀深深植根于职业梦想当中，在服务广西地方社会经济发展中展现厦大人的作为。

他们中的一位是厦门大学环境科学专业博士生，2007 年毕业后选调至广西，扎根基层 12 年，从北海市的环保事业到城市管理，从海洋事业到城市规划建设，先后经历了七个工作岗位。他在工作中将理论与实践相结合，先后主持参加广西科技厅、北海市科技局的多项课题，出版了《广西海域赤潮研究》《广西滨海湿地生态系统服务价值评估》两本专著，为北海市的海洋生态文明建设作出了重要贡献。

【厦门大学选调生在扶贫村屯宣传党的支农惠农政策】

一位是厦门大学物理与机电工程学院毕业生，2011 年选调至广西，担任田阳县五村镇陇华村第一书记，创新实施信息扶贫，彻底改变当地群众信息闭塞的状况，他还通过实施“互联网 + 精准扶贫”项目，帮助村民走向了脱贫致富的道路。

“让我到最需要的地方去。”厦门大学经济学院 2015 届一位博士毕业生如是说。他是广西定向厦门大学第一批选调生，到广西工作不久，就主动申请到国家级贫困县——广西百色市凌云县大石山区任第一书记，这里贫困发生率高达 68%。他三年如一日驻扎村里，先后为村里争取资金 1500 多万元，解决了 180 户贫困户的通路、饮水和住房问题，曾获“广西青年五四奖章”“百色市优秀第一书记”荣誉称号。

一位是厦门大学萨本栋微米纳米科学技术研究院 2017 届硕士毕业生，挂职造庆村，转输血变造血，将贫困发生率降低至 1.31%，争取项目资金 800 多万元，带动全村 3000 多人脱贫致富。

还有，厦门大学环境与生态学院 2018 届博士毕业生，作为广西急需专业人才，他投身到广西向海经济建设中，成为广西北部湾办的一员；厦门大学化学化工学院 2017 届毕业生夫妇，两个外乡人一起携手扎根广西基层，把他乡当故乡，把群众当亲人，在平凡的岗位上默默奉献……

这样的名单还很长，这样的故事还很多。自 2015 年广西首开定向厦门大学选调生招录先例以来，历年招录人数位列各省前茅，已成为厦门大学重要行业和领域就业的“战略高地”。作为厦大与广西校地情缘特殊纽带的选调生政策，让八桂大地有近百名厦大选调生，且呈逐年上升的趋势。他们散作满天星，从自治区机关部门到各市县及乡镇基层一线，均有他们奋斗的足迹。他们把厦门大学“自强不息，止于至善”的校训精神践行于广西八桂大地之上。他们把家安在了广西，把心留在了广西，培养出了对这片土地、这里人民的感情，找到了家国情怀和人生价值的着陆点，在实践中练就真本领、做实干家。

续写家国情怀新篇章

东海之滨，厦门大学；国境之南，壮美广西。新时代厦门大学的家国情怀在加强与广西的合作交流中有了新的传承和发展。

厦大成为广西高等教育发展的新助力。近年来，广西师范大学、广西艺术学院、广西玉林师范学院等一批高校校级领导到厦门大学挂职校长助理。民族大学、桂林理工大学、河池学院等一批中层领导到厦大党政管理部门和相关学院挂任中层干部。挂职期间，他们深入学校和学院工作一线，倾情投入管理和育人工作，深刻感受厦大独特的校园氛围和精神文化。他们是校地合作的新纽带，极大地促进了广西高校与厦大的走访交流与合作。

广西成为厦大青春学子社会实践的大舞台。每年厦门大学都组织策划博士团等学生实践团队，到广西开展小学教育、红色革命、基层就业等方面实践调研，培养学生家国情怀，教育引导学生将个人理想与国家命运结合起来，扎根基层，到西部、到国家最需要的地方去建功立业。

厦大是广西人才培养的摇篮。早在 1921—1924 年间，厦门大学建校之初，就有 13 名广西籍学子到厦大就读本科或预科。近年厦大每年招收广西籍学生 200 多人。据不完全统计，建校至今已有超过 4000 名广西学子在厦门大学接受学习教育，成就了各自的理想和抱负。厦大每年还通过少数民族高层次骨干人才计划，为广西高校和科研机构培养了一批优秀博士人才。

2010 年，厦门大学南洋研究院与广西大学开展中国—东盟领域研究合作；2014 年，厦门大学“两岸关系和平发展协同创新中心”与广西师范大学开展台湾研究协同攻关。从高级人才培训到科技研发，从干部挂职交流到人才培养，近年来，厦门大学与广西在课题研究和人才交流方面的合作不断深化。2016 年 5 月，自治区主要领导与厦门大学党委书记张彦一行在南宁会见并深入交流，双方正式签订了战略合作协议，全面开启校地合作的新篇章，推动校地合作迈向新高度。双方还在分别推动厦门大学马来西亚分校和

【2016 年 5 月，厦门大学党委书记张彦一行考察中马钦州产业园区，加强服务国家“一带一路”倡议的合作】

中马钦州产业园区的建设中进一步加强合作交流，共同为国家“一带一路”倡议作贡献。

回首过去，跨越山海，厦门大学与广西的校地情谊源远流长，书写了一段段佳话。展望未来，厦门大学将坚持“顶天立地”发展理念，紧紧围绕国家“一带一路”倡议，加强与广西在人才培养、科学研究、社会服务等方面开展更有深度和广度的校地合作，一同书写新时代“山海经”。

（文 / 卢增夫　陈　静）

厦门大学90周年校庆书画展

因海结缘

携手共进

——厦门大学与海南的校地情缘

2020年5月4日 星期一 海南日报

厦门大学与海南的莫逆情缘

■ 陈浪

位于祖国最南端的海南省，是中国改革开放的重要窗口。在历史的变迁中，海南与同处于经济特区的厦门大学因海结缘，携手共进，书写了一段段难以忘怀的精彩故事。

杨善集

1977年5月，韩振华在西沙珊瑚岛考察。

2019年7月，"嘉庚厚政"实践队在海南省文昌市潭牛镇委山村调研。

本组图片均由作者提供

A 杨善集与中共厦大支部的建立

B 那些研究海南的厦大人

C 那些人才培养结下的缘

D 那些服务海南结下的情

谁是《将进酒》里的"岑夫子"？

■ 张斐

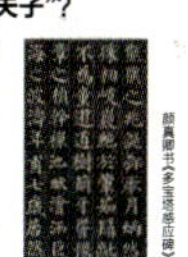

颜真卿书《多宝塔感应碑》。

投稿邮箱 hnrbyfb@sina.com

【《海南日报》2020年5月4日】

位于祖国的最南端的海南省，是中国改革开放的重要窗口。在历史的变迁中，海南与同处于经济特区的厦门大学因海结缘，携手共进，抒写了一段段难以忘怀的精彩故事。

杨善集与中共厦大支部的建立

1926年，中国共产党厦门大学支部成立，这是福建省第一个党支部。在支部创建过程中，海南籍共产党员杨善集起了关键性作用。正是在他的指导下，福建人民的革命斗争第一次有了党组织领导，八闽大地开启了属于自己的红色传奇。

杨善集，海南琼海人，1924年10月，被党组织派到苏联莫斯科东方大学学习，11月在苏联由中共旅莫支部吸收入党。1925年，杨善集从苏联回国后，先后任共青团广州地委书记、共青团广东区委书记，领导广东地区青年运动。他是中国共产党早期的革命活动家，是大革命时期广东地区青年运动的先驱者和著名革命领袖之一。这一时期，他以广州为基地，训练青年运动的领导人才，培养团的干部，在全国各地播散革命火种。对一些基层领导骨干和新加入组织的党团员，杨善集特别注重进行个别重点培养，比如福建籍的罗明。

【杨善集】

1925年6月初，杨善集指派蓝裕业以国民会议促进会代表的身份到厦门帮助发展共青团组织。蓝裕业到厦门后，首先发展李觉民、罗扬才等7人为共青团员，并于6月中旬成立厦门地区第一个共青团支部。1925年11月和1926年1月，厦大学生罗扬才和李觉民先后到广州参加会议期间，由杨善集和罗明介绍加入中国共产党。至此，厦门地区便有了两名中共党员，但按照党章规定还不能成立党支部。后来，经罗明提议，杨善集决定调派广东大学生、中共党员罗秋天转学厦门大学，这样，厦门地区便有了三名中共党员，具备了建立党组织的条件。1926年2月，中共厦大支部在厦大囊萤楼正式成立，推举罗扬才为支部书记。就这样，厦门地区第一个中共支部在厦大成立，也是福建省最早成立的中共组织。

那些研究海南的厦大人

在近百年的历史上，特别是中华人民共和国成立之后，许多厦门大学的学者，将研究视角对准海南。他们走入海南，深入南海，用自己的脚步丈量这片神奇的土地。

在历史上，关于三沙主权的纷争持续不断。为了捍卫中国的领土主权，中国学者在历史典籍和国际法中和法理依据，在实地考察中搜寻历史证据。韩振华就是其中之一。他是海南文昌人，曾任厦门大学南洋研究所所长。

1977 年 5 月，韩振华、林金枝和吴凤斌三位厦门大学南洋研究所的老师，一起踏上了南海实地考察的路。他们经湛江、抵海口、到三亚，又在三亚等了十多天，乘军舰上三沙群岛。三沙群岛常年高温高湿，温度常常达到近 40 摄氏度。车船颠簸、长途跋涉，韩振华等人出现了晕船、呕吐，但为了完成任务，他们硬是一步一个脚印地走了下来，住碉堡、吃简易食品，返回海南岛后，又马不停蹄地前往琼海、海口、文昌，扎进图书馆、档案馆，一页一页找资料，直扑港口码头，找渔民一个一个访谈，一字一字记录。

【1977 年 5 月，韩振华上西沙珊瑚岛考察】

这项工作持续了两个月，后来，韩振华等人的考证被外交部发布的《中国对西沙群岛和南沙群岛的主权无可争辩》文件所采纳，外交部对他的研究成果给予很高评价，认为“为我国对外斗争作出了有益的贡献”。韩振华把这些论文汇编成《南海诸岛史地考证论集》和《西沙群岛和南沙群岛自古以来就是中国领土》。与此同时，他还主编了《我国南海诸岛史料汇编》一书，我国外事部门认为“这本史料汇编汇集了广泛的材料，以充分的事实，表明我国对南海诸岛所拥有的主权，具有较高的学术价值”。

韩振华所在的厦门大学南洋研究所，是我国最早设立的东南亚研究机构。2012 年，厦门大学又成立了南海研究院，以南海、中国东南海疆为焦点，广泛研究海洋法、海洋政策、海洋历史等领域有关问题。因为南海、南洋，厦门大学与海南、与海南高校往来合作频繁。

红树林，素有“海上森林”“海岸卫士”“海水淡化器”等美称。海南，是我国最早有文字记载保护红树林的省区，在红树林自然保护区建设方面走在全国前列。有人说，“中国红树林看海南”。而在海南红树林的修复、保护和利用方面，厦门大学的学者做了大量卓有成效的工作。

上世纪 70 年代，以林鹏为代表的厦大科学家，就开始了海南红树林的研究，林鹏曾带队在东寨港进行了为期 6 年的研究。1995 年，以厦门大学为第一完成单位的“海南岛红树林生态学研究”获国家教委科技进步二等奖。21 世纪以来，特别是近十年，随着红树林的保护和利用逐步上升为“国家行动”，厦门大学在海南的红树林研究也逐步扩大了范围：2014 年，应海南省邀请，厦大专家在海口做了为期 2 周的红树林培训，2015 年，又应邀做海南岛沿海各县市的红树林培训。此外，王文卿等一批林鹏的弟子们接过老师的接力棒，带领着自己的学生团队，在海南这片土地上继续耕耘，从海口，到三亚，再到儋州，寒来暑往，调查研究，有时候为了观察海滩上一棵红树林的情况，不得不在齐膝深的海泥里泡上三四天。他们的一份份调研报告也得到了海南省和生态环境部等中央部委的肯定，许多意见建议被采纳。

海南（文昌）航天发射场2009年开工建设，2016年首次使用，是继酒泉、太原、西昌之后的中国第四个卫星发射中心，也是中国唯一建设在滨海城市的发射场。但是，在海南高温高湿的气候环境下，很多设备构件，即使是不锈钢材料，也容易在较短时间内发生严重腐蚀，造成发射架垮塌等事故。这些年，厦门大学化学化工学院林昌健教授团队应邀做了相关研究，在航天发射场可靠性实验室里，开展了不锈钢超钝化示范工程，专门解决了这个问题。林昌健还带领着团队，和海南大学合作，共同致力于钢筋混凝土材料的监测和研究，为的是提高材料耐磨和抗腐蚀的能力，这项技术，在海南岛礁建设上，发挥着重要作用。

【林昌健教授团队为海南卫星发射基地做的不锈钢超钝化示范工程】

海南话，又称为琼语，汉语方言之一，由于海南岛特殊的地理位置，海南话受外界语言干扰较少，其中大量的古汉语词汇和语调得以保存至今，可谓是古汉语的“活化石”。在厦门大学，人文学院李如龙和钱奠香教授做着这方面的研究，主要是闽语播迁到广东和海南的变化发展，出版了不少专著和论文。20世纪80年代，李如龙还和广东民族学院黄谷甘老师做过海南迈话的调查研究，发表了相关文章。厦大毕业生符其武，目前在海南大学工作，他也一直在做海南闽语等方面的调查研究工作，形成了相关的研究成果。

此外，2016年9月，厦门大学近海海洋环境科学国家重点实验室与海南大学南海海洋资源利用国家重点实验室签署了合作框架协议。2019年，第四届亚太国际急诊论坛暨海南省医学会急诊医学专业委员会2019年学术年会在海口举行。厦门大学与海南医学院等6家联盟高校的领头人签署了《急诊医学教育联盟海口共识》。

……

那些研究海南的厦大人，远不止这些。那些校地合作的硕果，还有很多。近年来，学校紧紧围绕海南省经济社会发展需求，受海南省有关单位委托，在环境生态、海洋科学、发展规划等方面提供科技研发及决策咨询服务。2015 年以来，共承接各类科技研究及课题咨询项目 10 多项，项目包括浴用海绵规模化养殖与开发利用、三沙七连屿海洋牧场建设关键技术研发与示范、海南大学观澜湖国际校区发展规划等。

那些人才培养结下的缘

厦门大学是最早招收海南学生的大陆高校之一，海南也是厦门大学学生学习、实践的乐土。

据统计，仅 2013 年到 2019 年，厦大在海南共招生 325 名优秀生源。2016—2018 年，学校共输送 86 名优秀毕业生到海南省就业工作，其中本科生 51 人，硕士生 33 人，博士生 2 人。

厦门大学每年选派多支社会实践队前往海南，针对经济社会发展需求开展内容充实、形式多样的社会实践活动。2014 年至 2018 年，厦门大学 13 支实践队，共 104 人踏上海南的实践征程，取得了丰厚的实践成果。2019 年，厦门大学校级重点实践团队——“厦寻潭迹”实践队前往海南文昌潭牛镇进行为期 8 天的社会实践调研，实践队走访了 3 个美丽乡村，采访了镇委副书记、村干部以及村民，考察了村子的生态与环保，调查了村子的产业与经济，充分挖掘了美丽乡村的建设过程与建设经验。

【2019 年 7 月，“厦寻潭迹”实践队在海南省文昌市潭牛镇春山村调研】

不光是学生的培养，厦门大学还积极为海南各行业干部提供再学习、再提高的机会，帮助提升海南干部的综合素质能力。

从 2007 年开始，厦门大学经济学院依托理论经济学、应用经济学和统计学一级学科国家级重点学科优势，联合中国（海南）改革发展研究院开设了金融学高级课程进修班。这个班，由厦门大学经济学院和王亚南经济研究院选派优秀骨干教师为学员授课。所有学员都可以分享厦门大学经济学科丰富资源，终身免费参加由厦门大学经济学科公开举办的高端论坛和学术讲座。十多年来，已有不少干部通过学习达到相应条件，申请同等学力硕士论文答辩，取得了金融学硕士学位。

据不完全统计，2015—2018 年，为海南省直部门，海口市、三亚市等地的政府部门及企事业单位开展干部能力提升培训班、高级研修班等近 23 个班次，培训近 1300 多人次，合作金额达 270 余万元。

那些服务海南结下的情

多年来，一批批的厦大学子奔赴海南，他们保持了校园中激情澎湃、青春飞扬的风貌，以埋头苦干、敢闯敢试、敢为人先的特区精神砥砺奋进，绘就了海南厦大人扎根海岛，为社会和国家贡献智慧的美好蓝图。

黄香林，厦大 1959 级经济系计划统计专业学生，1963 年毕业后到广东、海南工作，是海南建省前第一批来支援的人才，也是当时海南较少的名牌大学生。原本在广东省梅县工作的他随省政府工作组来海南调研，在当时海南行政区负责人的热情挽留下，参加了海南的开发建设，是海南行政区计委主任，这一干，就留了下来，参与了海南许多经济政策的制定与实施。

黄宗实，厦大 1966 届中文系毕业生，1968 年，响应中央关于大学毕业生到基层农村、边疆、海岛就业的号召，他与 3 名同学一起投身到海南的建设中。那时的海南还十分贫穷，黄宗实所在的万宁县乐来中学（现为乐来学校）师资也十分匮乏。在校期间，黄宗实担任首届高中毕业班的班主任，用一技之长教书，以一腔热血育人，与每位学生都成了好朋友。如今五十多年过去，这段师生情缘不但没有消散，而且愈发浓厚。离开中学后，黄宗实又到了海南教育局工作，搞起了调查研究，用手中的纸笔为海南的教育改革鼓与呼，直到 1975 年调回福建。在琼期间，他多次获评“优秀教师”“先进教育工作者”等称号。

像黄香林和黄宗实那样，一代代厦大人活跃在海南的政府部门、学界和商界，有的在海南建省和经济特区建设初期呕心沥血，有的亲自谋划海南新时代改革发展蓝图，有的为自贸试验区体制机制创新辛勤耕耘，有的深耕基层，为城乡规划建设兢兢业业，为推进扶贫攻坚星夜兼程，有的投身教育事业，践行着立德树人、科研攻关的神圣使命，有的成为商界精英，带领企业为当地社会经济发展作出杰出贡献。

成立于 1994 年 4 月的厦门大学海南校友会，和兄弟校友会创造性地开拓了海南全国高校校友会联盟，持续举办了六届高校校友会羽毛球联赛，活动参加人数超 2000 人，目前，高校联盟已经成为海南的一张名片，成为海南各高校校友交流合作，共促海南新发展的崭新平台。

在助力经济社会发展的同时，海南校友也不忘爱心传递。2014 年，海南遭受了 40

【2019 年厦门大学海南校友年会暨中秋博饼晚宴】

年不遇的超强台风“威马逊”正面袭击，文昌、海口等地受灾严重，得知灾情后，校友们发起“情系灾区”爱心募捐赈灾行动。阎三海、叶晓青、王永根等一批校友带头捐款，海南校友会积极组织募捐，在一周的时间里筹集了价值 20 万的大米、食用油、凉茶等物资，兵分两路送到文昌市铺前镇和冯坡镇村民手中。厦大校友会还和兄弟校友会一起，为文昌滞销西瓜的瓜农送去一份真心。2020 年，新冠肺炎疫情肆虐华夏，海南校友再次行动起来，在一周的时间里，有近 200 位校友慷慨解囊，募得善款 2 万余元捐给湖北一线医护人员。

2016 年 5 月，承载着数代厦大人梦想的厦门大学“嘉庚”号科考船正式下水，3 年多来，这艘“海上厦大”已在南海海域执行科学调查航次 20 余次，包括多项国家重大科技攻关项目调查航次、国家自然科学基金委共享航次、厦门大学“海丝学堂”本科生教学实习航次等，为厦门大学与海南写就了新时代的往来佳话。展望未来，这份历久弥新的校地情缘，正引领着海南省与厦门大学，在探索、推进中国特色自由贸易港和世界一流大学的新征程中驶向更深的海洋，开拓更广的前景，谱写合作的崭新篇章。

【2018 年，厦门大学“嘉庚”号执行国家自然科学基金共享航次期间停靠海南三亚】

（文 / 陈　浪）

厦渝相携手　河梁造通途

——厦门大学与重庆的校地情缘

两江潮 副刊

2020年8月30日 星期日

厦渝相携手　河梁造通途

——厦门大学与重庆市共叙时代篇章

[illegible]

分快意。他的坚决抗日行为引起日本侵略者仇视，太平洋战争爆发后，日军占领新加坡，大肆搜捕陈嘉庚。陈嘉庚被迫到印尼避难，直至抗战胜利后才回到新加坡。

"华侨旗帜，民族光辉"，这是毛泽东给予他的高度评价。时隔39年后，1984年，来到厦门视察的邓小平，也欣然命笔，用同一评价为陈嘉庚题词。这8个字铸成了嘉庚精神的核心。陈嘉庚一生舍家为国，英勇无畏，其崇高的爱国主义精神与公而忘私的奉献精神，浸染着重庆这片土地，铭刻在每一位厦大师生心中，搭起了抗战时期的"团结之桥"。

思念之桥
一首乡愁　两岸泪流

"谁能一舟横渡，尽听两岸潮声。"余光中，富有重庆情缘的厦大人。他曾在重庆生活了7年，就读于从南京迁到重庆"大后方"的南京青年会中学，经历了重庆大轰炸，艰难的抗战岁月使他对重庆产生了深厚的感情。与妻子生活的60多年，重庆话成为他们之间的沟通方式。他自称重庆崽儿，将重庆视为自己的第二故乡，在其作品《当我死时》《思蜀》《嘉陵江水》《乡愁》中都描写了他在重庆生活的场景。

1949年，余光中赴厦门大学外文系学习，在厦大期间，他发表了包括处女作《扬子江船夫曲》在内的7首新诗、7篇文艺评论、2篇译文，开启了他文学创作的征程。1950年，余光中辗转至台湾。也是在这个时期，他写下了著名的乡愁之诗。他把亲情、爱情、乡情和祖国情融合为一，道出了浓浓思念，喊出了亿万中国人渴望祖国统一、亲人团聚的切切心声，引起了海峡两岸人民、海外游子的悠悠共鸣，他也因此被称为"以乡愁之诗撼动亿万华裔"的诗人。2011年，余光中站在故乡泉州洛阳古桥上，朗读了自己为《乡愁》续写的第五段：

而未来，
乡愁是一道桥梁，
你来这头，
我去那头！

余光中把乡愁化作跨越海峡两岸的文化彩虹桥，表达了两岸统一的信心。晚年，他曾多次到厦大、重庆以及祖国各地讲学、交流，担任大陆多所高校教授，将自己的乡愁化作桥梁，用诗人的方式，承载着推动两岸文化交流，促进两岸融合发展的重任。

担当之桥
爱岗敬业　服务西部

开发西部事关中国现代化全局，两江交汇的重庆，是西部大开发的重要战略支点，处在"一带一路"和长江经济带的联结点上，在国家建设和发展中负有重大使命。一代又一代厦大校友扎根重庆，服务西部，谱写着这座城市的绚丽乐章。

陈大燮，1938年毕业于厦门大学化学系，曾先后担任资源委员会中央化工厂筹备处重庆工厂厂长，重庆市化工研究院原高分子研究室主任，西南师范大学化学系顾问教授，第三军医大学野战外科研究所客座研究员。他曾在国内首创蓖麻油制耐纶810（聚癸二酰辛二胺）的合成方法；独创止血纤维研制的制法与组成；领导医用级低分子量聚乙烯醇材料的研究，并应用于止血纤维和避孕药膜的生产，填补了国内空白；其指导的瞬间止血粘合剂的研制，达到国际先进水平。踏着学长的足迹，2015年毕业于厦门大学化学化工学院的赵征赛也来到重庆，在西南大学药学院从事教学科研工作。长期研究新型高性能功能化无机纳米材料的设计及合成的他，已经在高性能磁共振成像造影剂和智能抗肿瘤纳米药物递送系统的设计开发研究领域取得了多项研究成果，并应用于疾病早期诊断与治疗。

"半生忧乐赛数海，一腔情愫系中华"，1968年毕业于厦门大学经济系的高候旺豪情万丈地写下这样一句诗，并用一生践行着自己的信仰。他长期担任重庆市统计局局长，为摸清重庆的市情实情，走遍了重庆的山山水水、城市乡村，深入基层调研，为政府提供大量有参考价值的宏观决策信息，并创造性地在全市推行了属（在）地统计，组织开展了10余项国情国力调查。卸任统计局长后，他仍为重庆三峡库区的统计事业不遗余力地奔走呐喊，数次前往广东、山东、福建等三峡库区对口支援省市联系工作，成为"鞠躬尽瘁为大公的数海好儿女"。

"用心用情抓帮扶，凝心聚力谋发展"，2011年毕业于厦门大学政治系的王栋在两年前来到重庆市深度贫困镇——大进镇红旗村担任第一书记。为方便服务群众，王栋"住进红旗村、变成红旗人、结上红旗亲"，用脚丈量村里的土地，用当地方言传递真情实感，不到一个月时间，对在家农户实现了全覆盖的调研走访，提出了行之有效的脱贫方法。他协调市里的青年创新创业服务中心以资金入股的方式建立了肉牛养殖场，成立农民专业合作社，让失能贫困户加入其中，每年享受保底分红上千元，实现扶贫兜底。在此基础上，他走村串户做动员，说服全村走上一条"茶为龙头、茶旅融合"的产业扶贫之路。在他的全力支持下，部分贫困群众人均增收达到每年3000元，村民们日子越来越红火。而为了打赢脱贫攻坚战，王栋主动向单位申请延期驻村工作，决心与红旗村民一起昂首阔步，决胜全面建成小康社会。

成立于2007年的厦大重庆校友会，一直在思考和探索怎样让校友们更好地服务重庆，服务西部，服务国家和社会发展。2015年，厦门大学重庆校友会联合北京大学、浙江大学等20所高校重庆校友会，筹建"大学客"咖啡馆，共同出资成立"重庆高联创投企业管理咨询有限公司"。"大学客"为各校友会的建设和活动提供线上和线下平台，设立"大学客"图书馆，组织体育赛事，不定期举办公益讲座，为在渝校友提供创新创业扶持，让校友力变成生产力，为建设美好重庆作出了积极贡献。厦大重庆校友会也从最初的80位校友到如今聚集了1000多位校友，厦大人服务重庆，服务西部，服务国家和社会发展的力量更加强大了。

沧桑砺洗，薪火相继，厦门大学在渝校友们精雕细琢、精益求精，使命在心、责任在肩，架起了"服务西部"的担当之桥。

传承之桥
自强不息　止于至善

春风化雨，润物无声，百年厦大以其厚重的人文底蕴潜移默化地感染着在校的重庆人。他们奋斗在教学科研、工程实验、党政管理、后勤服务等各个岗位上，为厦门大学"双一流"建设奉献青春，挥洒汗水。

孙世刚，重庆万州人，中国科学院院士，三峡库区水环境演变与污染防治重庆市重点实验室学术委员会主任，厦门大学化学化工学院教授，曾任厦门大学副校长兼研究生院院长。1977年，孙世刚作为恢复高考后的第一届考生考入厦门大学化学系。1982年，成为第一批公派留学法国攻读博士学位的研究生，学成后，他将自己所有的知识奉献给国家。在他的带领下，他的团队取得了一系列原创性的科研成果，提出了电催化活性位的结构模型，揭示了表面原子排列结构与电催化性能的构效关系，系统研究了电催化过程，发展了高灵敏度、高时间分辨的电化学原位红外反射光谱方法，时间分辨光谱和空间分辨光谱技术，阐明了多种有机小分子与铂电极表面相互作用的机制，创建了电化学结构控制合成方法，破解了高表面能纳米晶制备的难题。2007年，孙世刚首次制备出高活性的二十四面体铂纳米晶催化剂，为能源、催化、材料等领域的发展奠定了重要的学术基础，其成果也成为厦门大学第一篇发表在美国《科学》杂志上的长篇研究报告。

"知无央　爱无疆"，在厦大校园内还有许多像孙世刚般自强不息，求索在洋洋学海，奉献在芒芒鹭江边的优秀教师。1982年毕业于厦大化学系专业的郭祥群，现为化学系教授。自本科毕业后，郭祥群长期坚持工作在基础教学第一线，先后被评为全国高等学校教学名师，当选中共十六大代表。中文系教授李国正，埋头苦干，潜心研究，首创《生态汉语学》，结合故乡特色与自身专业，研究泸州方言，出版《四川泸州方言研究》，将家乡语言、文化进行推广。1963年毕业于厦门大学外文系的重庆人林郁如选择留在厦大，长期从事高校英语专业教学和研究工作的她，创建了外文系硕士研究生口笔译方向，使厦大成为我国南方第一所培养会议口译员的学校。她也被授予"省优秀教师"和"省女职工标兵"的称号。

52岁的厦大保安周德新来自重庆，厦大的工作经验唤起了他儿时成为一名律师的梦想。2014年，他参加了成人教育高中起点升专科学习，6年内，他黑白两班倒，在老师和同学们的帮助下，通过了四十多门考试，获得了厦门大学法学学士学位。在厦大校训与精神的熏陶下，周德新俨然成为一名厦大精神的传承人，自2013年到厦大工作以来，他始终谨守岗位，守护着厦大校园，累计为厦大捐款达2万余元。今年6月，他获评2019"感动厦门十大人物"。

明日之桥
校地合作　共同奋进

忆往昔峥嵘岁月稠，看今朝旖旎风光秀。厦大与重庆的明日之桥愈加雄伟。

早在1928年，厦大就开始招收重庆学生。上世纪五六十年代，重庆建筑工程学院等高校还选派教师来厦大进修。近几年，每年有将近200名重庆籍学生进入厦大学习，成长成才；13000多人次重庆市政府部门及企事业单位干部到厦大参加高级研究班，提升综合素质；一批重庆籍教职工在厦大挥洒汗水，成就梦想。

如今，许多重庆的企业与厦大再续前缘。重庆紫光化工股份有限公司在厦门大学设立重庆紫光化工奖（助）学金，奖励和资助30名厦大化学化工学院本科生和研究生。厦大也承接了许多重庆市企事业单位委托项目，并与重庆热风科技有限公司、中国汽车工程研究院股份有限公司、重庆大学、重庆建峰工业集团有限公司等开展紧密的产学研合作，取得了良好效果。

为深化交流，双方还在制度研究、发展规划、公共管理等方面开展合作，为重庆市有关单位提供决策咨询服务，包括三峡学院发展战略咨询、新时代政府财政管理平台（预算法）、城口县生态经济发展研究、刑事从业禁止适用问题研究等项目。

顺应时代步伐，奔走在西部建设的路上，厦大人勇往无畏。为培养学生服务西部的家国情怀，厦大每年选派多支社会实践队伍，前往重庆开展各式各样的活动。2012年-2019年，厦大赴重庆开展社会实践的队伍已多达62支、556人。厦大与重庆人才往来一直十分密切，近些年，厦大每年都向重庆市输送近300名的优秀毕业生，重庆市委组织部也制定了面向厦门大学定向选调生人才计划，吸引优秀毕业生赴重庆干事创业。厦大与重庆市的明日之桥，在这些人扎实稳健的脚步下显得尤为壮美。

新时代，新使命，新担当，新未来。伴随时代的号角声，厦门大学与重庆市将继续携手共进，一同绘制祖国美好的蓝天，铸造校地间亘古不变的桥梁。

▲2006年，余光中应邀参加厦门大学85周年校庆活动。（网络资料图）

而未来，鄉愁是一條長長的橋梁
你去那頭
我來這頭
余光中

▲余光中亲笔书写的乡愁片段。

在敌寇未退出国土以前
公务人员任何人提和
平条件者当以汉奸
国贼论
祠建新闻社
陈嘉庚

◀陈嘉庚痛斥汪精卫提案。

◀厦门大学思源计划到访"大学客"图书馆。

◀孙世刚在实验室工作。

【《重庆日报》2020年8月30日】

雾兴云涌，潮起潮落，百年中华近现代史，波澜壮阔，浩浩汤汤，有苦难、有辉煌，有万丈沟壑、有一飞冲天。“桥都”重庆与百年高等学府——厦门大学，跨越千山万水，和衷共济，相扶相携，无论是在重庆的厦大人，还是在厦大的重庆人，他们发扬逢山开路、遇水架桥的精神，以艰苦卓绝的行动，在现实和梦想的两端架起一座座气势恢宏的桥梁，共同叙写时代的奋进篇章。

团结之桥：力主抗战 一致对外

狼烟四起，战火纷飞，生死存亡，一念之差。1937 年，抗日战争全面爆发后，国民政府迁都重庆。重庆遭受了规模最大、次数最多、持续时间最长的日军野蛮轰炸。举国上下，艰苦抗战。

正是在艰苦卓绝的抗战中，有一个人因为坚决抗日引发日本侵略者仇视、追捕，在他安全避难后，在渝各团体联合在重庆大学为他举行安全庆祝大会。大会上，毛泽东特地托人从延安送来祝贺条幅，亲笔题写：“华侨旗帜，民族光辉。”

他就是陈嘉庚。他抱着“教育救国”的信念，毁家兴学，创办了包括厦门大学在内的多所学校，他更是在力主抗战，抵御外敌中作出了巨大贡献。

“敌未出国土前，言和即汉奸”。这是 1938 年陈嘉庚给重庆国参政会发去的提案电报。彼时广州失陷、武汉撤退，汪精卫等人却主张议和。多次劝诫未果，陈嘉庚毅然决然，提案获得了多数通过，极大地鼓舞了抗战士气，形成舆论洪流，打击了汪精卫等投降派的气焰，被邹韬奋称为“古今中外最伟大的一个提案”。

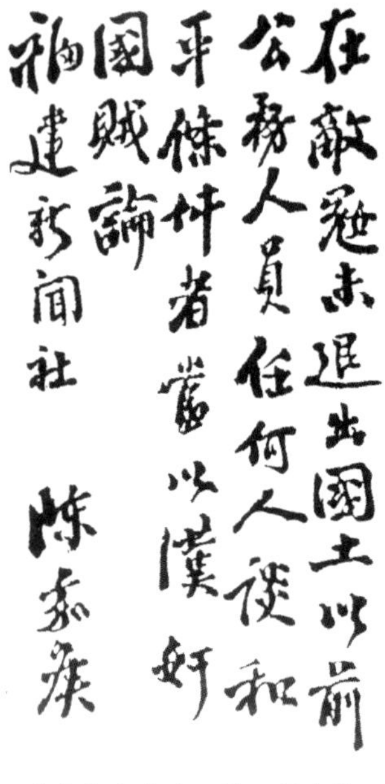

为进一步加强全民族抗战决心，陈嘉庚还组织慰劳团回国，力促团结战线。1940 年 3 月 26 日，陈嘉庚率慰劳团抵达重庆，会见了国共两党要员，全面考察了当时首都重庆的政治、经济、军事、教育、卫生、交通、新闻媒体等情况，参观了工厂、军械厂、合作社、炼药厂等，连续待了 40 天，他认为如果国共分裂发生内战，则无异于自杀，为敌人万分快意。他的坚决抗日行为引起日本侵略者仇视，太平洋战争爆发后，日军占领新加坡，大肆搜捕陈嘉庚。陈嘉庚被迫到印尼避难，直至抗战胜利后才回到新加坡。

【陈嘉庚痛斥汪精卫提案】

“华侨旗帜，民族光辉”，这是毛泽东给予他的高度评价。时隔 39 年后，1984 年，来到厦门视察的邓小平，也欣然命笔，用同一评价为陈嘉庚题词。这八个字铸成了嘉庚精神的核心。陈嘉庚一生舍家为国、英勇无畏，其崇高的爱国主义精神与公而忘私的奉献精神，浸染着重庆这片土地，铭刻在每一位厦大师生心中，搭起了抗战时期的“团结之桥”。

思念之桥：一首乡愁 两岸泪流

“谁能一舟横渡，尽听两岸潮声”。余光中，富有重庆情缘的厦大人。他曾在重庆生活了 7 年，就读于从南京迁到重庆“大后方”的南京青年会中学，经历了重庆大轰炸，艰难的抗战岁月使他对重庆产生了深厚的感情。

与妻子生活的 60 多年，重庆话成为他们之间的沟通方式。他自称重庆“崽儿”，将重庆视为自己的第二故乡，在其作品《当我死时》《思蜀》《嘉陵江水》《乡愁》中都描写了他在重庆生活的场景。

1949 年，余光中赴厦门大学外文系学习，在厦大期间，他发表了处女作《扬子江船夫曲》在内的 7 首新诗，7 篇文艺评论，2 篇译文，开启了他文学创作的征程。1950 年，余光中辗转至台湾。

也是在这个时期，他写下了著名的乡愁之诗。

他把亲情、爱情、乡情和祖国情融合为一，道出了浓浓思念，喊出了亿万中国人渴望祖国统一、亲人团聚的切切心声，引起了海峡两岸人民、海外游子的悠悠共鸣，他也因此被称为“以乡愁之诗撼动亿万华裔”的诗人。2011 年，余光中站在故乡泉州洛阳古桥上，亲自朗读了自己为《乡愁》续写的第五段：

而未来
乡愁是一条长长的桥梁
你去那头
我来这头

余光中把乡愁化作跨越海峡两岸的文化彩虹桥，表达了两岸统一的信心。晚年，他曾多次到厦大、重庆以及祖国各地讲学、交流，担任大陆多所高校教授，用诗人的方式，承载着推动两岸文化交流，促进两岸融合发展的重任。

而未来，鄉愁是一條長長的橋梁
你去那頭
我來這頭
余光中

【余光中亲笔书写的乡愁片段】

担当之桥：爱岗敬业 服务西部

开发西部事关中国现代化全局，两江交汇的重庆，是西部大开发的重要战略支点，处在“一带一路”和长江经济带的联结点上，在国家建设和发展中负有重大使命。一代又一代厦大校友扎根重庆，服务西部，谱写着这座城市的绚丽乐章。

陈大燮，1938 年毕业于厦门大学化学系，曾先后担任资源委员会中央化工厂筹备处重庆工厂厂长，重庆市化工研究院高分子研究室原主任，西南师范大学化学系顾问教授，第三军医大学野战外科研究所客座研究员。他曾在国内首创蓖麻油制耐纶 810（聚癸二酸辛二胺）的合成方法；独创止血纤维的制法与组成；领导医用级低分子量聚乙烯醇材料的研究，并应用于止血纤维和避孕药膜的生产，填补了国内空白；其指导的瞬间止血黏合剂的研制，达到国际先进水平。踏着学长的足迹，2015 年毕业于厦门大学化学化工学院的赵征寰来到重庆市西南大学药学院从事教学科研工作。长期研究新型高性能功能化无机纳米材料的设计及合成的他，已经在高性能磁共振成像造影剂和智能抗肿瘤纳米药物递送系统的设计开发研究领域取得了多项研究成果，并应用于疾病早期诊断与治疗。

“半生忧乐寄数海，一腔情愫系中华”，1968 年毕业于厦门大学经济系的高葆旺豪情万丈地写下这样一句诗，并用一生践行着自己的信仰。他长期担任重庆市统计局局长，为摸清重庆的市情实情，走遍了重庆的山山水水、城市乡村，深入基层调研，为政府提供大量有参考价值的宏观决策信息，并创造性地在全市推行了属（在）地统计，组织开展了 10 余项国情国力调查。卸任统计局局长后，他仍为重庆三峡库区的统计事业不遗余力地奔走呐喊，数次前往广东、山东、福建等三峡库区对口支援省市联系工作，成为“鞠躬尽瘁为大公的数海好儿女”。

“用心用情抓帮扶，凝心聚力谋发展”，2011 年毕业于厦门大学政治系的王栋来到重庆市深度贫困镇——大进镇红旗村担任第一书记。为方便服务群众，王栋“住进红旗村、变成红旗人、结上红旗亲”，用脚丈量村里的土地，用当地方言传递真情实感，不到一个月时间，对在家农户实现了全覆盖的调研走访，提出了行之有效的脱贫方法。他协调市里的青年创新创业服务中心以资金入股的方式建立了肉牛养殖场，成立农民专业合作社，让失能贫困户加入其中，每年享受保底分红上千元，实现扶贫兜底。在此基础上，他走村串户作动员，说服全村走上一条“茶为龙头、茶旅融合”的产业扶贫之路。在他的全力支持下，部分贫困群众人均增收达到每年 3000 元，村民们日子越来越红火。而为了打赢脱贫攻坚战，王栋主动向单位申请延期驻村工作，决心与红旗村民一起昂首阔步，决胜全面建成小康社会。

成立于 2007 年的厦大重庆校友会，一直在思考和探索怎样让校友们更好地服务重庆，

【厦门大学思源计划到访“大学客”图书馆】

服务西部，服务国家和社会发展。2015 年，厦门大学重庆校友会联合北京大学、浙江大学等 20 所高校重庆校友会，筹建“大学客”咖啡馆，共同出资成立“重庆高联创投企业管理咨询有限公司”。“大学客”为各校友会的建设和活动提供线上和线下平台，设立“大学客”图书馆，组织体育赛事，不定期举办公益讲座，为在渝校友提供创新创业扶持，让校友力变成生产力，为建设美好重庆作出了积极贡献。厦大重庆校友会也从最初的 80 位校友到如今聚集了 1000 多位校友，厦大人服务重庆，服务西部，服务国家和社会发展的力量更加强大了。

沧桑砺洗，薪火相继，厦门大学在渝校友们精雕细琢、精益求精，使命在心、责任在肩，架起了“服务西部”的担当之桥。

传承之桥：自强不息 止于至善

春风化雨，润物无声，百年厦大以其厚重的人文底蕴潜移默化地感召着在校的重庆人。他们奋斗在教学科研、工程实验、党政管理、后勤服务等各个岗位上，为厦门大学“双一流”建设奉献青春，挥洒汗水。

孙世刚，重庆万州人，中国科学院院士，三峡库区水环境演变与污染防治重庆市重点实验室学术委员会主任，厦门大学化学化工学院教授，曾任厦门大学副校长兼研究生院院长。1977 年，孙世刚作为恢复高考后的第一届考生考入厦门大学化学系。1982 年，成为第一批公派留学法国攻读博士学位的研究生，学成后，他将自己所有的知识奉献给国家。在他的带领下，他的团队取得了一系列原创性的科研成果，提出了电催化活性位的结构模型，揭示了表面原子排列结构与电催化性能的构效关系，系统研究了电催化过程，发展了高灵敏度、高时间分辨的电化学原位红外反射光谱方法、时间分辨光谱和空间分辨光谱技术，阐明了多种有机小分子与铂电极表面相互作用的机制，创建了电化学结构控制合成方法，破解了高表面能纳米晶制备的难题。2007 年，孙世刚首次制备出高活性的二十四面体铂纳米晶催化剂，为能源、催化、材料等领域的发展奠定了重要的学术基础，其成果也成为厦门大学第一篇发表在美国《科学》杂志上的长篇研究报告。

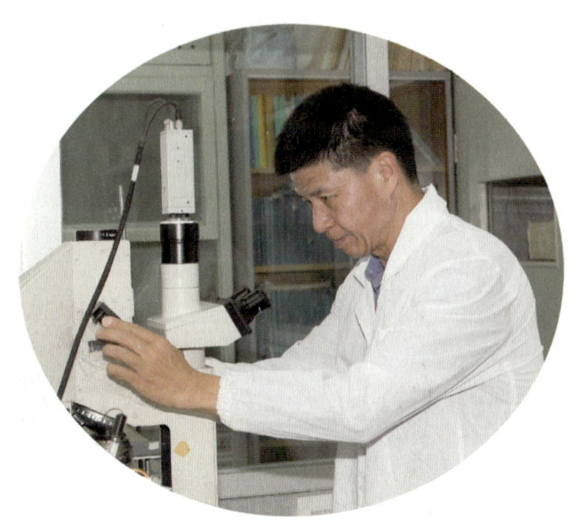
【孙世刚在实验室工作】

“知无央，爱无疆”，在厦大校园内还有许多像孙世刚般自强不息，求索在洋洋学海，奉献在茫茫鹭江边的优秀教师。1982 年毕业于厦大化学系专业的郭祥群，现为化学系教授。自本科毕业后，郭祥群长期坚持工作在基础教学第一线，先后被评为全国高等学校教学名师，当选中共十六大代表。中文系教授李国正，埋头苦干，潜心研究，首创《生态汉语学》，结合故乡特色与自身专业，研究泸州方言，出版《四川泸州方言研究》，将家乡语言、文化进行推广。1963 年毕业于厦门大学外文系的重庆人林郁如选择留在厦大，长期从事高校英语专业教学和研究工作的她，创建了外文系硕士研究生口笔译方向，使厦大成为我国南方第一所培养会议口译员的学校。她也被授予“省优秀教师”和“省女职工标兵”的称号……

52 岁的厦大保安周德新来自重庆，厦大的工作经验唤起了他儿时成为一名律师的梦想。2014 年，他参加了成人教育高中起点升专科学习，后来又参加网络专升本学习，5 年内，他黑白两班倒，在老师和同学们的帮助下，通过了四十多门课程考试，获得了厦门大学法学学士学位。在厦大校训与精神的熏陶下，周德新俨然成为一名厦大精神的传承人，自 2013 年到厦大工作以来，他始终谨守岗位，守护着厦大校园，累计为厦大捐款达 2 万余元。今年 6 月，他获评 2019“感动厦门十大人物”。

明日之桥：校地合作 共同奋进

忆往昔峥嵘岁月稠，看今朝旖旎风光秀。厦大与重庆的明日之桥愈加雄伟。

早在 1928 年，厦大就开始招收重庆学生。上世纪五六十年代，重庆建筑工程学院等高校还选派教师来厦大进修。近几年，每年有将近 200 名重庆籍学生进入厦大学习，成长成才；13000 多人次重庆市政府部门及企事业单位干部到厦大参加高级研究班，提升综合素质；一批重庆籍教职工在厦大挥洒汗水，成就梦想。

如今，许多重庆的企业与厦大再续前缘。重庆紫光化工股份有限公司在厦门大学设立重庆紫光化工奖（助）学金，奖励和资助 30 名厦大化学化工学院本科生和研究生。厦大也承接了许多重庆市企事业单位委托项目，并与重庆热风科技有限公司、中国汽车工程研究院股份有限公司、重庆大学、重庆建峰工业集团有限公司等开展紧密的产学研合作，取得了良好效果。

为深化交流，双方还在制度研究、发展规划、公共管理等方面开展合作，为重庆市有关单位提供决策咨询服务，包括三峡学院发展战略咨询、新时代政府财政管理平台（预算法）、城口县生态经济发展研究、刑事从业禁止适用问题研究等项目。

【2017 年 5 月，厦门大学原创话剧《哥德巴赫猜想》在重庆首演】

顺应时代步伐，奔走在西部建设的路上，厦大人勇往无畏。为培养学生服务西部的家国情怀，厦大每年选派多支社会实践队伍，前往重庆开展各式各样的活动。2012—2019 年，厦大赴重庆开展社会实践的队伍已多达 62 支，556 人。厦大与重庆人才往来一直十分密切，近些年，厦大每年都向重庆市输送近 300 名优秀毕业生，重庆市委组织部也制定了面向厦门大学定向选调生人才计划，吸引优秀毕业生赴重庆干事创业。厦大与重庆市的明日之桥，在这些人扎实稳健的脚步下显得尤为壮美。

展开历史的画卷，厦大与“桥都”重庆市之间的河梁赫然显现。新时代，新使命，新担当，新未来。伴随时代的号角声，厦门大学与重庆市将继续携手共进，一同绘制祖国美好的蓝天，铸造校地间亘古不变的桥梁。

（文 / 陈惠莹　王荣华）

巴山蜀水鹭岛情

——厦门大学与四川的校地情缘

巴山蜀水鹭岛情

——记厦门大学与四川省的校地情缘

同仇敌忾 抗战烽火中的川籍情

自强不息 奉献四川的厦大人

止于至善 耕耘厦园的四川人

大爱无疆 抗震救灾中的厦大人

校地合作 盛世华章的谱写人

社区代办年货 "家乡味"温暖农民工

关心关爱农民工

我省公布7起医保骗保典型案

眉山引进成都农交所

将形成两市统一的区域性农村产权交易大市场

全省法院电子诉讼档案可异地查阅

打破信息壁垒 "天府信用通"上线

【《四川日报》2020年1月5日】

巴山之下，蜀水之滨，素有“天府之国”之称的四川，其山水人文在绿色盆地之间显得神奇奥妙，散发着永恒的魅力，在国家“西部大开发”战略中占有重要一席。东南一隅，鹭岛之上，坐落着一座拥有“南方之强”美誉的百年高等学府——厦门大学，在其建校初期，就开始服务西部，招收西部学子。二者在悠悠的历史长河里，结下深厚情谊，书写着一个个“以文化人”的美好故事。

同仇敌忾 抗战烽火中的川海情

抗日战争时期，日军封锁沿海交通要塞，阻碍我军运输物资，而当时最重要的国际运输通道滇缅公路急需大量熟练司机和修理工。厦大创办人、时任南侨总会主席陈嘉庚发起号召，组建起“南洋华侨机工回国服务团”。

著名女机工白雪娇便是其中一员。

白雪娇于1936年入读厦大中文系，后回到马来西亚槟城当教师。1939年，在国家危难之际，她瞒着父母，毅然回到中国参加滇缅公路机工队。临行前，她给父母留了家书：“家是我所恋的，双亲弟妹是我所爱的，但是破碎的祖国，更是我所怀念热爱的。”“这次去，纯为效劳祖国而去的，虽然在救国建国的大事业中，我的力量简直是够不上‘沧海一粟’，可是集天下的水滴而汇成大洋，我希望我能在救亡的汪流中，竭我一滴之微力。” 其报效祖国言行，激励无数青年共赴国难。后来，白雪娇转到四川成都就读齐鲁大学，参加了大学生抗日宣传队，从川北徒步沿途宣传抗日，最后抵达陕西省。

白雪嬌的一封信

【1939年5月19日，马来西亚《光华日报》登载《白雪娇的一封信》（图片来源于网络）】

被毛泽东誉为“华侨旗帜，民族光辉”的爱国华侨领袖陈嘉庚为更好地了解战争状况，增强抗战士气，组织了回国慰劳视察团。1940年5月，陈嘉庚到四川对兵源、教育、卫生、宗教、盐业、城市建设等情况进行了考察，同时也向四川各界介绍了华侨捐资捐物支持抗战的情况，表明了全民族抗战的决心。

国家兴亡，匹夫有责。抗日战争期间，四川为国家的反侵略战争作出重要贡献，海内外厦大人也表现出拳拳赤子忠心，同仇敌忾，救国图强。

自强不息 奉献四川的厦大人

在四川，活跃着厦大人的身影。他们在四川自强不息，不懈努力，共同为建设美丽四川而奋斗。

肖启暄，四川资中人，厦大私立时期学生，毕业后回到家乡。1932 年，他任职四川省立资中中学校长，通过募集资金筹建校舍、广揽人才储备师资、购置图书器材充实教学设备等一系列措施，使得四川省立资中成为当时难得一所藏书丰富、师资完备、设施齐全的中学。

柯召，中国科学院院士、中国近代数论创始人、二次型研究的开拓者、一代数学宗师。1926 年，柯召就读于厦大预科，后升入厦大数学系。抗战时期，留学英国的柯召决定回国，投身科教事业，先后到重庆大学、四川大学任职教授，曾担任四川大学校长、荣誉校长。在教学上，他注重提高教学质量，反对灌输式教学。他在川大数学系发起专题研究课，每周召集全系师生集体研究，各自阐述自己的研究心得，共同讨论，有时学生变成先生，有时先生变成学生，教学相长，先后为国家培养了几代优秀数学工作者，其中不少人已经成长为中国数学研究队伍中的骨干力量。科研方面，他在数论、组合论和代数的研究方面取得突出成就，如著名的“柯氏定理”、“厄多斯－柯－拉多定理”等。柯召的一生，是为中国数学和科教事业无私奉献的一生，他为促进川大数学、中国数学乃至世界数学的发展作出了不可磨灭的重要贡献。

邓高，厦大政治学系 1987 级校友，长期致力于四川省文化研究。在四川省达州市人民政府地方志办公室工作期间，他发扬“读万卷书、行万里路”和“大胆假说、小心求证”的治学精神，经过多年的不懈努力，于 1998 年 2 月提出了“建文帝殉国之谜”的假说——达县中山寺说。央视国际频道据此拍摄了《古墓背后的秘密》，传播了这一研究成果。

如今，越来越多的厦大学子积极投身西部，为四川经济发展和社会进步挥洒青春和热血。

2010 年，厦大四川校友会成立，登记在册校友人数从最初不到 200 人很快发展到 1500 人。他们捐建“四川校友会—锦麟”乡村图书馆，连续多年为成都附近的乡村小学捐赠学习用具，培养年轻校友们的责任担当和感恩情怀；他们在母校厦大设立“四川校友会校友励学金”，助力川籍学子成长成才。

厦大党委书记和校长分别于去年和今年专程看望了四川校友，希望四川校友继续努力发扬服务西部、奉献四川的团队精神，将厦大师生校友爱国、感恩、奉献的优良传统在蜀地发扬光大。

止于至善 耕耘厦园的四川人

厦大在创办之初便面向四川招揽英才。在厦大，处处有四川人奋斗的身影。有的在三尺讲台、在科研一线、在工程实验、在党政管理等战线上挥洒汗水；有的在食堂、在宿舍楼、在花圃，服务师生，致力校园建设；有的成长成才，逐梦青春，他们共同奔跑在厦大“双一流”建设的新征程上。

【魏传义】

魏传义，四川达县人，著名画家、艺术教育家，“中国新现实主义的开创者”，“四川美术学院油画创立者”。1983年初，魏传义受邀到福建创办我国第一所艺术教育学院——厦门大学艺术教育学院。学院建立初期，没有教室，没有教材，没有师资。魏传义攻坚克难，迎难而上，编写《艺术教育学》作为教材，招募优秀教师，推动艺术大楼建设。如今，厦大艺术学院已经培养了本科生8000余人，研究生1500余人，不少人成长为院长、教授、画家、基础教育工作者。2019年，厦大用属于厦大人的最高荣誉“南强杰出贡献奖”嘉奖这位来自“巴山”的豁达“老翁”。

【颜晓梅教授研制的具有自主知识产权的纳米流式检测装置】

颜晓梅，四川德阳人，厦大化学化工学院教授，国家杰出青年基金获得者，入选科技部中青年科技创新领军人才、教育部新世纪优秀人才。她首创结合瑞利散射和鞘流单分子荧光检测技术，研制成功具有完全自主知识产权的国际上最灵敏的纳米流式检测装置（NanoFCM），在国际上首次实现了发光能力低于单分子荧光的单个纳米颗粒散射信号的直接检测，在生命科学研究、疾病诊断、纳米材料分析等领域具有巨大的应用前景和市场价值。这一技术及其产业化成果得到国家自然科学基金委的关注和报道。

大爱无疆 抗震救灾中的厦大人

“知无央，爱无疆”。厦大校歌里的这句歌词，便是厦大人追求“知无央”科学境界，崇尚“爱无疆”大爱精神的生动写照。2008 年 5 月 12 日，四川发生大地震，灾情严重。厦大师生和校友时刻牵挂着灾区人民，竭尽所能地为灾区人民加油，祈福！

张鹏程，“福建省抗震救灾先进个人”，厦大建筑与土木工程学院副教授，是厦门选派的 16 名土建类援建专家之一，担任专家组临时党支部书记，负责排查绵阳中小学、家属院等建筑物的安全。张鹏程说，在救援过程中，安全、卫生、休息、健康这些在平常看来似乎是理所当然的事情，在灾区却成了奢侈品，因为危险随时来临。在援建过程中，他时常累得一坐下就会睡着。可是，灾情就是命令，无论多苦多累多困，他都坚持奋斗在抗震救灾第一线，冒着危险进入一幢幢伤痕累累的房屋进行安全排查。此外，张鹏程还资助了当地一个初中生，直到其高中毕业。后来，这个孩子考上了大学，攻读了张鹏程所从事的土木工程专业，现在四川工作。

【张鹏程深入危房排查安全隐患】

齐忠权，“福建省抗震救灾先进个人”、时任厦大医学院副院长、教授。“党和国家需要的时候，正是报国的时候！”齐忠权受命担任厦门医疗队党支部书记，抢救和转运了伤员几百名，巡视成都五院内的所有危重病人。夜深了，依然在屋檐下亲自指导进行脾脏移植手术，拯救病人。

王灵岚，“全国抗震救灾模范”“福建省抗震救灾功臣”，厦大 1977 级生物系校友，福建省首支医疗卫生救援队队长。2008 年 5 月 19 日赶赴四川灾区抗震救灾，负责江油市 25 个乡镇的灾后防疫工作。当时震后社会系统基本瘫痪，吃住行都非常困难，传染病流行隐患极大。为更好地把抗震救灾工作做好，王灵岚顶住压力，克服重重困难，一直超负荷开展工作，经常两眼血丝，声音嘶哑，甚至失声说不出话来。王灵岚亲自对自来水厂和乡镇集中式供水系统采样检测 84 份、集中供水和井水消毒余氯检测 2000 余份，为 10000 余户灾民进行饮用井水卫生消毒和培训，累计行程数千公里。三合镇曾出现井水泡茶变黑的突发情况，让当地政府和灾民不知所措，王灵岚沉着应对，依靠扎实的专业知识，运用科学实验方法，向政府和灾民解释了由于震后铁、锰含量过高导致井水泡茶变黑的现象，消除了政府和灾民的疑惑，稳定了灾民情绪。王灵岚凭借多年的救灾经验和过硬的专业技能，在一次次现场解决疑难的过程中发挥了重要作用，避免了重大次生灾害的发生，保障了人民生命安全，体现了一个厦大人的敬业和担当精神。

2013 年 4 月，雅安市芦山县发生 7.0 级强烈地震，同样牵动着厦大师生和校友的心。厦大和校友总会第一时间向四川校友发去慰问电。雅安市校友积极投入抗震救灾和灾后重建工作，他们还积极促成了厦门和雅安的教育援建项目，推动厦门和雅安的交流合作。

大爱无疆，厦大师生、校友与四川人民的心紧紧地连在一起。在厦大人心中有个永远的四川，永远看不厌的四川，永远爱不完的四川。

校地合作　盛世华章的谱写人

党有良策，国逢盛世。厦门大学与四川省的校地合作伴随着国家的发展越发紧密，如今已是枝繁叶茂，硕果累累，叙写着校地合作的盛世华章。

近年来，厦大每年招收四川籍学生近 300 人，每年为四川输送近 100 名优秀毕业生，同时为四川省开展各类教育培训班、高级研修班近 400 余次。

厦大教育研究院通过在职博士生培养、教研制度研究、博士生实践调研等方式对四川省高等教育事业的发展产生了积极的影响。著名高等教育学家、厦大教育研究院名誉院长潘懋元曾多次到四川为高校管理者作高等教育理论与实践研究专题辅导讲座。2012 年至 2019 年，厦大赴四川省学生实践队就有 61 支 522 人，他们或走访红色根据地，或探寻四川文化，或调研灾后重建工作，深入实际，增长才干，为服务西部积蓄力量。厦大还为四川省各级政府、企业提供决策咨询服务，在企业发展、制度完善等方面进行相关研究，为四川建设和发展贡献厦大智慧。四川新尚集团则在厦大设立奖教奖学金，支持厦大事业发展。2016 年至今，四川省领导和厦大领导多次互访，双方在航空航天、水利工程、能源化学等方面已经开展了多项合作，正在积极拓展更广阔的战略合作空间。

【2019 年 8 月，厦门大学“沃土藏金”暑期社会实践队在四川成都农村产权交易所调研】

厦门大学马来西亚分校建设期间，总部位于四川省成都市的中国水利水电第七工程局有限公司承接了厦大马来西亚分校一期工程建设，为厦大马来西亚分校的建设作

【2016 年 9 月，厦门大学马来西亚分校首届中国学生扬帆起航】

出了重要贡献。厦大马来西亚分校是中国大学在海外设立的第一所分校，被誉为“镶嵌在现代‘海丝之路’上一颗璀璨的教育明珠”。2013 年，厦大马来西亚分校开始建设。2016 年 9 月，首批中国学生正式入学。厦大马来西亚分校从开学第一天起，就面向四川招生，迄今已招收了 85 名优质生源，未来将会有越来越多的四川青年学子通过厦大马来西亚分校的学习，成长为国家“一带一路”建设的高素质国际化人才。

巴山夜雨，蜀水一方，鹭江深远，其道且长，厦门大学与四川省在近百年的时光岁月中，穿越艰难蜀道，携手同行，创造了一个又一个传奇佳话。今天，厦大与四川竭力服务国家“西部大开发”战略，在人才培养、科学研究、社会服务等方面开展更有深度和广度的校地合作，一同谱写壮丽诗篇，共同见证西部的崛起和繁荣。

（文 / 陈惠莹　王荣华）

“海誓山盟”不了情

——厦门大学与贵州的校地情缘

战火中的“山海之缘”

贵师大的“厦大智慧”

山区里的“柔情侠骨”

新征程的“不解之缘”

【《贵州日报》2019年10月4日】

有“中国最美大学”之称的厦门大学，由著名爱国华侨领袖陈嘉庚先生于1921年创办，是中国近代教育史上第一所华侨创办的大学，素有“南方之强”美誉。2017年，厦门大学入选国家公布的A类世界一流大学建设高校名单。厦门大学与贵州渊源深厚，初创之时即有贵州学子远赴厦门求学就教。至今，校地双方有关方面先后缔结“厦门大学对口支援贵州师范大学协议”“厦门大学环境与生态学院和贵阳市观山湖区人民政府战略合作协议”“厦门大学与铜仁市市校战略合作协议”“厦门大学与贵州省战略合作协议”。“志合者，不以山海为远”。大美贵州敞开胸襟，厦门大学不畏跋山涉水，双方在源远流长的深厚情谊中不断续写着海对山的深情，传承着山对海的眷恋。

黔籍学子蔡光举
厦大革命精神典范

倒转时光的车轮，回到1921—1924年间，厦门大学时值初创，尽管时局动荡、交通不便，仍有5名黔籍学子克服种种困难前往厦门大学，翻开了求学生涯崭新的一页。“黄埔军校牺牲第一人”——蔡光举便是其中一员。

蔡光举（1903—1925），贵州遵义人。1922年怀揣“科学救国”的梦想，进入厦门大学学习。1924年，国共首次合作并组建黄埔军校，蔡光举闻讯大声疾呼：“革命不成功，国家不强盛，百姓不得安居乐业。吾辈学子，徒坐寒窗，有何益哉！”毅然投笔从戎，考入黄埔军校第一期。年底以优异成绩毕业，并留校从事政治工作。1925年2月，蔡光举参与了讨伐军阀陈炯明的东征。在攻打淡水的战斗中，他主动请缨担任敢死队队长。临战前，借着月光，他给家中的哥哥写告别信：“我现在已决心担任攻打淡水城的敢死队长，倘若不幸牺牲，乞兄善事双亲，弟媳亦请多加照顾。”次日午后6时发起总攻，蔡光举身先士卒，率敢死队勇猛冲杀。冲至距城边100米处中弹负伤，他仍不顾疼痛率队猛攻。至城根约50米处，他又中数弹，仍强撑攻上城墙，被一弹击穿腹部。队长受伤，激发全队官兵同仇敌忾，2小时后，攻克淡水城，俘敌2000余人，缴获枪支1000余件。年仅22岁的蔡光举却终因伤势过重不治身亡，为第一次国共合作取得的第一次重大军事胜利献出了宝贵生命。

【蔡光举烈士】

蔡光举身先士卒、奋勇杀敌的事迹传颂至今，成为贵州的骄傲，更成为厦门大学革命精神的真实写照，激励着一代又一代的中华儿女为国家富强、民族振兴而努力奋斗。

国立贵阳师范学院
缘起厦大欧元怀

抗战时期，在贵州教育界，有位来自厦门大学的学者对贵州教育事业发展作出了突出贡献，他就是教育家欧元怀。

欧元怀（1893—1978），福建莆田人，美国哥伦比亚大学师范学院硕士毕业。1922年回国任厦门大学教育学教授，兼教育科主任、总务长。1924年，欧元怀和部分厦大师生在上海创办大夏大学。全面抗战爆发后，为延续民族文化血脉，他带领大夏大学先后内迁至江西庐山、贵州贵阳、黔北赤水。欧元怀曾任大夏大学副校长、校长，贵州省政府委员兼教育厅厅长。

欧元怀一生致力于教育事业，因成绩显著，贡献杰出，被美国西南大学授予荣誉博士学位。1940—1945年，在贵州省教育厅长任内，他利用自己的专业学识和多年的教育管理经验，有效地指导贵州教育的发展。1941年，国民政府和贵州省教育厅将大夏大学办学实力雄厚的教育学院教育系整体并入新成立的国立贵阳师范学院，该校成为今天贵州师范大学的前身。此外，欧元怀选定中学设置地点，划分师范教育区，接收国立第三中学师范部，积极推进贵州省职业教育发展，增设高级工业职业学校等，为贵州基础教育和职业技术教育发展作出了许多开创性贡献。1940年，陈嘉庚率南洋华侨慰问团抵达贵阳，与欧元怀见面会谈，对他投身贵州教育事业的倾力付出“甚感满意”。

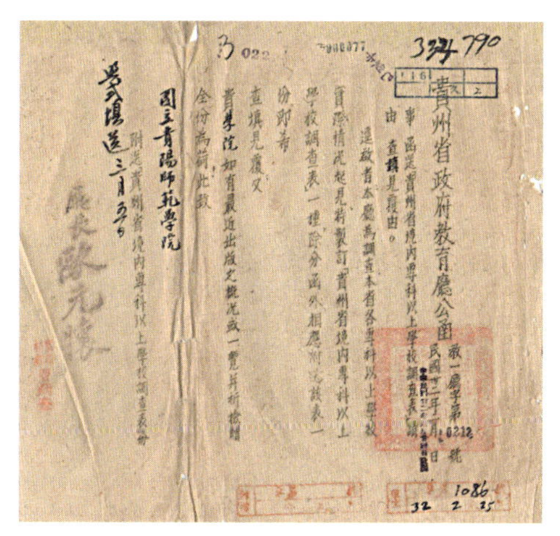
貴州省政府教育廳公函 教一廳字第0212號
民國三十二年二月 日
事由 函送貴州省境內專科以上學校調查表請查填見復由。
逕啟者：本廳為調查本省各專科以上學校實際情況起見，特製訂「貴州省境內專科以上學校調查表」一種，除分函外，相應隨函附送該表一份，即希查填見復，又貴學院如有最近出版之概況或一覽，并祈檢贈全份為荷，此致
國立貴陽師範學院
附送貴州省境內專科以上學校調查表一份
廳長 歐元懷

【1943年，欧元怀任贵州省教育厅厅长期间签署的贵州省专科以上学校调查表公函】

贵州师范大学
阔步发展中的“厦大智慧”

2006年3月，在“对口支援西部地区高等学校计划”的政策指导下，教育部确定厦门大学对口支援贵州师范大学。同年7月，厦门大学与贵州师范大学正式签署对口支援

协议，此后，厦大尽己所能、投其所需，对贵师大的学科建设、师资队伍建设、人才培养等方面给予了大力支持。

厦大派出相关专家深度参与贵师大博士学位点的启动、申报、中期检查和验收，帮助贵师大中国语言文学、数学、地理学、马克思主义理论等一级学科博士学位点顺利通过验收；厦大指导与支持贵师大成立“喀斯特文化研究中心”并获批“贵州省高等学校人文社科基地”；厦大易中天、庄宗明、林亚南等 70 多位学术“大咖”做客贵师大讲坛，“山海风流”讲座现已成为贵师大校园学术精品讲座；13 年来，223 名本科生、169 名研究生到厦大交流学习；300 多名教师通过到厦大进修、在职攻读博士硕士学位进一步充实提高学术水平；同时，厦大派出优秀教师现场示范教学指导，出资建设数字化教室和数字化阅览室，进行远程互动教学，使优质教育资源惠及更多贵师大师生。

林东伟、卢琳璋、史秋衡、宋培林、张泽涛、杨继国……一批批厦大对口支援干部、学者，先后从鼓浪屿海边来到思贤山下，他们真情融入、倾力付出，以厦大为强力后盾，以贵师大为事业平台，全心全意投入新岗位，付出的同时得到了一生难忘的宝贵成长经历。卢琳璋教授，2007 年到贵师大挂职，他通过激发自身学术积累和学术储备，倾力推动贵师大学科发展和博士点建设。在他帮助下，贵师大计算数学、数学学科先后被评为“省级特色重点学科”，数学与应用数学成为教育部、财政部高等学校特色专业，“信息与计算科学”成为贵州省重点学科人才培养基地。“诚恳用心、扎实工作”是卢琳璋对挂职经历的自我要求，他用实际行动赢得了两校师生的尊敬，荣获贵师大第二届“感动校园十大人物”，教育部“对口支援西部高校工作突出贡献个人奖”。

【2015 年 12 月，厦门大学党委书记张彦与贵州师范大学校长李建军见证两校签署新一轮对口支援协议】

校友会聚心聚智
“厦大力量”助贵州腾飞

厦门大学多年来为贵州地区输送了大批优秀人才。据统计，目前黔地上共有厦大校友 2000 多人，他们发扬“自强不息，止于至善”的校训精神，以强烈的使命感和社会责任感，扎根西部，努力拼搏，在国家西部大开发舞台上贡献着“厦大力量”。他们当中，有些心系山区人民，立志精准扶贫、智力扶贫，一点一滴改变贵州贫困山区的落后面貌；有些生于斯长于斯，“作为贵州人，生在家乡，建设家乡，这是我们应有的责任”，一位校友说出了黔籍学子报效家乡的心声和决心。

2017 年 8 月，在贵州省政府的关怀和支持下，在贵州厦大校友的共同努力下，厦大贵州校友会正式成立。校友会凝聚贵州厦大人的力量，成为厦门大学与贵州加强合作力度、深化合作领域、丰富合作项目的新动力和新载体。

贵州省独山县甲西村因持续干旱、高温、少雨，人畜饮水困难，向社会求助建设储水工程，1979 级物理系校友杨翊杰积极响应捐款，并亲力亲为，督办该项工程顺利完工，解决了甲西村饮水及灌溉用水问题；EMBA 2010 级校友何波，在黔西南创办生态农业扶贫产业有限公司，鼓励农民以土地入股，开展精准扶贫，每年定期组织当地农户进行技术培训，推动了当地传统农业生产经营逐步转型；2003 级软件学院硕士高阳，是贵师大一名辅导员，也是学生的知心姐姐，组织的学生志愿者活动多次被中国青年网等多家媒体报道，成为学生心中的“暖阳”。

厦黔通途中还有一抹靓丽的身影——厦大学生暑期实践队。2013—2018 年间，厦门大学共组织 41 支实践队，约 447 人奔赴贵州，探访红色革命圣地、开展支教活动，宣传人文生态保护、学习了解民族文化。其中之一的西部梦想社团，是厦门大学首个以服务西部为主题的学生社团，2006 年一经组建，首个支教点便设在贵州省望谟县麻山乡麻山小学，后又增加麻山乡牛场小学。2014 年，在支教基础上，西部梦想社团开展了以保护黔南少数民族传统文化为主题的“黔南计划”社会实践，为贵州尧古设计宣传杂志、制作宣传视频、录制古法造纸视频，策划尧古非遗保护性开发和推广，用非遗文化产品帮助群众脱贫致富。“有心有梦，无怨无悔”，西部梦想社团先后荣获“阿克苏公益奖全国银奖”“全国百强实践团队”“福建省十佳社团”等多项荣誉。

【2018 年 9 月，厦门大学西部梦想社团支教队
在贵州省布依族苗族自治州望谟县麻山乡牛场小学与学生们合影】

山海牵手绘宏图
海誓山盟写华章

2013 年 3 月，厦门大学环境与生态学院和贵阳市观山湖区人民政府签署战略合作协议，充分发挥自身学科、人才和智力优势，在生态规划、环境保护、城市品牌、项目申报等方面全力支持观山湖区建设全国生态文明示范城市先行区。2014 年 8 月，《观山湖区生态文明示范城市先行区建设实施规划》编制完成，这本融汇着“厦大智慧”约 32 万字的规划，成为该区生态文明建设的指导性文件。

2014 年 6 月，厦门大学经济学院专家团队应邀前往贵州省铜仁市考察。9 月，厦大与铜仁市正式签订市校战略合作协议。根据协议，双方围绕铜仁市区域发展与扶贫攻坚、工业聚集与产业转型升级、旅游文化资源开发等开展调研；在新能源、煤化工、电子信息、节能环保等领域共建科技平台，联合申报国家级和省部级科技项目；共同推进厦大科技成果在铜仁市的转化和产业化；共同推进高层次继续教育，开展教师和干部挂职锻炼；共建大学生实践实习基地，支持厦大师生和校友在铜仁创新创业。

【2011 年 11 月，厦门大学易中天教授作客“山海风流”讲座】

2016 年 11 月，厦门大学与贵州省签署战略合作协议，校地合作项目覆盖贵州全省。据统计，自 2016 年始，厦门大学每年招收贵州本硕博学生近 250 人。2015—2018 年间，学校共输送近 200 名毕业生到贵州就业。厦大与贵州多家企事业单位开展紧密的产学研合作，承接贵州委托项目多项，范围涉及电子信息、化学化工以及生命科学等多个领域。

厦门大学中国营商环境研究中心作为高校智库，是国内首个专注营商环境理论研究与实践的科研机构。2017 年，研究中心受贵州投资促进局委托，投入大量人力，对贵州省直单位及全省 88 个县（市区）开展实地调研。研究中心从第三方视角，访谈企业，深入挖掘贵州各级政府营商环境现状及问题，对照国际公认的世界银行营商环境评价体系标准，提出优化对策，最终形成《贵州省当前营商环境总体评估报告》《贵州省当前营商环境优化对策报告》和《贵州省县域营商环境评估总报告》。2018 年 2 月 7 日，《贵州日报》头版刊载了研究中心所做的《贵州 2017 年营商环境评估报告》。该报告对贵州加快国家内陆开放型经济试验区建设，创造竞争比较优势，促进经济又好又快、可持续高质量发展具有重要指导意义。2018年底，研究中心继续受委托开展贵州省级层面营商环境评估工作，为贵州省在打造法治化、国际化、便利化营商环境提供有力依据。

兄弟院校对口支援立点、校市合作建面、校省全面战略合作成体，从点到线、从线到面、从一地之面到全省一体，山海牵手绘宏图，海誓山盟不了情，厦门大学与贵州的校地合作正桃李芬芳、硕果盈枝……

（文/石慧霞　林秀莲　陈惠莹）

彩云之南赤子心
鹭江之滨家国情

——厦门大学与云南的校地情缘

彩云之南赤子心

——厦门大学与云南的校地情缘

东海之滨，鹭岛之上。在素有“南方之强”美誉的百年高等学府厦门大学，创办人陈嘉庚先生的塑像静立在群贤楼前，无时无刻不在注视着这所他倾注了毕生心血的学校。

千里之外，彩云之南。在云南德宏畹町森林公园的南洋华侨机工回国抗日纪念碑前，陈嘉庚先生的塑像庄严肃穆，眼神坚定，眺望着远方……

不同的地点，同一位伟人的塑像，无声地诉说着一所大学与一个省份结下的深深情缘。

筑梦云岭大地的厦大人

云南省地处祖国西南边陲，以其独特的区位优势、丰富的人文资源与自然资源以及宜人的气候条件誉声海内外，令人心之向往，其中也不乏许多优秀的厦大人耕植于这片沃土。

余青松，福建厦门人，中国现代天文学家，1926年在美国利克天文台获博士学位，1927年，余青松回国任教于厦门大学，创建了厦大天文学系并担任系主任。随后他接任中央研究院天文研究所所长，一手创建了中国首个现代天文观测台——南京紫金山天文台，1938年南京沦陷，天文研究所内迁至云南昆明，余青松亲自勘测设计、组织施工，在昆明东郊凤凰山上又建起了一个新的天文台——凤凰山天文台，即现在中国科学院云南[illegible]

[illegible]设和创办了楚雄实验中学新校区、巍山祥华中学，组建祥华教育集团并任董事长。高龙始终关注贫困学生成长发展，坚持做有情怀的教育，不仅在集团3所学校中开展帮扶贫困学生计划，同时心系母校，捐助300万元在厦门大学设立“祥华奖励金”，用于奖励和资助学生学业及课外活动。每学年新生入学时，他还定向资助云南籍家庭困难的本科生和研究生，帮助他们顺利完成学业。

云南素有“动植物王国”的美誉，受到了国内外生物学研究学者的广泛关注。杨祝良，厦门大学生物系1979级校友、中科院昆明植物研究所研究员，首次在全世界清晰构建出牛肝菌科的分子系统发育框架，并对蘑菇世[illegible]

南强追梦的云南师生

[illegible]

丰富多彩的校地合作

[illegible]路。2015—2018年，厦门大学为云南省直部门及州市政府部门及企事业单位开展干部能力提升培训班、高级研修班等300多个班次，培训近18000人次。厦门大学围绕云南经济社会发展需求，积极为相关企事业单位提供科技研究及决策咨询服务。2018年，厦大与云南长江绿海环境工程股份有限公司签订了《关于共建“厦门大学生态文明研究院”》合同，双方聚焦环境生态领域开展人才培养、科技研发、成果转化等方面的合作，并由长江绿海公司每年向学校提供不少于1000万元的科研经费。

云南是厦大学子勇立时代潮头敢闯会创、扎根大地书写人生华章的重要舞台。2012年至今，已有85支队伍、907名厦大青年赴云南开展社会实践。厦门大学“景润青年”云南支教队是一支助力脱贫攻坚的实践队，已连续6年奔赴云南普宁双河民族中学开展支教活动。在持续深入的支教助学中，该团队还先后获得了“阿克苏诺贝尔中国大学生社会公益奖”铜奖、中国大学生“知行计划”全国优秀大学生团队及最佳传播奖等荣誉。荣获第四届中国“互联网+”大学生创新创业大赛金奖的厦门大学“我知盘中餐”团队，多次奔赴云南省临沧市、会泽县等地开展农业项目实地对[illegible]

[illegible]60强。

如今，作为中国面向南亚东南亚开放的前沿省份，云南利用自身的地缘区位优势，推进与周边国家的国际运输通道建设，着力打造大湄公河次区域经济合作新高地，在融入和服务国家“一带一路”建设中发挥了重要作用。2019年11月，中国周边外交研究省部共建协同创新中心在云南大学揭牌。该中心是云南省首个哲学社会科学领域的国家级协同创新平台，厦门大学南洋研究院是其中的重要合作单位。作为我国较早设立的东南亚研究机构，厦门大学和云南大学保持着密切的联系和互动，围绕国家“一带一路”建设等开展广泛合作，取得了一系列高质量的决策咨询研究成果，共同为国家“一带一路”建设提供智力支持。

滇池地灵波光映，鹭岛人杰旭日升。云南是一方人杰地灵、底蕴深厚的沃土，厦门大学是一所怀抱教育兴国梦想、誓“为吾国放一异彩”的百年学府。2021年，厦门大学将迎来100华诞。下一个百年之约，厦门大学将继续聚焦国家重大战略需求，进一步深化同云南的交流与合作，携手助力“一带一路”建设行稳致远，共同谱写校地情缘的崭新篇章。

梁振伟 林文勤 黄宇霞

本报地址：昆明市新闻路337号 集团办：64143341 编委办：64141890 经委办：64166892 编辑出版中心：64141286 舆论监督中心：64145865 邮政编码：650032 广告许可证：滇工商广字第1号 零售每份二元 云南日报印务中心印刷

【《云南日报》2020年6月10日】

东海之滨，鹭岛之上。在素有“南方之强”美誉的百年高等学府厦门大学，创办人陈嘉庚先生的塑像静立在群贤楼前，无时无刻不在注视着这所他倾注了毕生心血的学校。

千里之外，彩云之南。在云南德宏畹町森林公园的南洋华侨机工回国抗日纪念碑前，陈嘉庚先生的塑像庄严肃穆，眼神坚定眺望着远方……

不同的地点，同一位伟人的塑像，无声地诉说着一所大学与一个省份结下的百年情缘。

滇缅公路见证的赤子情怀

2020 年 1 月，陈嘉庚先生的长孙、71 岁的陈立人先生在昆明看望 103 岁的南侨机工罗开瑚。为了永远铭记南侨机工在抗日战争中的丰功伟绩，陈立人从上世纪 90 年代起，走遍云南、四川等地，寻访在世的南侨机工。“当年我爷爷召集他们（南侨机工）回中国支援抗日战争，我一定要找到他们，替爷爷说声‘感谢’。”

“本总会顷接祖国电，委征募汽车之机修人员及司机人员回国服务。凡吾侨具有此技能之一、志愿回国以尽其国民天职者，可向各处华侨筹赈总会或分支各会接洽……”1939 年 2 月，一则通告在东南亚各国的数百万华侨中迅速传播，那是爱国侨领陈嘉庚领导下的“南洋华侨筹赈祖国难民总会”发出的救国紧急倡议。响应陈嘉庚号召的华侨有 3200 余人，他们组成“南洋华侨机工回国服务团” 分九批抵达昆明支援抗战，在当时中国与外部世界联系最重要的战略物资运输通道——滇缅公路上，不畏艰险将国际援华物资运往国内抗日前线。炮火连天中，1000 多名南侨机工将生命奉献给了这条抗战生命线。

【南侨机工在滇缅公路上运送抗战物资】

曾就读于厦门大学中文系、后回到槟城在协和华侨学校当教师的女青年白雪娇，正是南侨机工的一员。为了回国抗战，她瞒着父母化名施夏圭报名应征，到临别时才给父母留下告别信，这封信成为当时轰动槟城的一封抗战家书。“家是我所恋的，双亲弟妹是我所爱的，但是破碎的祖国，更是我所怀念热爱的”，浓浓的家国情怀跃然纸上。

铁血丹心滇缅路，丰碑永载赤子情。在这段不能忘却的历史背后，始终有一个伟大的身影——他就是厦门大学创办人陈嘉庚。陈嘉庚十分关心南侨机工的命运，1940 年 3

月与 11 月，他先后两次到滇缅公路慰问南侨机工，并携款到沿途医院看望生病及受伤的机工。1943 年，在他的倡导下，云南昆明侨光小学正式成立，为在昆华侨子弟解决了上学问题。陈嘉庚曾嘱咐后人，每隔几年要去云南代他祭奠这些为国作出贡献的华侨青年们。多年来，陈嘉庚的子孙们与南侨机工的情缘就一直恒久不断。如今，在陈嘉庚亲自创办的厦门华侨博物院里，南侨机工回国服务荣誉纪念章，南侨机工使用过的行军床、毛毯……一件件和南侨机工相关的珍贵文物正静静躺在橱窗里，见证着陈嘉庚先生的云南情结和南侨机工救国救亡的赤子功勋，值得后人永远怀念。

筑梦云岭大地的厦大人

云南地处祖国西南边陲，以其独特的区位优势、丰富的人文资源与自然资源以及宜人的气候条件名蜚海内外，令人心之向往，其中也不乏许多优秀的厦大人根植于这片沃土。

【余青松】

余青松，福建厦门人，中国现代天文学家，1926 年在美国利克天文台获博士学位。1927 年，余青松回国任教于厦门大学，创建了厦大天文学系并担任系主任。随后他接任中央研究院天文研究所所长，一手创建了中国首个现代天文观测台——南京紫金山天文台。1938 年南京沦陷，天文研究所内迁至云南昆明，余青松亲自勘测设计、组织施工，在昆明东郊凤凰山上又建起了一个新的天文台——凤凰山天文台，即现今中国科学院云南天文台的前身。凤凰山天文台随即拉开了云南省天文事业发展的序幕。经过几十年的发展，云南形成了集基础研究、人才培养、产品研发、科学传播为一体的综合性天文学研究集群，成为中国天文学研究和人才培养的重要阵地。

高龙，厦门大学化学系 1980 级校友。2007 年，他从八闽大地来到了彩云之南，在祥云县创办了大理州第一所民营完全中学——祥华中学。从 2010 年首届学生毕业至今，祥华中学高考成绩连续十年名列云南省民办高中第一名，中考成绩连续十年名列滇西地区第一名，成为云岭大地上民办中学的旗舰学校。而后，他又先后投资建设和创办了楚雄实验中学新校区、巍山祥华中学，组建祥华教育集团并任董事长。高龙始终关注贫困学生成长发展，坚持做有情怀的教育，不仅在集团 3 所学校中开展帮扶贫困学生计划，同时心系母校，捐助 300 万元在厦门大学设立“祥华奖励金”，用于奖励和资助学生学业及课外活动。每学年新生入学时，他还定向资助云南籍家庭困难的本科生和研究生，帮助他们顺利完成学业。

云南素有“动植物王国”的美誉，受到了国内外生物学研究学者的广泛关注。杨祝良，厦门大学生物系1979级校友、中科院昆明植物研究所研究员，首次在全世界清晰构建出牛肝菌科的分子系统发育框架，并对蘑菇世界不懈探索，把我国大型真菌研究水平提高到一个新高度，被业内外人士亲切地称为“蘑菇先生”。2017年，中华全国总工会授予杨祝良“全国五一劳动奖章”，中国菌物学会授予其“戴芳澜杰出成就奖”。

据初步统计，2015—2018年，厦门大学共有160余名优秀毕业生来到云南省就业工作。越来越多的厦大毕业生扎根云南这片古老而神奇的土地，活跃在云南的政府部门、学界和商界，践行着“自强不息，止于至善”的厦大校训精神，在本职岗位上兢兢业业、辛勤耕耘、敢闯敢试，在服务地方社会经济发展中展现厦大人的担当和作为。

南强追梦的云南师生

数十年来，一批批朝气蓬勃的云南籍青年怀揣梦想，在南强学府只争朝夕、不负韶华，用奋斗的身影在厦大校园里镌刻下最美印记。

早在1931年就有云南籍学子来到厦门大学学习。近年来，厦大每年面向云南招收本科生约180人。据不完全统计，建校至今有3400多名云南学子在厦大播种希望、成就梦想。经济史学家李伯重就是其中一员，他出生于云南昆明，1978年考取厦大历史系研究生，1985年获历史学博士学位，成为新中国成立后首批博士学位获得者之一。李伯重回忆他在厦大的时光很感慨，“厦门大学很安静，有点世外桃源的味道，非常适于安心读书”。

2016年，厦门大学马来西亚分校正式招生办学，成为中国大陆第一家拥有独立校园的海外分校，被誉为镶嵌在“一带一路”上的一颗明珠。其自开办之初就面向云南招生，迄今已有55名云南学生在厦大马来西亚分校就读，未来也将会有越来越多的云南学子通过在厦大马来西亚分校的学习，成长为国家“一带一路”建设的高素质国际化人才。

每年7月份，还有一群来自云南的青少年来到厦大，参加由中国科协和教育部主办、厦门大学承办的青少年高校科学营厦门大学分营。科学营活动旨在依托厦门大学丰富的科技教育资源，激发青少年的科学精神、创新意

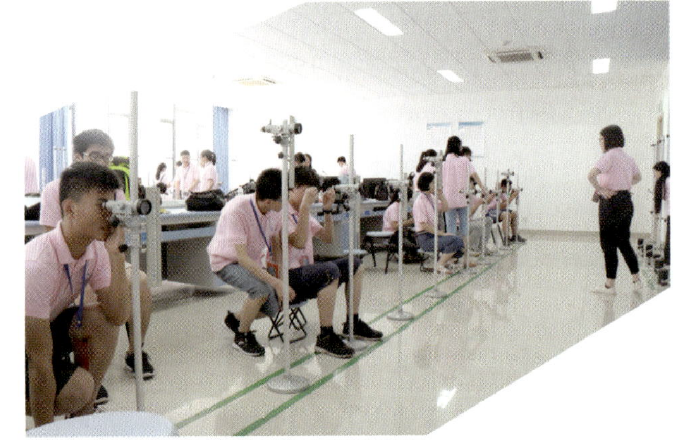

【云南高中生参加“高校科学营厦门大学分营”】

识和实践能力，为培养国家科技创新后备人才打下坚实基础。“航模基地里一架架巧妙设计的飞机模型，令我叹为观止；学生智能车基地里能自动转弯的汽车模型，让我深深感受到了科技的力量。”来自云南省文山州第一中学的营员罗开鹏在总结中写道。

在厦门大学，还有着许多优秀的云南籍教师，他们或潜心学术、或精心管理，努力将“南方之强”推向世界一流。例如，国家杰出青年基金获得者、福建省“高校领军人才”、厦门大学神经科学研究所所长张云武教授，成立厦门扬琴学会并担任学会会长、为厦门扬琴及民乐发展投入大量心血的厦门大学艺术学院赵艳芳教授，琵琶演奏家、厦门大学艺术学院李昆丽教授，先后外派智利、尼日利亚承担国际汉语教学的厦门大学汉语国际推广南方基地教师胡婷……

木志荣，纳西族，1990 年以云南迪庆藏族自治州文科状元成绩考入厦门大学。本科毕业后留校担任辅导员，其间在职攻读了硕士、博士，2004 年转任管理学院教师。木志荣从 1998 年就开始研究大学生创业现象，二十余年来，他在厦大培养出近千名优秀经管人才，并指导一大批青年才俊成功创业。2018 年，木志荣编著出版的《创业管理》一书，被列入清华大学出版社 21 世纪经济管理精品教材系列丛书之一。一路走来，厦大见证了木志荣的成长，厦大也造就了木志荣的成长。他说，“我是靠国家对边疆少数民族的政策照顾才有幸被厦大录取，厦大把我从一名山里的‘野孩子’培养起来，我不敢辜负乡亲们的期望和母校的培养，我感觉我是非常幸运的，因为我从事的是非常有意义和价值的工作”。

未来可期的校地合作

厦门大学与云南省有着坚实的合作基础，在人才培养、教育培训、科技研发等方面也有着广泛交流，积极探索校地合作、校企合作、互惠共赢的发展之路。2015—2018 年，厦门大学为云南省直部门及地市政府部门及企事业单位开展干部能力提升培训班、高级研修班等 300 多个班次，培训近 18000 人次。厦门大学围绕云南经济社会发展需求，积极为相关企事业单位提供科技研究及决策咨询服务。2018 年，厦大与云南长江绿海环境工程股份有限公司签订了“关于共建‘厦门大学生态文明研究院’合同”，双方聚焦环境生态领域开展人才培养、科技研发、成果转化等方面的合作，并由长江绿海公司每年向学校提供不少于 1000 万元的科研经费。

云南是厦大学子勇立时代潮头敢闯会创，扎根大地书写人生华章的重要舞台。2012 年至今，已有 85 支队伍、907 名厦大青年赴云南开展社会实践。厦门大学“景润青年”云南支教队是一支助力脱贫攻坚的实践队，已连续六年奔赴云南晋宁双河民族中学开展支教活动。在持续深入的支教助学中，该团队还先后获得了“阿克苏诺贝尔中国大学生社会公益奖”铜奖、中国大学生“知行计划”全国优秀大学生团队及最佳传播奖等荣誉。荣获第四届中国“互联网+”大学生创新创业大赛金奖的厦门大学“我知盘中餐”团队，多次奔赴云南省临沧市、会泽县等地开展农业项目实地对接，利用大数据和人工智能等前沿科技助力精准脱贫和乡村振兴。在云南等地政府的支持下，该团队的助农项目入选了2018年国家扶贫办精准扶贫案例60强。

【厦门大学“景润青年”云南支教队在云南晋宁双河民族中学】

如今，作为中国面向南亚和东南亚、面向印度洋和太平洋开放的前沿省份，云南利用自身的地缘区位优势，推进与周边国家的国际运输通道建设，着力打造大湄公河次区域经济合作新高地，在融入和服务国家“一带一路”建设中发挥了重要作用。2019年11月，中国周边外交研究省部共建协同创新中心在云南大学揭牌。该中心是云南省首个哲学社会科学领域的国家级协同创新平台，厦门大学南洋研究院是其中的重要合作单位。作为我国较早设立的东南亚研究机构，厦门大学和云南大学保持着密切的联系和互动，围绕国家“一带一路”建设等开展广泛合作，取得了一系列高质量的决策咨询研究成果，共同为国家“一带一路”建设提供智力支持。

滇池地灵波光映，鹭岛人杰旭日升。云南是一方人杰地灵、底蕴深厚的沃土，厦门大学是一所怀抱教育兴国梦想、誓“为吾国放一异彩”的百年学府。2021年，厦门大学将迎来100周年华诞。下一个百年之约，厦门大学将继续聚焦国家重大战略需求，进一步深化同云南的交流与合作，携手助力“一带一路”建设行稳致远，共同谱写校地情缘的崭新篇章。

（文 / 梁振伟　林文勤　黄宇霞）

五老峰下雪莲盛开
雪域高原白鹭翱翔
——厦门大学与西藏的校地情缘

西藏日报　2020年3月21日　星期六　高原要闻　编辑室电话：(0891)6323699　E-mail:xzrbyaowen@163.com　2
主编：侯广臣　责编：张一鸣

五老峰下雪莲盛开
——厦门大学与西藏的校地情缘

本报通讯员　黄宇霞　高捷　何春雨　崔庆炜

图为厦门大学竹蜻蜓支教队在当雄县龙仁乡中心小学举办流动图书馆活动。

全区安全生产工作电视电话会议召开
罗布顿珠出席并讲话

全区法院法治宣传工作推进部署会召开
索达出席

兴业银行拉萨分行助力复工复产
发放生产流动资金1.53亿元

坚决打赢疫情防控阻击战

温暖警心　激励警志
我区关爱抗疫一线公安民警

西藏国有企业乡村振兴和环保促进会成立

墨脱县进入春茶采摘黄金季

始终感党恩听党话跟党走　在疫情防控和维护稳定促进发展中发挥积极作用

【《西藏日报》2020年3月21日】

西藏，雪域高原上的神奇土地，与厦门的海岛景致风格迥然。像是两种对比强烈的画风，一个是雄浑广袤的豪放边塞，一个是浪花飞舞的清新都市；一边是最美校园里求知若渴的琅琅书声、青春芳华，一边是青藏高原震撼心灵的天高地广、雪山冰湖。正是这两种截然不同的景致，遥相呼应着彼此的炽烈浓情。

从五老峰下到雪域高原：
南强学子高原筑梦

西藏以其辽阔和神秘为人们所向往，雪域天堂不但吸引着无数慕名而来的朝圣者，同样也汇聚了一批批怀揣家国梦想、扎根西藏、建设边疆的“实干家”。令人欣慰的是，越来越多的厦大学子加入了这支勇敢者的队伍。

如今 90 多岁高龄的叶雪音，被称为“厦大援藏第一人”。叶雪音是厦大 1950 级生物学系校友，入校第一年，她就在父亲、厦大首届毕业生叶国庆的影响下，满腔热血、义无反顾地步行随军进藏。在经历了 8 年异常艰苦的援藏工作后，叶雪音转入西藏公学（西藏民族大学前身）从事汉语文教学，直到退休。几十年来她始终坚守在三尺讲台，不负厦大人甘于奉献、勇于担当的光荣使命，为西藏培养了一批批优秀人才，也为厦大学子在雪域高原的家国情怀书写了精彩的篇章。

【1951 年 1 月 13 日，厦门大学全体女同学欢送李小翠、叶雪音两位同学参加军干校留影纪念（戴花两位女生中右手边为叶雪音）】

吴琼，2008 届财政系毕业生，也是厦大培养的“非西藏生源定向西藏工作”学生，毕业后毅然履行承诺赴西藏工作。从县、乡政府部门到自治区区直机关，无论气候如何恶劣、条件如何艰苦，他不忘初心、顽强坚守。进藏 12 年来，他始终默默耕耘、倾心奉献，把母校“自强不息，止于至善”的校训之光在雪域高原发扬光大，为西藏建设、民族团结和国家繁荣努力工作。

筑梦正当时，报国趁年少。厦大法学院 2012 级本科生范天成，在读期间就为自己的青春书写了一抹雪域高原的橄榄绿。2013 年 7 月，范天成主动报名选择到条件最为艰苦的西藏阿里地区参军。阿里平均海拔超过 4500 米，被称为“世界屋脊的屋脊”，有些偏远哨所海拔甚至达到 6000 米。而范天成不惧环境恶劣，为了更好地锻炼自己，主动申请，先后做过警勤兵、炊事员、文书、战勤助理、翻译等工作，他还带领藏族战友读书，帮他们学汉语，由于表现突出被组织批准火线入党，荣获1次嘉奖、1次“优秀士兵”称号……他的先进事迹在《人民日报》“出彩90后”专栏特别报道，成为阿里哨卡上一颗闪亮的“厦大之星”。

2018年11月8号，厦大公共卫生学院收到校友传来的噩耗，2017届毕业生黄建杰在日喀则上班途中遭遇车祸，永远离开了人世。黄建杰是公共卫生学院医学检验技术专业第一届学生，来自云南，虽是家中独子，毕业时他还是毅然选择在祖国最需要的地方绽放青春——到西藏日喀则工作。意外发生时，黄建杰刚刚结束藏区的驻村工作回城不到3个月，这个鲜活的生命却永远定格在24岁……从芙蓉湖畔到雪域高原，自2012年起，仅公共卫生学院就有31名毕业生投身西藏，用行动诠释厦大人的担当，谱写出一曲曲筑梦高原的赞歌。而母校也会永远记住这群书写南强荣光的学子，事发后仅短短4天，厦大师生就筹集到善款707820元作为慰问金全额转交给黄建杰的亲人。“在厦大懂得付出与奉献的伟大，也因付出与奉献，收获温暖，无论前方如何，我们将带着厦大的精神与文化，勇往直前，感恩厦大，感恩这个有温度的大学！”同学们说，“一群人，一纸承诺，一个无悔的约定，一场不平凡的旅程。西藏在前方，我们在路上！”

【2017年6月14日，厦门大学公共卫生学院举行2017届学生毕业典礼暨赴西藏就业毕业生出征仪式（台上学生左一为黄建杰）】

“自强，自强，学海何洋洋……”2013年7月20日，激昂的厦大校歌在世界海拔最高的城市——拉萨上空唱响，厦大西藏校友会正式成立。西藏校友会的成立，为西藏校友与厦大之间搭建了一个沟通、联络的桥梁，一代代厦大人，将继续在西藏这片神圣的土地上续写厦大人的使命和担当。

从珠峰脚下到芙蓉湖畔：雪域英才鹭岛寻梦

改革开放以来，国家不断加大西藏各类人才培养力度，一批批西藏学子进入内地高校求学。2001年，第一批9名西藏生来到美丽的厦门大学，开启了厦园求学之旅，他们说：

这是梦想起飞的地方。

第一批来自西藏的学生都在外文学院英语系就读，在校四年得到了学校和学院的高度重视和关心。学校为他们减免了学费，在助学金上也给予了政策倾斜，厦大出版社还专门为西藏学生设立了“出版奖学金”。四年间，9 名同学丝毫没有辜负老师和同学们的关爱，尽管高中才开始接触英语，他们硬是以超出常人的勤奋和努力，克服气候生活不适应、学业压力大等困难，一个不落、整整齐齐地通过了英语专业四级、专业八级国家考试，顺利毕业。益西旦增、白玛措姆、次旦卓嘎、德吉群珍、曲尼卓嘎……老师们至今对这群刻苦的学生仍记忆犹新。学习之余，这群能歌善舞的藏族娃用雪域高原的天籁之音和热烈奔放的锅庄舞，为校园文化增添了一抹亮丽的风景。每年的藏历新年，厦园里都会有一群身穿艳丽民族服装、手捧哈达、青稞酒、酥油茶的孩子为学校、老师和同学们祈福……

益西旦增说，在厦大最强烈的感受就是厦大人“感恩、责任、奉献”的精神。正是这种精神激励，即便是毕业后又远赴美国、新加坡深造，他仍然决定回到梦开始的地方，反哺雪域故乡。现在已经在西藏大学教英文的益西旦增，正带着学生做藏汉英语言及文化对比研究。强烈的文化归属感让他对西藏这片故土魂牵梦萦，纵使千山万水也隔不断那融于骨血的召唤。

从小就生活在高原牧区的小扎西，一直对大海充满无限的向往。2004 年，小扎西终于踏上了远赴厦门的求学之路，成为厦大建筑与土木工程学院的第一位西藏生。经过刚开始的新鲜和好奇，很快他开始各种“眩晕”，数理基础弱，专业课程难，考试开始挂科……为了让小扎西更快适应厦大的生活和学习节奏，学院为他配备了专门的辅导老师，第一时间解决学习困难。不知经过多少次课后辅导、练习，他开始一点点进步，最终通过了所有考试。与此同时，小扎西也与老师们结下深厚的师生情。“老师，我一辈子也忘不了您！”毕业临别时，小扎西捧着洁白的哈达来到老师办公室，这场景也成了老师们此生最难忘的一幕……

【2006 年，西藏学生在厦门大学白城海边留影】

巴果，2010 年至 2013 年就读于厦大教育研究院，是第一位致力于研究西藏高等教育的藏族博士生。在她的导师、中国高等教育学创始人潘懋元先生的指导下，巴果的博士论文荣获“中国高等教育学会优秀博士论文提名奖”，出版专著《西藏高等教育学科专业结构研究》。如今的巴果，是西藏职业技术学院教授兼西藏大学硕士导师，在“高寒缺氧”的西藏教育研究疆域开荒拓土，践行着她对导师和母校的承诺：“我想像先生那样做人，像先生那样做学问。”

浇花浇根，育人育心。截至 2019 年，厦大共招收西藏学生 564 人，为他们提供良好的学习平台，创造更多求学及与世界交流的机会。2015 年起，厦大开设少数民族预科班，鼓励更多西藏学生在厦大的沃土之上勇于追梦，敢于追梦。越来越多的藏族学生在厦大校园里学习生活，他们成立了西藏文化交流协会，每年举办西藏文化节活动，促进藏汉交流，加强民族团结，藏族同学和其他各族同学相互学习、相互欣赏、相互帮助，像石榴籽那样紧紧抱在一起。

雄鹰白鹭振翅齐飞：
校地共谱家国新篇

作为一所具有深厚文化底蕴和家国情怀的高等学府，厦大肩负着为党育人、为国育才的光荣使命，在校地合作中也始终把发挥教育资源优势放在首位。

进入 21 世纪以来，国家十分重视发展西藏教育事业，强调教育优先发展，实施“科教兴藏”“人才强区”战略，教育部启动内地高校对口支援西藏高校政策。2002 年，厦大作为教育部第一批对口支援西藏民族大学的高校，努力推动西部高等教育发展，促进西藏经济建设和社会发展。西藏民族大学是西藏和平解放后党中央为西藏创办的第一所高等学校，担负着为西藏培养各类人才的历史使命，素有“西藏干部摇篮”的美誉。18 年来，厦大充分发挥自身优势，整合优质资源，努力推进西藏民大办学理念、学科建设、科研能力、师资队伍、人才培养质量、办学条件等方面的提升。厦大书记、校长每年都到西藏民大专题研讨对口支援工作，这已成为一个传统。学校先后选派 29 名教师干部到西藏民大挂职，“援藏四年半，让我变得更加坚韧、心胸更加宽广、对生命有更多敬畏”，厦大公共事务学院杨玲老师在多次承担有关西藏民生保障、边疆稳定课题，在藏南藏北实地调研并指导藏族同学完成大创项目后有如斯感受。扎多，这个曾经利用假期在建筑工地扛沙运土、挥洒汗水赚学费的牧区学生，在杨玲引导下，如今已在孵化文创产品中实践着他的创新创业梦。杨玲主持的西藏自治区教育厅重大委托课题“‘幸福家园建设者’——新时代西藏大学生就业创业研究”，打破专业壁垒，探索出一条援藏高校与西藏民族大学之间协同创新的有效路径，有利于西藏高等教育事业中学术共同体的塑造。

2019年自治区党委、政府授予她“第八批优秀援藏干部人才”称号，表彰她援藏期间所取得的成绩。

对口支援工作经历成了挂职老师们人生中最宝贵的精神财富——他们无一例外爱上这所充满温情的学校和那些淳朴可爱的藏族学生。首批对口支援西藏民大的郑文礼老师于2005年结束援藏任务，但他持续倾情对西藏奉献力所能及的关心支持，2011年，荣获教育部颁发“对口支援西部高校10周年突出贡献个人”奖章。每当他拿出当年与同学们的合影，达娃顿珠、吾金、米玛仓决、次仁顿珠、洛桑扎西……他都如数家珍。

从2003年至今，厦门大学共招收西藏民族大学定向培养博士生20名，各类交流生200余名，积极帮助西藏民族大学提高人才培养质量；建立起校内图书馆之间数字资源共享平台，向西藏民大开通VPN数字资源服务；援建多媒体教室、各类实验室、教学软件、网络课程资源等；厦大出版社专设“经管文库”“法学文库”，协助西藏民大教师出版专著、教材近30种；捐赠图书2万余册……

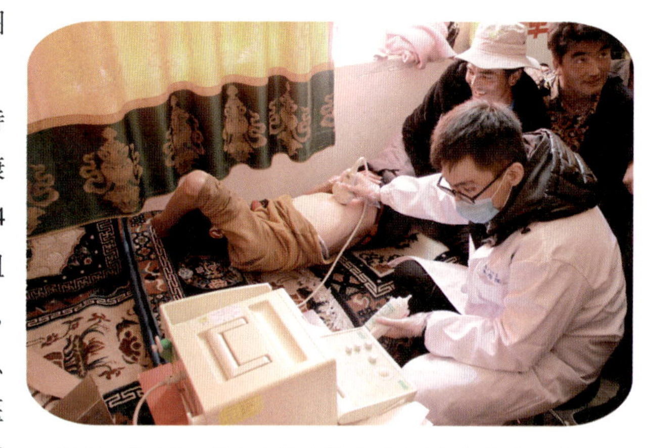

【2017年8月，厦门大学医学院“天路行”实践队深入藏区乡村开展包虫病筛查】

“立功何须在桑梓，雪域更待洒青春。”为贯彻落实国家“健康中国”战略和精准扶贫方针，2014年至2019年，厦大医学院先后组织76名师生组建“天路行”实践队，6次进藏，前往西藏昌都左贡、拉萨、日喀则等3地64个自然村开展医疗帮扶、基层义诊、卫生宣教等医疗扶贫活动，累计服务藏区20000余人次，用实际行动诠释责任担当，用真情奉献谱写藏汉深情。

新时代需要新青年，新青年要有新使命。自2008年8月起，厦门大学“竹蜻蜓”支教队的同学们每年暑假，乘坐60多小时汽车，跨越近20℃温差，为西藏当雄县的孩子们点亮梦想。11年来，累计315名厦大学生参与赴藏支教活动，足迹遍布当雄县的龙仁乡、公塘乡、宁中乡三乡，包括当雄中学、公塘乡完全小学、龙仁乡中心小学以及宁中乡第一中心小学，共4所学校，教授学生超过8000人。他们将美术、音乐、手工等课程带进雪域校园，为藏区孩子展示了精彩纷呈的大千世界。支教队员还通过义卖、募捐筹集包括教具、学习用品、运动器材、图书等共计约102500元。藏族女孩嘎玛，来自当雄县的一个牧民家庭，2015年考上厦门大学。她说：“我的老师是2011届竹蜻蜓队员们。他们可能不会想到，那个专注听课的普通小女孩，告别了过去父辈们放牛的生活，来到

【2016 年 8 月，厦门大学“竹蜻蜓”支教队于西藏当雄县龙仁乡中心小学举办流动图书馆活动】

了竹蜻蜓起飞的地方。”还有当雄县中学的旦增巴桑、公塘乡完全小学的旦增白姆……他们都和嘎玛一样考入厦门大学，并从哥哥姐姐手中接过支教的接力棒，上演着一幕幕“长大后，我就成了你”的感人至深的故事。

正像那首歌唱的——这是一条神奇的天路，雪域高原的学子们从此走进厦大，也引领着南强学子走进神奇的人间天堂，从此山不再高，路不再漫长！回首过往，厦门大学与西藏的校地情缘源远流长、历久弥新。走进新时代，开启新征程，厦门大学——这所即将迎来百年华诞的英雄大学，必将继续高举爱国、革命、自强、科学的精神旗帜，与西藏这片祖国最神奇壮美的雪域高原在校地合作的道路上携手共进，再续知无疆、爱无央的新辉煌！

（文 / 黄宇霞　高　捷　何春雨　崔庆炜）

传承红色基因
书写家国情怀

——厦门大学与陕西的校地情缘

传承红色基因 书写家国情怀

——厦门大学与陕西的校地情缘

陈嘉庚奖学金院校联盟师生赴陕西开展社会实践。

厦大创办人陈嘉庚的陕北之行

陕北热土上的厦大革命先辈

陕西厦大人的红色传承

深化校地合作 共谱发展新篇

为陕西民办高等教育事业发展助力

这是金秋的北京

范超

【《陕西日报》2019年11月13日】

厦门大学，东南沿海一座具有光荣革命传统的百年高等学府。数十年来，厦门大学传承红色基因、厚植家国情怀，与陕西人民建立了深厚友谊，携手浇灌出了火红鲜艳的校地友谊之花。

厦大创办人陈嘉庚的陕北之行

陈嘉庚，1874 年生于福建同安集美，17 岁赴南洋经商，一直心系祖国，取得成功后抱着“教育救国”的信念，先后回国创办小学、中学、师范、水产等多所学校，并于1921 年创办厦门大学。此后，陈嘉庚倾资维持厦大，直到 1937 年将厦大无条件捐献给政府。

这一年，抗日战争全面爆发。陈嘉庚在南洋卓有成效地领导和号召抗日筹赈活动。1940 年，他亲率“南洋华侨回国慰问团”抵达重庆，了解了战时重庆的真实情况。同时，与在渝中共代表的交往中，共产党人的优良作风给陈嘉庚留下深刻印象，使其产生了到延安去的想法。

1940 年 5 月 31 日，陈嘉庚一行抵达延安。在延安期间，陈嘉庚与中共领导同志多次会晤；与陕甘宁边区政府高级官员、各界人士及归国华侨青年深入交流；参观大学、工厂；考察当地社会生活各个方面；广泛接触厦门大学和集美学校校友等。共产党人爱国、民主、平等、清廉的作风以及军民团结抗战、斗志昂扬的精神状态让陈嘉庚备受鼓舞。

【陈嘉庚抵达延安】

7 月下旬，陈嘉庚一行返抵重庆，在《西北之观感》的演讲中，陈嘉庚向重庆各界直言延安见闻，对苦干、团结、军民平等的“延安作风”给予高度评价，引起强烈轰动。陈嘉庚回南洋路过缅甸仰光，在当地华侨欢迎会上说：“中国的希望在延安。”回到南洋后，陈嘉庚向广大侨胞报告了在国内的见闻与观感。可以说，延安之行是陈嘉庚人生的一个重大转折点，自此他认定中国的希望和救星是中国共产党，为其在解放战争和新中国建设中拥护中国共产党打下了坚实思想基础。由于陈嘉庚的宣传和介绍，海外特别是旅居东南亚的华人华侨对中国共产党充满了期待。

拳拳赤子心、殷殷爱国情，陈嘉庚一生公忠体国、无私无畏，其强烈的社会责任感和崇高的爱国主义精神，一直是厦大师生乃至无数中华儿女的宝贵精神财富。

陕北热土上的厦大革命先辈

在陕北这片红色土地上，活跃着厦大学子的身影。他们为了国家和人民的利益，不怕艰难困苦，不怕流血牺牲，以英勇顽强的战斗作风、为国献身的崇高品德、奋力拼搏的进取精神，为保卫祖国和建设更加充满希望的中国而不懈奋斗。

红军会计制度的创始人高捷成出生于福建漳州的一个贫苦小手工业者家庭，1928 年考入厦大经济学专业。1932 年 4 月，中央主力红军攻克漳州，高捷成四处奔走为红军筹款，并随红军到了中央苏区。1934 年 10 月，高捷成参加长征到达陕北，进入红军大学第一期学习，并首创红军会计工作制度。直到 1937 年 4 月 10 日，高捷成才在延安商会驻地给家人写了北上后的第一封家书。家书中，除问及亲人近况，他还写下了这样的文字："我自从'九一八'东北事变、'一·二八'上海抗战之后，悲愤交集，誓不求中华民族之解放，当不为中华民族黄帝子孙之一人。""东西奔波，南北追逐，历尽一切千辛万苦，雪山草地，万里长征，在所不辞！无非为的是挽救国家的危亡！""救国才能顾家，国亡家安在！"字里行间，流露着舍身救国的牺牲精神和坚强意志。

不久后，高捷成随八路军一二九师挺进太行山，开辟晋冀鲁豫敌后抗日根据地，先后担任冀南税务总局局长、晋冀豫财经处处长等职，还创办了冀南银行，出任首任行长，不久兼任政委。高捷成因此被誉为"我党金融事业的奠基人之一"。1943 年 5 月 14 日，在河北内邱县白鹿角村与敌人遭遇战中，高捷成不幸身负重伤，英勇牺牲在敌人的刺刀之下，时年 34 岁。高捷成将青春热血挥洒在革命热土上，用自己短暂的一生书写了厦大革命青年的人间大爱。

马克思主义理论的宣传者吴亮平出生于浙江奉化一个清贫的知识分子家庭，1923 年考入厦门大学，后转入上海大夏大学。他于 1925 年赴莫斯科中山大学学习。受国内革命形势的感召，吴亮平于 1929 年毅然回国投身革命，并翻译完成了恩格斯《反杜林论》。这是此著作首次被完整翻译成中文，在读者中引起巨大反响。1935 年随红军长征到达陕北后，吴亮平在抗日军政大学、中央党校、马列学院和陕北公学讲授马列主义课程，组织参与编写《社会科学概论》《唯物史观》《论民族民主革命》等多本著作，

【吴亮平在厦门大学 60 周年校庆发言】

参加《马克思恩格斯丛书》《列宁选集》等书的编译工作，为广大爱国革命人士系统接受马列主义理论教育起到了积极作用。1936 年起，吴亮平先后多次参与到访陕北的国际友人的接待工作，并为中共领导同志和国际友人担任翻译。

在延安，有一个人以明辨是非、刚正不阿著称，他就是被当地人称为“活包公雷青天”的雷经天。雷经天，广西南宁人，1923 年考入厦门大学，次年转学至上海大夏大学，曾参加南昌起义等革命活动，后赴广西参加革命工作，1934 年 10 月随红军长征到达陕北。1937 年秋，陕甘宁边区高等法院在延安成立，雷经天被任命为法庭庭长。直到 1945 年 3 月，雷经天一直在此工作，先后担任庭长、代院长、院长。

他提出“廉洁、明辨、公正、正直、果敢、强毅、详细、谨慎”的 16 字原则，建立健全各种司法制度，并亲自做出表率，领导陕甘宁边区司法人员依法办事，切实保障边区人民的司法权利。抗日军政大学第六队队长黄克功，因追求陕北公学学生刘茜不成，将其枪杀。面对战功加身的黄克功，雷经天坚持原则，认为必须对其绳之以法，否则会有损于党的威信，危害党和人民利益。他的意见也得到了中央领导同志的支持，这一正义的判决，得到了边区人民的拥护，并震动全国，为正在创建中的边区民主司法树立了榜样。

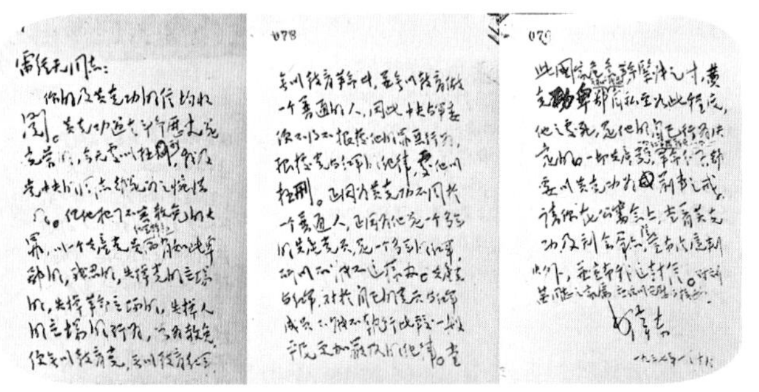

【毛泽东写给雷经天的亲笔信】

陕西厦大人的红色传承

传承红色基因，弘扬爱国传统，一批批厦大在陕校友以厦大爱国传统、革命精神为激励，情洒三秦大地，为祖国建设奉献心力。2013 年，厦大陕西校友会在西安正式成立。青年一代厦大人以革命先辈为榜样，在陕西这片热土上干事创业，在各自岗位上奋力书写厦大人的使命担当。

陈一坚，中国工程院院士，1949 年进入厦大航空系学习，后因全国院系调整，转至清华大学。1964 年，陈一坚奉命调入刚成立的西安重型飞机设计研究所。1977 年，我国亟须拥有自己的歼击轰炸机，具备扎实理论基础和丰富实践经验的陈一坚被任命为总设计师，开始研造我国第一架歼击轰炸机“飞豹”。二十年磨一剑，“飞豹”一飞冲天。西安阎良，一座距离西安 50 公里的航空工业城，“飞豹”从这里诞生和成长，也见证了陈一坚坚韧躬行、为国铸剑的激情与奉献。除了战斗在科研一线外，陈一坚还在西北工

【陈一坚院士】

业大学、西安交通大学等高校任职，为我国航空航天教育贡献自己的光和热。他多次回到母校厦门大学，为在校师生讲述一代航空人的爱国情怀。

叶雪音，1950 年进入厦大生物学系学习。入校第一年，党中央发出抗美援朝、保家卫国的号召。作为厦大子弟的叶雪音，在父亲叶国庆（厦门大学第一届教育学系毕业生，并先后担任厦门大学历史系教授、代理系主任、人类博物馆馆长等职）的支持和影响下，毅然随军入朝，后去援藏。入藏 8 年后，叶雪音转入在陕西咸阳的西藏民族学院从事汉语文教学，直到 1983 年退休。叶雪音始终坚守三尺讲台，不负厦大人肩负的使命，将一生献给了祖国西部的教育事业。

“到了陕西，脚下的每一寸土地都是汉唐文化的遗迹。”因老师的这一句话，赖雄麟远离福建家乡，奔赴陕西，此后一直在大西北的土地上辛勤耕耘。赖雄麟是厦大 1978 级中文系校友，毕业分配时，怀着对文化的向往以及对教师职业的热爱，毅然选择到西安矿业学院（现西安科技大学）工作，后一直致力于思想政治教育学教学与研究，取得优异成果。赖雄麟说：“在厦大的四年，优良的学风以及博学敬业的老师对我影响深远，因此而形成的知识体系和思维体系为我今后的工作奠定了坚实的基础。”他还说：“西安的人文环境非常好，我在西安待了近 40 年时间，现在已经是个陕西人了。”

身在海外的厦大校友同样心系祖国。厦大 1981 级化学系校友蓝伟光，怀揣赤诚之心，发挥自身专业技术优势，在延安成立新三达膜技术有限公司，为延安创造了一个以膜技术为核心的净水与健康产业。2019 年，蓝伟光荣获延安市“杰出民营企业家”称号。

1984 级计算机科学系校友苏新雷，在西安航天 210 所全力投入工作，成绩突出。之后，他白手起家开始创业，创业及投资涉及软件开发、信息服务、职业教育、商业地产、零售连锁业、汽车服务等众多领域。在 2013 届厦大工程技术学部毕业典礼上，苏新雷作为校友代表讲话，以自身经历激励即将走出校门的学子，并勉励厦大学子到西部考察、创业。

李济寰是新一代陕西厦大人，身上有朝气、有活力，也有强烈的社会责任感。他于 2016 年毕业后选择报考延安选调生，深入基层为老百姓办实事。他说：“人生就要做一些有意义的事，通过自己的努力帮助身边的人。”自陕西省面向全国重点高校实施定向选调生人才计划以来，作为首批十几所高校之一，厦门大学已有 23 名优秀学子扎根陕西，为陕西人民贡献自己的智慧和力量。

为陕西民办高等教育事业发展助力

在陕西民办高等教育起步阶段，我国著名高等教育学家、厦门大学教育研究院名誉院长、教授潘懋元，深入走访、调研陕西多所民办高校，深入研究民办高校的体制机制、立法产权、教育质量、就业前景等问题。1996 年，西安外事学院创建民办教育研究机构——七方教育研究所。2003 年，该所向全国征集研究课题，在潘懋元的指导和众多专家学者的参与下，完成相关研究专著 30 多部。2016 年，七方教育研究所升格为七方教育研究院，潘懋元担任名誉院长。他带领厦大教育研究院博士团队与陕西民办高校合作，主持全国“十三五”教育科学规划课题“现代大学公私混合所有制研究”。如今百岁的潘先生，提起陕西民办高校，如数家珍。令人欣喜的是，胡建波等厦大博士校友，也正在奋力书写着厦大人的教育梦。

深化校地合作 共谱发展新篇

厦门大学作为一座具有深厚文化底蕴和家国情怀的著名高等学府，与陕西在人才培养、教育培训、科学研究等方面，开展各种形式的交流合作。

早在 1933 年，就有陕西籍学子入厦大学习。近几年，厦大每年招收陕西籍学生 100 多人，为他们提供良好的学习成长平台。截至目前，已有近 3000 名陕西学子在厦大播种希望、成就梦想。同时，厦大还引进了一批批优秀的陕西籍师资人才。他们挥洒智慧和汗水，奋战在教学、科研、管理的第一线。

早在 20 世纪 50 年代，厦门大学就发挥自身学科和专业优势，接收西北大学、西北工学院、西北农学院、西安政法学院等高校青年教师到厦大进修，增进校际交流、助力师资发展。此外，为满足陕西高层次行政管理和企业管理人才的需求，厦门大学已为陕西省食品药品监督管理局等 60 多个省市县级政府部门和企业的 3000 多名领导干部开展研修和培训，取得了良好效果。

【陈嘉庚奖学金院校联盟师生赴陕西开展社会实践】

为增强学生的社会责任感和使命感，厦门大学每年选派多支学生社会实践队前往陕西开展内容丰富、形式多样的实践活动，助力当地社会发展。2013 年至 2018 年，厦门大学赴陕西学生实践队已有 29 支，共 237 人。厦门大学还与延安合作建立了厦门大学学生社会实践基地，让青年学子奔赴革命圣地，追寻革命先辈的历史足迹，开展文化研究、扶贫研究等。

近年来，厦门大学积极开展科技合作，承担陕西研究机构、企业委托的科研项目近30项。此外，还在化学、材料领域与陕西高校和科技公司开展合作研究、共建研发中心等。中国工程院院士、西北工业大学教授张立同，推动厦大与西北工业大学建设了厦门大学特种先进材料实验室，开展高性能碳化硅陶瓷纤维研究，有力支撑了我国高性能多品种陶瓷基复合材料发展，成为校地合作、校校合作的成功范例。

2019年7月13日至14日，厦门大学党委书记张彦率团赴陕西调研并看望在陕校友、选调生、实践队，参访张立同院士团队孵化的西安鑫垚陶瓷复合材料有限公司，慰问正在西安开展重走中国行活动的潘维廉教授及随行的“青春中国行”实践队全体师生。潘维廉是厦大外籍教授，1988年举家来到厦门，在厦大任教已有30余年。2018年12月，潘教授的《我不见外——老潘的中国来信》一书出版，向海内外读者展示了一个真实、可感的中国。25年前，潘教授开着自己的面包车，载着家人游历了中国的大江南北。2019年7月，潘教授再度启程，重走曾经到过的中国城市乡村。在他的笔下，记录了西安、延安等地以及广大西部地区发生的翻天覆地的巨变。

【张彦书记看望慰问了正在西安开展“我不见外——老潘重走中国”活动的潘维廉教授以及“青春中国行”实践队全体师生】

新时代新征程，厦大与陕西，必将在校地合作和东西协作的道路上大踏步前进，共同谱写新时代新华章。

（文 / 张璐阳　石慧霞）

敦煌梦远
丝路情长

——厦门大学与甘肃的校地情缘

甘肃日报 2020年9月8日 星期二 10 文化

《敦煌吐鲁番出土经济文书研究》封面

敦煌啊敦煌

厦门大学群贤楼群

厦门大学建南楼群

厦门大学科学艺术中心

敦煌梦远　丝路情长

——厦门大学与甘肃的校地情缘

□ 吕凤楠　李舟洁　车如山

赤子陇原情

百年来，遥远迷人的甘肃吸引着厦大人的目光，也召唤许多厦大师生跨越千山万水，远赴西北，奉献一片赤诚。国家西部大开发的号角吹响后，甘肃这片热土再次成为东南美雄学府爱国、报国的理想之地，一批批师生前往陇原拼搏进取、踏实工作，书写奋斗篇章。

教育是民族振兴、社会进步的基石。厦门大学积极鼓励学生以自己的所思所学，助力国家决战脱贫攻坚，为困于群山、心向世界的乡村孩子打开一扇美丽的窗户，引导他们通向更加美好的未来。2012年至2019年，厦大共派出50支总计693人次的支教队伍前往甘肃支教，其中“足迹”实践队、“天下为公”青囊书香暑期实践队获2016年福建省大中专学生“三下乡”社会实践活动优秀团队。

2010年3月，厦门大学甘肃百合实践队成立，自此开启了漫漫扶贫“筑梦”之旅。每年夏天，实践队成员自祖国东南端的厦门奔赴位于西北端的甘肃，在“百合之乡”兰州、定西市临洮县、武威市古浪县等地的小学，开展了“走出大学、走进小学”“大手拉小手”“扶贫扶智扶志”等决战脱贫的支教活动，他们注重因材施教，精心准备丰富多彩的课程与活动；跋山涉水深入每个孩子的家庭进行家访，提供专门指导；开设模拟科技馆，组织各种运动器材的素质拓展课；举行趣味游园会，组织孩子们进行文艺汇演；联合“温暖水杯”等公益项目、“灵青公益”等公益机构给孩子们发放生活和学习必需品，开展“朗读者”读书分享会和健康体检等活动，为当地孩子健康发展尽己所能。

2015年起，受厦门市委委托，厦门大学管理学院教授彭丽芳带领团队深入甘肃省临夏回族自治州广河县开展电商扶贫工作。无论是寒冷雪日的走访调研，还是准确定位采用电子商务的精准扶贫模式，抑或是积极邀请厦门企业资助广河县开办“扶贫车间”并招聘农村妇女和残疾人等参与工作解决就业问题，彭教授及其团队始终尽心竭力做好此项工作。如今的广河县已经实现了从对互联网“零”知识到电子商务全县普及，并获得商务部“电子商务进农村示范县”称号的转变，在2019年“双十一”当天电子商务交易额达2000多万元，取得可喜成绩。

2018年，厦门大学甘肃百合实践队荣获“知行计划——第二届立邦中国大学生农村支教奖”优秀奖、福建省大中专学生“三下乡”社会实践活动优秀团队，2019年获厦门大学学生“青春心向党，建功新时代”主题暑期社会实践活动十佳团队、优秀团队，成为厦大倾力帮助甘肃的爱心桥梁。

一批优秀的厦大校友也在甘肃积极做贡献，例如参与过兰新铁路干支线勘测选定的吴自迪，1947年毕业于厦大土木工程系；参加过第一颗人造卫星发射任务的上官世盘，1958年毕业于厦大物理系……2014年，厦门大学甘肃校友会成立，秉承立足甘肃、服务甘肃理念，校友会积极为公益事业添砖加瓦，搭建起海上丝绸之路和陆上丝绸之路的桥梁纽带，目前注册校友700余人。厦大校友在甘肃发起锦麟公益基金会，在西大滩乡初级中学举行锦麟文化论坛“阅读与感恩”暨CA-锦麟乡村图书馆开馆系列文化活动。厦大甘肃校友会作为西大滩项目特别公益合作伙伴，持续跟进并保持对该项目以及延伸公益项目的长期关注，与锦麟公益基金会共同发起针对项目地学生生活改善问题的公益项目，包括孤儿助学工作、募集棉被等，同时开展长期持续的支教等教育帮扶类工作。

2017年8月，厦门大学甘肃百合实践队在甘肃省定西市临洮县新添镇冯家沟门村开展支教实践活动。

彭丽芳教授及其团队深入甘肃省临夏回族自治州广河县开展电商扶贫工作

“一带一路”再携手

厦门是国家“海丝”建设支点城市，“海丝”与“陆丝”无缝衔接的枢纽城市，在“一带一路”建设中肩负特殊使命；甘肃坐落在中国西北内陆，历史上就作为古丝绸之路的战略通道和商埠重地闻名于世，千百年来曾孕育和见证了古丝绸之路的辉煌，新的时期又因实施“一带一路”而焕发出勃勃生机。在此背景下，厦门大学与甘肃省在人才培养、教育培训等方面开展合作交流，硕果累累。

作为教育重镇，厦门大学和兰州大学同为A类一流大学建设高校，一个位于东海之滨的花园城市厦门，一个地处黄河沿岸的西部城市兰州，虽环境迥异，却息息相通，交流频繁。“天行健，君子以自强不息”，厦门大学校训“自强不息　止于至善”，兰州大学校训“自强不息　独树一帜”，共同的奋发图强、永不懈怠的拼搏精神铸就了两个高校的辉煌成就。作为双方优势学科的化学学科，互动交流更是源远流长，上个世纪60年代，兰大化学学科教师就前往厦大进修，旁听卢嘉锡院士量子化学课程。近年来，双方交流更加频繁，厦大多位学者应邀访问兰大并作学术报告，并参与兰大功能有机分子化学国家重点实验室课题研究，密切科研合作。2019年，“厦门大学-兰州大学化学一流学科研讨会”在厦大举行，双方进一步增强一流学科建设、人才培养、科学研究等方面的合作。厦大与兰大在人才队伍建设方面的交流也十分密切，2019年，厦门大学原副校长邬大光教授受聘兼任兰州大学高等教育研究院院长，积极发挥桥梁纽带作用，努力推动兰大和厦大高等教育研究携手同行。

建校以来，共有2000多名甘肃学子前往厦门大学求学，厦大也积极引导优秀毕业生前往甘肃施展才华、干事创业，据不完全统计，近4年就有100多名厦大毕业生远上西北。2009年，厦门大学协助甘肃省委统战部组织甘肃省高等学校、科研院所、国有企业党委统战部长培训班，此后甘肃省和厦大在开展教育培训方面的合作更是密切。2015年至2019年，厦大为甘肃省直部门，兰州市、酒泉市、天水市等地的政府部门及企事业单位开展干部能力提升培训班、高级研修班超140余个班次，培训超8000人次，帮助培养和提高甘肃省干部的综合素质能力。2018年，厦大与中国石油天然气股份有限公司兰州化工研究中心、兰州空间技术物理研究所、中国科学院兰州化学物理研究所，在化学化工、航空航天等领域开展深入合作。

肝胆相照一百载，筑梦前行创未来。厦门大学与甘肃省在近百年的时光岁月中相向而行，共创辉煌。今天，厦门大学与甘肃将以共建“一带一路”为引领，充分发掘历史文化优势，发挥丝绸之路经济带重要通道、节点作用，描绘新时代西部大开发新画卷，开展更有深度和广度的校地合作，共同落实区域平衡发展战略，见证西部的崛起和繁荣。

【《甘肃日报》2020年9月8日】

“丝绸之路三千里，华夏文明八千年”。位于西北、被誉为“河岳根源、羲轩桑梓”的甘肃，拥有着灿烂的丝路文化、五彩多姿的民俗风情、酒泉卫星发射基地的最新科技，完美融合了中国古代文明和现代文明。厦门大学坐落在 21 世纪海上丝绸之路重镇城市厦门，1921 年由爱国华侨领袖陈嘉庚先生创办，素有“南方之强”的美誉，培育了诸多优秀人才。鸣沙山、月牙泉，编织甘肃的神秘面纱，五老峰、芙蓉湖，相映厦大的美丽画卷，虽远隔山海，但携手同行共担时代使命，共享发展机遇，合力谱写了校地合作共赢发展新篇章。

敦煌啊敦煌

“万里敦煌道，三春雪未晴。”沿着历史文明发展的大动脉丝绸之路往上，在甘肃、青海、新疆的交汇之处坐落着一处闪耀着中国古代文明辉煌的神圣之地——敦煌。这座沧桑而又神秘的古城汇聚了中国、印度、希腊、伊斯兰历史文明，吸引着来自全世界的目光，也见证了一批又一批孜孜不倦研究敦煌学的厦大人的身影。

1948 年，曾执教厦门大学、时任兰州大学历史系主任的顾颉刚先生在《题张鸿汀莫高窟访古图》一诗中写道：“梦想敦煌四十年，奈何人事苦相牵，者回到得皋兰下，又赋高山仰止篇。”寄托着对敦煌学热切关注之情。20 世纪初期，由于各种因素，中国敦煌学的发展落后于其他国家，曾有“敦煌在中国、敦煌学在国外”的说法，敦煌学一度被国内学者视作“吾国学术之伤心史”。为了扭转这一落后局面，国内一些高校的学者主动投身于敦煌学研究，厦门大学也涌现了韩国磐、郑学檬、杨际平、曾良、傅小凡等一代代执着于敦煌学研究的专家学者，在敦煌历史地理、社会史、经济史的研究方面作出了重要贡献。

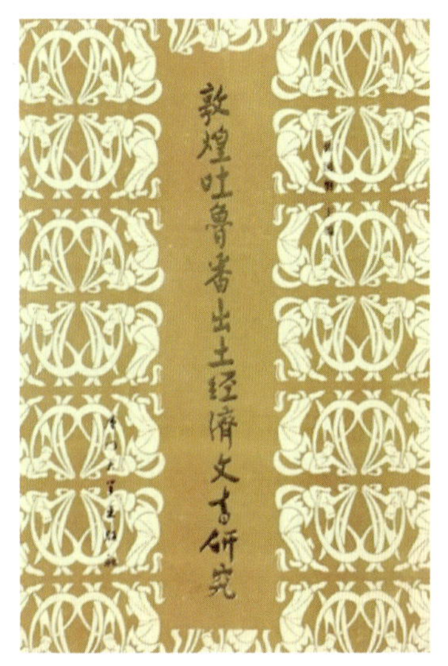

【《敦煌吐鲁番出土经济文书研究》】

著名历史学家韩国磐先生深耕敦煌学研究多年，曾任中国敦煌吐鲁番学会顾问。20 世纪 60 年代初期，国内特别是厦大的敦煌吐鲁番学原始资料尚属匮乏、使用不便，韩先生努力加以运用，发表了《根据敦煌吐鲁番发现的文件略谈有关唐代田制的问题》《唐天宝时农民生活之一瞥——敦煌吐鲁番资料阅读札记之一》等论文，产生了广泛的学术影响。在罹患癌症和疾病缠身的情况下，他笔耕不辍，带领郑学檬老师与刚毕业不久的研究生杨际平、谢重光，于 80 年代中期撰著出版了《敦煌吐鲁番出土经济文书研究》一书，该书荣获首届全国高等学校人文社会科学优秀成果二等奖。当时书籍印刷用铅字排版，印制敦煌吐鲁番文献很困难，全国仅北京大学、武汉大学与厦门大学三所高校出版用毛笔书写影印的敦煌学论集。

历史学家、曾任厦大副校长的郑学檬教授撰写了《从敦煌文书看唐代河西地区的商品货币经济》《七世纪后期至八世纪后期敦煌县人口试析》等论文，拓宽了唐代社会经济史的领域。

以汉唐宋经济史研究享誉学界的杨际平教授，运用传统文献与敦煌吐鲁番文书相结合的方法研究唐代土地制度，写成硕士论文，对当时几乎被视为定论的“均田制下土地还授肯定说”提出有力挑战，遂成一家之说，后以《均田制新探》为名出版。他利用敦煌吐鲁番资料研究魏晋南北朝隋唐土地制度、赋役制度、籍账制度、会计制度，发表了数十篇高水平的研究论文，出版《五—十世纪敦煌的家庭与家族关系》《杨际平中国社会经济史论集》等著作，是我国20世纪80年代以来研究敦煌吐鲁番学的代表性学者之一。

薪火相传，弦歌不辍。年轻一代的厦大敦煌学研究学者也在用自己的实际行动支持着敦煌学的发展与壮大。曾良教授长期从事古文字学研究工作，著述甚多，有《敦煌佛经字词与校勘研究》《敦煌文献字义通释》《敦煌文献丛札》等专著。傅小凡教授，本来就是甘肃人，治学严谨，成果丰硕，先后出版了《晚明自我观研究》《佛教艺术观·雕塑篇》等10余本专著，曾接受敦煌图书馆邀请，做过《传统文化的现代价值》《明朝灭亡的历史教训》的公益讲座。为了助力家乡发展，帮助麦积山石窟申报世界文化遗产，傅小凡教授撰写《东方微笑：麦积山石窟佛教造像艺》一书，专门介绍含麦积山石窟在内的全国各地佛教的雕塑，并在《百家讲坛》等节目中作专题讲座，极大扩展了麦积山石窟的社会知名度。2014年6月22日，在卡塔尔多哈召开的联合国教科文组织第38届世界遗产委员会会议上，麦积山石窟作为中国、哈萨克斯坦和吉尔吉斯斯坦三国联合申遗的“丝绸之路：长安—天山廊道的路网”中的一处遗址点成功列入《世界遗产名录》。他还在《百家讲坛》开设《敦煌卷子之谜》《马踏飞燕》《神秘的古书》等甘肃专题讲座。

在厦大人积极参与敦煌学研究的同时，一批批甘肃人来到了厦门大学读书工作，为厦大建设添砖加瓦。

赤子陇原情

百年来，遥远迷人的甘肃吸引着厦大人的目光，也召唤许多厦大师生跨越千山万水，远赴西北，奉献一片赤诚。国家西部大开发的号角吹响以后，甘肃这片热土再次成为东南英雄学府爱国、报国的理想之地，一批批师生前往陇原拼搏进取、踏实工作，书写“奋斗”篇章。

教育是民族振兴、社会进步的基石。厦门大学积极鼓励学生以自己的所思所学，助力国家决战脱贫攻坚，为困于群山、心向世界的乡村孩子打开一扇美丽的窗户，引导他们通向更加美好的未来。2012 年至 2019 年，厦大共派出 50 支共计 693 人次的支教队伍前往甘肃支教，其中“足迹”实践队、“天下为公”青囊书暑期实践队获 2016 年福建省大中专学生“三下乡”社会实践活动优秀团队。

2010 年 3 月，厦门大学甘肃“百合”实践队成立，自此开启了漫漫扶贫“筑梦”之旅。每年夏天，实践队成员自祖国东南端的厦门奔赴位于西北端的甘肃，在“百合之乡”兰州、定西市临洮县、武威市古浪县等地小学，开展了如“走出大学、走进小学”“大手拉小手”“扶贫扶智扶志”决战脱贫的支教活动。他们注重因材施教，精心准备丰富多彩的课程与活动；爬山涉水深入每个孩子的家庭进行家访，提供专门指导；开设模拟科技馆，组织各种运动器材的素质拓展课；举行趣味游园会，组织孩子们进行文艺汇演；联合“温暖水杯”等公益项目、“灵青公益”等公益机构给孩子们发放生活和学习必需品，开展“朗读者”读书分享会和健康体检等活动，为当地孩子健康发展尽己所能、扬己所长。

【2017 年 8 月，厦门大学甘肃“百合”实践队在甘肃省定西市临洮县新添镇冯家沟门村开展支教实践活动】

2015 年起，受厦门市委委托，厦门大学管理学院教授彭丽芳带领团队深入甘肃省临夏回族自治州广河县开展电商扶贫工作。无论是寒冷雪日的走访调研，还是准确定位采用电子商务的精准扶贫模式，抑或是积极邀请厦门企业资助广河县开办“扶贫车间”并招聘农村妇女和残疾人等弱势群体参与工作解决就业问题，彭教授及其团队想方设法、尽心竭力做好此项工作。如今的广河县，已经实现了从对互联网“零”知识到电子商务全县普及，并获得国家商务部“电子商务进农村示范县”称号的转变，在 2019 年“双十一”当天电子商务交易额达 2000 多万元，取得可喜成就。

2018 年，厦门大学甘肃“百合”实践队荣获“知行计划——第二届立邦中国大学生农村支教奖”优秀奖、福建省大中专学生“三下乡”社会实践活动优秀团队，2019 年获厦门大学学生“青春心向党，建功新时代”主题暑期社会实践活动十佳团队、优秀团队，成为厦大倾力相助甘肃的爱心桥梁。

【彭丽芳教授及其团队深入甘肃省临夏回族自治州广河县开展电商扶贫工作】

一批优秀厦大校友也在甘肃积极贡献，例如参与过兰新铁路干支线勘测选定的吴自迪，1947 年毕业于厦大土木工程系；参加过第一颗人造卫星发射任务的上官世盘，1958 年毕业于厦大物理系……2014 年，厦门大学甘肃校友会成立，秉承立足甘肃、服务甘肃理念，校友会积极为公益事业添砖加瓦，搭建起海上丝绸之路和陆上丝绸之路的校地桥梁，目前在册校友 700 余人。厦大校友在甘肃发起锦麟公益基金会，在西大滩乡初级中学举行锦麟文化论坛“阅读与感恩”暨 CA- 锦麟乡村图书馆开馆系列文化活动。厦大甘肃校友会作为西大滩项目特别公益合作伙伴，持续跟进并保持对该项目以及延伸的公益项目的长期关注，与锦麟公益基金会共同发起针对项目地学生生活改善问题的公益项目，包括孤儿助学工作、募集棉被等，同时开展长期持续的支教等教育帮扶类工作。

“一带一路”再携手

厦门是国家“海丝”战略支点城市，“海丝”与“陆丝”无缝衔接的枢纽城市，在“一带一路”建设中肩负特殊使命；甘肃坐落在中国西北内陆，历史上就作为古丝绸之路的战略通道和商埠重地闻名于世，千百年来曾孕育和见证了古丝绸之路的辉煌，新的时期又因“一带一路”建设而焕发出勃勃生机。在此背景下，厦门大学与甘肃省在人才培养、教育培训等方面开展合作交流，硕果累累。

作为教育重镇，厦门大学和兰州大学同为 A 类一流大学建设高校，一个位于东海之滨的花园城市厦门，一个地处于黄河沿岸的西部城市兰州，虽环境迥异，却息息相通，交流频繁。“天行健，君子以自强不息”，厦门大学校训“自强不息，止于至善”，兰州大学校训“自强不息，独树一帜”，共同的奋发图强、永不懈怠的拼搏精神铸就了两个高校的辉煌成就。作为双方优势学科的化学学科，互动交流更是源远流长。上个世纪 60 年代，兰大化学学科教师就前往厦大进修，旁听卢嘉锡院士量子化学课程。近年来，双方交流更加频繁，厦大多位学者应邀访问兰大并做学术报告，并参与兰大功能有机分子化学国家重点实验室课题研究，密切科研合作。2019 年，“厦门大学—兰州大学化学一流学科研讨会”在厦大举行，双方进一步增强一流学科建设、人才培养、科学研究等方面的合作。厦大与兰大在人才队伍建设方面的交流也十分密切。2019 年，厦门大学原副校长邬大光教授受聘兼任兰州大学高等教育研究院院长，积极发挥桥梁纽带作用，努力推动兰大和厦大高等教育研究携手同行。

建校以来，共有 2000 多名甘肃学子前往厦门大学求学，厦大也积极引导优秀毕业生前往甘肃施展才华、干事创业，据不完全统计，近四年就有 100 多名厦大毕业生远上西北。2009 年，厦门大学协助甘肃省委统战部组织甘肃省高等学校、科研院所、国有企业党委统战部长培训班，此后甘肃省和厦大在开展教育培训方面的合作更是密切。2015 年至 2019 年，厦大为甘肃省直部门，兰州市、酒泉市、天水市等地的政府部门及企事业单位开展干部能力提升培训班、高级研修班超 140 个班次，培训超 8000 人次，帮助培养和提高甘肃省干部的综合素质能力。2018 年，厦大与中国石油天然气股份有限公司兰州化工研究中心、兰州空间技术物理研究所、中国科学院兰州化学物理研究所在化学化工、航空航天等领域开展深入合作。

肝胆相照一百载，筑梦前行创未来。厦门大学与甘肃省在近百年的时光岁月中相向而行，共创辉煌。今天，厦门大学与甘肃将以共建“一带一路”为引领，充分发掘历史文化优势，发挥丝绸之路经济带重要通道、节点作用，描绘新时代西部大开发新画卷，开展更有深度和广度的校地合作，共同落实区域平衡发展战略，见证西部的崛起和繁荣。

（文 / 吕凤楠　李舟洁　车如山）

鹭江畔木华山青
三江源情深济海
——厦门大学与青海的校地情缘

鹭江畔木华山青，三江源情深济海
——厦门大学与青海的校地情缘

2017年7月，厦门大学积极响应中央号召，组织"一带一路"乡村关爱公益行动走进青海省玉树州治多县。

青海玉树"嘉庚楼"前的陈嘉庚铜像。厦门大学供图

李雅真

雄踞世界屋脊青藏高原东北部的青海，山宗水源雄浑壮阔。这里是山的王国，千山堆绣，"万山之祖"昆仑山脉巍峨挺立，孕育着中华五千年文明史中的瑰宝——昆仑文化；这里是水的源头，百川织锦，长江、黄河、澜沧江三江清水奔涌而出，滋养着华夏民族绵延璀璨的历史文明。

6年前，在这隅黄褐色的热土上，一座凝聚爱心的"嘉庚楼"拔地而起，一尊栩栩如生的嘉庚铜像巍然屹立楼前。前者，是青海玉树地震灾后厦门市民援助重建的爱心项目，也是连接两地人民友谊的一抹浓烈情缘；后者，是厦门大学艺术学院蒋志强教授无偿创作的作品，也是校地情谊在雪域藏乡留下的……

……

"六月穿皮袄，风吹汽车跑"，在青藏高原极致风光背后，潜藏着险峻的生存考验。为了开展更多的野外考察，叶沧江随团队常年行走在茫茫天路上。……

……

四海英才聚南强

……

踏冰卧雪著华章

……

薪火相传系藏乡

……

帮扶情缘深且长

……

【《青海日报》2020年8月9日】

雄踞世界屋脊青藏高原东北部的青海，山宗水源雄浑壮阔。这里是山的王国，千山堆绣，“万山之祖”昆仑山脉巍峨挺立，孕育着中华五千年文明史中的瑰宝——昆仑文化；这里是水的源头，百川织锦，长江、黄河、澜沧江三江清水奔涌而出，滋养着华夏民族绵延璀璨的历史文明。

6年前，在这隅黄褐色的热土上，一座凝聚爱心的“嘉庚楼”拔地而起，一尊栩栩如生的嘉庚铜像巍然屹立楼前。前者，是青海玉树地震灾后厦门市民援助重建的爱心项目，也是连接两地人民友谊的一抹浓烈情缘；后者，是厦门大学艺术学院蒋志强教授无偿创作的作品，也是校地情谊在雪域藏乡留下的深刻印记。苍茫高地，劲风飒响，嘉庚铜像一直挺立于青海大地上。“他”双手拄着手杖，望着前方，与远在东海之滨的厦大校园内的嘉庚像遥遥相对，见证着厦大与青海深厚的情缘和友谊。

【青海玉树“嘉庚楼”前的陈嘉庚铜像】

事实上，早在上世纪40年代，厦大创办人“陈嘉庚”这个响亮的名字，就把这所“南方之强”与千里之遥的雪域高原紧紧联系在一起。1940年，67岁的陈嘉庚率领南洋华侨回国慰劳视察团，奔赴祖国西部地区慰劳抗日将士，踏上了青海大地。在西宁古都，他慷慨激昂地介绍了海外华侨的种种爱国行动，激励起青海军民高亢的抗日热情。青海民众整齐守信的良好精气神，也给他留下了深刻印象。

陈嘉庚在青海的点滴故事，引领着一代又一代厦大人关注青海、了解青海、走进青海。

踏冰卧雪著华章

作为世界上海拔最高的独特地域单元，青藏高原长期是地球科学、生物学等领域的天然实验室，与其相关的研究成果备受中外科学家瞩目。但恶劣的自然环境，一再阻止科学家们深入这片神秘土地的脚步。然而厦大人的足迹早就陆续踏上这片“生命禁区”。

1946年毕业于厦大数理系的曾融生，是我国著名固体地球物理学家、中国科学院院士。为了获取柴达木盆地的地球深部构造的数据，他带领勘探队几度深入青海，在条件艰苦的野外风餐露宿，最终收获了系列具有开创性的研究成果：对柴达木盆地地壳内部震相的发现在国际上首次得到报道；基于该地区的探测数据，最早在中国大陆提出了区域地壳分层速度结构模型；还提出了地壳分层的重要概念，填补了我国深部构造研究的空白。

【曾融生】

20 世纪 80 年代后期，近古稀之年的曾融生亲赴青海野外台站指导工作。他与纽约州立大学教授合作，沿青藏公路布设了 11 个临时地震台站，树立了青藏高原深部构造研究的新里程碑。他提出的印度—欧亚大陆碰撞过程以及青藏高原物质向东流动新模式受到了国内外同行的高度重视。作为中国地壳深部构造研究工作的开创者，曾融生用他独特的专业视角，向世界展示了神秘青海的独特魅力。

1959 年毕业于厦大生物系的叶沧江，是中国科学院西北高原生物研究所的研究员。1980 年，他接到前往青藏高原进行野外科考的任务，从此开始了近 20 年的漫漫坚守之路。

“六月穿皮袄，风吹汽车跑”，在青藏高原极致风光背后，潜藏着险峻的生存考验。为了开展更多的野外考察，叶沧江随团队常年行走在茫茫天路上。每次出门，他们要身穿厚羊皮袄，携带氧气袋，备着干粮和炊具，拿着枪支防范野兽，不时还要经历九死一生的险境：有队员骑马过一条浅河，却被突如其来的急流冲走；有队员白天信心满满出门，晚上却没能再回来。在巨大的身心挑战面前，叶沧江扛住了。为了探索自然奥秘，他曾徒步爬上 5000 米以上的高原，一次次挑战生命极限。叶沧江的科考履历，为大美青海走向世界塑造了一张“绿色名片”。他发表的《青海湖鱼类区系及水生生物研究》获得了 1978 年全国科学大会奖，发表的《中国湖泊环境（青海湖篇）》等多项成果，获得了省部级科技成果奖。

除了厦大学子，把研究眼光聚焦到这块宝地上的厦大教师也不少，雷怀彦就是其中之一。他是厦大海洋与地球学院教授，负责过关于塔里木、陕甘宁等内容的横向课题 30 余项，1992 年其参与撰写的著作《塔里木盆地形成演化寻找大气田方向》获中国科学院科技进步一等奖，1994 年其代表作《青海湖近代沉积环境的演化和预测》一书出版。

四海英才聚南强

莫道高原无骏马，自古西海出龙驹。站在改革开放的新起点，青海迎来了新发展。从青海走出去的学子，脚印逐渐延伸到山村、草原，雪山之下，停留在了古城、乡村、都市，也奔向了位于东海之滨的“南方之强”。仅 2013 年到 2019 年，就有 290 名高原学子先后在厦大完成学业，其中本科学历学生 262 人，研究生学历学生 28 人。

除了人才培养，厦大还充分发挥区位优势和经济、管理等学科优势，结合青海的发展特点和实际需求，针对党政干部、企业经营管理人员和专业技术人员三支“人才队伍”，开展了一系列有针对性和实效性的教育培训服务。2010 年起，厦大在青海招收在职软件工程专业学位硕士，至今共培养六期工程硕士研究生 209 人，为青海省众多从事信息技术与管理的人才提供了一个新的提升平台。2015—2019 年，厦大为青海省直部门，西宁市、海东市等地的政府部门及企事业单位开展干部能力提升培训班、高级研修班等 80 多个班次，培训近 4000 人次，进一步提升青海省干部的素质和能力。

昆仑山下，弦歌不辍。为了给青年才俊成长成才提供广阔舞台和良好环境，青海省和厦大协同联动，发挥校地能量，促进人才合作。2018 年，青海省委组织部决定面向国内重点高校定向选调优秀全日制应届大学毕业生，厦大就在选调范围之内。2019 年，青海省委组织部制定了定向厦大选调生人才计划，继续面向厦大招录，选调 100 名应届毕业生，安排到青海省省直单位、部分市县党政机关工作，加强青海干部队伍的源头建设。2020 年 6 月，厦大印发《厦门大学鼓励学生到艰苦地区和重点领域就业奖励办法》，设立激励保障机制，引导学生前往青海藏区等艰苦地区就业，帮助他们在青海大地更有底气地施展拳脚、干事创业，绽放青春光彩。

星光熠熠，点点成辉。为了更好地服务西部发展，助推青海建设，2014 年 7 月厦大正式成立了青海校友会，上百名青海校友在西宁古都欢聚一堂，这是学校成立的第 75 个地方校友会，也是青海凝聚和团结人才力量的新纽带。

情洒高原，始践初心。200 多位厦大校友深深扎根在高天厚土上，在潋滟湖泊旁，在青海发展的不同时期。他们的身影频频活跃在政界、商界和学界，成为新青海建设的一支重要力量，为青海的繁荣发展、和谐稳定，为中华民族的伟大复兴积极贡献着自强不息的智慧和力量。

薪火相传系藏乡

把时间拨回到 10 年前，那是中华大地的一场痛。

2010 年 4 月 14 日，青海玉树发生了 7.1 级地震。知道消息后，牵挂玉树人民的厦大师生，积极响应学校倡议，表达爱心，先后共为青海地震灾区捐款 87 余万元，用实际行动帮助灾区人民渡过难关、恢复生产、重建家园。“玉树不倒，青海常青”，为了让灾区的中小学生能在新学期开学时背上新书包，地震后一个月，厦大联合共青团青年就业创业见习基地共赴玉树，为灾区学生送去了一份捐赠 3 万个新书包的协议之礼。为了确保新书包在开学前送到每个孩子手中，学校还专门组建灾区实践服务团奔赴至玉树，开展志愿服务活动。

玉树灾区里的一幕幕，只是情洒青海的一个缩影。

江河源头，薪火相传。多年来，一代代南强学子前赴后继，从繁华城市走进草原牧区，为青海大地注入新鲜血液。一到寒暑时节，身着红色志愿者服装的厦大人，总会出现在广袤的藏乡土地上。他们用最好的年华播撒希望，传承着厦大人对青海不变的赤诚。

早在1999年，厦门大学团委响应保护母亲河行动，与青海贵德县团委开展合作，捐资在贵德黄河岸边种植厦大共青林，并于当年组织大学生赴贵德开展暑期社会实践。2000年，围绕西部大开发战略，响应中宣部、教育部、共青团中央号召，厦大团委再次组织博士团参加中国百支博士团三下乡活动，赴贵德开展文化宣传和生态保护志愿服务。2012年到2019年，先后就有32支厦大社会实践队伍、共309位队员来到这里，他们从旅游推广、民族文化、原子城革命老区、西部特色产业、生态环境保护、丝绸之路经济带发展、短期支教等多个角度入手，品味着这本名为“青海”的佳作。

2012年7月，厦大人类学教授、中国非物质文化遗产专家彭兆荣，率领学校人类学博士团，对青海湖的生态和文化遗产进行了深度考察，还针对环湖生态及文化遗产保护提出具体的意见和建议。2017年7月，厦大积极响应中央号召，组织“一带一路”乡村关爱公益行动走进青海省玉树州治多县，向当地教育系统捐赠关爱帮扶资金15万元，深入社区贫困居民家中开展实地慰问，这是高等院校对贫困边远牧区教育事业的关心和支持，也是引导教育学生胸怀家国、扎根基层，到西部建功立业的生动育人大课堂。2019年7月，厦大“马克思主义新闻观理论研修班”三期“三江入梦”青海实践队来到青海省格尔木市长江源村，了解长江源村走下唐古拉山的搬迁过程，探寻守护长江之源、铺就脱贫之路的奥秘所在。一次次调研、一批批队员、一场场旅程，一段段故事……厦大与青海的深厚情谊，就在学子们的青春行动中延续着。

【2017年7月，厦门大学积极响应中央号召，组织“一带一路”乡村关爱公益行动走进青海省玉树州治多县】

【2019年7月，厦门大学“三江入梦”青海实践队与长江源村原村支部老书记合影】

帮扶情缘深且长

一提起青海，多数人脑海中总浮现“青海城头空有月，黄沙碛里本无春”的空旷荒凉景象。随着西部大开发战略的实施，经过全国各族人民的团结努力，青海藏区各项事业变化巨大，发展迅猛，面貌也焕然一新。如今，她正踏着“古丝绸之路”风尘仆仆而来，也沿着“一带一路”新大道昂扬前行。

作为一所具有鲜亮爱国底色的学府，厦门大学以高度的政治责任感和历史使命感关心青海教育事业的发展，结对支援，助推青海民族大学步入发展快车道。从鹭江之畔到三江源头，从华侨之乡到雪域藏乡，从鹭岛城市到雪域高原，一个个推动发展的项目、一份份落实支援的协议、一批批无私奉献的人才，在东海之滨和江河之源中间架起了一道帮扶合作的靓丽“彩虹”。

厦门大学与党同龄，青海民大与国同岁。拥有红色爱国基因的两所高校携手共进，共同书写着教育帮扶这篇大文章。2015 年，厦大开始重点对青海民族大学的经济、公共管理、工商管理、旅游管理等学科的人才培养、学科发展规划、队伍建设等方面给予支持，两校的 3 个对口院系也陆续签署了合作协议。2016 年 3 月，两校签订对口支援协议，从师资队伍和管理队伍水平、学科专业建设、科研合作、联合培养学生等方面提供支持。2017 年 4 月，教育部正式下发通知，决定增列厦大对口支援青海民族大学，列入教育部对口支援西部地区高等学校计划，两校的对口支援关系上升至国家层面。

志合者，不以山海为远。近年来，两校互学互助，在学科发展、师资交流、教学科研等多方面务实推进、不断深化。每年召开工作例会专题研讨对口支援合作，已成为厦大和民大之间的一个传统。2017 年，两校教师合作申报的研究项目获批国家发明专利，为服务青海锂电池产业链作出重要贡献。青海民大聘任厦大教授为客座教授，还邀请厦大专家学者参加学术研讨会、指导学校金融硕士专业建设。为提高教学科研能力和学术水平，民大教师还以“西部之光”国内访问学者身份赴厦大进行为期一年的学习。2018 年起，双方在人才培养方面进一步深化融合：联合向教育部申报对口支援博士专项计划，共有 7 名定向培养博士生前往厦大学习；民大先后选派 6 名青年

【2017 年，厦门大学对口支援青海民族大学工作例会召开】

教师赴厦大开展单科进修，提升了师资队伍建设和教学管理水平；还有 20 名本科生通过“2+2”联合培养模式的帮助，获得了前往厦大交流的机会。

厦门大学对口支援青海民族大学，使两校建立起跨区域的帮扶合作，这既是一种政策的安排，更是两校之间的主动选择。新时代下，厦大的发展与青海民大的成长有机结合，既让厦大在帮扶中收获自身发展的动力，也推动了青海民大的发展壮大，为推动青海教育事业进步作出贡献，使校地情缘折射出更加灿烂的光芒。

（文 / 李雅真）

沧海星月明
长河海日圆

——厦门大学与宁夏的校地情缘

沧海星月明　长河海日圆

——厦门大学和宁夏的校地情缘

本报通讯员　张夏

厦门大学党委书记张彦（左三）一行深入隆德县人民医院，详细了解5G远程医疗会诊平台。

"沙漠绿洲团队"获第四届中国"互联网+"大学生创新创业大赛铜奖。（本版图片均由厦门大学提供）

战贫逐梦，全力以赴帮扶隆德脱贫摘帽

"宁""厦"携手，荒漠变绿洲

扎根宁夏，春华秋实

路远情长，爱心接力永不止步

厦门大学研究生支教团队员在上课。

《把梦留住——时光的故事》即将发行。

长城炮越野皮卡开启越野皮卡新篇章

【《宁夏日报》2020年7月7日】

6.64万平方公里的宁夏，风光旖旎、文化灿烂。内接中原、外通西北，自古以来就是“丝绸之路”上各民族往来的重要通道。金色的黄河水奔涌流过，赠予她“塞上米粮仓”之美誉，孕育出古老而悠久的黄河文明。巍巍贺兰到六盘山巅，山花遍野、枸杞红火。宁夏在深厚的家国情怀积淀和灿烂的现代文明交相辉映中愈加富裕秀美、开放和谐。

两千多公里之外的厦门大学，亭亭玉立、底蕴深厚。坐落在东海之滨，毗邻21世纪海上丝绸之路之起点，博集东西、踏浪前行。五老峰下育英才，鹭江边上放异彩。在厦大，“志怀祖国，希图报效”情怀薪火不尽，“爱国、革命、自强、科学”精神代代相传。

宁夏幅员不大，这里贫苦与甘饴并存，多元与一体交融。“对宁夏来说，民生工作重中之重是打赢脱贫攻坚战。”几十年来，厦门大学积极响应党中央、国务院号召，与宁夏风雨同路，扛起帮扶脱贫和服务宁夏发展的光荣使命，主动融入闽宁协作大局，携手宁夏贫困地区干部群众战贫魔、啃骨头，用坚定的信心和科学的方法讲述了无数个精彩的“战贫逐梦”故事，让温润的海风吹遍宁夏每一个旱涸的角落。

战贫逐梦，全力以赴帮扶隆德脱贫摘帽

300把红外线测温仪、8500只口罩、一套专门开发的健康信息收集统计系统……新冠肺炎疫情发生以来，厦门大学爱心加码，从校级留存党费中向宁夏隆德县捐助扶贫攻坚专项资金150万元，其中50万元用于支持隆德县开展新冠肺炎疫情防控工作，通过各种方式为隆德打好疫情防控阻击战提供坚实保障。

而这些只是厦门大学和隆德多年互帮互助的一个小片段。自2012年厦门大学与宁夏隆德县建立定点扶贫结对关系以来，厦大和隆德就像“走亲戚一样的常来常往，融洽密切”，紧紧围绕隆德县经济社会发展亟须项目，整合有效资源、开展精准对接，打出一套包含教育、智力、产业、医疗扶贫等在内的“组合拳”，全力帮助隆德县打赢脱贫攻坚战。

今年春节，厦大师生校友在全球各地为祖国献上赞歌，厦大宁夏隆德挂职干部马龙也在扶贫第一线送来了祝福。站在隆德书院前的皑皑雪地上，马龙尽情放歌。来到隆德已经一年有余，现挂职隆德县委常委、副县长的马龙说起厦大和隆德的事儿如数家珍。据不完全统计，厦大多年来直接投入帮扶资金1300多万元，引入帮扶资金（含仪器捐助等）7000多万元，直接采购农特产900多万元，帮助销售农特产800多万元；培训干部和技术人员5000多人次，占隆德总人口的3.2%左右；双方互访607人次。

2018年由厦大选派赴隆德县沙塘镇张树村担任第一书记的胡雄也在隆德留下了自己的回忆。“我印象最深的就是隆德的医院建立了远程诊疗室，村民遇到重大疾病可以直接和厦大附属翔安医院远程会诊，是宁夏首例5G网络远程会诊。厦大附属心血管病医院

【厦大党委书记张彦一行深入隆德县人民医院，详细了解5G远程医疗会诊平台】

等专家也通过网络定期给隆德的医务人员远程培训。”胡雄说到，“还有通过厦门大学消费扶贫帮助建立的‘企业＋合作社＋村民’运作模式，销售牛肉470万元，带动67户村民致富，厦大食堂的扶贫特色窗口就是我们提供的牛肉！”

不仅在食堂，厦大师生合作推出的“我知盘中餐”项目，借助人工智能和大数据帮助隆德乡亲解决“种什么”和“怎么卖”的问题，从硬件捐赠、人员培训、销售渠道拓展等方面提供全过程电商帮扶，让隆德的“菜园子”直通全国各地的“菜盘子”。

2015年10月17日国家扶贫日上，厦大与福建康业投资有限公司签署协议，共同建设隆德县厦门大学康业扶贫创业园。以合作开发、技术转让、技术入股等方式，积极推动厦大的科技成果转化，推动当地优势特色产业向先进生产力转化，可持续发展的科技扶贫模式建立了起来。

多年来，在厦大校庆日和国家扶贫日，“精准帮扶特产展销”活动都会在厦大的校园里举办，特产琳琅满目，其中来自隆德的土豆水晶粉丝和牛羊肉都大受欢迎。

这小小的土豆粉丝却有“大来头”。它产自坐落在康业扶贫产业园里的厦大校友企业黄土地农业食品有限公司。在厦大陈猛副教授和吴彩胜副教授课题组帮助下，公司建立了一个450平方米的质量安全控制与研发中心，建成8条生产线，实现产品质量内控与检测，迅速打开了市场销路。目前产能达到了数亿元，一年可消化马铃薯15万吨，带动马铃薯种植10万亩，提供约450个就业岗位。

把科技之风源源不断吹入隆德，“输血”“造血”式扶贫相结合，高质量、高标准超额完成各项指标任务，在助力宁夏隆德打赢脱贫攻坚战的征途中，厦门大学倾囊相助、全力以赴。2019年4月26日，隆德县正式退出贫困县序列，实现高质量脱贫摘帽。

路远情长，爱心接力永不止步

“我的家乡海原县，曾被联合国评定为‘最不适宜人类生存的地区’，也是国家扶贫工作的重点县。”2019年，中国青年志愿者扶贫接力计划研究生支教团实施20周年报告会召开，宁夏海原关桥中学校长李克俊作为代表发言。“20年前，一群厦门大学的孩子来到了海原，他们就是第一届厦门大学研究生支教团的支教队员。从那个时候开始，一场长达20年的爱心接力拉开了序幕。”李克俊回忆起跟支教团相处的点滴往事，他还记得许多支教团的队员们初到海原时的场景，因为干燥的气候导致嘴唇开裂，甚至间歇性流鼻血，但他们仍坚守岗位。

二十多年来，厦大先后派遣了21届、230名获得研究生入学资格的优秀本科毕业生前往海原和隆德支教。队员们家访的脚印深入宁夏的沟沟峁峁，鼓励孩子们坚持学习，用知识改变命运。开展新生成长辅导、校园文化艺术节，组建合唱团、舞蹈队……队员们尽己所能让山区孩子体验丰富多彩的校园文化生活。除此之外，支教团还累计募集助学资金800多万元，帮助近万名辍学儿童重返校园；呼吁社会爱心人士帮助救治2名先天性心脏病儿童；发起捐建1所希望小学、1个带有标准塑胶跑道的“上弦月”运动场……在他们的帮助下，成千上万的山区孩子最终实现了大学梦，不计其数的家庭拔掉了穷根、摘掉了贫困的传代帽。二十年的辛勤耕耘，厦大研究生支教团的队员们用爱心讲述了一个个两地协作、民族团结、山海情深的故事。

叶楠，厦大第7届研究生支教团队员，在宁夏海原西安中学支教的时间里，他写下了20万字的支教日记《把梦留住》。这本书的序言中这样写道：“西部学校讲台很窄，志愿者舞台却很宽；西部的孩子们很小，追求的梦想却很大；西部支教时间很短，留下的记忆却很长……”书中，叶楠记录下身为支教队志愿者的他在平凡的日子里所做的每一件具体的事情，记录下宁夏孩子们可爱的脸庞和闪光的眼眸。

【《把梦留住——叶楠西部支教纪实》再版发行】

第19届支教团队员黄泽华忆起支教的日子时说道：“刚到关桥中学时体育老师请产假，于是我当了一学期的体育老师。第二学期初历史老师和地理老师请产假，我教上了历史和地理，一个月后数学老师也生孩子去了，我又顶上教了一学期的数学，那时我常笑着和孩子们说他们的数学是体育老师教的。但是，我们就是革命的一块砖，哪里需要哪里搬。”

把自己的理想追求和祖国的号召、西部人民的需要紧紧联系，厦大的志愿者们奉献知识、安贫支教，用辛劳和汗水谱写了动人的支教之歌，跑出了一场永不止步的爱心接力。

“宁”“厦”携手，“荒漠变绿洲”

早在1980年，厦门大学复办法律专业，为了活跃学术气氛、扩大学术交流，便邀请时任宁夏大学副校长的吴家麟先生来厦，作为期一至两个月的宪法相关的讲学。

两千多公里，牵起了“宁”和“厦”的恋恋情谊。

作为闽宁合作对口院校，宁夏大学和厦门大学长期以来结出了不少硕果。

学科建设方面，厦大和宁大先后签署了“一流学科对口合作建设协议”“新闻传播学院合作协议”，在化学工程与技术、新闻传播学、民族学等学科建设和师资培养上，不断加强合作。

高层次人才互聘和交流方面，厦大化学化工学院、管理学院和宁大重点实验室等均有往来，推动宁大相关学科建设与发展。赵玉芬院士等多名厦大高层次人才先后到宁大作学术报告……

项目合作方面，厦大与神华宁煤集团、宁大三方共建了产学研合作基地，共谋宁东煤化工产业发展大计；为解决宁夏土地荒漠化的严重生态环境问题，厦大化学化工学院尹应武教授团队与宁大曹兵教授团队合作，在白芨滩林场进行了生物基材料固沙试验，以及利用生物基土壤调理剂在石嘴山前进农场进行盐碱地水稻应用试验；与宁大苏建宇教授团队合作，充分利用秸秆和枝条等废弃生物质资源，开发多功能、保水保肥新型生物基肥料，使“荒漠变绿洲”。厦大还和宁大资源环境学院合作研究“宁东能源化工场地固废利用及周边土壤生态修复关键技术研究与示范”项目，为改善宁夏土壤生态而努力。2018年，两校签署《厦门大学—宁夏大学协同扶贫宁夏隆德县协议书》，努力实现“1+1>2”的扶贫工作实效。

“在这样一个专业技术领域展开合作，不仅扩展了宁大青年教师和研究生的学术视野，厦大师生勤奋敬业的精神更是激励了宁大青年学子创新创业和科技报国的志向和情怀。”苏建宇教授动情地评价到。

2018年，由来自宁夏大学、厦门大学和西南大学的青年学生组成的“沙漠绿洲”团队夺得了第四届中国“互联网+”大学生创新创业大赛银奖。开发沙漠保水剂等新产品、破解沙漠固沙保水和生态恢复难的世界难题、开辟生产水溶性生物基新材料高效利用的新途径，这一个前后已经花费近十年时间的项目借助大赛的平台被更多人熟知。

【“沙漠绿洲团队”获第四届中国“互联网+”大学生创新创业大赛银奖】

深入宁夏荒无人烟的沙漠开展实验，在“青春红色逐梦之旅”赛道上马不停蹄地路演推广，厦大和宁大的学子们同心协力、苦中作乐。

“这是一次比赛的终点，却是我们助贫圆梦的起点。”团队队长说到，“闽宁合作已经走过了20余年，无数前辈们助力沙区人民脱贫的赤子之心一直指引着我们。我们也将继续沿着他们的脚步，走出实业兴国，绿色筑梦的新道路。”

扎根宁夏，春华秋实

80多年前，厦大人的脚步就踏上了宁夏的土地。雷经天，厦门大学早期学生运动先锋。1937年“七七”事变后，雷经天担任陕甘宁边区高等法院法庭庭长、院长。他维护法律的神圣尊严，坚持依法办事，使边区军民乃至全党受到极其深刻的法制教育，并震动全国，为边区的民主司法建设作出了贡献。

目前，在厦大的宁夏籍师生240余人。自2017年起，厦大每年专门向宁夏增加10个马来西亚分校招生名额。近三年来，毕业后奔赴宁夏就业的优秀厦大毕业生有60余人。

田惠桥，宁夏平罗人，厦大生命科学学院教授。他多年从事植物学研究，在研究种子繁殖方面卓有成效，曾被评为厦门市2014年度十大影响力人物。虽人在厦大，但他始终牵挂家乡的发展，近年来他在银川市实验种植新型胡萝卜，并成功摸索出麦收后种植水果胡萝卜的新技术，使得胡萝卜的产值高出小麦数倍。他还无偿为隆德县农民提供新型胡萝卜种子，指导农民种植，帮助宁夏的农民增加收入。

李汉鹏，这位从厦门大学生命科学学院毕业的微生物学硕士，毅然放弃了北上广就职的机会，选择回到家乡宁夏，成为厦大第一批宁夏定向选调生中的一员。“我本来就是农民的儿子，在职业选择上，我更愿意回到这片生我养我的土地。”

在宁夏南部山区海棠湖村办公、生活的每日，李汉鹏依然秉承厦大“自强不息，止于至善”的校训精神，分秒必争地投身工作与学习。为了让不识字的群众及时了解党的政策和法律法规，李汉鹏自学影片剪辑技术，富有创造性地想出用“放电影”的方式来进行宣传工作。他将网络影视作品制作成群众喜闻乐见、通俗易懂的普法宣传视频，“说老百姓听得懂的话”。现在老百姓遇到村霸等涉黑问题，已经开始学会打电话进行上访举报，用合法方式维护自身权益。

“贺兰山下飞白鹭，黄河岸边出芙蓉。”2014年在校主陈嘉庚先生140周年诞辰来临之际，厦门大学宁夏校友会成立。多年来，像星辰般散落在金融、国企、政府部门、民营企业等行业300多名厦大校友，都在为宁夏的社会进步、和谐稳定积极贡献着厦大人的智慧和力量。

“当年我满怀豪情报名了首届研究生支教团，不知不觉已经过去了20年，但一生中能有这样的一年，无悔。”现厦大辅导员张秀丽回忆起在宁夏的那段难忘的日子，眼神里依然有光。那里的水很苦，但“自找苦吃”的她却记住了所有的“甜”：孩子们夜晚来她窗台外借光学习的勤奋，还偷偷拿来自家种的土豆放在她宿舍门口……正是这些温暖让她更懂得了珍惜与感恩，更坚定教育之爱的力量。

【厦大研究生支教团队员在上课】

“累并快乐着”，是现厦大老师吕铖 2015 年在张树村挂职时最大的感悟。看着宁夏孩子们的求学之路燃起希望之光、老农们养牛增收创收，从南国到塞北，他说，一切的辛苦都是值得的。

相知无远近，万里尚为邻。站在新的起点上，脱贫富民的宁夏与奋进逐梦的厦门大学有着更为广阔的合作空间和互助优势，“宁”“厦”协作的接力赛还在一棒接着一棒传递着，未来也将携手续写高质量发展新篇章，一同为民族复兴贡献力量，让宁夏这颗塞上明珠愈发璀璨，让滨海的“海日”光辉更加灿烂 。

（文 / 张　夏）

經濟樓

天山南北白鹭齐飞
昆仑大地芙蓉盛开
——厦门大学与新疆的校地情缘

新疆日报 宝地·作品 08 2020年1月20日 星期一

白鹭悠悠落天山
——厦门大学与新疆的校地情缘

■“白鹭恋红柳，瀚海望天山”，一代代厦大人扎根新疆，用青春和赤诚在天山南北谱写着一篇篇精彩华章。

□周民钦 李雅真

感人佳话，陈嘉庚的新疆情

白鹭鸣唱，天山深处作回响

世纪新光，南强才俊续辉煌

情系新疆，打造人才“加油站”

闽水浇灌，西域热土放异彩

融情的城

■在这座城里，这样相互帮助、相互交融的故事太多太多，正是人们对这片土地的热爱，才有了心中融情故乡的那份美好。

□马桂真

探亲记

■邻居的小孩和围观的村民，看到这完整的院落和家，都觉得新奇。回望他们时，他们就冲我微笑，频频点头，盯着我胸前的党徽。

□秦学功

【《新疆日报》2020 年 1 月 20 日】

新疆，坐拥天山，联通俄蒙哈，连接欧亚，地处陆上丝绸之路的通道。厦门大学，面朝大海，毗邻港澳台，辐射东南亚，其所在省是海上丝绸之路的起点。

“白鹭恋红柳，瀚海望天山。”双方虽远隔千里，情谊却绵延不绝。厦门大学作为爱国华侨陈嘉庚先生创办的百年名校，始终厚植家国情怀，积极服务新疆建设，为维护新疆社会稳定和长治久安、助力实现中华民族伟大复兴中国梦，不断谱写出生动精彩的“厦大篇章”。

感人佳话，陈嘉庚的新疆情

“我国积弱，海陆空军均落后，而尤以海军为甚，致沿海交通完全丧失，而国际公路可入口者，只有新疆安南及缅甸而已。”上个世纪40年代，避居印尼的陈嘉庚在撰写《南侨回忆录》时，屡屡流露出对新疆的关注和牵挂。年近七旬的他甚至产生了“到新疆看一看”的想法。“我国抗战后，国际公路可入口者，除安南滇缅外，则有西北公路，由苏俄西伯利亚铁路转新疆经兰州，用汽车运来。余注意查察此路运输成绩，或须到新疆方能知详。”

【陈嘉庚】

1955年10月，81岁高龄的陈嘉庚到全国各地考察，如愿走访了西北边陲。参观新疆独山子石油矿区时，他看到职工宿舍结构虽简却设备齐全，既实用又省钱，胜过一些当时京沪的职工宿舍，当晚即搜集资料，交代秘书画图并复制许多份，分发给各大中城市的领导作为住房建筑的参考。

岁月不居，时节如流。厦大创办人陈嘉庚的这份新疆情缘一直延续至今，为一代代厦大人所传承赓续，缔造了一段又一段的感人佳话。

白鹭鸣唱，天山深处作回响

数十年来，厦门大学为新疆输送了一大批优秀人才。他们前赴后继，不管经商从政还是教书育人，都带着“自强不息，止于至善”的校训精神，深深扎根在新疆大地上。

杨昆，1948年毕业于厦门大学土木工程系。1949年新疆和平解放时，他随部队来到新疆，在极其艰苦和复杂的环境下，同全军指战员一起铸剑为犁，艰苦奋斗，曾任新疆维吾尔自治区计划委员会党组成员、副主任，自治区七届人大常委，1998年1月光荣离休。

他把自己的一生都献给新疆，为新疆的社会发展、经济建设、和谐稳定作出了积极贡献。

谭一文，1958 年毕业于厦门大学经济系。他响应国家号召，毅然投身边疆建设，先后在新疆维吾尔自治区党校和农村社会主义建设学校工作，1975 年调入新疆医学院任教。他深入新疆 30 多个县市调研，研究硕果累累，被赞誉为新型农村合作医疗“首席专家”。他曾下放至托克逊县维吾尔族聚居的农村，与农民同吃同住同劳动，被生产队队长称赞为“少数民族农民的贴心人”。由于在民族团结进步事业上的突出贡献，谭一文获评自治区区级机关下放干部青年积极分子和新疆医学院“民族团结先进个人”。

吴新春，1986 年毕业于厦门大学财政金融系。他放弃学校分配工作的机会，说服父母，向党组织递交了赴疆工作的申请书。作为福建省的唯一代表，吴新春赴京参加了“到祖国最需要的地方去建功立业”座谈会，后被分配至自治区财政厅工作，先后服务于厅企业财务管理处、商贸处，1990 年曾赴南疆喀什市粮食局挂职。33 载悠悠岁月，但赴所需，不问归程，吴新春不仅将自己最宝贵的年华奉献在这片热土，还鼓励学医的儿子毕业后当援疆医生。

于小央，1989 年毕业于厦门大学新闻传播系。2010 年，她毅然踏上支援新疆国家通用语言文字教学的道路。3 年多时间里，于小央大力引进上海专家团队、先后投入上千万资金，在新疆 100 多所学校、3 万多名小学生中教学实践，成功研发了新疆韬图汉语动漫教程系统，帮助当地学生大大提升国家通用语言文字教学。由于在援疆教育技术领域作出的杰出贡献，她被授予“上海市三八红旗手”“沪疆杯巾帼英雄”等称号，援疆事迹也被上海档案馆收录。

世纪新光，南强才俊再续辉煌

【克孜尔石窟中千年壁画守护者】

进入新世纪，厦大青年学子怀着强烈的家国情怀，循着学长的足迹，再次选择新疆作为自己青春的舞台。

李佛是一名 80 后，毕业于厦门大学岩彩画专业。毕业时，他毫不犹豫地选择到新疆，并说服了妻子一同前往。李佛每天的工作是独自对着中国历史上开凿最早的石窟——克孜尔石窟中的壁画临摹。

工作至今，他一个人临摹了20多平方米的壁画。这份单调的工作让很多人难以忍受，但“一见钟情”的李佛一头扎进去就是9年。在荒漠的石窟中，李佛追寻着自己的理想，默默守护着广袤土地上的丝绸之路文化遗产。

2008年，毕业于厦门大学机械设计专业的赛迪艾合麦提·亚尔麦麦提回到新疆，他先后在墨玉县、和田县等地基层乡镇工作6年。2018年初，已在基层乡镇工作6年的赛迪被选派担任深度贫困村——和田县塔瓦库勒乡塔尔艾格勒村的第一书记。他通过个人贷款大力推进辣椒产业，帮助全村脱贫增收，被村民们亲切地称为“辣椒书记”。2018年，塔尔艾格勒村1352座拱棚辣椒、52亩大田辣椒喜获丰收，顺利实现了脱贫摘帽。2019年，赛迪被共青团中央授予“全国优秀共青团干部——脱贫攻坚驻村团干部专项”荣誉称号，同年12月，他登上中央电视台热播节目《中国地名大会》，分享帮助乡亲共圆脱贫梦的感人故事。

【赛迪在辣椒地了解辣椒长势】

2011年，刘东莱把人生坐标从厦门移回西北大漠，身份也从厦门大学新闻传播学院博士生，变为新疆日报社记者。8年来，他牢记导师“下笔不苟且”的教诲，走遍了新疆的山山水水，将真实的新疆告诉全世界。从北疆的乌鲁木齐、吐鲁番，到南疆的喀什、和田，遍布他走厂矿、进农舍、访牧民的足迹。《豹隐天山》《牧民定居：风雨出山路》《和田：大山深处村落的希望》……一篇篇反映新疆经济社会发展的精彩报道，通过刘东莱的笔尖向外界呈现。

阿莉雅·巨艾提，2010年毕业于厦门大学法学院。她通过公务员考试选拔回到乌鲁木齐工作。2016年，她积极响应自治区党委的号召，带着未满两岁的儿子，来到南疆阿克陶县皮拉勒乡中心幼儿园支教。一个字、一组词、一句话、一首歌……在她的悉心培养下，40多个孩子在国家通用语言文字学习上取得了巨大进步。看到办学条件欠缺，她千方百计募集了近20万元物资；看到孩子家庭困难，她组建爱心微信群“茶花姑娘”施以援手。在自己的公众号“我的支教日记”中，阿莉雅以图文形式，展现出生动的支教风采。

他们仅仅只是一个缩影。来自五湖四海的年轻校友们，宛若一只只展翅奋飞的白鹭，踏着“一带一路”建设的节拍起舞，为新疆的发展源源不断地贡献力量。

情系新疆，打造人才“加油站”

从1960年开始，陆续有新疆师生前来厦门大学接受教育培训。厦大根据新疆的实际需求，逐步形成专科、本科、硕士、博士，民族班与普通班、学历教育与干部短期培训等多层次的教育体系，勉励他们勤学笃志，坚定理想，用勤勉的校园时光诠释青春色彩。

1996年，厦门大学设立成人教育学院新疆乌鲁木齐函授站。在十几年的办学历程中，共为新疆培养会计学、金融学、法学、工商管理等学科人才近千人。2008年以来，厦门大学联合新疆MBA企业家协会在乌鲁木齐市开办软件工程硕士在职班，为当地培养优秀人才。2013年至今，学校通过网络教育方式开展土木工程、人力资源管理、建筑工程技术等专业培训，为当地培养专业人才1200多人。学校还积极提供EMBA、EDP、订单式培养等教育培训，仅2016—2018年就为新疆各单位开设16个班次，培训近800人次，助力新疆干部综合素质提升。2015年，学校通过援疆博士师资专项计划培养了一批高层次人才，大大提升了新疆高校师资队伍整体教学水平。

自2018年起，厦门大学每年面向新疆招收约40名少数民族高层次骨干人才全日制公共管理硕士（MPA），积极服务当地经济社会发展、促进民族团结。

凝聚校友，共谱新疆发展华章

为了支持广大校友更好地为新疆的繁荣发展、为国家的长治久安作贡献，2012年7月，在学校的推动和当地政府的支持下，厦门大学新疆校友会在乌鲁木齐市正式成立。这是厦大在西北五省成立的第一个校友会，也是国内距离母校最远、覆盖地域最广的校友会。新疆校友会的成立，大大激发了西北校友的爱国爱校热情，各地区纷纷加快成立厦大校友会的步伐。随后两年内，厦门大学陕西、西藏、青海、甘肃、宁夏、内蒙古六省（自治区）校友会渐次成立，实现了厦门大学国内省级校友会全覆盖。“南方之强”与西北地区的联系通道就此全面打通，校地情缘得到进一步深化。

【2019年8月9日，厦门大学新疆校友会第二届理事会换届大会圆满举行】

2019年8月，厦门大学新疆校友会第二届理事会换届大会，对在脱贫攻坚、扎根边疆、“一带一路”建设等领域作出突出贡献的校友进行表彰，并和福建援疆指挥部共同设立了总额 30 万元的“援疆·厦大校友奖学金”，定向用于奇台县坎儿孜乡中心小学教育扶贫工作。厦门大学新疆校友会会长王小江表示：“厦门大学也是国家援疆体系的重要一环，我们有责任和义务为母校代言，将厦大精神在新疆传播开来。”

授人以渔，不辞长作“援疆使者”

曾在新疆生产建设兵团农八师共青团农场（现第八师 150 团）度过了一段青春时光的厦门大学教授易中天，由他创作的四六骈体《克拉玛依赋》被镌刻在一面英雄浮雕墙上，成为今天美丽的克拉玛依市步行文化街中心的一道新景观。“浩浩乎平沙，茫茫乎戈壁，巍巍乎钻塔，猎猎乎旌旗。雄哉壮兮，克拉玛依！……”易中天极尽文学之能反映了这座油城的前世今生和创业历程。

近年来，在距福建 4000 多公里的昆仑大地上，厦大的元素和力量一直源源不断注入。2008 年起至今，通过中组部各批次的援疆干部人才项目，厦门大学先后选送邓朝晖、侯振清、李建辉、孙振宁、敬科举、王宏涛、林世明到新疆昌吉学院挂职交流，选送周雷激、周克夫、曾吉文赴新疆师范大学挂职工作，选送钱建国赴新疆塔里木大学挂职工作，选送王文元、李静赴新疆财经大学挂职工作，选送何元赞和石慧霞、赵叶珠分赴新疆工程学院和乌鲁木齐市教育局教研中心挂职工作。他们倾情投入援疆事业，以辛勤的工作、无私的奉献和优异的成绩得到了中组部和自治区党委组织部的高度赞扬和充分肯定。

离开熟悉的校园和繁华的都市，奔赴天山脚下的还有另一批闪亮的身影。化学化工学院陈秉辉、王野、李军和江青茵等老师组建了“天山学者”团队，努力推动昌吉学院学科建设、人才培养、科学研究等方面的发展，培育出一支带不走的人才队伍，变“输血”为“造血”。学校还选派优秀团干部到新疆团委系统挂职。

不是每一朵花都能盛开在雪山之巅，雪莲做到了；不是每一棵树都能屹立在大漠戈壁上，胡杨做到了；不是每一个人都能肩扛重任远赴边塞，厦大教师干部做到了。他们在这场援疆“接力赛”中，不断谱写出新的时代篇章。

闽水浇灌，西域热土更放异彩

大漠孤烟，长河落日，这是天山脚下的景象。城在海上，四季如春，这是海上花园的常态样貌。新疆与厦门，相隔万里，气候迥然不同。但有了厦大和新疆的校地合作，两地便紧紧相连，千山万水不再遥远。

2010 年，新疆维吾尔自治区人民政府与厦门大学开展战略合作，在发展研究、科技开发、教育培训、文化建设等方面集中发力。2011 年 7 月，厦门大学与昌吉学院签署对口支援协议，双方在人才培养、科学研究、干部交流等方面开展紧密合作。2012 年 7 月，厦门大学与新疆师范大学正式签署对口合作协议，推动新疆师范大学跨越式发展。2015 年，“新疆洁净能源化工联合研究院”成立。2016 年，“新疆化石资源加工与新能源技术工程中心”与“醇醚酯化工清洁生产国家工程实验室（新疆分部）”成立，科研合作的广度和深度得到拓展。2019 年，根据教育部部省（区）合建高校建设现场推进会精神，厦门大学与新疆大学建立对口合作关系，并于 2020 年 5 月正式签订对口合作化学学科协议……校地携手合作，成为“互帮互学、共同进步，优势互补、共同发展”的典范。

厦门大学师生还积极发挥专业优势，前往新疆开展社会实践，为新疆发展出谋划策。早在 1989 年，厦大师生就前往新疆塔城地区开展“包虫病流行病学调查与防治研究”，帮助改进防治措施、提高防治效益。如今，学校每年都会选派多支学生社会实践队伍前往新疆开展丰富多彩的实践活动，助力当地社会发展。据统计，2012 年以来，厦门大学赴新疆的学生实践队已有 58 支，共 474 人。2007 年，经济学院“滴水泽疆”实践队赴新疆维吉木乃县就“小额信贷金融模式在新疆贫困县试行情况”开展调研，整理提交数万字报告，得到新疆共青团的肯定和赞扬：“给予了当地政府和信用社宝贵的智力支持，展现了东部地区人民对祖国西部地区的关心与支持。”

【厦门大学“滴水泽疆”实践队开展实地调研】

天山鹭水，至深至诚，岁月悠悠，前程锦绣。新时代新征程，在新疆广袤的大地上，壮丽的发展乐章雄浑奏响。厦门大学正吹响奋进的号角，携手新疆浇灌出更加绚烂的情缘之花……

（文 / 周民钦　李雅真）

碧波鼓浪汇香江
南强智荟创发展

——厦门大学与香港的校地情缘

碧波鼓浪匯香江 南强智薈創發展
——廈門大學與香港的校地情緣

嘉庚情懷　香江永續

香港勤智　愛國愛港

頭頭相通　攜往開來

同舟共濟　同慶新程

▲由廈門大學香港校友會贈給母校建校85周年的書法作品「鷺島東南」，為鐫刻類大部字跡，現為廈門大學美景之一

▲1981年，以黃克立（左一）為團長的旅港校友會回廈門大學參加60周年校慶

【《大公报》2020 年 8 月 26 日】

鹭岛出发，岭南耕耘，添东方明珠流光溢彩。忆往昔，南强学子风华正茂，奋发香江七十载；看今朝，百年厦大扬帆起航，嘉庚精神传四海。凤凰花开季，紫荆绽放时，厦大与香港的校地情缘往事随韶光款款而来。

嘉庚情怀 香江永续

“教育为立国之本，兴学乃国民天职。”这是著名爱国侨领、厦门大学创办人陈嘉庚践行一生的教育信念。

陈嘉庚与香港的渊源或可从一家银行说起。1947 年，内地发生严重的通货膨胀，金融市场极度混乱，银行业务难以开展，为谋求家乡集美学校有长久的经费来源，同时获得社会效益，7 月 15 日，陈嘉庚集资创办的集友银行在香港正式开业。开业至今逾 70 载，集友银行奉行陈嘉庚倡导的“以行养校、以行助乡”宗旨，通过盈利奉献助学、捐资设立“陈嘉庚教育基金会”等途径，持续用于乡社建设和教育支出，并致力于当地基础业务，支持香港的发展和繁荣。

1961 年，陈嘉庚在北京逝世，噩耗传至香港，各界人士深为悲恸，集会举行追悼大会，一千多人到场追思，收到挽联数以百计。时任香港《大公报》社长费彝民联云：“倾力兴学育才，仗义疏财，树工商界千秋良范；毕生爱乡爱国，斥邪扶正，为华侨中一代完人。”

【1992 年 8 月，出席陈嘉庚国际学会成立大会的嘉宾合影】

1992 年，由诺贝尔奖获得者杨振宁、丁肇中等人发起，30 多位杰出华人科学家、学者、企业家倡议的陈嘉庚国际学会在香港成立，70 多位世界顶级的教授学者为其会员，杨振宁在成立仪式上回忆起一段“厦大往事”：“我没有机会见过陈嘉庚先生，不过我六七岁时，父亲在厦门大学教了一年书，所以我曾在厦大住过。那时厦门大学的校长是林文庆先生，他是陈嘉庚先生的好朋友……我自己也是嘉庚先生兴学的受益人之一。”该会以“弘扬嘉庚精神，凝聚各界精英，服务社会，造福人群”为理念，意在团结世界上的华人，为中国教育和世界科学发展作出自己的贡献。

2019 年 10 月 22 日，中国侨联和香港侨界社团联会共同主办的“华侨旗帜 民族光辉——传承嘉庚精神及华侨华人参加祖国建设成果展”在香港推出，展示了陈嘉庚开拓实业、倾资竭力兴办教育，公而忘私、国而忘家的传奇一生。中华全国归国华侨联合会主席万立骏在开幕式上说：“希望推动嘉庚情、爱国志薪火相传。”

香港勋贤　爱国爱港

自1997年开始颁授的“大紫荆勋章”是香港特别行政区授勋及嘉奖制度下的最高荣誉，旨在表彰毕生为香港社会作出重大贡献的杰出人士。三位厦大学长名列其中：第一届大紫荆勋贤徐四民、黄克立，第二届大紫荆勋贤黄保欣。

“丹心扶社稷，铁血护山河”，这是徐四民的人生写照。徐四民，缅甸爱国华侨，1936年考入厦门大学文科部，翌年因抗战爆发辍学返回仰光，积极投身抗日救亡运动。其间，是同侨、师尊，亦是战友的陈嘉庚曾亲笔写信委托其担任《南侨日报》在缅总代理，针砭时弊，支持光明进步。1949年9月21日，徐四民与陈嘉庚都被邀请出席中国人民政治协商会议，讨论《共同纲领》，迎接新中国的到来。新中国成立第二天，徐四民领导缅甸爱国华侨在仰光升起了东南亚第一面五星红旗。1976年，徐四民移居香港，他以“振兴中华 诚实敢言”为宗旨创办了《镜报》月刊。在中英谈判期间，他为香港的回归、《中华人民共和国香港特别行政区基本法》的诞生和香港特区的筹建建言献策。香港回归后，他仍然用正气之笔，书写爱国爱港之情。

【1981年，以黄克立先生（左一）为团长的旅港校友会回厦门大学参加60周年校庆】

黄克立，福建泉州人，1935年毕业于厦门大学经济系，因受陈嘉庚赏识，被聘为厦门大学会计主任。1948年，黄克立举家定居香港，以出任香港集友银行副经理为起点，一路纵横金融、工商界，成为香港商业巨擘。他晚年转而在政坛发光发热，曾三届连任全国政协常委，对改革开放，尤其是财政金融、文化教育及两岸关系等提出中肯建议，并全力为香港回归贡献自身力量。他始终铭记陈嘉庚“人而无国，何能生存？”之教诲，时常教育子女：“亲中、爱国是没有办法改变的，国家任何时候都比家庭重要，国家是永远的，家庭却可能会慢慢散开。”

同是福建泉州人的黄保欣，1945 年毕业于厦门大学化学系，后赴香港创业，以商界数十年之奋进拼搏，成就“塑料原料大王”之美誉。事业巅峰之际，他积极投身香港公共事务，担负起《基本法》起草委员会委员、全国人大常委会香港特别行政区基本法委员会副主任之崇高责任，对“一国两制”事业发展、香港顺利回归和繁荣稳定贡献卓著。此外，他还因“广东大亚湾核电站安全咨询委员会主席”“香港机场管理局主席”两个身份饱受赞誉。1999 年 3 月，香港新机场被选为 20 世纪世界十大工程之一。黄保欣直言：“这是香港人努力的成果，是所有人的光荣。”

被业内人士誉为中国“科技木之父”的庄启程亦是爱国爱港勋贤的杰出代表。1956 年，庄启程考入厦大物理系。1963 年，他来到香港开启创业之路，终成一代商界巨子。事业有成的他不忘回报母校、报效社会，厦大在办学经费遇到困难之际，他以无名氏捐款资助，而在香港本地捐助的项目更是遍及各个社区，包括香港保良局庄启程预科书院等多所小学和中学，以及一些养老机构等。他还是民间大使，以己之力，将国外经济等资源介绍到内地，推动内地区域经济发展。他曾说：“我青少年时期在祖国内地接受教育，作为中国人，我们都希望自己的国家、民族富强起来。”

功崇惟志，业广惟勤。数十年来，在香港这片热土上，还有一大批厦大校友秉持嘉庚精神，以“爱国爱港”的坚定信念，谱写拼搏奋斗的时代篇章：校友陈可焜曾任《香港经济导报》总编辑，长期从事香港经济研究，首倡“香港学研究”；校友黄涤岩曾为中国银行副董事长、港澳管理处主任，为香港中银大厦落成、中国银行在香港发行港币钞票及香港回归亲力亲为；校友王少华为加强香港与内地的经济合作贡献卓越，同时充分发挥“她力量”，热心慈善公益，关爱内地贫困地区妇女儿童；曾任厦大副校长的翁心桥 1986 年奉调赴新华社香港分社工作，任分社教育科技部部长、香港特别行政区筹备委员会委员……

脉脉相通　继往开来

“如果让我再上大学，一定选择厦门大学。”2002 年，时任香港特别行政区行政长官董建华参观厦大时发出这样的感叹。

早在 1956 年 1 月，高教部与中侨委商定同意厦大创办华侨函授部，4 月 10 日，香港《大公报》《文汇报》在第一版用特号字标题刊登厦大筹办华侨函授部的消息。厦大华侨函授部成立之初设数学、物理、化学三个专修科，后又增设中国语文、中医专修等科。1963 年，开始有香港籍学生就读厦大中国语文专修科。1980 年，厦大海外函授部复办，在香港等地设立海外招生代办处，并在香港设立中医临床实习基地，与香港有关单位合作开展中医实习带教工作，培养大批中医人才。大量香港学子通过函授学习，文化知识水平和业务能力得到有效提升。1993 年，厦大成立台港澳学生先修部，为台港澳青年学生赴大陆（内地）学习深造提供更多机会……厦大华侨函授部几经更名，现为厦大海外教育学院，从 1956 年成立至今，已培养约 4300 名港籍学生，其中涌现出不少文学界、中医界菁英。1983 年，厦大成立新闻传播系，以“传播”冠名，创办广告学专业、国际新闻学专业，开内地之先河。这正是在原香港《大公报》老报人刘季伯先生、新闻前辈徐铸成先生、香港中文大学新闻与传播学系原主任余也鲁教授等的大力提倡和支持下才变成现实。

1990 年 4 月，为推动与香港地区教育文化的交流合作，厦大与香港中文大学签订校际交流合作协议，随后又与香港大学、香港科技大学、香港理工大学、香港城市大学、香港浸会大学等五所高校陆续建立姊妹校关系。值得一提的是，在持续深化与香港高校双向交流与促进务实合作中，厦大始终坚持“以学院为实体、以学科为载体、以师生为主体”。

2006 年，厦大近海海洋环境科学国家重点实验室（MEL）与香港大学太古海洋科学研究所（SWIMS）开展学术交流合作。两校研究生于 2008 年自行发起了“水环境科学研究高校联盟”（University Consortium on Aquatic Sciences，UCAS)，并吸引台湾海洋大学与台湾中山大学研究生加入。UCAS 每年轮流在厦门、香港与台湾举办学术研讨会，为联盟高校的研究生提供一个活跃的学科交叉、学术交流合作平台，反响甚佳。2011 年 4 月，经 SWIMS 牵线支持，香港太古集团慈善信托基金捐赠 560 万元人民币，资助厦大建立“东山太古海洋观测与实验站”（东山站），这是中国海洋科学台站建设史上第一个由跨国企业捐赠建立的实验观测站。2017 年 6 月，东山站建成，厦大同 SWIMS 建立“姐妹观测站”，进一步推进海洋生态系统领域合作研究。

【厦门大学东山太古海洋观测与实验站】

近年来，厦门大学不遗余力地为青年学子创造交流机会，搭建更广阔的合作平台。2017 年，厦大与香港中文大学共同承办由香港九龙总商会发起支持的“新纪元精英培训计划”，并连续三年承办该项目的内地行程。联盟高校数百名青年大学生踊跃参与，深入交流中华文化，拓展国际视野，增进彼此友谊和共识。2018 年 10 月，“21 世纪海上丝绸之路”大学联盟在厦大成立。次年，厦大主办该联盟首届国际暑期项目活动，来自香港及“一带一路”沿线国家和地区的 60 名优秀本科生参与其中，听取专业讲座，参访现代企业，走近闽南风土，就中国历史文化、海上丝绸之路等议题展开对话，收获满满。

至交契友，温情传递。长期以来，厦大教育事业的发展也离不开香港社会各界的鼎力支持。2009 年起，“香港道德会”在厦大捐资设立“香港道德会厦门大学贫困学生扶助基金”，每年资助 400 名家庭经济困难、品学兼优的厦大学子，帮助他们顺利完成学业，鼓励其通过道德实践培养爱心与社会责任感。这是学校迄今收到的资助总额最大、资助人数最多的社会助学金之一。沿着厦大芙蓉湖畔拾级而行，“乐善”石刻映入眼帘，融入景中，石刻设立的初衷既是为感念香港道德会的善行义举，亦在于教导厦大学生常怀感恩之心、奉献之心，反哺社会、报效社会。2014 年，著名爱国华侨、嘉里集团董事长郭鹤年捐巨资建设厦大马来西亚分校图书馆大楼，他特别将这幢大楼命名为“百姓大楼”（People’s Great Hall），希望以此传承嘉庚精神，“激发更多人士参与支持厦大马来西亚分校的事业发展”。

【厦门大学马来西亚分校主楼夜景】

同舟共济 同庆新程

上世纪 30 年代，香港厦大校友们就已经有了校友会组织，后因战乱，活动中止，直到战后才得以恢复。1949 年 11 月，该组织正式向香港有关部门登记为“旅港厦门大学校友会”。 改革开放以后，越来越多的厦大学子来到香港这个东西方文化交融的地方，用平凡的人生创造出非凡的力量。2011 年，一首《扬帆香江》，唱尽在港厦大校友展才献力香江、爱国爱港爱校的深切情怀。

从南强学子到香江翘楚，厦大人用实际行动为母校在东方之珠中亮出一张张亮丽名片，在香港各行各业，涌现出一大批努力拼搏奉

【1949 年，陈嘉庚回国时与旅港厦门大学、集美学校校友合影】

献、爱国爱港爱校的厦大菁英。2015 年，厦大党委书记、校务委员会主任张彦率团赴港访问并看望校友，出席“旅港校友会注册成立 66 周年庆祝大会”。他在致辞中赞扬厦大校友在香港创出精彩，带给香港各界亮丽成就，并为母校赢得了声誉。

迈入新时代，香港厦大校友会依托香港联通海内外、融汇东西方的区位优势，成为了海内外校友联络感情与沟通咨询的重要平台。“金融”“法律”两个分会因其专业性与实务性兼具而盛名在外。2018 年 11 月 9 日，南强全球金融论坛暨全球厦门大学金融校友联合会成立大会在港交所举行，香港特别行政区行政长官林郑月娥出席致贺，来自全球各地金融领域的厦大校友，以及金融业界、学界专家精英共襄盛举，并倡议打造助力母校建设发展的群贤基金。“希望以此契机加强金融校友交流合作，助力学校争创世界一流，推动新时代中国金融业深化改革。”厦大校长张荣在致辞中说。

“知恩图报，守望相助”是香港校友会文化的重要内涵。饱含着对母校绵延不断的情谊，庄启程、王少华、吕振万、施子清、王英伟、黄玉山、林涌等校友和社会各界友好人士及机构先后在厦大设置了各类奖学助学基金、文化科学交流基金，助力学校的对外学术科研交流及学生的成长成才。2007 年开始，香港校友会倡议设立“厦门大学旅港校友扶困助学基金”，为福建老区、山区考入厦大的部分贫困新生提供支援。2018 年，香港校友会向马来西亚分校图书馆捐赠《四库全书》全套 500 册图书。2020 年，新冠肺炎疫情暴发，香港校友会联合澳门校友会共同向武汉、鄂州、厦门共 10 家医院捐助 4100 个脉搏血氧仪，支援疫情防控工作。

凝望着厦大的一楼一宇、一草一木、一石一刻，你能从中看到深爱母校的香港厦大校友的身影，如“克立楼”“保欣丽英楼”“王清明游泳馆”“思源谷”……在芙蓉湖畔圆形舞台边有一块镌刻着国学大师、厦大名誉教授饶宗颐手迹“美尽东南”的置石，是香港厦大校友于 85 周年校庆时赠送的礼物，也是他们南强情怀的倾诉。“美尽东南”四字语出王勃《滕王阁序》，“宾主尽东南之美”，意指厦大的自然之美与人文之光。校友们说：“这份礼物，代表我们对母校的一点回馈，希望以此让母校校园更加充满魅力，也让我们对母校的热爱和眷恋永远留在这里。”五年后的 90 周年校庆，香港厦大校友再次捐资建立“厦大旅港校友林”，寓意“十年树木，百年树人”的树林，正在厦大翔安校区蓬勃生长。

【厦门大学“美尽东南”置石】

嘉庚永续，同庆新程。展望未来，在香港厦大校友会建会70载的新起点，在厦门大学迎来百年华诞的新征途，厦大与香港这份情缘，正引领着广大厦大人以自强至善的实绩，服务社会，事事创先，为厦门大学建设一流、追求卓越，为香港的建设发展、祖国的繁荣稳定作出更大贡献，谱写更美春秋！

（文/林济源　陈　梦　薛小勤）

望厦，厦望

——海丝路上的澳门与厦门大学之缘

二〇一九年十一月二十七日 星期三 己亥年十一月初二日 澳門日報 特刊 B8

望廈，廈望

——海絲路上的澳門與廈門大學之緣

澳門與廈門作為中國古代海上絲綢之路上的兩個重要節點，很早就開始了往來。澳門半島北部有一個明朝洪武十九年開村的古村落叫望廈，古又名旺廈，其寓意一說是盼望廈門、興旺廈門，一說是古時到澳門拓荒的福建先民把廈門當作故鄉的象徵，可見澳門與廈門之間的歷史源遠流長。隨着歷史的變遷，越來越多的濠江兒女來到鷺島成就一番事業。可謂古有鷺島兒女濠江北望廈，今有濠江兒女鷺島南望澳。

廈門的東南海邊，座落着一座有"中國最美大學"之稱的百年高等學府——廈門大學，這所由著名愛國華僑領袖陳嘉庚先生于1921年創辦的大學，與澳門在時而曲靜時而壯闊的海浪中，傾聽着彼此的聲音。

烽火連天初相遇

暮春時節又逢君

地投考高等學校的工作。同年，廈大成立中國第一個華僑函授部，主要為南洋培養中學師資。

1980年5月，廈門大學複辦海外函授部，消息一經發佈，就有澳門同胞參加函授部舉辦的中醫內科、針灸、中國語文等專業的學習。通過學習，他們的文化知識和業務水準大幅提升，有些學生還以此掌握新的謀生技能。澳門……

兩代僑領風雲際會

……棉蘭蘇東、中華中學，卓有建樹，與大名鼎鼎的華僑學校開創者陳嘉庚聲名相聞。

1939年冬，陳嘉庚發起組織南洋華僑回國慰勞視察團特邀梁老一同北歸勞軍。出發前，梁老幾度寄宿陳嘉庚的怡和軒，原本住在二樓，陳嘉庚一再要他搬上三樓說："二樓有人打牌消遣，比較嘈雜，三樓清靜而且有書籍可供閱讀，於汝更方便"。這一言行讓梁老終身難……

知無央　愛無疆

澳門廈門大學醫學院醫學會 參加澳門百萬行

"澳門山水不負我，我亦不負一方情" 米健

廈門市"榮譽市民" 曾志龍

中國大學生自強之星標兵 孫妍珊

濠江江畔飛白鷺

芙蓉湖畔結金蘭

海絲路上共芳華

"21世紀海上絲綢之路"大學聯盟成立大會暨校長論壇

第五屆全球校友會會長秘書長聯席會議與會代表合影

原創話劇《哥德巴赫猜想》澳門演出

（廈門大學檔案館 薛小勤、林秀蓮、石慧霞）

【《澳门日报》2019年11月27日】

澳门与厦门作为中国古代海上丝绸之路上的两个重要节点，很早就开始了往来。澳门半岛北部有一个明朝洪武十九年开村的古村落叫望厦，古又名旺厦，其寓意一说是盼望厦门、兴旺厦门，一说是古时到澳门拓荒的福建先民把厦门当作故乡的象征，可见澳门与厦门之间的历史源远流长。随着历史的变迁，越来越多的濠江儿女来到鹭岛成就一番事业。可谓古有鹭岛儿女濠江北望厦，今有濠江儿女鹭岛南望澳。

厦门的东南海边，坐落着一座有“中国最美大学”之称的百年高等学府——厦门大学，这所由著名爱国华侨领袖陈嘉庚先生于1921年创办的大学，与澳门在时而幽静时而壮阔的海浪中，倾听着彼此的声音。

烽火连天初相遇

抗战时期，我国最重要的国际陆路运输线滇缅公路的军运，需要大量的熟练司机和修理工。在时任南洋华侨筹赈祖国难民总会主席陈嘉庚的号召之下，南洋华侨机工踊跃应募回国，组成“南洋华侨机工回国服务团”。其中有一个年轻人叫许年，出生于澳门，1939年响应陈嘉庚号召，参加第9批南侨机工回国服务团，编入华侨先锋1大队任驾驶员。他冒着日军的炸弹随时可能在身边爆炸的危险，驾着车辆沿着崎岖不平、险象环生的公路，从缅甸将战略物资运往云南，直至抗战胜利。

被誉为“华侨旗帜，民族光辉”的陈嘉庚，一生志怀祖国，希图报效，在民族危难时刻，在国家主权遭受干涉与侵犯之时，不顾个人安危，挺身而出，奋力抗争。1946年，他在《南侨回忆录》的“战后补辑”一节中，强烈表达澳门应归还中国、维护国家主权和领土完整的立场。

暮春时节又逢君

厦门大学是中国第一所华侨创办的大学，创办人陈嘉庚极其重视华侨子弟的教育问题，厦大自创办以来即面向南洋招收华侨学生。1956年，高等教育部委托厦大等三所学校，负责组织归国华侨学生和港澳学生的补考，厦大由此开始了为新中国积极争取澳门学生回内地投考高等学校的工作。同年，厦大成立中国第一个华侨函授部，主要为南洋培养中学师资。

1980年5月，厦门大学复办海外函授部，消息一经发布，就有澳门同胞参加函授部举办的中医内科、针灸、中国语文等专业的学习。通过学习，他们的文化知识和业务水平大幅提升，有些学生还以此掌握新的谋生技能。澳门小学教师林晞，参加厦大中文函授学习，效果显著，受到当地教育界的重视，被聘为澳门中小学教师培训班的授课教师。另一澳门函授生梁竞雄，原是写字楼里的职员，她立志当医生，在函授与实习期间，克服重重困难，学业有成，后来在澳门与同仁合办针灸诊所。

随着内地与澳门在教育领域的交流不断深入，层次不断提高，越来越多澳门学生到内地高校求学深造。1985 年，厦大开始通过联考招收澳门本科生，后又开始招收澳门研究生。1993 年，厦大设立台港澳学生先修部，举办台港澳学生联考补习班和大学预科班，为澳门青年学生赴内地学习生活提供更多机会，近 300 名澳门学生通过大学预科班和联考补习班的学习，顺利入读厦大及内地其他重点院校。1980 年至今，厦大通过函授、联合招考等形式培养澳门本专科生、研究生达 1000 多人。

两代侨领风云际会

梁披云，祖籍福建泉州，1966 年移居澳门。他热心推进澳门文教事业和华侨事业的发展，被澳门特别行政区政府授予银莲花勋章和大莲花勋章。1996 年，厦门大学授予其“名誉教授”称号。梁老与厦大的缘分可从其与陈嘉庚先生之间的因缘谈起。

1921 年至 1922 年，梁老在陈嘉庚创办的集美中学读书，“忝列集美门墙，得仰嘉庚风采”。1934 年，梁老参与创办的黎明高中因开展揭露国民党黑暗统治的活动而被查封，他开始流居南洋，在那里执教，主编华报，执掌棉兰苏东、中华中学，卓有建树，与大名鼎鼎的华侨学校开创者陈嘉庚声名相闻。

1939 年冬，陈嘉庚发起组织南洋华侨回国慰劳视察团，特邀梁老一同北归劳军。出发前，梁老几度寄宿陈嘉庚的怡和轩，原本住在二楼，陈嘉庚一再要他搬上三楼说：“二楼有人打牌消遣，比较嘈杂，三楼清静而且有书籍可供阅读，于汝更方便。”这一言行让梁老终生难忘。

【梁老在医院阅读《陈嘉庚传》】

1940 年春，梁老与陈嘉庚一起回国慰劳，跋涉于秦蜀大后方与豫鄂前线。其间，他以陈嘉庚的经历与事迹写了叙事长诗《星洲番客吟》，后又写下《追随陈嘉庚回国劳军杂忆》，可见其对陈嘉庚的尊敬与爱戴。此行成为梁老人生的一大转折，此后他的所作所为，深受嘉庚先生的影响和感召，最终使他成为陈嘉庚式的一代侨领，人称“陈嘉庚第二”。

知无央 爱无疆

历年来，一批批厦大学子饱含着对澳门这片土地的深情，来到澳门。如见证并深度报道澳门回归的驻澳首任记者、中国第一个会计学博士、金融界大咖以及奋战在各行各业的专家学者。同时也有一批澳门籍学子或求索于厦大校园或扎根鹭岛。澳门高等教育界人士也与厦大保持密切联系，时刻关注厦大的发展。他们都在各自的领域致知于无央，充爱于无疆。

——“澳门山水不负我，我亦不负一方情”：米健

1981 年，米健怀着法律侠客梦，考取厦门大学法律系罗马法专业研究生。在美丽的厦大校园，他遇到了如父般的导师李景禧和胡大展，从他们身上，米健不仅学到了如何为学，还学到了如何为人。

1991 年，米健以法律专家身份受邀到澳门从事法律本地化工作，参与了《葡萄牙民法典》及其他诸多法律的中文翻译，组织策划编写了澳门历史上第一部中文法律著作《澳门法律》。2007 年，米健再次来到澳门，担任澳门科技大学法学院院长，兼任特区政府公共行政改革咨询委员会委员。2010 年，担任特区政府政策研究室筹备办公室首席顾问，负责筹备组建政策研究室，2018 年 6 月，担任政策研究室主任，同年 9 月，被委任为政策研究和区域发展局局长。他带领团队为澳门特区政府施政做了很多基础性、建设性的工作。如今的他依然坚守初心，为澳门的发展默默耕耘。

——厦门市“荣誉市民”：曾志龙

曾志龙，祖籍福建泉州，2002 年移居澳门。2010 年在厦门大学攻读高级工商管理硕士，毕业后积极投身厦门地产，卓有成就。后入股厦门大学国家科技园，任执行董事。厦门大学科技园是福建省内唯一经科技部、教育部正式认定的“985”国家级大学科技园，它以厦门大学强大的科研资源为依托，打造立足厦门特区、服务两岸及港澳、集聚全球资源的科技产业发展平台。

作为移居澳门的新移民杰出代表，曾志龙说：“澳门是我成家立业的地方，是我的第二故乡，我对她有感恩之情。”多年来，他爱国爱澳，充当澳厦两地政府的民间联络人，为两地政府间的交流牵线搭桥。他希望

【厦门市市长庄稼汉给曾志龙（左）颁发厦门荣誉市民证书】

肩负起社会责任，与年轻朋友们分享成长经验和各类资源，承上启下，共同为祖国强盛携手努力。2018 年，厦门市政府授予曾志龙“荣誉市民”称号，以表彰其多年来为厦门经济社会发展作出的突出贡献。

——中国大学生自强之星标兵：孙妍珊

孙妍珊，1994 年出生于澳门。出生时的“脑瘫”，让她不能像正常人一样行走，在别人看来最寻常不过的走路成了她一生都要攻克的难题，但是肢体障碍并没有把她打垮，反而把她打磨成了一个独立而坚毅的女孩。

2012 年，她考入厦门大学英语系，开启人生的一段精彩历程。在校期间，她凭着坚毅的意志，锐意进取的精神，不仅学习成绩优异，屡次荣登国家奖学金、校三好学生等各类奖项之榜，还参加一系列征文、演讲、英语配音、笔译比赛并多次获奖，同时还积极投身公益事业和志愿者服务。2014 年，孙妍珊荣膺“中国大学生自强之星标兵”。2015 年，厦门大学授予其“嘉庚奖章”。孙妍珊的事迹激励着无数厦大学子自强不息、勇于拼搏，努力为祖国的繁荣富强贡献自己的力量。

濠江江畔飞白鹭

2008 年，毕业于海外函授中医专业的澳门学子秉持“自强不息，止于至善”的厦大校训，成立澳门厦门大学医学院医学会，意在团结校友和同仁，配合澳门特区政府及卫生部门的各项医疗政策，提高医疗水平，为澳门市民服务，为母校争光。该会成立之后积极参与各类医学会议、慈善活动、科研合作，为提升澳门医疗水平，推动澳厦学术交流，服务母校事业发展作出积极贡献。

【澳门厦门大学医学院医学会参加澳门百万行公益活动】

2013 年，厦门大学澳门校友会成立。该会在成立之后积极团结在澳校友，宣传母校，促进澳门校友之间、澳门校友与母校之间的联络与沟通，为推动澳门与厦门、厦门大学的交流作出许多贡献。2016 年，由该会承办的厦门大学第五届全球校友会会长秘书长联席会议在澳门举行，来自海内外 84 个厦门大学校友会的近 150 名会长、秘书长齐聚一堂，分享校友工作经验，为母校发展建言献策。同时还以澳门为例，探讨校友平台应如何服务地方发展，三位校友围绕澳门产业多元化、澳门经济发展等几个方面作精彩演讲。2017 年，该会成立青年校友分会，举办一系列丰富多彩的青年校友活动。

“嘤其鸣矣，求其友声”，越来越多志同道合的厦大人走到一起，为澳门繁荣和母校发展贡献着自己的力量。

芙蓉湖畔结金兰

澳门东亚大学是澳门开埠四百多年来第一所由中国人创办的大学。早在 1987 年，厦门大学就与澳门东亚大学签订了合作交流意向书。1991 年，澳门东亚大学改制为澳门大学、澳门城市大学、澳门理工学院，厦大与它们仍然保持密切往来。

2006 年，厦门大学与澳门大学建立姐妹学校关系。2011 年，两校又签订了学术交流与合作协议书，进一步推动两校在教育教学、科学研究等方面开展交流合作。同年，为促进双方进一步的合作与交流，本着“优势互补、共同发展、平等互利”的理念，两校还签署了学生交换项目合作协议书，2012 年起两校开始实际互派学生。

2016 年，秉持“互相尊重、平等互利、加强实效、共谋发展”的原则，厦门大学与澳门城市大学签订教育交流合作备忘录，双方在学术研究、教学、校务等方面开展多领域的交流研讨。两校领导高度重视，先后进行多次互访，就师生互派、科研合作、历史文化等方面开展有益探索，一致希望能为国家软实力打造创造条件，共同讲好青年学子爱国爱澳故事。

近年来，厦门大学与澳门高校师生之间的交流越来越频繁。仅近 3 年，厦大已有近 200 位老师应邀赴澳参加各类学术研讨会或短期学术培训，100 多位学生到澳门参加交流。 2019 年盛夏，厦大原创话剧《哥德巴赫猜想》在澳门大学上演，该剧讲述著名数学家、厦大“科学精神”代表人物之一的陈景润，攻克世界著名数学难题“哥德巴赫猜想”中的“1+2”，勇攀科学高峰的人生故事。话剧圆满落幕，反响热烈，受到澳门大中小学生及市民的广泛好评。

海丝路上共芳菲

16 世纪中叶开埠的澳门，不仅是丝绸之路由西域转向西洋的一个里程碑，也是古代中国对外贸易的重要港口，还是中西文化交融的一个重要节点。21 世纪的今天，澳门依旧是“一带一路”上的一座桥梁，大有可为。厦门大学也在“一带一路”上大展身手，2016 年发起 “21 世纪海上丝绸之路”大学联盟，并于 2018 年成功举办“21 世纪海上

【“21 世纪海上丝绸之路”大学联盟成立大会暨校长论坛】

丝绸之路”大学联盟成立大会暨校长论坛，发表《厦门宣言》，得到澳门大学的大力支持。2018 年厦大成立“一带一路”研究院，2019 年建立“一带一路”学科群，重点解决“一带一路”建设过程中出现的重大理论与实践问题，为提升我国参与全球治理的能力和水平提供有力支撑。

有着悠久爱国爱澳历史传统的澳门，与有着深厚家国情怀和红色基因传承的厦门大学，在爱国奋进的悠扬旋律中，已携手走过数十个春秋。围绕国家“一带一路”倡议，厦门大学与澳门在人才培养、学科建设、科学研究等领域有更大的互补和合作空间。未来的悠悠岁月里，在东南海的碧浪清波中，厦门大学将与濠江儿女一起挥洒热血，继续携手同行，共谱发展新篇。

（文 / 薛小勤　林秀莲　石慧霞）

TAN KAH KEE

一湾海峡 万千情谊

——厦门大学与台湾的校地情缘

04 台港澳周末　人民日报海外版　2020年9月12日　星期六

全力以赴　澳门旅游业再出发

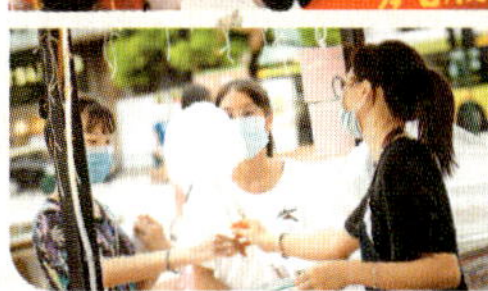

民进党当局罔顾台湾民众健康

厦门大学的"台湾情缘"

【《人民日报（海外版）》2020年9月12日】

盛夏时节，太平洋的风经过台湾，穿过海峡，吹到厦大。

宝岛台湾，远古时期曾与大陆相连，后由于海面上升、地质变化，相连的陆地部分被淹没，遂形成台湾海峡，出现台湾岛。虽隔海但不遥远，台湾海峡最狭处仅 130 公里、最深处不过 80 米。纵然历史上台湾岛屿与大陆版块分分合合，但以人为桥梁的交往从未停歇。

“校址当以厦门为最宜，而厦门地方尤以演武场附近山麓最佳，背山面海，坐北向南，风景秀美，地场广大。” 1921 年，在民族危难之际，怀抱“教育为立国之本”的陈嘉庚在海峡西岸的福建，选定了厦门演武场，也是昔日郑成功的练兵场，建起了百年学府——厦门大学。“海峡不是一把无情刀，终会变成一座交流桥”。两地彼此命运紧密相连，翻开这百年校地篇章，万千往来中的故事渊源深厚，万般不易间的情缘更是荡气回肠。

一方石锛，万年光景

厦大校园内、芙蓉湖畔旁，有栋嘉庚风格三层建筑，白色花岗岩墙体、红色琉璃瓦，上书“厦门大学人类博物馆”。这是我国首个人类博物馆，被联合国教科文组织收录为国际著名博物馆之一。馆中有七个展室一个碑廊，文物八千多件。其中有一块看似普通的石头，名为“有段石锛”，采集地：“台湾”。

“台湾之有石器时代遗物，余久已闻之，抵台后即注意于此。台北市西北方之观音山系产石之地，余曾数赴其处探寻，只得二块。”这是厦大首届学子、人类学家林惠祥 1929 年赴台采集文物时的记录。出生于泉州蚶江的林惠祥，其先祖在道光年间就赴台从事航海经商，后人多居于台湾鹿港街，至其父亲仍在台经营生意。此行林惠祥深入台湾高山族聚集区，带回文物标本一百余件，写成《台湾番族之原始文化》一书，成为我国首位系统研究台湾高山族的学者。

【采自台湾、现珍藏于厦门大学人类博物馆（左图）的石锛（右图）】

此后林惠祥更是奔走于台湾、福建，以及新加坡、马来亚、菲律宾等地，根据考古资料的实际构拟出“现南岛语族的民族起源与迁徙路线”。在其遗作《中国东南区新石器文化特征之一：有段石锛》中，林惠祥指出 “大体言之，大陆上的型式是以初级、中级阶段的为多，菲律宾、太平洋的以高级的为多，故应是大陆发生然后传于海岛”，推断出台湾新石器文化来自大陆，高山族先民主要是从大陆迁去。岁月失语，惟石能言。“人类学的目的之一，是人类历史的‘还原’。所谓‘还原’，便是把已经消灭或毁损的东西，重新构造使它回复原状……使我们后来的人能够晓得原来的情况。”林惠祥所撰写的《文化人类学》是我国第一部被列为大学通用教材的人类学专著，已被台北商务印书馆刊行至第八版。

岁月流转，至今仍在厦大的这方石锛穿梭了两岸万年渊源。

一纸家书，万分热忱

1945 年，台湾光复。

“我们是带了一颗热诚的心、学习的心、为台胞服务的心。”1947 年，赴台工作的厦大校友黄子铮给母校寄信写道。

地缘相近、文化同根，光复后的台湾与厦大往来密切。厦大是最早招收台湾学生的高校之一，1946 年至 1949 年间招收台湾学生近百名。台湾学生对厦大也青睐有加，第一批“台湾省升学内地大学公费生”中，志愿选择厦大的最多。厦大毕业生也满腔热情地赴台参与光复重建。据统计，1945—1949 届厦大毕业生赴台 300 多人，占其毕业生总数近 30%。特别是长汀时期的厦大学子，在交通、电力、电信、水利、教育等方面成为了骨干力量。至 20 世纪 70 年代，助力台湾跻身“亚洲四小龙”的“十大建设”中，有六项由长汀厦大学子主持或参与主持。

台湾光复后，恢复交通成为当务之急。厦大校友 1945 届杨廷英、尉迟铮，1948 届叶燊、过鲍生都曾担任过台湾公路局主要负责人。过鲍生后作为规划设计专家，还全程参与了贯通台湾南北、从基隆至高雄、总长 373 公里的高速公路建设。

台湾光复前夕，岛内电力供应几近瘫痪，沦为“黑暗之岛”。来自厦大机电、会计、土木、数理等系共计 39 位校友先后加入台湾电力公司，全力“点亮”台湾。“诸学长所集合担任之工作，已把一电力公司之所有功能发挥尽致。”“从黑发到白发，一生与台电共成长”的 1946 届校友陈振华，后还负责核能发电厂创建。

在电信行业，台湾东西部电缆的贯通、台湾本岛与澎、金、马的海底电缆的铺设乃至全岛电话的普及……厦大校友也担当重任，其中金世添、杨肇凤、朱希曾、陈贞堃、陈玉开、刘诗华、黄扬、陈希杰，被台湾媒体称为“厦大八金刚”。

厦大毕业生还赴台参与兴修水利。其中，严家睽推演出的计算洪水量公式，被称为严氏台湾洪水公式，至今仍为台湾水利、农林、电力各界所采用。陈振安首创多种施工方法，开台湾采用喷凝土于隧道之先河。

当时台湾师资非常紧缺，90 余位厦大校友先后赴台从事教育、文艺工作。其中，谢又华任台湾省教育厅长，罗旭升任副厅长；39 位厦大校友在大学任教，包括台湾东海大学文学院院长江举谦，台湾著名戏剧家、艺术学院戏剧学系主任姚一苇，台湾大学土木系教授卢衍祺等；33 位在中学工作，包括台中女中校长余丽华、屏东中学校长钟治同、花莲中学校长林民和、屏东一中校长郑亨观、屏东二中校长华启球等。

此外，许多厦大校友还成为台湾工业、财金界的精英。沈觐泰成为台湾中油创始人，沈祖馨任台湾聚合化学品公司总经理，章家资任台中港总工程师，徐人寿任基隆港务局局长，王俊二任基隆港务局高级主管，傅百屏任台湾省税务局局长，王逵九创设了高雄加工出口区，陈树勋、陈俊德帮助建设了当时世界最先进的连贯作业大炼钢厂……

黄子铮在信中写道："我们值得自己最大的安慰，那就是每个校友在各地工作，都给予当地的人民十二万分好感。闽南语是说'有人气''风评好''真优秀'。就这点看，可以说我们仍一本来台的初衷，不受俗流所熏染。我们能自爱，能爱人，我们都深深地永远地牢记着母校校训，我们要将我们的学识、经验、心境求到'止于至善'。"

一纸家书，是厦大学子在台光复重建中的实干与追寻。

一个约定，万山无阻

1979 年，《告台湾同胞书》发表，昭告大陆方面开始实行争取祖国和平统一的大政方针。

1980 年，在厦大校园里，海内外第一个专门从事台湾研究的学术机构——厦大台湾研究所（后为厦大台湾研究院）成立。其开创了多个第一：招收了第一批硕士研究生，创办了第一份专门研究台湾问题的学术刊物，成立大陆第一个专门研究台湾的民间学术机构……

【厦门大学台湾研究院】

1988 年初，时任厦大台研所所长的陈孔立收到一封信，是从香港转来的台北"台湾史研究会"的邀请信，他连忙用多年不用的繁体字抄写了论文，寄给香港的联络人转送台北。抱着“试试看”的心情，陈孔立出发赴台。在香港中转时，他未被台湾有关方面批准入台。所幸论文已传真到台北，由台湾同行在会上代为宣读。台湾媒体以“陈孔立文到人不到，台海学术首开交流”为题报道，轰动一时。后来，这个“只完成一半的学术交流”有了续篇。时任台湾史研究会理事长王晓波到香港与陈孔立相见，双方约定在厦大再召开一次讨论会。1988 年 8 月，台湾 20 余位学者几经周折，终于聚集厦大，成为两岸学者在大陆举行的首次学术交流活动。1992 年 6 月，厦大五位学者杨国桢、陈支平、陈在正、陈国强和蒋炳钊赴台参加学术研讨会，台湾媒体称“大陆首批大规模的人文及社会科学家来访”。1992 年 11 月，陈孔立等研究两岸关系的学者首次组团赴台，跑遍全岛。

“第一次到宝岛台湾很激动，这一步也很艰难”。1991 年，厦大校友、新华社记者范丽青成为首批赴台采访的两位大陆记者之一。“像大熊猫，大家都想看一眼，也像春燕，预示着飞过海峡，带来两岸交流的一个新的春天。”不只是后来成为国台办首位女新闻发言人的范丽青，台盟中央主席、中国和平统一促进会会长张克辉，中科院院长、中国和平统一促进会会长卢嘉锡，全国台联会长汪毅夫，海峡两岸关系协会副会长孙亚夫，还有多位中台办、国台办领导……许许多多的厦大人为推动两岸关系发展奔忙。

“贵我两校今后在学术交流方面，希望早日展开，相互切磋，共谋进步，诚后生学子之幸也。”1995 年 4 月，在淡江大学校长这封来信之后，“厦大与淡江大学学术交流协议书”在台签署，开创了两岸校际交流合作的先河。目前，厦大已和台湾 33 所院校开展校际合作，每年有 1000 多名师生赴台开展互访交流合作，形成了“山海论坛”“两岸学子论坛”“海峡两岸大学生闽南文化研习夏令营”“海峡两岸大学生口译大赛”“海峡两岸大学生华语影像联展”等一批品牌活动。厦大也是大陆对台招生最为活跃且招收台生人数最多的高校之一，本着“保证质量、一视同仁、适当照顾”的原则，对台湾学生实行趋同化管理，目前共有台湾学历生近 500 名。厦大也积极延揽台湾优秀人才来校工作，聘有台湾籍教师 43 人，包括全职教师 25 人、非全职教师 18 人。全校每年邀请台湾学者开设讲座超 150 场次。

“当时福建经济还相对比较落后，想要吸引台商过来，除了改善投资硬环境和政策优惠外，还可以通过建立产业链来吸引他们……习近平同志赞同我的观点，说这个意见不错，要考虑在内。”厦大台湾研究院学者李非回忆起 2000 年作为福建省人民政府专家咨询组成员，与时任福建省主要领导习近平同志交流对台议题的情形。2020 年厦大台湾研究院迎来了四十周年院庆。自成立以来，研究院深耕对台研究，出版学术专著 300 多部，发表学术论文 3000 多篇；承担国家级重大项目十多项，重点项目和一般项目近百项，获优秀科研成果奖 300 多项，在教育部文科重点研究基地的评比中两次获“优秀”，并入选“中国核心智库”。2014 年，由厦大牵头成立的两岸关系和平发展协同创新中心入选国家级“2011 计划”。厦大积极与台湾高校、院所联合开展学术科研活动，自国家自然科学基金两岸项目和国家自然科学基金促进海峡两岸科技合作基金设立以来，厦大与台湾科研人员共获得协议项目和重点支持项目 42 项，资助经费 9600 万余元。

一个约定，无惧万水千山。

一场重逢，万般深情

乡愁是一湾浅浅的海峡
我在这头
大陆在那头

1971 年，厦大 1948 届校友余光中在其台北厦门街旧居内写下了这首感动亿万中国人的《乡愁》。“自从 1949 年 7 月的一个夏日，我在厦门的码头随母亲登上去香港的轮船（隔年辗转到台湾），此生就注定了半世纪之久不再见大陆。”余光中回忆起当时的情境，“怎料得到，当时回顾船尾，落到茫茫的水平线后的，不仅是一屿鼓浪，而是厚载一切的神州……”同余光中一样，许多厦大学子在年少登上那艘船时，未曾想到回程竟不知归期。

【2006 年，余光中（左）在厦门大学重逢老校友】

同为厦大学子的兄弟俩黄典诚、黄典权就未曾想到，再次相见是在四十年后。1988 年，著名语言学家、厦大教授黄典诚受邀赴港讲学，得知时为台湾成功大学教授的胞弟黄典权也将赴港，黄典诚立刻专程赶回家乡漳州，装上一瓶九龙江水。兄弟相见，万分动容，抱头痛哭。哭罢，黄典诚从怀中掏出故乡水，黄典权一饮而尽。临别时，黄典诚作诗《在港送弟》：“论切言翻荼润泽，思亲忆旧泪滂沱。明朝鼓翅高飞去，后会应于淡水河。”只是黄典权终其一生也没回过大陆。临终前一个月，正遇厦大杨国桢诸教授访台，黄典权将自己珍藏的台湾古地图托付其转赠母校。

1987 年 11 月，两岸隔绝状态结束后，厦大 1948 届校友周咏棠第一时间踏上了回母校的路途。那个刚毕业就赴台的小伙子，从台湾油厂基层人员做起，后来升至好来化工厂厂长，如今已是耄耋老人。忆往昔，周咏棠说起了读书时每周一周会都要唱的校歌，至今仍特别有感于其中的“知无央”“爱无疆”。95 周年校庆时，他与 22 位平均年龄 89 岁的校友见证了校歌石的揭幕。“很多人都问为什么那么爱自己的母校？我告诉他们，厦大不光教学生念书，还教学生做人。”周咏棠数次为厦大捐款，他说：“人在天堂，钱在厦大。”

厦大机电系首届学子、萨本栋校长门生何宜慈，后筹划创办了台湾新竹科技园，成为“台湾硅谷之父”。两岸破冰后，他频赴大陆积极推进北京中关村、厦门火炬园等高新科技园区的发展，与校友们共同筹设了萨本栋教育科研基金会及萨本栋微米纳米科学技术研究院。正如 1948 届校友苏林华在纪念厦大校长萨本栋百岁诞辰时所说：“‘厦大在长汀’的学子们，今日均已年逾古稀，但并未使萨公失望，一直追随着时代巨轮，向前迈进，有一分光，发一分热。”

一场重逢，跨过了海峡，永恒了深情。

而未来
乡愁是一道长长的桥梁
你来这头
我去那头

这是余光中后来续写的《乡愁》第五段。这一湾浅浅的海峡，纵有多少悲欢离合，终会抹平。永恒的是在那来来往往中，汇聚成的人情暖流，如石刻般在岁月的冲刷下留存，继续延绵着这深厚的百年校地情谊。

（文 / 陈　文　陈　梦　黄伟彬）

XIAMEN UNIVERSITY MALAYSIA
厦門大學馬來西亞分校

情系南方之强
花开福厦之滨

——厦门大学与福州的校地情缘

8 2020年2月26日 星期三 专题

福州新闻网 www.fznews.com.cn 党报热线 83751111 手机上网 m.fznews.com.cn

1920年10月的上海，厦门大学筹备委员会在这里开会，拟订《厦门大学组织大纲》，推举福州人邓萃英为厦门大学首任校长……从此拉开了南方之强的厦门大学和享有"海滨邹鲁"美誉的有福之州之间历经百年之久的校地情缘。这种福厦情缘既饱含着福州地贤在厦门大学百年发展中所做出的独特贡献，又体现了厦大学人北上榕城福州所发挥的服务市域发展的重大作用，而今更是跳跃着新时代校地携手并进、合作发展的全新旋律。

■叶文振

本版图片由厦门大学提供

情系南方之强 花开福厦之滨

——记厦门大学和福州市的校地情缘

一、福州人在厦大

二、厦大人在福州

三、新时代的美美与共

【《福州日报》2020年2月26日】

1920年10月的上海，厦门大学筹备委员会在这里开会，拟订《厦门大学组织大纲》，推举福州人邓萃英为厦门大学首任校长……从此拉开了南方之强的厦门大学和享有“海滨邹鲁”美誉的有福之州之间历经百年之久的校地情缘。这种福厦情缘既饱含着福州地贤在厦门大学百年发展中所作出的独特贡献，又体现了厦大学人北上榕城福州所发挥的服务市域发展的重大作用，而今更是跳跃着新时代校地携手并进、合作发展的全新旋律。

福州人在厦大

翻开厦门大学历任党委书记和校长的名册，我们惊喜地发现，至今13位党委书记当中有两位来自福州，他们分别是叶品樵和陈传鸿；11位校长当中居然有四位是福州人，他们分别是首任校长邓萃英、第三任校长萨本栋、第七任校长田昭武和第九任校长陈传鸿，服务学校的全部时间占了百年校史的五分之一。他们的福州文化背景和区域成长经历对学校发展留下不可低估的阶段性影响。

【邓萃英】

来自福州市晋安区竹屿村的邓萃英校长，早年毕业于全闽师范学堂，后又远赴日本和美国深造，曾与林觉民一起参加同盟会，当年孙中山到福州视事，萃英晋谒，起誓：“此生愿遵守同盟会誓约精神，专心从事教育。”邓萃英校长对厦大的贡献主要体现在三个方面：一是以其在教育界的较高声望，既提升厦门大学开办的业界起点，又有利于引进和利用中外教学与教育管理的优质资源，从当时汇聚国立北京大学校长蔡元培、私立复旦大学校长李登辉、南京高等师范学校校长郭秉文、江苏省教育会副会长黄炎培等数十位教育界名流的厦门大学筹备委员会能够被推举为厦门大学校长，以及随后聘请到陈灿、黄贤铭、刘树杞，还有留美学者朱隐青、顾寿白、郑天挺、周予同、张哲农、章于天等为教职员，是和邓萃英本人丰厚的中外教育背景，以及从地方高校到当时教育部任职地位分不开的。二是以其对大学目的的三维理解，即一是研究学术，二是培养人才，三是指导社会，为刚刚诞生的厦门大学确立了一个重要的办学定位，一定意义上奠定了未来发展的正确路线。三是以其丰富的办学经验和管理能力，加上两位福州老乡郑贞文（时任教务长）和何公敢（时任总务长和经济学教授）的鼎力相助，从1920年10月获任校长以后，在短短的几个月内，就顺利实现了陈嘉庚先生拟于次年4月假集美校舍先行开学的愿望，他不仅成功地主持了厦门大学的第一个开学式，还邀请到他在哥伦比亚大学

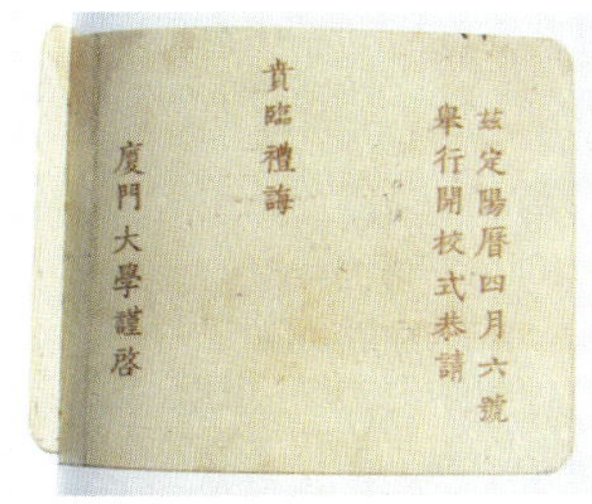

茲定陽曆四月六號
舉行開校式恭請
貴臨禮誨
廈門大學謹啟

The President and Faculty
of the
Amoy University
Invite You to be Present
At the Inauguration Ceremony
on
April 6, 1921

厦门大学开校典礼邀请卡正、背面

【1921年4月6日，厦门大学开校典礼邀请卡】

教师学院做访问学者时的导师、世界著名哲学家兼教育家的杜威博士莅临现场作演讲，杜威在开学式上关于“希望学术发达，为富国之根本。私立国立，当一同进行；望到会诸君，须景仰陈君。中国人人能效陈君之公，则救国何难之有”的呼吁，对于发扬陈嘉庚先生兴教爱国的为公精神、提升厦大在国内外的办学地位，都起到了重要的宣介作用。

出生于福州市闽侯县的萨本栋校长，从留学美国到清华任教再到接任国立厦门大学的第一任校长，一直保持着一股蓬勃的学者英气、爱国情怀和视校如家的忠诚。移校长汀的8年间，萨校长以身示范、带病坚持，和师生们一起克服各种艰难困苦，硬是在战火随时可能逼近的情况下，把厦门大学带入一个充满传奇和希望的历程。笔者曾实地考察了厦门大学长汀校址和萨校长的故居，看到从国外新聘的54位教授的名册，创办增办土木工程、机电工程和航空工程3个系的艰辛过程，还有校长在紧张的行政管理之余，不仅做学问、编教材、亲自授课，而且还关心学生亲临婚礼主婚等等……以萨本栋校长为代表的艰苦办学的自强精神确实无愧于长汀社会各界人士授予厦大的“南方之强”之美誉！

【萨本栋（二排左四）在长汀厦门大学校门前与部分师生合影】

还有我们都熟悉的来自福州市城门镇胪雷村、对哥德巴赫猜想研究作出重大贡献的陈景润院士，来自福州市闽侯县南屿镇、开拓了中国寄生虫原生物学的“父女双院士”唐仲璋和唐崇惕教授，来自福州市城区、领军物理化学的“父子双院士”田昭武和田中群教授，以及分别来自福州市永泰县和连江县、为统计学一流学科发展立下汗马功劳的黄良文和吴玑端教授等等，也都给厦门大学在国际学术界、重点学科发展、重大科技攻关等方面带来巨大的荣誉。特别是从福州一个贫困家庭走出来的陈景润，之所以能成为享誉世界的数学家，是和他从小接受并一直坚持下来的科学精神分不开的。福州英华书院“韩信点兵”的古典数解、加上任课老师的用心鼓励，陈景润立誓要破解数论中的哥德巴赫猜想，摘下数学皇冠上这颗明珠，即使后来人处逆境、身缠疾病，也都没有放弃这个志向，始终以顽强的毅力和超人的勤奋，孜孜不倦地致力于既定的数学研究，不论是拆页熟读华罗庚的《堆垒素数论》、堆积留放在厦大勤业斋的几麻袋计算草纸，还是被人称为“痴人”和“怪人”，都被这位数学家用来演绎着自己的成功逻辑，那就是在这种科学精神里，可以实实在在触摸到这位“哥德巴赫猜想第一人”的宏大志向和毕生努力。在庆祝改革开放40周年大会上，陈景润作为“激励青年勇攀科学高峰的典范”光荣入选百名“改革先锋称号”；在庆祝中华人民共和国成立70周年的“最美奋斗者”表彰大会上，陈景润再获“最美奋斗者”的光荣称号。而今在城门镇胪雷村的陈氏祠堂门上还高悬着一块巨大的牌匾，上书四个大字“陈氏定理”，这是父老乡亲们送给“九哥”（乳名）陈景润的至高荣誉。

【1981年4月6日，陈景润回母校厦门大学参加60周年校庆纪念大会】

学生是一个学校的灵魂。厦门大学的福州生源也一直在规模和质量上保持着区域的优势。就以恢复高考以来的77、78、79年入学的这三届学生来看，来自福州的学子不仅在校期间学习成绩优异和表现突出，相当一部分都还担任各级学生会和团组织的干部，而且毕业后在各个岗位上都还保持着成长的优势，成为享誉全球各地的各界栋梁之材。

从学子到教师再到校领导，福州人之所以有更多的机遇结缘南强，并作出一方突出的集体贡献，最重要的还是归因于流经两千多年的尊师重教善学的地域文化和男女相对平等的性别意识，大部分在厦大的福州人从小沐浴的以学传家接代的家风、几任校长所拥有的国外留学背景和崇教经历，都为他们后来与厦大相遇和共举奠定了坚实的价值和学识的基础。

厦大人在福州

得益于省会城市政治、经济和文化等机会聚集，也归因于幸福之城的乡愁与地气拉动，有福之州成为了厦大人施展才华和追求卓越的乐土和福地。百年厦大大约培养了40万优秀毕业生，其中十分之一的他们工作和生活在福州，榕城的厦大人用他们出色的表现和贡献成为福州解放以来，特别是改革开放以来迅速发展和变迁的最重要一支力量，与此同时，他们还通过对榕城的岁月嵌入推动厦大精神与福州优秀文化传统的融合。

在福州各级党政部门，就有40多位新老省领导、400多位厅级以上省管干部，拥有在厦门大学的学习经历，在他们政务领导和公共管理的风格和表现上，可以看到“自强不息，止于至善”校训留下的共同影响。另外，在福州省市的司法界、金融界和财税系统，也有不少骨干力量曾经在厦大学习生活过，他们带着服务乡梓、奉献国家的满腔热情投身福州发展，将厦大法律、经济、财税和金融等学科优势转化为工作实践的专业实力，在这些领域发挥越来越重要的作用。

值得一提的是，福州大学城的建设、省市社科联和社科院的发展、省市文联尤其是音乐家协会的繁荣也都和厦大人洒下的汗水分不开的。2000年8月17日，时任福建省省长习近平同志主持召开了福建省科技教育领导小组专题会，会议研究通过了福建省教育厅提出的福州大学城建设方案，并确定福州大学城选址闽侯县上街镇，总占地面积22624亩，其中，省属高校18316亩，市属高校4308亩，计划容纳学生15万人。在随后长达十年的日子里，时任省委教育工委、省教育厅主要领导的厦大校友呕心沥血、协调整合、接力推进，如今福州大学城已入驻高校12所，中学（中专）两所，附属医院两个，入读学生总数已达到原计划水平，而且还帮助福州市突破高等教育发展的瓶颈，高筑平台广引各方俊才名师，汇聚各种资源推进“双一流”大学建设，再现南宋学者吕祖谦的一首诗所生动描绘的当时福州文化教育的昌盛：“路逢十客九青衿，半是同胞旧弟兄，最忆市桥灯火静，巷南巷北读书声。”在大学城各高校任职任教的厦大校友也越来越多，他们所组成的厦门大学福州校友会高校分会已经成为一个活动日益频繁、服务地方发展有建树的校友组织。

现任省社科院、省社科联主要领导也都是厦大校友，他们正在努力团结福建省社科界提升综合研究能力，形成福建社科学派，扩大福建社科队伍和成果在全国甚至在国际上的学科和学术影响。如77级中文的张帆校友，不论行政级别发生多大的变化，毕业后一直笔耕不止、佳作频发，至今已经出版《文学的冲突》《文学的维度》《文学理论新读本》等学术专著、论文集十多本，发表论文200多篇，荣获“鲁迅文学奖”、福建省社会科学优秀成果奖一等奖、中国文联文艺评论一等奖、全国青年社会科学优秀成果论文奖等各种奖项五十多种，还担任中国文艺理论学会会长，成为我国最负盛名的文艺理论家和评论家之一，用自己成功的文学理论研究实践发扬光大了老乡陈景润学长的科学精神。

在福州音乐界，厦大艺术学院音乐系具有很高的声誉。怀揣着母校音乐硕士证书的现任闽江学院音乐学院刘淘副院长，刚刚在福建大剧院推出“乘着歌声的翅膀——刘淘独唱音乐会”，这是她访学欧洲乐坛载誉归来的一次汇报演出，得到了省市音乐名家的高度好评。刘淘的师兄、现任福建省音乐家协会副主席、福州市文联副主席和福州市音乐家协会主席的李式耀作曲家，心存对母校的感恩，一路踩着音乐的旋律走来，非常勤奋地创作了大量美妙动听的歌曲，其中相当一部分是专门为福州市量身定做的优秀音乐作品，曾经荣获第九届中宣部“五个一工程”奖、第三届中国音乐“金钟奖”、福建省政府百花文艺奖一等奖以及首届福州市政府“茉莉花奖”一等奖等奖项，还被评为福建省宣传文化系统第一批“四个一批”人才和福州市首届“优秀人才”。

在福州的厦大人就是这样带着凤凰花红的亲切嘱托，在有福之州实践着“自强不息，止于至善”的光荣校训，不仅在榕城筑起一道亮色不减的厦大人集体风采，而且还在一代又一代福州高中生未来升学的梦想上早早地写上“南强”两个大字！

新时代的美美与共

福州人怀着学业和事业的理想一路向南投入五老峰秀的芙蓉园，厦大人带着职业和家业的追求转身向北来到茉莉花香的福州城，这延续近百年的一去一来日益加深着校地之间的缘分和情感，也把福州市与厦门大学的校地合作发展送进了新时代，产生美美与共的好成效和新收获。

2012 年 11 月 30 日是一个具有历史意义的日子，就在这一天，时任中共福州市委书记和市长来到芙蓉湖畔的厦门大学科学艺术中心，和时任厦门大学党委书记杨振斌、校长朱崇实，分别代表厦门大学和福州市签署校地战略合作框架协议，从此把厦门大学和福州市之间的校地合作发展带入到一个新的阶段。在签约仪式上，福州市委书记提出“三个着力”的合作新设想，即着力推动思想解放，充分借助厦门大学思想理论创新的优势，全面推进福州改革开放和现代化建设进程；着力构筑创新平台，开展全方位的产学研合作，为厦门大学创新发展提供宽广的实践平台；着力打造人才高地，积极引进各类高层次人才，努力把福州建设成为优秀人才干事创业的“福地”。厦门大学党委书记也强调，“福州和厦门大学之间不仅有着精诚合作、互利双赢的良好基础，更有着对接互补、相互促进、共同发展的紧迫性和可行性。厦门大学将全面贯彻落实好战略合作框架协议，加强发展研究，加强科技合作，加强人才培养，加强文化合作，

【2012 年 11 月 30 日，福州市人民政府与厦门大学战略合作协议签约仪式举行】

同时建立合作协调机制，为积极推动福州市加快转变经济发展方式，实现科学发展跨越发展提供更好服务、作出更大贡献”。签约仪式前后，福州市与厦门大学还举行了战略合作部门对接会和人才招聘会，双方在发展研究、科技合作、人才培养、文化建设等方面确定了一批具体合作项目。

在人才培养和输送方面，福州和厦大实现了更为积极的校地互动和对接，如 2018 年厦门大学共招收福州市生源 489 人，同时又有 283 名厦大毕业生来到福州市工作。厦大管理、经济等学院先后在榕设立培训中心，通过开展 EMBA、MBA、EDP、订单式培养等在职培训，为福州市人民检察院、市外经贸局、市县级国税局和农村信用社等单位培养了大批高层次人才。另外，福州市第二医院作为厦门大学附属福州第二医院的建设也加快步伐，仅在一年里，福州二院积极投入厦大医学临床教学工作，接收了厦大中医系实习生 43 人，使厦大中医学科的临床实践教学条件得到极大改善，同时，福州二院也依托厦门大学综合性、多学科优势平台，努力加强医疗、教学与科研之间的融合，提升医疗方面的整体实力。2013 年 4 月 20 日，厦门大学附属福州第二医院正式揭牌，9 名福州二院医生被厦大聘为临床教师职务，正式参与厦大医学院的教学活动。

在科技和产业合作方面，厦大将福州市作为学校科技成果转化、中试及产业化的主要基地，而福州市则把厦大作为科技创新的重要支撑力量，为厦大科技成果转化和产业化提供政策、经费及其他配套支持。据不完全统计，2015 年至 2018 年，厦门大学共承接福州市企事业单位委托项目 180 余项，合同金额约 4200 万元，而且呈现出逐年走高的趋势。尤其在海洋生态、电子信息、生物医药、机械装备等领域的校地项目合作显得更加活跃。

在社会经济发展规划和政策咨询方面，厦门大学更是发挥学科优势、整合智库资源，积极与福州市的需求对接，仅在过去几年，就承接和完成福州市政府部门和企事业单位委托项目 150 多项，合同金额近 2500 万元。

在厦门大学和福州市校地合作发展的过程中，成立于 1931 年的厦门大学福州校友会发挥了不可或缺的作用，这主要得益于福州校友会的两任会长陆维特和叶品樵都曾经担任过厦门大学党委书记，比较了解厦门大学和福州市互补性的校地供求关系，还有现任书记张彦、校长张荣、校友总会理事长朱崇实原校长，也特别厚爱和一直指导福州校友会开展工作。

除了穿针引线的协调和促成以外，福州校友会还通过自身举办和搭建的各种活动和平台，把校友资源整合起来，直接服务于校地的互惠发展。2015 年，福州校友会在三坊七巷的小黄楼开办面向校友和市民的《榕城讲坛》；2016 年，福州校友会于 4 月 6 日晚上在建南大会堂，成功承办了庆祝母校 95 年华诞的全球校友专场晚会，这也是厦大办校

95 年以来第一次由校友举办的庆典晚会；2017—2018 年，福州校友会继续协助厦大扩大在福州的招生宣传，以及建筑分会联合永泰、闽清两县推进美丽乡村的共建；2019 年，福州校友会又开始筹划在厦门大学设立校友公园和校友馆，以献礼母校百年华诞！

2020 年，厦门大学和福州市的校地合作将涛声依旧、花好月圆，因为有有福之州最美好的祝福，还有南方之强最有力的互助！

（文 / 叶文振）

鹭江深且长
南强绽芳华

——厦门大学与厦门的校地情缘

鹭江深且长 南强绽芳华

——厦门大学和厦门的百年校地情缘

1 校地世纪情缘

2 厦门滋养了厦大

3 厦大反哺了厦门

4 厦大从厦门走向世界

【《厦门日报》2020 年 10 月 17 日】

陈嘉庚目光深邃，注视着前方。

近处，是昔日郑成功练兵的演武场；远处，是连接台湾海峡通向太平洋的万顷碧波。

这座伫立在厦门大学群贤楼前的厦大校主雕像，有着非同一般的意涵——雕像底部的石基上，嵌着一块长方形碑石，上面镌刻着“中华民国十年五月九日，厦门大学校舍开工，陈嘉庚奠基题”。这里，就是厦门大学百年历史的起点。1921 年 5 月 9 日，这所中国最靠近大海的私立大学在此破土动工。

【陈嘉庚“宁要厦大，不要大厦”，为厦大树立了永不磨灭的爱国主义精神和高尚的教育追求。图为群贤楼前的陈嘉庚雕像（厦门日报记者 林铭鸿）】

一所大学和一座城市的百年，从此开始了交织和交融。而其大背景，演绎的是中国追赶世界的宏伟史诗。

1921 年的世界，很不平静。这一年，伤亡逾三千万人的“一战”结束不到三年，协约国向德国递交了战争索赔账单；这一年，中国已是民国 10 年，但外有列强环伺，内则战乱不止；这一年，孙中山在广州任中华民国非常大总统，与北洋政权分庭抗礼……这一年，还发生了一件中国历史上开天辟地的大事件——中国共产党诞生。

“当此风雨飘摇之际，国势岌岌可危，岂能久待？不如先将一部分青年培养，亦可救国。”陈嘉庚选择的救国图存之策， 是培养人才。这一年，一千多万人口的福建省，还没有一所大学。这位厦门人创办厦大的目的，正是坚信“国家之富强，全在乎国民。国民之发展，全在乎教育”。

百年过去。

【兼具世界眼光与本土情怀的厦门大学入选国家公布的 A 类世界一流大学建设高校名单（厦门日报记者 王火炎）】

今日的中国，已经成为世界第二大经济体，走到世界舞台的中心，中国与世界的关系发生了根本性变化。而厦门大学成为一所学科门类齐全、师资力量雄厚、居国内一流、在国际上有广泛影响力的综合性大学，也是国家“211 工程”和“985 工程”重点建设的高水平大学。2017 年，厦门大学入选国家公布的

36 所 A 类世界一流大学建设高校名单。百年厦大走出了 40 余万名毕业生。

实现这个理想的根本力量，是中国命运改变，可以肯定的是，还有厦门这座城市。

人们从未停止过这样假设：如果厦门大学这棵大树，不是长在厦门这片土壤上，会是什么样的景象？没有厦门大学，厦门会是什么样？一致的观点是：没有厦大的厦门，一定不是现在的厦门，而没有厦门的厦大，也不是现在的厦大。

探究厦门与厦门大学千丝万缕的情缘时，首先看到的是：厦门是陈嘉庚的家乡。高等教育研究者认为：一所著名大学由当地人回乡创办，这样的关系，也是中国高教史上的唯一。其背后的深意是，厦门这座开放包容的城市，给予陈嘉庚放眼世界的教育眼光，同时也让他充分意识到：只有民族的，才是世界的，他办的学校要坚守和发扬中华文化的优良传统。

厦门这座城市的特质，也赋予厦大特殊色彩。厦门作为中国最早的五口通商口岸，是中华文明与西方文明最早的交融地之一。上个世纪 80 年代，厦门作为经济特区，是中国的“窗口”和“试验田”。恰如习近平总书记在 2017 年金砖国家领导人厦门会晤上所说:“厦门的发展就是中国改革开放所走过历程的一个缩影。”

所有这些，使土生土长的厦门大学从其诞生之始，就集现代大学理念和扎根中华传统文化于一校，成为一所兼具世界眼光与本土情怀的优秀大学。同时，厦大又以全国高端的人才和智慧，提升了这座城市的格局。

一座城，一所大学，成就了彼此，改变着彼此。

校地世纪情缘

【厦门大学的创办，和厦门近代城市框架的拉开，几乎同步，交相辉映，同鸣共奏】

回顾厦大百年历史，自然而然想到的一个问题是 : 当时厦门是啥模样？

翻阅厦门地方史，1920 年的一件大事是——当年的 12 月，就在厦门大学校舍破土开工前的五个月，鹭岛史上第一条马路在老城区动工兴建。这条马路从提督路码头修到浮屿，长 700 米，取名开元路。此后十几年里，思明南北路、大同路、中山路、厦禾路、鹭江道陆续建成，现在我们熟悉的厦门老城区，就是那个时候拉开框架的。

百年后的今天，厦门成为驰名中外的高素质高颜值之城，厦门大学则成为这座城市的一张名片。

从这个角度看，厦门大学的创办，和厦门近代城市框架的拉开，几乎同步，和弦同鸣。

当然，每所大学和它所在的城市都有千丝万缕的情缘，不过，不能用普通的眼光来看待厦门大学和厦门的关系，这不仅是因为“厦门大学”是以厦门地名命名，还因为这所大学就是由当地人创办的，而且，血脉传承至今。

1890年，陈嘉庚迈出国门，海外经历让他认识到教育对于一个国家和民族的重要性。20岁的陈嘉庚拿出父亲给的用于结婚的2000银元，在家乡集美创办了第一所私塾。1913年，陈嘉庚回到厦门，他更加坚信中国崛起须从教育入手，他相继创办了女子小学、师范、中学、幼稚园、水产、商科、农林、国学专科、幼稚师范等。

不过，后人回顾这段历史，有这样的疑惑：为什么陈嘉庚在集美建立起完整的教育王国后，还要创办厦门大学？

陈嘉庚的研究者认为，当时的陈嘉庚已经意识到：大学不光以文化人，更是以文化人的“母机”，它是教育体系中的“火车头”，能够更好地带动其他各类学校学科的高质量发展。

跳出学校来看，厦大的创办，从某种意义上，使陈嘉庚办学目的更加清晰——最初，一些人只是把这位厦门人等同于当时的捐资兴学者：办学的直接目的是让同姓同宗的子弟有书可读，或是为了使地方的贫寒之士有学可上，但是，厦大创办之后，越来越多人意识到，这位真诚的爱国主义者其实是把财产和精力奉献给这样一个愿望：改造国家、改造社会。

厦大成立于1921年4月6日。但很多人不知道，它成立后又等了近7年，才获得合法资格。

1928年3月21日，南京国民政府大学院院长蔡元培就厦大立案发出131训令，厦大因此成为南京国民政府批准立案的第一所私立大学，先于南开、复旦、燕京、金陵、东吴、圣约翰等知名高校。南京国民政府大学院考察组认定厦大“基金充足，成绩甚佳，各种设备亦极完善，方之他处，有过无不及”。

事实上，厦大最开始并不被看好——蔡元培当初也认为厦大“不宜速办”，蔡元培在当时国内教育界是一言九鼎的人物，很多资助人也都持观望态度。现在看来，厦大能顶住压力开张，短时间内形成庞大的学科规模，延揽国内第一流师资，是因为陈嘉庚这位厦门人倾资相助的巨大投入和无比坚定的办学信念。

77年后的2005年，厦大接受了中国大学最重要的本科教学评估，在所有评价的19个大指标中全部得到优。在当时已经完成评估的综合性大学中，是第一所获得这么优异成绩的高校。

在评估总结会上，专家不约而同谈到他——陈嘉庚。

陈嘉庚“宁要厦大，不要大厦”的故事，让所有专家都难以忘怀。人们最终悟出其中的含义，陈嘉庚为厦大得分增添了重重的砝码——在专家眼里，如此专注于教育的嘉庚先生为厦大树立了永不磨灭的爱国主义精神和高尚的教育追求，这样的大学，她的立校之本崇高而又稳固。

这是很多人不曾意料到的：从某种程度上看，和花费不菲的现代化设备相比，嘉庚精神穿越时空，更加熠熠生辉。

往回看，没有厦门人陈嘉庚的坚持，厦大极有可能像其他私立大学一样昙花一现，中国高等教育也就少了一个传奇。而没有厦大的厦门，也不会像现在那样让人喜爱和难忘。

厦门滋养了厦大

【厦门和厦大共生互荣，联系日益紧密。早在上世纪 90 年代，厦门市就和当时的国家教委签订共建厦大的协议，为高校和所在地的共建提供了范本】

从历史角度看，厦大之所以能成为现在的厦大，很大程度上是因为位于厦门，这从 97 年前那条鱼就可见一斑。

1923 年，厦大动物学系美籍教授史莱德（S.F. Light）在厦门海域大量发现脊索动物演化发育的“活化石”文昌鱼，研究成果发表于世界顶级学术期刊《科学》（第 58 期）。全球各地生物研究机构纷纷来信索购文昌鱼标本，厦大科学研究由此闻名。

应该说，厦大不少优势学科与厦门独特的地理位置有关。厦大的海洋学科，被业界称为“以一院之力抗衡中国海洋大学一校的海洋科学”，当然，这是玩笑，不过，有一定道理——教育部官方最近一轮学科评估显示，厦大与中国海洋大学的海洋科学学科同为 A+ 学科；厦大的东南亚研究、台湾问题研究和南洋问题研究等，也是因厦大地处厦门，从而获得了得天独厚的便利条件和文化资源。

厦大和厦门的交融，在过去 30 年达到新的高度。上世纪 90 年代，厦门市和当时的国家教委签订了共建厦大的协议，这被认为是提供了校地共建的范本，当时国家教委评价：首开先河。

厦大校长张荣说，现在看来，这个“首开先河”仍有十分深刻意义，从某种角度看，它引领中国高等教育的两大改革：投入机制和服务方向——高校办学经费来源更加多元化，部属大学同样要更加坚定地做好服务地方的工作，努力为地方经济社会发展作出贡献。

矗立在厦大思明校区的基金楼，有人对它的名字百思不得其解，它是校地共建留下的美好物证。上个世纪 90 年代初的一个春节，厦门市领导到厦大拜访，原本是例行公事的走访，却留下一幢楼和一个基金——在看到当时厦大办学资金的窘迫之后，厦门市委、市政府出面，1993 年至 1994 年，厦门 26 家外经贸企业先后捐资约 2000 万元，建立“厦门外经贸企业厦门大学教育发展基金”。基金楼就是使用该基金两年收益的首项工程。

不久前，国际电化学会主席、中国科学院院士、厦大校务委员会副主任田中群教授披露25年前的一件事——1995年，国际电化学第46届年会在厦门召开。“在当时算是中国非常大的一个国际会议。”田中群说，年会能放在中国举行，标志着我国电化学科学与技术研究水平已经跻身国际先进行列，诺贝尔奖获得者等很多国际专家都到会作专题报告。

【上弦场是厦大师生心中最美的印记之一（厦门日报记者 王火炎）】

不过，厦大喜忧参半——没有合适的地点开会，来了800多人，有300多位老外，厦大当时最大的会场是建南大会堂，却被踩点的国外专家否决——当时是夏天，建南大会堂没有空调，对西装革履的与会者来说，太热了。田中群说，厦门迅速伸出援手：厦门市委市政府把会议室腾出来，给大家开会用。不仅如此，开会的五天，厦门市领导和机关干部吃了五天盒饭，把食堂让出来给参会的学者用餐。田中群说，很多外国学者知道后非常感慨，说从没见过一个地方政府对学术会议、对高校如此重视。

田中群说，因为那次会议，厦大的电化学走上了世界舞台。

中国大学有两个重要的工程——“211工程”和“985工程”，厦大都是首批入选的高校。为支持厦大进入中国这两个影响深刻的重点高校建设项目，厦门多方面倾注了自己最大的支持。

2001年2月，为了支持厦大“985工程”一期建设，教育部与福建省、厦门市第二次“握手”，签订共建厦大协议，按1∶1的比例共建厦大。数据显示，2000年至2003年，厦门向厦门大学投入1.5亿元的共建资金；“985工程”二期建设时，2006年5月，厦门市政府与厦门大学又签订共建协议，投入1.2亿元资金，重点支持厦门大学“985工程”二期科技创新平台和基地建设、厦大医学院、厦大国家科技园、厦大师生自办和联办的高新技术创业企业、厦大软件产业研发公共平台。

现在看来，厦门提供的共建经费，意义不同一般——厦大进入“211工程”和“985工程”，办学实力得到大幅提升，为现在厦大进入“双一流”（一流高校、一流学科）建设高校奠定了扎实的基础。

支持还在继续，2020年5月，厦门和厦大宣布建立市校合作联席会议制度，这被认为标志着厦门和厦大的合作进入新阶段。

福建省委副书记、厦门市委书记胡昌升表示，厦门将一如既往全力支持厦大发展，努力成为厦大建设世界知名高水平研究型大学的坚强后盾和有力依托。

厦大反哺了厦门

【不可否认的是，即使远离北京、上海这样的政治和经济中心，厦门的吸引力和影响力仍然与日俱增，这其中，厦大功不可没】

因为厦大，很多大名鼎鼎的人物踏足厦门，或者和厦门有了某种关联。

1928 年，厦大算学系聘用美国芝加哥大学博士杨武之教授，他带着妻儿回国任教。杨武之的儿子叫杨振宁，后来获得了诺贝尔物理学奖。

尽管杨振宁在厦门只待了一年，但是，他后来在回忆文章中写道，他在这一年经历了很多第一：他和母亲“初次住入有现代设备的住所，这里有电灯、自来水和卫生设备”。厦门的生活，让杨振宁大开眼界，不但住上了漂亮的校舍，还第一次用上了电，第一次见到香蕉，第一次喝到牛奶，第一次吃到牛肉，也第一次用上抽水马桶。

1929 年，杨振宁离开厦门，但他的心里，应该是有一处角落装着厦门。

66 年后的 1995 年，第 19 届国际物理统计大会在厦大举行，杨振宁是与会嘉宾之一，厦门人又惊又喜：这位诺贝尔奖获得者在厦门上过小学！杨振宁的母校——演武小学的一些老师和学生还拜访了这位老学长。杨振宁写下了一段话：“1928 年至 1929 年，我在厦大校园居住了一年多的时间，在演武小学前身的一个小型的教室里读书，读小学的一二年级，老师是一位汪先生。对那一年，我的印象非常深刻，到现在我还有极好的回忆。美丽的海，美丽的大，是我人生历程的一部分。”

上世纪 90 年代，杨振宁牵头与丁肇中、田长霖等世界一流学者在香港成立了“陈嘉庚国际学会”。杨振宁在会上称颂，陈嘉庚先生倾资办学、发展民族教育、培养建设人才的光辉业绩将永载史册。

厦大让杨振宁和厦门相识，而杨振宁又以他的方式，让世界更好地认识厦门。

百年间，这种奇妙的情缘从未间断过。

大约在杨振宁离开厦门后，11 岁的晋江少年李焕之从香港回到厦门，就读双十中学。多年后，李焕之成为一名大作曲家——他为中华人民共和国国歌编写的和声与管弦乐队配器，以及钢琴伴奏谱，经过周恩来总理批准成为正式版本；他创作谱曲的管弦乐曲《春节序曲》，是每年春晚的必奏曲目；人们耳熟能详的《社会主义好》，也是他创作谱曲的……

李焕之曾感慨道：我的音乐爱好是母校培养的。

这其中，就有一位叫陈梦韶的双十中学老师，他毕业于厦大。1926 年 9 月到 1927 年 1 月，鲁迅在厦大任教，陈梦韶到厦大旁听鲁迅授课，两人相知相熟，互通书信。受到鲁迅鼓励，陈梦韶改编鲁迅《阿Q正传》六幕话剧《阿Q剧本》，其中的小尼姑，就是李焕之男扮女装饰演的。

近一百年后的著名社交媒体知乎，有人在探讨没有厦大的厦门会是怎样，应该说，从杨振宁和李焕之就可见一斑：位于祖国东南一隅的厦门，远离中国的政治经济中心，它在很多历史事件中能扮演角色，一个很重要的原因是厦大带来的“名人效应”。一大批名家大师汇聚在风景绝佳的厦大，如国学研究院大家耳熟能详的鲁迅、林语堂、顾颉刚、沈兼士、陈万里、张颐等。

当然，厦大带给厦门的，绝不仅仅是名人效应。

【每年，厦大有近四分之一的毕业生留在厦门。2015年至2019年，在厦门经济特区的各条战线上，每50人中就有1人毕业于厦门大学或曾在厦门大学接受继续教育（姚凡）】

厦大曾经有一项统计数据，每年，厦大有近四分之一的毕业生留在厦门。曾经有一份统计数据显示，2015年至2019年，在厦门经济特区的各条战线上，每50人中就有1人毕业于厦门大学或曾在厦门大学接受继续教育。即便没有留厦，很多厦大校友对厦门这座城市依然充满感情。

厦大党委书记张彦说，在校就读的几万名厦大学生，他们毕业之后，记忆中有母校，就会有厦门。

厦大师生和各地厦大校友不断融入厦门建设——这所教育部直属大学的师生越来越常说的一句话：厦门大学是迈向世界一流的大学，但也是立足厦门、扎根福建的大学，厦大要在做好服务厦门、服务福建的征程中辐射全国、走向世界。

十几年前，厦门一家小公司找到当时厦大化学化工学院教授戴李宗，想开展防火涂料合作。这家厦门小企业给这位大教授打开了另一片天地——他们合作拿到了隧道防火的7项国家发明专利和2项其他专利，还参与制定中国隧道防火标准。

每当从机场接回客人，穿过成功大道的两个隧道时，戴李宗俨然到了自己的科研成果发布会现场，“顺道”向客人们解说隧道里所用的防火涂料就是他们实验室的研究成果，成了他的“保留节目”。用大白话说，要抵挡大火3小时的燃烧，别人家的防火涂料需要涂3厘米厚度，而厦大教授实验室的产品只需涂2厘米厚度。

作为少数几个能够主持承担“中国第二代卫星导航系统”国家重大科技专项关键技术攻关课题的高校，厦门大学在北斗导航领域相关研究成果有效支撑了我国北斗导航地面系统的建设。

十年前，厦门大学信息学科从厦大校园走到了厦门软件园，探索厦大更好地为厦门、为企业服务的希望之路——科研人员在望海路39号厦门软件园二期的厦门大学科技园内，建立了“导航与位置服务技术国家地方联合工程研究中心”（以下简称“导航中心”）。依托“导航中心”，厦门大学不但将导航领域的最新研究成果直接辐射给区域的产业企业，而且将高校人才、技术及仪器设备等创新资源向产业企业开放，帮助传统制造业企业和高科技创业企业依托“导航中心”搭建各自的研发中心或创新实验室，帮助相关产业、企业走上自主创新的道路，同时也为厦门大学自身的学科发展编织出一个良好的“知识创新—技术创新—产品创新”的创新生态圈。

厦门人的日常生活中，隐藏着厦大教授们的贡献——市民饭桌上的“佳辐占米”“状元米”，就是厦大教授王侯聪奔走田间30年的成果；筼筜湖从人见人躲的“臭水沟”到变成厦门生态文明建设的最大亮点之一，厦大的科研力量在其中功不可没。

【1988年，美国人潘维廉带着妻子和两个儿子来到厦门。30多年来，这位厦大美籍教授一直致力于向世界讲述中国故事。图为潘维廉和妻儿在沙坡尾】

厦大美籍教授潘维廉则是以另外一种方式“服务”厦门。1988年，潘维廉带着妻子和两个儿子来到厦门，就没有离开了，这位美国人开始向世界讲述中国故事。

2018年12月，潘维廉出版新书《我不见外——老潘的中国来信》，以一个外国人的独特视角，记录和展现了中国改革开放的历史进程和伟大变革。2019年春节前，他收到习近平总书记的来信，信中说，你这种“不见外”我很赞赏，为他“作为中国改革开放的见证者，热情地为厦门、为福建代言”而点赞。

厦大从厦门走向世界

【从厦大马来西亚分校到“嘉庚”号科考船，打开的是一扇又一扇让世界了解厦大、了解厦门的窗口。厦大和厦门已经是相依而行，共生共荣】

几年前，厦大开始在马来西亚建设一所功能齐全的国际大学，最终将马来西亚乡村地区从棕榈树和放牛牧场转变成最先进的教育设施，并且配有游泳池和网球场。这是中国知名大学在海外全资设立的、拥有独立校园的第一所海外分校。

厦大马来西亚分校在2016年开办，去年有了第一届本科毕业生，引发广泛关注。厦大对外发布消息说，厦大之所以到马来西亚办分校，是因为校主陈嘉庚早年在马来西亚生活——把厦门大学的教育事业带回其缔造者起步的地方，“我们认为这具有历史意义”。

厦大马来西亚分校的意义在后来凸显：它被认为是中国更广泛地推动全球影响力——也就是中国“走出去”战略的一部分。

在厦大马来西亚分校开办后的一年，2017年4月1日，厦大进行了一次网络直播：厦大自己建造的科考船从广州造船厂抵达厦门，当天中午11：39左右，它途经厦大白城海域，遥望厦大，向校主陈嘉庚致敬，这艘世界顶级科考船以“嘉庚”命名；蓝色的船身上写着英文字母“TAN KAH KEE”，这是“陈嘉庚”的厦门话读音。

【厦大建造了自己的科考船——“嘉庚”号，这是国内综合性大学中第一艘科考船，也是我国第一艘由高校拥有完全知识产权的科考船（厦门日报记者 张奇辉）】

当天，很多厦大学生和老师在演武大桥观景平台上，看着“嘉庚”号科考船从厦大面前的大海缓缓驶过，有人拍下了始终矗立在厦大群贤楼前的陈嘉庚雕像与海面上科考船同框的画面，深情留言“校主与我们一同见证了”。

他应该是知道那个历史典故的——1921年，陈嘉庚建造厦门大学第一批校舍群贤楼，他把五栋楼设计为一字排开，为的是“要能让外国的轮船来往厦门港时，能从海上一眼看到一所壮观的学府”。

96年后，陈嘉庚所创办的厦大自己建造的科考船，从厦大面前的大海驶过。“嘉庚”号是国内综合性大学中第一艘科考船，也是我国第一艘由高校拥有完全知识产权的科考船。它可以抵达所有的无冰海洋区，将使厦大的海洋研究从台湾海峡、厦门港湾走向深海大洋。

“嘉庚”号不仅“游”过厦大，去年，它首次驶向马来西亚，当年8月15日傍晚成功靠港马来西亚——校主陈嘉庚当年事业起步的地方。之后几天，科考船面向马来西亚社会公众开放，后者登船了解海洋，了解厦大、厦门以及陈嘉庚。

这种几十年后的校地回馈让人回味无穷。

从厦门走向世界的，不仅仅有“嘉庚”号。今年新冠肺炎疫情发生后，厦大教授夏宁邵团队用了49天时间研制出全球首个总抗体检测试剂盒，在第一时间应用于国内外疫情防控工作。迄今为止，厦大研发的新冠病毒检测试剂盒已在全球70余个国家和地区的疫情防控中得到大量应用，在丹麦、荷兰、奥地利、比利时、捷克等国以及世界卫生组织的多次各国新冠病毒抗体试剂性能对比中均得到最优评价，甚至被比利时权威媒体比喻为新冠病毒试剂中的“劳斯莱斯”，成为中国以高品质科技产品助力全球抗疫的杰出代表。

如果说过去几十年里，厦门大学和厦门有着“生于斯、长于斯”的校地情缘，那么，从某种意义上，厦大马来西亚分校、“嘉庚”号科考船、厦大科学家的新冠病毒检测试剂盒等带给人们的启示是，厦大和厦门已经是相依而行走向世界，就像鱼儿离不开水一样，共生共荣，与有荣焉。

自强不息，止于至善。

（文／江曙曜　许若鲲　蔡志成　佘　峥）

國立廈門大學

刺桐花映凤凰红

——厦门大学与泉州的校地情缘

8-9 温陵志

泉州晚报

刺桐花映凤凰红

——厦门大学与泉州市的百年校地情缘

捐资兴学 泉州赤子的家国情怀

坚守信仰 壮大志士的泉州岁月

争创一流 泉籍教工的拳拳之心

泉厦交融 海丝路上的盛世之花

【《泉州晚报》2020 年 9 月 29 日】

刺桐花开泉州，凤凰花红南强。刺桐花寓意红红火火、吉祥富贵，凤凰花寓意奔放热烈、活力四射。泉州和厦大的百年情缘，如刺桐，如凤凰，绚丽多姿，情浓似火，那些感人至深的故事，共同构成了泉州和厦大的难忘记忆。

捐资兴学　泉州赤子的家国情怀

泉州人有浓厚的爱国爱乡情结，当他们在外奋力打拼，取得一定成就的时候，经常会选择回报祖国和家乡。

一个“捐”字，体现了泉州人的家国情怀与责任担当。“感恩·责任·奉献”是厦门大学走过百年积淀出来的文化共识，其中蕴含着对泉州乡贤支持厦大的永远铭记和感怀。

厦门大学是捐出来的。1919 年，陈嘉庚回到故乡同安县集美社，当时，同安隶属泉州，嘉庚先生在《南侨回忆录》中自述，“余生于福建泉州同安县集美社”，他看到“闽省千余万人，公私立大学未有一所”，认为当前急务是改变福建高等教育的落后面貌，“决意倡办厦门大学”，慷慨捐赠洋银 100 万元筹办厦大，另捐 300 万元作为经常费用，捐出了他实业所积全部家财。

嘉庚先生这一捐，捐出了近代中国第一所侨办大学——厦门大学，厦大曾经被誉为“加尔各答以东之第一大学”，是国家“211 工程”“985 工程”重点建设的高水平大学，入选国家公布的 A 类世界一流大学建设高校名单。

在陈嘉庚尽出家财、教育救国的壮举感召下，泉州籍爱国华侨倾力捐助，在厦大的血液里注入浓厚的“泉州基因”。

“黄君奕住，慷慨相助，有益图书，其谊可著”。这是镶嵌在厦大群贤楼墙上的石刻文，用以纪念和表彰泉州籍爱国华侨黄奕住热心教育、捐助厦大的义举。陈嘉庚创办厦大时，黄奕住捐赠了 10 万元，后来，他又捐赠厦大图书设备费国币 3 万元，支持厦大事业发展。

【厦门大学群贤楼勒石纪念黄奕住捐助义举】

“患难见真情”。在陈嘉庚维持厦大运转最困难的时候，泉州人向厦大伸出了有力的援手。上世纪 20 年代末，陈嘉庚的企业遭受世界经济危机和日本帝国主义倾销的双重打击而陷于极度困难，维持厦大办学经费陷入困境。到了 1936 年，“资本实力已丧失殆尽”。为了维持厦大运转，陈嘉庚筹措16万元购买400英亩橡胶园作为厦大基金，另有泉州籍华侨李光前捐5万元，李俊承捐5000元，占到总额的34%。

20世纪50年代，陈嘉庚筹募扩建厦大校舍，李光前再次给予鼎力支持。1951年至1955年，李光前共捐款80多万美元，兴建校舍及公共设施24幢，建筑面积近6万平方米，相当于新中国成立前厦大校舍建筑总面积的一倍。今天，国内外宾客到厦大的“网红打卡地”建南楼群、上弦场、芙蓉楼群等都是在这个时期建成的。上个世纪90年代以来，由李光前先生哲嗣主持的李氏基金会克绍箕裘，继续支持厦大建设发展，其中包括捐献巨资用于全面翻修建南楼群。

厦大思明校区，建南（福建南安）、南光（南安李光前）、南安、芙蓉、丰庭等楼宇均以泉州地名、人名命名。泉州籍人士捐建的桂华山楼、明培体育馆、蔡清洁楼、建文楼、自钦楼、克立楼、庄汉水楼、钟林美广场，更是让您随时感受到泉州文化的气息。

标志性建筑“嘉庚楼群”也是名副其实的“泉州奉献”：主楼是晋江籍校友蔡悦诗伉俪捐建的颂恩楼，两侧分别是安溪籍钟江海兄弟捐建的钟铭选楼，晋江籍洪文炳捐建的祖营楼，南安籍李成枫后裔捐建的成枫楼，惠安籍黄保欣、吴丽英伉俪捐建的保欣丽英楼。

这些静静矗立的建筑，见证并铭记着泉州籍乡贤及校友捐资兴学、襄助厦大教育事业发展的深厚情谊。

继往开来，薪火相传。进入新世纪以来，慈善已成泉州企业家的自觉，教育已成为泉商与泉州乡贤主要捐资方向。越来越多的乡贤积极捐资助力厦大教育事业的发展，在厦大思明校区、漳州校区、翔安校区、马来西亚分校，他们在楼宇建设、学术平台建设、科研设备基金、学生成长基金、奖助学金等方面不遗余力，体现了分量十足的“泉州力量”。马来西亚分校的李深静楼、戴良业楼，翔安校区的希平楼、黄朝阳楼、周隆泉楼、和木楼、庄瑾楼、佘明培游泳馆、林积灿楼，思明校区的林梧桐楼、李成义—张治华音乐厅等，无不彰显泉州籍校友和友好人士以实际行动传承着先贤尊师重教、热心教育公益事业的优良传统。

坚守信仰 厦大志士的泉州岁月

厦大具有革命精神和红色基因，是福建省第一个党支部诞生地。1926年2月，中共厦门大学支部成立，罗扬才任书记。

“厦门大学党支部一经诞生，就成为厦门和周边地区建党的播种机，革命的摇篮。”厦大党员怀着坚定的革命信仰来到泉州播撒革命的种子，并生根发芽，发展壮大，对泉州党组织的建立、武装斗争等革命活动发挥了重要作用。

1926 年 11 月至 1927 年 1 月，厦大党员在泉州组织成立了永春农民协会、中共惠安支部、泉州特别支部、德化支部、同安支部等党组织，革命之火，渐成燎原之势。

1930 年 4 月，厦大党员蓝飞凤、陈兴桂被派往泉州共同领导“惠安暴动”。同年 7 月，成立了福建红军独立第一师和福建工农红军惠安总指挥部，蓝飞凤任总指挥部政委，陈兴桂担任同期成立的惠安县苏维埃政府筹备委员会主席。9 月，“惠安暴动”爆发，惠安县第一个红色乡政权——五陈乡苏维埃政府成立。

全面抗战爆发后，厦大学子积极投身这场民族解放运动洪流中。

张栋梁，又名张庭幼，生于南安官桥岭兜村，在厦大读书时加入中国共产党。1930 年奉派回泉州岭兜开展革命工作，建立中共梅岭支部，任支部书记。他还建立了儿童团，联络社会青年组织了“岭兜青年促进会”。1934 年，张栋梁赴菲律宾任教，继续参加抗日救国活动，是“菲律宾怡朗华侨救亡会”的主要领导人之一。“七七”事变后，张栋梁以菲律宾《华侨商报》记者身份回国参加抗战，随军采访报道战地新闻。1937 年，从武汉乘船经蕲春时，遭敌机轰炸，不幸牺牲。中共中央机关报《新中华报》社论指出：“回国参战的侨胞中间，有出生入死的担任战地采访的华侨记者团等，就其中菲岛商报记者张庭幼，第一个光荣的殉难于祖国的原野了。”

【厦门大学华侨记者团合影，前排右一为张栋梁】

厦大学子林松龄，又名林伯祥，曾任中共泉州中心县委青委委员、官桥区委书记和养正中学党支部书记。1941 年起先后在永春崇贤中学、毓斌中学（现永春三中）任教。他从事学校教员工作，积极向学生宣传抗战，传播革命思想，发动与领导学生运动，使许多有志青年走上革命道路。1945 年 12 月因人告密被捕。1946 年 2 月被秘密杀害。牺牲前挥笔题写文天祥的诗句“人生自古谁无死，留取丹心照汗青”以明志。现永春三中校园内的“伯祥亭”铭记着他的事迹与精神。

解放战争时期，厦大党组织调派大批革命师生分赴游击区开展工作，其中进入安溪县工委及其辖区的力量最为集中，有 100 名党员及进步学生到泉州安南永游击区开展工作。他们在游击区参加战斗和建设，发动农民开展反抗征兵、征粮、征税斗争，组建游击队，解放了数座县城。为了开创和保卫革命政权，晋江籍厦大学子陈庚申等献出了年轻的生命。

泉州，多少厦大革命志士成长和为之战斗过的热土，因其红色血液中流淌着浓浓的“厦大”基因，泉州与厦大的情缘更多了一份血浓于水的厚重革命友谊。

争创一流 泉籍教工的拳拳之心

泉州是厦大学子曾经战斗过的热土，厦大则是有志于教育文化事业的泉州籍教职工奋斗的乐园。建校以来，因人缘、地缘、文缘等优势，厦大泉州籍教职工人数众多，据统计，目前有近千名泉州籍教职工奋战在南强校园，其中不乏享誉学界的知名专家学者。

在人文社会科学领域，名师荟萃，尽显泉州千年古城的文化底蕴。

语言学家周辨明在厦大创办时即受聘教授，是提倡汉语拼音先驱人物之一。

我国人类学先驱者之一的林惠祥毕业于厦大，后来留校工作。他最早科学论证了台湾与大陆史前族群、文化的渊源关系，最早探讨南洋史前考古和南洋民族史志。

【1974 年，庄为玑带领学生参与泉州宋代沉船考古发掘，图为考古发掘现场】

考古学家庄为玑在泉州湾考古时发现一艘宋代泉州古船，有力批驳了西方学者长期所持中国是“不擅于航海的民族”的观点，佐证了泉州是古代“海上丝绸之路”起点城市。

历史学家陈诗启，其著作《中国近代海关史问题初探》被誉为“大陆史学界在近代中国海关史研究领域的一部具有开拓意义的专著”，“填补了史学领域的空白”。

知名学者徐梦秋，在认识论、规范论、马克思主义哲学和社会公平研究等领域取得丰硕的学术成果，曾任福建哲学学会会长。他在国内学界率先阐发了规范研究的对象、方法、基本问题和理论框架，被学界誉为中国规范论研究领域的开创者。

经济学家吴宣恭，曾任校党委书记，为学校的建设与发展倾注了大量心血，同时，他在社会主义政治经济学领域，特别是在中外产权理论和企业发展理论等方面取得了前沿性和创新性的重要学术成就。

英语专家连淑能的专著《英汉对比研究》出版后年年重印多达 16 次，被誉为“英汉对比研究领域和翻译界过去十几年间最为普及、影响最为深广的著作之一”。

南海研究专家李金明长期从事中国南海疆域、南海争端与国际海洋法等研究，其撰写的《为捍卫我国海洋权益解决南沙主权争议提供依据》《南沙海域划界与争端处理的对策建议》等被作为中央领导及中央各部委决策参考。

经济学家庄宗明在世界经济研究领域作出了突出贡献，被聘为国务院学位委员会第五届学科评议组成员。经济学家许经勇被学界誉为“高产经济学家”“高摘用率经济学家”。

南洋研究专家庄国土在中国与东南亚关系、华侨华人现状及在亚太政治经济格局中的地位等方面贡献卓著，受聘为国家985社科创新平台（东南亚研究）主持人兼首席专家。

管理学家吴世农在我国率先开展财务和资本市场领域实证研究，对我国资本市场低效率的原因、CAPM难于成立的原因等提出一系列独到见解。

管理学家林志扬是我国率先研究组织管理理论的学者之一，为培养高水平企业管理、市场营销专业人才作出了贡献。

……

理工科领域同样大师云集，彰显泉州“全国科技进步先进城市”强大力量。

中国催化动力学研究奠基人之一蔡镏生于1938年，受聘担任厦大理学院院长，主持化学系工作。

生命科学家张松踪1939年毕业于厦大，1958年开始从事家鸭遗传育种蛋研究，历经21年，完成培育高产蛋鸭——金定鸭，该鸭蛋年平均产量居全国之冠。

【张松踪在研究金定鸭】

物理学家、海洋学家何恩典长期从事海洋水文物理和海洋声学的教学和研究，参与主持研制“STY-1型水平探鱼仪”，与海洋界知名科学家联名发起成立国家海洋局的倡议，并参与组建了福建海洋研究所。

我国发光学研究的创始人之一、物理学家吴伯僖在我国首先进行半导体发光学研究，研制出国内第一台晶体管收音机，在厦大建立中国第一个电致发光实验室。

中国海洋化学主要奠基人之一、国际河口化学开拓者李法西，于1959年在厦大创建了海洋化学专业。

中科院院士、厦大教授张乾二是化学界的“数学超人”，在配位场理论方法、休克尔分子轨道理论图形方法、多面体分子轨道理论、价键理论方法、表面科学中的量子化学研究等领域获得诸多重要成果，曾荣获国家自然科学奖一等奖、何梁何利科技进步奖等。

化学家林祖赓，曾任厦大校长，为推动学校各项事业蓬勃发展作出了突出贡献。在科研方面，他同样成果突出，他研制了国内第一套电化学测试系统 DZH-1 型电化学综合测试仪，在国内首次获得碳电极表面氧化物种原位红外光谱和 $SOCl_2$ 电化学还原反应的原位红外谱图，首次将光电化学及共焦显微拉曼光谱方法拓展到金属氢化物电极表面氧化膜的研究，首次从定量的方面解释了气体扩散多孔电极在实用电流密度范围内的实验事实。

海洋学家李少菁在全国海洋综合调查、浮游甲壳动物生理生态学以及青蟹繁殖生物学等研究中取得了一系列创新成果，曾被评为全国海洋科技先进工作者。

环境与生态学家洪华生在国内首创了经济发展与海岸带生态环境相互影响的环境影响评价模式，揭示了厦门海域环境积累性效应和区域农药非点源风险影响，为海岸带综合管理的系统工程提供了科技支撑，荣获国家科学技术进步奖三等奖、“曾呈奎海洋科技奖突出成就奖”等。

化学家黄培强主要从事生物活性物质的不对称合成研究，其取得的“建立一条简捷、多用途的有机合成路线”“首次合成两种天然产物”“首次建立一个抗精神病新药的不对称合成方法”成果填补了国内外相关领域研究的空白。

……

教学科研、党政管理、工程实验、后勤服务等岗位，众多泉州籍教职工与全校师生一起点亮了厦大璀璨的星空。

泉厦交融　海丝路上的盛世之花

100年来，泉州与厦大在你来我往中，相互融合，相互扶持，形成了一种常来常往的“亲戚”关系。

厦大招收的第一届学生就有来自泉州的学子，如林惠祥、叶国煌、陈泗孙、张祖荫等。据估算，建校以来厦大共招收了泉州籍学子约 2 万名。

在20世纪40年代，厦大与泉州晋江县立初级中学、晋江国立海疆学校开展友好往来，德化、永春、南安等政府为该县籍厦大学子发放奖助学金。50、60 年代，厦大接受了泉州师专、泉州师范学院、华侨大学等学校教师来厦大进修。80 年代，厦大与泉州市电镀厂签订生产联合协议，促进产学研融合。

进入新世纪以来，厦大与仰恩大学两次签署对口支援协议，在教学、科研、师资队伍建设等方面为仰恩大学提供帮助和支持。厦大与泉州的往来日益密切，2009 年，厦门大学与泉州市正式签署战略合作协议，在人才培养、科技合作、社会经济发展规划、文化传承等方面开展全方位合作。

“千金何足惜，一士固难求”。人才，从来都是地方发展的关键因素。厦大积极服务泉州，为泉州提供人才支持。以 2017 年至 2019 年为例，厦大共招收泉州籍学生近 2000 人，其中本科生近 800 人，研究生近 1200 人。除直接输送毕业生外，大批优秀的泉州学子以厦大为基地走向全省、全国、全世界。

近年来，厦大通过开展 EMBA、EDP、订单式培养等方式，为泉州培养了大批人才。2020 年，厦大电子科学与技术学院在全国率先推出针对集成电路企业台港澳籍技术骨干的在职攻读博士学位项目，录取了 5 位来自泉州企业的台籍博士研究生。

厦大每年都组织大批学生赴泉州开展社会实践活动，如建筑与土木工程学院与化学化工学院联合开展了“考察闽南古建筑”“酸雨对泉州古建筑的破坏及相关补救措施研究”活动，经济学院开展了“泉州民营企业在‘二次创业’中面临的机遇与挑战”“厦门、漳州、泉州同城一体化推进现状研究”活动，人文学院开展了“闽南传统手工艺留存与传承现状研究”“探索‘海上丝绸’之路的起点——泉州”活动，培养学生的实践创新能力，增强厦大学子服务泉州的使命感和责任感。

厦大注重与泉州开展科技合作，服务地方经济发展。2017 年至 2019 年，厦大与泉州在化学化工、环境生态、新材料、新能源、电子信息、生物医药等方面开展合作，共承接泉州相关单位委托项目近 60 项。

厦大石墨烯工程与产业研究院和安踏集团合作研发的石墨烯功能服饰——飓暖科技系列羽绒服于 2019 年上市，产品超轻超薄，能够高效吸收并反射人体远红外线，有助于形成人体微循环，快速升温最高可达 2.3℃，成为市场“爆款”产品。

厦大与三安光电股份有限公司合作，共建国家集成电路产教融合创新平台第三代半导体分平台，聚焦第三代半导体材料和器件、Micro-/Mini-LED、深紫外 LED，开展具有战略性、前瞻性的产学合作研发。

【2018 年 12 月，厦门大学在福林村举办“振兴乡村”之福林村乡村的传承与振兴论坛】

厦大积极为泉州社会经济发展规划、文化传承等方面提供决策咨询和服务。

2017 年以来，厦大承接泉州相关单位委托项目 20 余项，开展“中国历史文化名城名镇名村第三方评估（泉州）”“厦门—泉州科技创新走廊规划前期研究”等项目研究。厦大在晋江福林村建设实践基地，连续多年举办“振兴乡村”之福林村乡村的传承与振兴论坛，探索“陪伴式乡村营建模式”，助力福林村于 2018 年入选第七批中国历史文化名村。2020 年 7 月，厦大与华南理工大学在泉州晋江开展绿色宜居村镇技术创新国家重点专项课题，助力泉州晋江推进乡村振兴战略。

“素馨出南海，万里来商舶。”泉州是海上丝绸之路起点，是 21 世纪海上丝绸之路先行区。面向新时代，踏上新征程，泉州和厦大携手海丝之路，乘风破浪，扬帆远航，必将协力奏响中华民族伟大复兴的盛世乐章！

（文 / 王荣华　林少川　吴光锡　苏毅辉　吴拏云）

百年相依
世代芬华
——厦门大学与莆田兴化之校地情缘

B3 责编／王朝明 美编／郑倩 校对／邹妹
电话／0594-2697237 E-mail:abc0961@126.com
三湾潮
MEIZHOU DAILY 湄洲日报 2020年4月20日 星期一

百年相依 世代芬华
——记厦门大学与莆田兴化之校地情缘

□林丹娅

1921年4月，位于东经118°、北纬24°的厦门岛，迎来莺飞草长、春暖花开的人间四月天，而比那年春天带给人们更加欣喜的是，一直以"教育是立国之本"为念的爱国侨领陈嘉庚先生独资兴建的厦门大学，开门招生啦！

离厦门岛不到200公里的莆田（兴化府），在八闽大地是个特别的存在。母亲河木兰溪自仙游真山源出，流经莆田平原入海，世世代代哺育两岸人民，饮同源水，说莆仙话，其民风习俗自成一路，其方言语音更是独出无二。而与其方言同样经世不变的是这方百姓对"去读书""有文化"的追求……

陈国柱

刘思职

据厦大校史档案记载，早在上世纪三四十年代，就有一个"莆田县调寨优秀学生奖学金保管委员会"的机构存在并顺利运行多年，它委托厦门大学每年评出家庭贫困但学业成就优异的莆田籍学生给予奖金奖励，以资其学业，励其志愿。

除外，表现突出的还有"莆仙兴安助学社"。该社在向当时的厦大校长汪德耀致函曰："际兹国家支离，民生凋敝之时，本社于焉创设，……素仰贵校历史悠久，办学认真，人才辈出，爰敢函请贵校长就贵校……诸学生中推选……

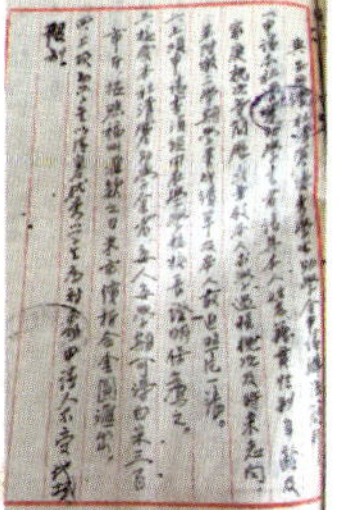

兴安助学社请求优秀学生助学金申请办法简则。

再有一类可以厦门大学南强乡村学社捐建的"海西乡村图书馆"落户在莆田乡村为范例。把图书馆建到乡村来，对自古以来就勉励"家贫子读书"的莆仙人来说，当然具有非凡而实际的意义。其建馆过程也充满了校地之间特殊人缘与机缘：一名莆仙籍厦大优秀毕业生选聘到故乡莆田的江塘村为村官，该村官一上任就参与到新农村建设中，当她了解村民需要新的科技、文化、信息和观念的传播和引领时，便回头向母校求援，申请并引进厦大此项目在该村的落户。而因为要帮助图书馆的建立，先后有三批厦大志愿者进驻该村，厦大图书馆派出专业管理员……

2019年，厦门大学"星火之光"博士团在莆田开展社会实践活动。

防疫员故事
□陈桂扬

那时我还在读小学，全家四口人的生活全靠父亲工资收入常捉襟见肘。母亲没有什么文化，没有固定工作，就在街道里谋了一份"防疫员"的差事。她的"防疫"故事深深地印在了我少年的记忆里。

那是很琐碎又平凡的工作。起先，她负责一个片区的井水消毒，俗称"放井药"。她大概是每周要去镇上防疫站领回一大瓦罐的"井药水"，逐个井地把药水倒入井内消毒。看似简单，母亲却做得有板有眼，因为她心里认为这关系人家吃水卫生，不能马虎。那时还没有自来水，城里人都用井水，这些井大都是古井，有的一户一口，有的一个宅院合用一口。母亲负责的第四基点片区有不少井，我家宅院里的井，就是全院合用的一口饮水井，那井井壁长满了绿苔，当正午阳光直射入井内时……

木兰春潮

【《湄洲日报》2020年4月20日】

1921年4月，位于东经118°、北纬24°的厦门岛，迎来人间莺飞草长、春暖花开的四月天，而比那年春天带给人们更加欣喜的是，一直以“教育是立国之本”为念的爱国侨领陈嘉庚先生在母国东南之滨独资兴建的厦门大学，开门招生啦。

隔个泉州离厦门岛不到200公里的兴化府，在八闽大地是个非常特别的存在。它无论在传说中还是在历史上一直都是莆田仙游之合体。母亲河木兰溪自仙游高山源出，流经沧海桑田而起的莆田平原入海，世世代代哺育两岸人民，饮同源水，说莆仙话，其民风习俗自成一路，其方言语音更是独出无二。而与其方言同样经世不变的是这方百姓对“去读书”的执念和对“有文化”的追求，这也即是被后来兴化才子南宋名相陈俊卿以诗对曰“地瘦栽松柏，家贫子读书”的传统。这个传统里无疑特别突出了莆仙人在艰难生存环境下坚韧不拔、自强不息、勤奋求学的进取精神，以致自隋唐以降的科举年代，莆仙共涌现出2482名进士，21名状元，17名宰辅。其中唐贞元七年（公元791年）进士林藻为闽举进士第一人；梁开平元年（公元907年）进士徐寅为闽史第一个状元。流风上下，遂成“海滨邹鲁”“文献名邦”之盛誉。

1921年建立的厦门大学，内承孔孟诗书，外接西洋文理，又同享海洋文化背景与地缘优势，给嗷嗷待哺的兴化学子带来现代教育的无极福音。于是，学校甫一开招，便迎来陈国柱、刘思职等15位莆仙籍学子的到来。也许连他们自己都未曾意识到，当他们从选择并进入厦门大学来读书以作为立身之本的那一刻起，亦即开始了厦门大学与莆仙兴化之间迄今连绵不断的百年情缘。他们以个人或群体的亲历，参与并见证了一个个与各自年代变迁与时代脉搏息息相关互动成全的校地史话，同时也塑造并谱写了一个个可以代代相传的富有营养的动人故事。

一

在今天的厦大校园内，耸立着牺牲于1927年初夏的厦大第一个共产党员罗扬才烈士的雕像。从资料上来看，1921年入校的莆田人陈国柱（1898—1969）自是罗扬才的学长，并早于1924年即加入了共青团。当1926年初罗扬才在厦门大学牵头成立福建省第一个党支部时，在上海已成为中共党员的陈国柱，也经由党中央的安排回故乡莆仙及闽中一带开展革命活动，任党团混合支部书记，着手创建了仙游县第一个党支部，和罗扬才一样，成为福建早期党组织的创建者之一。在国民党统治的白色恐怖时期，他北上南下，多次参加组织包括学运、农运、工运在内的革命活动，多次被捕入狱，经受严酷考验，矢志不移。在其50多年的革命生涯中，无论是在大革命失败前后的地下党工作还是在抗日战争前线，是在红色根据地后方还是在解放战争前沿，无论是在地方、部队还是在中

【陈国柱】

央，无论他担任什么职务，皆不计个人得失，兢兢业业，从来都是当年那个怀抱嘉庚建校初衷，不忘救国初心的年轻人。晚年在北京弥留的陈国柱，回望南国，最眷念不已的是奠定他毕生使命起始的厦门大学与莆仙地区。那里是他的母校与故乡，他有幸在自己最青春风华的年代，成为星星之火，把厦门大学红色革命的一脉基因，散播在莆仙地区，一起汇进中国革命历史的燎原之势中。

而与陈国柱并肩走进厦大开校之门的首届生刘思职，则从另一个角度显示了嘉庚教育立国理念之成效，成就了他刻苦治学科学报国之志向。

刘思职，1904 年出生于仙游，自幼聪颖，酷爱读书。1921 年刚满 17 岁的刘思职便考进厦门大学，成为厦大理学部最早设立的化学科学生。厦门大学化学学科发展至今，赫赫百年，其精英荟萃，人才辈出，硕果累累，早已是学界翘楚，行业口碑，厦大当仁不让之头号王牌。而追溯这王牌的始源，我们或能看到当年夹杂在不多首届生里的那个弱小身影——他似乎预示着厦大化学人即将走过的百年治学历程与成长范式：在开启了学霸的第二征程赴美留学后的 1929 年，时年才 25 岁的刘思职，在半工半读的清贫境况下刻苦攻读，以优异成绩一举通过博士论文答辩，并取得博士学位后即归国报效。此后他还先后受邀赴英国剑桥、德国威廉凯撒研究院等名校名所访学研究，但最后的根总是落在苦难深重的中国。刘思职以赤子之心，报效祖国，在生物化学、免疫化学领域作出了杰出贡献，1957 年他当选为中国科学院学部委员（相当于现在的院士）。刘思职的典范性，堪为百年来从厦大走出去的 60 多名两院院士的代表与缩影。

【刘思职】

“桃李不言，下自成蹊”。百年来，厦门大学成为莆仙学子最为心仪的学府圣地之一。而莆仙兴化也一直是厦门大学优秀生源地。透过陈国柱、刘思职的身影，我们可以看到继他们之后卓然辈出的一代代莆仙籍优秀人才，他们不仅活跃在学有所成的专业学术研究领域里，成为在国内外具有显著影响力的专家学者；更有相当一部分活跃在新中国成立后的党、政、军、工、校等各行各业、各种各级领导岗位上，尤其是那些回归故里服务于桑梓的学子们，还有那些改革开放后艰苦创业为富施仁的企业家们，直观展现了厦门大学对莆仙的人才贡献。无论是在历史上还是今天，深受嘉庚精神熏陶和教育的莆仙学子把饮水思源、知恩图报、奋发进取、奉献祖国的个人价值与人文情怀，都融进那日新月异国富民强的山河之中。目前，全校正高级专家学者来自莆仙的有 70 余人，活跃在厦大的这批莆仙籍专家学者，把刻苦钻研、勤业奉献的莆仙读书文化传统与嘉庚现代教育精神紧密结合，展现出独特的魅力。

二

众所周知，厦门大学为我国第一所源于爱国华侨陈嘉庚独资兴办的私立大学。也正有此，莆仙学子才有可能既在几近家门口的地方，又同具有海洋生态与文化背景之地，开启源源不断的求学成长之路。而莆仙地方自古就有“家贫子读书”的风气，家庭出身越贫苦，子弟就越需要通过读书之途寻求出路，实现自救与抱负。按今天的话来说，就是通过上学读书，让知识改变命运。当厦门大学秉承的校主陈嘉庚教育立国之念，遇上莆仙人励志向学的个人奋斗，几乎是顺理成章地碰撞激荡出一批批富有家国情怀的于国于乡于民于己皆有用的栋梁之材。

也许就是在这样的互动过程中，厦门大学校主陈嘉庚倾资办学的心志与精神，也随风潜入莆，给兴化地方上众多的有才有德之士带来重教助学的感召。他们积极行动起来，通过各种形式，广募资金，集腋成裘，积沙成塔，先后建立了多种形态的基金会，用以赞助厦门大学优秀学生。据厦门大学校史档案上记载，早在上世纪三四十年代就有一个“莆田县清寒优秀学生奖学金保管委员会”的机构存在并顺利运行多年，它委托厦门大学每年评出家庭贫困但学业成就优异的莆田籍学生给予奖金奖励，以资其学业，励其达愿。

除外，表现突出的还有“莆仙兴安助学社”。该社在向当时的厦大校长汪德耀致函曰：“际兹国家支离，民生凋敝之时，本社于爰创设……素仰贵校历史悠久，办学认真，人才辈出，爰敢函请贵校长就贵校……诸学生中推选清寒优秀者，保荐函知敝社，当即汇上助款，聊助其不足之需。”并附有该社拟定的选荐简则。从简则中可见该社资助的力度与实在：“接受本社清寒助学金者，每人每学期可得白米 300 市斤，按照福州汇款之日米价折合金圆汇出。”此款保证了不管当时物价变动如何，受助学生能得到的助款实价不变，而且“助学金以清寒优秀学生为对象，申请人不受地域限制”。相应地，厦门大学也高度重视，组构了以卢嘉锡、王亚南、汪西林、陈烈甫、李庆云等 9 位各学科知名教授组成的奖学金审查委员会，来对接此类奖学助学金的评审与推荐。如果说莆

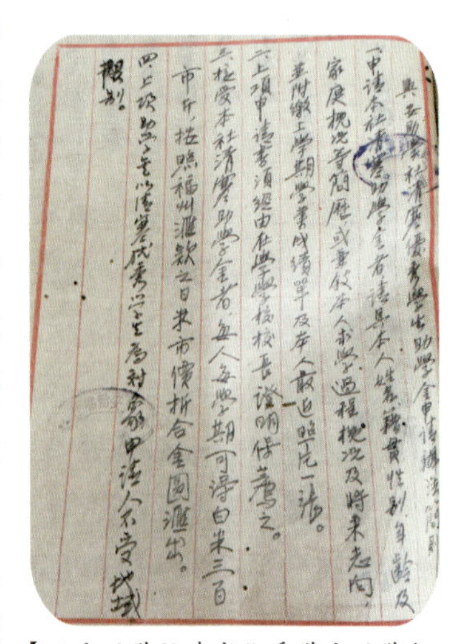

興安助學社清寒優秀學生助學金申請辦法簡則
一、申請本社清寒助學金者須具本人姓名籍貫性別年齡及家庭概況簡歷或其他本人求學過程概況及將來志向，並附繳上學期學業成績單及本人最近照片一張。
二、上項申請書須經由在學學校校長證明保薦之。
三、接受本社清寒助學金者，每人每學期可得白米三百市斤，按照福州滙款之日米市價折合金圓滙出。
四、上項助學金以清寒優秀學生為對象，申請人不受地域限制。

【兴安助学社清寒优秀学生助学金申请办法简则】

仙人出于对读书的执念，族裔宗亲中从来就不吝对子弟读书上进给予扶助嘉奖的话，那“莆仙兴安助学社”已把这种善举扩容到在厦门大学就读的所有学子。他们以此种方式尽自己的绵薄之力，达成与厦门大学“自强不息，止于至善”的嘉庚教育精神的对接与滋长。

三

历史进入21世纪后的今天，厦门大学与莆仙兴化的校地情缘，不仅历久弥新，而且更是发扬光大。本来就有助学奖学传统的莆仙人，随着财力的增强，对考进厦门大学学子的奖励力度与普遍度也大大提高。从市县到乡镇，从山村到平原，无论公筹私募，各式各样的助学金奖学金层出不穷，遍地开花，令莆仙学子受益多多。而毕业后的学子对母校与故土的回馈也是多种多样的，其中，就有一批莆仙籍厦大校友积极为母校捐资助学。当然，最大的回馈莫过于不负厦门大学与乡亲父老对他们的殷切期许，无论他们的身份后来发生怎样的变化，但不变的仍是校地两厢皆以“藉获高等知识，备为国用”之愿心始，以“于国有用”之愿景终。

而近年来，这种于国于乡于民于己皆有用的校地互动联手培育人才的形态与模式，有了更切近的、更切实的、更密切的、更符合时代要求的联系与发展，归之大体有如下几种类型：

一类可以共青团莆田市委联合各县区乡镇的中小学和本地爱心企业，利用暑假，组织包括厦大在内的返乡大学生，开展“爱在木兰溪，青春志愿行”的夏令营活动为范例。从厦大学生的返校报告中可见，他们认识到从自己做起，从家乡做起的实践意义，更积极更主动更热忱地投身到此活动中去，充分利用厦大品牌效应与文化背景，结合个人知识结构与才能，与相对应的企业和乡村结对子，沿木兰溪两岸建立营地，因地制宜开设各种特色课程，开展保护木兰溪的志愿者服务，使孩子们在有情有趣的活动中接受新科学，拓展新视野，根植新梦想。反之，返乡大学生也从中得到社会性工作的历练，知行合一，增强了能力与自信，有了全新的自我发现与成长。

另一类可以厦门大学生命科学学院组成“星火之光”博士团，直接与莆田相关乡镇挂钩，展开社会实践活动为范例。厦大生命科学学院为了引导学生在社会实践中“受教育、长才干、做贡献”，加深他们对国情、社情、民情的了解，增强社会责任感，提升综合能力，组织他们进行“助力乡村振兴”的实践。而作为提供实践园地的莆仙乡镇则展开它们热情的怀抱，如迎接自家子弟般对博士团的活动给予大力支持与周全安排，使得博士团能够顺利展开乡村调研与帮扶工作，实现校地资源的有机结合和优化配置。如学生到当地农产品牌“绿禾农业”的葡萄园中，实地了解并学习葡萄良种试验场引进的一系列最新种植与栽培技术，而学生则利用课题组的水果保鲜科研成果，帮助果农提升了水果保鲜程度。

【2019 年，厦门大学“星火之光”博士团在莆田开展社会实践活动】

又有一类可以厦门大学法学院与莆田市中级人民法院共建“厦门大学法学教育实践基地”为范例。校地两院的共建，建立起一条把学院理论学习与法院实践工作紧密联系起来的渠道，学院通过导师培训、课题合作、学生实习实践、专家学者挂职等方式，把高校理论资源输送到实务中，促使地方专家型法律工作者群体的发展壮大；反之，地方法院也为学院学生提供理论联系实践的现场机会，实际提高学生法律实务技能和分析问题、解决问题的能力。这是学院派教学模式的创新，是法学教育与法律职业的深度衔接，是对法学实践教学和司法审判工作水平更上新台阶的推进，而这样的共建本身也是对国家全面推进依法治国方略的响应与实践。

再有一类可以厦门大学南强乡村学社捐建的“海西乡村图书馆”落户在莆田乡村为范例。把图书馆建到乡村来，对自古以来就勉励“家贫子读书”的莆仙人来说，当然具有非凡而实际的意义。其建馆过程也充满了校地之间特殊人缘与机缘：一名莆仙籍厦大优秀毕业生选聘到故乡莆田的江堤村为村官，该村官一上任就参与到新农村建设中，当她了解村民需要新的科技、文化、信息和观念的传播和引领时，便回头向母校求援，申请并引进厦大此项目在该村的落户。而因为要帮助图书馆的建立，先后有三批厦大志愿者进驻该村，厦大图书馆派出专业管理员实地进行图书分类、编号、造册并日常管理的指导。同时他们结合图书馆建立，走家串户进行调研，了解当地工农业生产以及村民生活状况，了解村民的科学文化需求，以便心中有数，更好为乡村建设提供切实有效的帮助。当乡民们享受并由衷感谢厦大给予的图书馆时，厦大志愿者们也未尝不从中获得成功的喜悦与自豪，也未尝不会有新一代的村官在成长。

厦门大学与莆仙兴化的校地情缘，如春风化雨，桃李芬芳，互动相长，互促成全，年年根深叶茂，岁岁繁花硕果，一起绘就一片于国于乡于民于己皆有益的绝好风气与绝美风景。百年相依根叶情，世代交织芬华谱，我们有理由相信与期待，有如此深厚的积淀与流脉，厦门大学与莆仙兴化的校地情缘，必将在今天与未来的新时代中再续新篇章。

（文 / 林丹娅）

百年渊源　山呼海应

——厦门大学与三明的校地情缘

2019年12月23日　星期一

百年渊源　山呼海应

——厦门大学与三明的校地情缘

1958年，厦门大学青年学子支援三明工业基地建设。图为万人大会战工地场景。

芙蓉湖畔聚英才

山呼海应兴实业

山海协作谱新篇

史海钩沉寻根脉

今年暑期，厦门大学博士生地方经济发展服务团深入三明市开展实践调研。

【《三明日报》2019 年 12 月 23 日】

北纬 25°30′ ~ 27°07′、东经 116°22′ ~ 118°39′，武夷与戴云山脉之间，闽中与闽西北结合部，有一座新兴工业山城——三明。她是老区苏区、中国绿都、全国群众性精神文明创建活动的发祥地。

东海之滨，鹭岛之上，坐落着一座有“中国最美大学”之称的高等学府——厦门大学。碧波涛涛，白鹭翱翔；人才济济，南方之强。

一山，一海，山海常相连。一校，一地，校地情缘深。百年来，厦门大学与三明有着剪不断的历史渊源，有着深厚的互助相伴。

山呼海应兴实业

上世纪五六十年代，一条贯通山海的鹰厦铁路，拉近了厦门与三明的距离。当年，厦门是海防前线，三明是“三线建设”的工业基地，使命不同，却山海相望，比肩向前。

1958 年 6 月，三明工业基地破土动工，浩浩荡荡的建设大军从祖国各地云集工地，厦门大学与三明的“山呼海应”随之开启。

厦门大学中文系的学生响应学校开门办学的号召，乘坐刚通车不久的鹰厦铁路列车奔赴三明，一边上课一边参加劳动。

这支厦门大学青年学子支援三明工业基地建设力量，有 200 多人，劳动全靠人力挖、填、运、夯，甚至为了靠近土建工地，他们在工地旁搭竹棚入住。虽然十分劳累艰辛，但他们在工地掀起一场场劳动竞赛，展现了一幅幅厦门大学青年学子吃苦耐劳、斗志昂扬、扣人心弦的画卷，书写了滨海大学支持山区建设的壮丽篇章。直至 1959 年 3 月，在完成工地初期的土方工程后，厦门大学中文系师生才离开三明返回厦门。

一纸调令，是一段山海呼应、倾力相助的感人故事。97 岁高龄的江培萱一家与厦门大学和三明有着不解的深厚情缘。1957 年至 1962 年是三明重工业基地建设初期，新开垦的处女地呼唤着各种技术骨干和专业人才，当年省委在全省征调科技人员建设三明，时任厦门大学化学系讲师的江培萱成为明确抽调的两名人员之一。组织需要的地方，便是他的学识和才华施展的地方——导师卢嘉锡教授“忍痛割爱”，毅然把江培萱推荐到组织需要的地方去。

1958 年的三明，条件非常艰苦，居住、饮食、出行条件都非常差。初到三明的江培萱把艰苦当作荣誉、当作组织的信任，以“哪里艰苦就到哪里去”的高贵品质和“敢叫日月换新天”的拼劲闯劲，用自己在厦门大学所学，参与了三明化工厂新上项目的原理和工程计算，克服了种种技术难题，为三明化工厂的建设奉献了青春，贡献了力量，表现出了厦大人的无私情操与卓越精神。他的精神在他的女儿、厦门大学化学化工学院教

【1958 年，厦门大学青年学子支援三明工业基地建设。图为万人大会战工地场景（来源：福建省三钢（集团）有限公司）】

授江青茵身上得到延续。近年来，江青茵多次前往三明，参与三明市主导发展的氟化工产业。

上世纪 60 年代，卢嘉锡任所长的福建物质结构研究所，在三明设立分部。当时，厦门大学化学系不少教师到三明分部开展学术交流与科研，留下了校地科研协作的一段佳话。

“我当时研发的 DHZ-1 型电化学综合测试仪，还是由福建三明无线电二厂生产的。”时隔 40 多年，田昭武对厦门大学与三明山海产学研协作的经历记忆犹新。1978 年，三明无线电二厂的技术骨干，来厦门大学找到田昭武。之后生产的几百台电化学综合测试仪供全国科研、教学和生产单位使用。这些测试仪十分灵敏管用，结束了我国不能制造电化学综合性仪器的历史，超过了当时外国进口的设备，并获得了当年全国科学大会奖。

芙蓉湖畔聚英才

在三明市三元区，有一所以陈景润命名的三明市陈景润实验小学。1943 年 12 月 10 日，陈景润的父亲陈元俊调往三元县工作，10 岁的陈景润入读三元县三民镇中心小学（即三元区实验小学，现名三明市陈景润实验小学），后来进入三元县立初级中学就读。三明成了陈景润少年成长的一个重要的地方。1950 年陈景润考入厦门大学数学系，从此踏上科学研究之路。几十年后，厦门大学原创话剧《哥德巴赫猜想》在各地巡演，生动讲述了陈景润勇攀科学高峰的故事。

山城游子求学鹭岛，教坛耕耘独领风骚。籍贯三明沙县的邓子基，于青年时代赴鹭岛深造，1952 年从厦门大学经济系（《资本论》研究生班）毕业，并留任厦门大学财金系从事教学和科研工作至今，成为全国重点财政学科学术带头人，为厦大发展作出斐然贡献。六十载劳心终不悔，从教 60 多年来，邓子基为国家培养了大批财税专门人才。作为籍贯三明的厦门大学学子杰出代表，他严谨的教学科研作风，影响了一代又一代后来者。

朱熹故里情牵厦门，留洋归来奉献母校。三明市尤溪县是宋代理学家朱熹出生地，人杰地灵，许多优秀人才考取厦大，成就了非凡的事业。厦门大学生命科学学院长江学者特聘教授、博导林圣彩，就是其中一位。1984 年，林圣彩毕业于厦门大学生物系，获学士学位；1991 年，毕业于美国得克萨斯大学西南医学中心，获生物化学博士；1991 年至 1995 年，美国 Howard Hughes Institute at UCSD，博士后；1995 年至 2001 年，新加坡国立大学分子与细胞生物研究所，任实验室主任等。新世纪后，他回到母校厦门大学任教，于 2003 年 12 月— 2017 年 5 月，任厦门大学生命科学学院院长。近年来，林圣彩教授以细胞代谢稳态调控为研究核心，针对细胞对营养物质与能量的感知机制以及代谢紊乱相关疾病的发生发展的分子机制进行研究，并取得了一系列原创性成果。林圣彩早前的成就还体现在解释了两种侏儒症的发生机制等其他成果上。林圣彩说："我小时候在山里长大，长大了漂洋过海求学，一生追求的就是真知、真理。自己准备好了，回母校教书，为国效劳，图的就是一份感恩，实实在在地做些事。"

从闽师源头到白城海滨，三明市一直是厦门大学优秀生源地之一。至今，厦门大学的校园里仍活跃着一大批三明籍的优秀专家学者：张铭清、廖泉文、朱孟楠、朱仁显等教授……他们在海滨厦门谱写了一段段学子助力经济特区发展的佳话。

史海钩沉寻根脉

"全闽师范学堂——福建省立师范学校——三明学院"，校长之缘，像一条红线，将厦门大学与三明这片土地牵连在一起。邓萃英作为第一批学子到福州考入全闽师范学堂，修习四年，以最优等成绩毕业，1920 年 10 月被厦门大学筹委会推荐为厦门大学首任校长；全闽师范学堂之后的福建省立师范学校首任校长姜琦，曾任厦门大学教育系主任；2013 年 6 月，厦门大学法学院副院长陈晓明教授到三明学院任副校长。

我国现代电化学创始人之一、中国科学院院士、曾任厦门大学校长田昭武的中学时代，就在永安一中度过。

1938 年 5 月中旬，厦门沦陷，日战机频频空袭榕城，福州告急。随后福建省政府内迁永安，身为省政府职员的田昭武父亲田则恒随着内迁人士抵达永安，一家老小也随之前往。福建省教育厅为了解决随迁子女入学问题，在永安创办了省立永安中学，地点设在永安下吉山。学校创办第二年，1939 年 9 月，田昭武入读省立永安中学，前后就读 6 年，一直到高中毕业，他以全校高中三年理科总分第一名的成绩被保送到厦门大学化学系。每每提及那段艰苦但难忘的高中生活时，田昭武总不忘提醒人们应当传承在艰苦中求学，追求真知、积极上进、立志为国的精神。

著名教育家潘懋元教授回忆起了 1940 年他与同学三人，为求学报国，从家乡广东徒步到福建，到达设在三明永安的福建中等师资养成所求学的经历。环境纵然艰苦，但同学们在一起孜孜以求，刻苦攻读的情形令他难以忘怀。1941 年秋，他考入厦门大学，主修教育学，辅修经济学，由此开启了他的教育梦想。

山海协作谱新篇

闽之山，何苍苍；闽之海，何泱泱。在新时代，厦门大学与三明加强校地合作，再续山海情缘。

2015 年 6 月，厦门大学领导带队到三明市开展市校合作考察，厦门大学与三明市政府签订了战略合作协议，校地合作开启新征程。校地合作协议签订以来，以校地共建为“纽带”，以项目攻关为“突破”，在有效提升厦门大学与三明的校地产学研水平的同时，有力地促进了三明高质量发展。

作为三明市唯一一所本科高校的三明学院，早在 2010 年，就与厦门大学建立了良好的支援协作关系。2017 年 3 月，在厦门大学与福建省九市一区校地战略合作 2017 年工作会议上，三明学院作为唯一高校与厦门大学签署支援协作协议，进一步深化了两校的合作关系，借力推动三明学院学科建设、人才培养、师资队伍建设、科学研究等方面建设步伐。近期，厦门大学正与三明学院推动向福建省和教育部申请，将三明学院作为对口支援高校。

2019 年 8 月 1 日，厦门大学领导率队赴三明市调研，走访了福建省三钢（集团）有限责任公司、三明学院、永安石墨烯产业园、大田县清航无人机产业化项目、第二集美学村红色文化旧址等，与三明学院开展校际交流，参加厦门大学博士生服务团服务三明地方经济社会实践活动座谈会，进一步推动厦门大学与三明市的校地合作，为“山有呼、海有应”做出最好注解。

【2019 年暑期，厦门大学博士生地方经济发展服务团深入三明市开展实践调研】

2019 年 11 月 21 日，厦门大学在三明永安市举办“重返黄历乡：契约文书与社会经济史研究”学术座谈会，纪念历史学家、厦门大学教授傅衣凌在永安发现明清契约文书 80 周年。历年来，厦门大学对三明在传统村落保护、地方产业规划、历史文化研究等方面，为三明市经济社会发展提供研究咨询报告。其中，厦门大学国学研究院在尤溪县南溪书院建立厦门大学国学院教研基地，推动朱子学文化研究的深入。今年暑期，厦门大学“源梦启航”博士生地方经济发展服务团，紧密围绕“青春心向党，建功新时代”实践主题，深入三明市开展实践调研，用双脚丈量红色热土、用理想勇担强国使命、用才干致敬无悔青春。

近年来，厦门大学对三明市发展支持聚焦于“新”，聚力于“兴”，主要集中在化学化工、新材料、新能源、新技术等多个方面的科技合作，打造新的增长极。越来越多的企业受益于厦门大学的科技优势、人才优势、综合优势，合作项目实施一批、落地一批。接下来还将进一步在产学研用、教育培训、人才培养上紧密结合三明产业发展实际，积极探索拓展深度和广度：厦门大学于2017年牵头成立“福建省石墨烯产业技术创新促进会”，三明永安市和大田县的相关企业成为会员，永安市石墨和石墨烯产业园管委会作为首届副理事长单位；厦门大学物理科学与技术学院推动与永安市政府、永安石墨烯工业园共建永安石墨烯应用工程实验室，总投资3000多万元，努力打造成为辐射省内外的石墨烯材料与应用高水平研发基地；厦门大学对新材料、新技术的支持与合作，为三明市经济发展提供了新动能；厦门大学化学化工学院与三明宏盛共建新材料研发中心；福建省清流县闽山化工有限公司与厦门大学化学化工学院化学工程研究所建设联合研发实验室；福建金森林业股份有限公司与厦门大学信息科学与技术学院建设智慧林业联合实验室；厦门大学航空航天学院与宁化月兔科技有限公司开展合作，在共建博士后流动站、校企实习实训基地等方面开花结果……

往东，一座滨海名校；向西，一片青山巍峨。百年渊源有情缘，山呼海应再迈步。如今，厦门大学与三明的校地情缘，正谱写着新时代的最强音，声声铿锵，响振山海。

（文/马　腾　韩巍巍　欧阳桂莲　魏　昊）

同饮一江水
共拥一片湾

——厦门大学与漳州的校地情缘

8 专题 闽南日报

要闻部 电话:0596-2593088 责任编辑:

漳州新闻网:www.zznews.cn 2020年4月29日 星期三

九龙江,江宽水稳,经漳州平原注入厦门湾,滋养着漳厦近千万人民。

厦门湾,海阔通达,北起厦门白石延至漳州龙海,守护着厦漳万顷沃土。

同饮一江水,共拥一片湾。漳州市,这座国家历史文化名城、田园都市、生态之城,与百年厦门大学凝结了深厚的地缘、人缘与情缘。

厦门大学漳州校区主楼群

同饮一江水 共拥一片湾

——厦门大学与漳州的校地情缘

砖瓦情长

九龙江畔流传着"嘉庚瓦"的故事,故事讲述砖瓦,而不止于砖瓦

红色情重

群贤情笃

合作情浓

文图:郑来发 欧阳桂莲 魏昊

【《闽南日报》2020年4月29日】

九龙江，江宽水稳，经漳州平原注入厦门湾，滋养着漳厦近千万人民。

厦门湾，海阔通达，北起厦门白石延至漳州龙海，守护着厦漳万顷沃土。

同饮一江水，共拥一片湾。漳州市，这座国家历史文化名城、田园都市、生态之城，与百年厦门大学凝结了深厚的地缘、人缘与情缘。

砖瓦情长

故事要从一种砖瓦说起。

这种被后人称为“嘉庚瓦”的机平瓦如今仍在一座座独具特色的嘉庚风格建筑中存在。“嘉庚瓦”制作工艺也被列入厦门市首批非物质文化遗产。而唤起人们别样记忆与感悟的这一瓦窑历史文化，也连接起了厦大与漳州的情缘。

【嘉庚瓦】

上个世纪初，陈嘉庚先生在家乡创建集美学村和厦门大学。他亲自选址规划、设计并建造了具有中西合璧特征的校园建筑“嘉庚建筑”。绿色琉璃瓦铺设的飞檐翘脊闽南式大屋顶，橙红色大瓦片覆盖的双坡屋面，当中色彩橙红鲜亮的便是“嘉庚瓦”。

参照西式屋顶瓦片的做法，对闽南传统瓦片进行改良，可以搭线牢固连接为片，既满足了嘉庚建筑西式大屋顶的施工需要，也适应厦门多台风的气候特点，色彩特殊，大方稳重，抗风力强，隔热保温性能好，铺设操作简便。这种“先进”的机平瓦由陈嘉庚先生亲自引进烧制，而帮助陈嘉庚先生把这“梦想中”的砖瓦变为现实的便是位于九龙江畔的漳州石码砖瓦厂。

1911 年，陈嘉庚先生到漳州石码考察时结识了当时从事砖瓦生产的陈元盛，二人一拍即合。1920 年，陈嘉庚先生从新加坡买了一台压模机，与石码严溪头砖瓦厂合作，利用当地上等原料红壤试制土制新型瓦。经反复试验和革新，终于将传统仰合平板瓦改良成可挂搭的凹凸平板瓦，其特点是色彩橙红鲜亮，成本低廉，坚固耐用。

抗战胜利后，陈嘉庚先生与石码砖瓦厂继续“嘉庚瓦”的生产。

上世纪 50 年代，集美学村和厦大进行大规模建设，陈嘉庚先生先后三次到石码严溪头瓦厂，与瓦工研究制瓦技术，并将大批量生产的砖瓦通过水路运输到集美学村和厦大。

几十年过去，漳州石码砖瓦厂已成绝响。而那些饱含着陈嘉庚先生心血和精益求精品质的砖瓦仍坚实依旧，陪伴一代又一代厦大学子。

九龙江畔流传着“嘉庚瓦”的故事。故事讲述砖瓦，而不止于砖瓦。

红色情重

“救国才能顾家，国亡家安在！”高捷成的叔父收到了一封迟来六年的书信。

在国内大革命时代，漳州走出了一位红色金融家——厦大1927级经济学系校友高捷成。

1932年春天，红军攻克漳州后，高捷成毫不犹豫地放弃家中钱庄的工作，加入了红军队伍。他协助红军打理财务工作及募集款项等，共筹措到100多万银元巨款和40多万元物资。

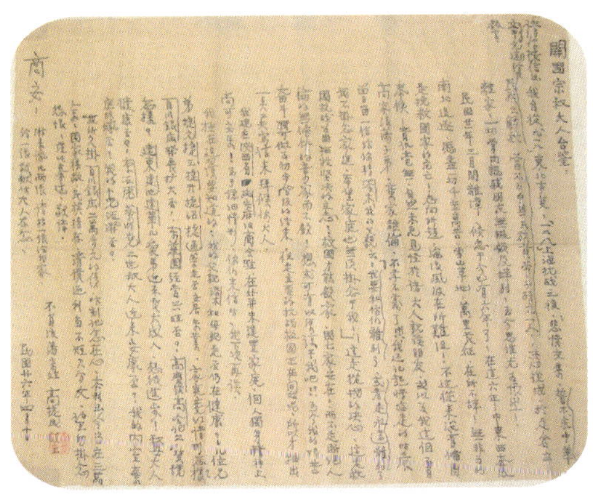

【高捷成家书】

1937年4月，高捷成从延安给他的开宗叔叔写来了一封家书：“我不是弃家不顾，这是救国抗战，为国牺牲的立志，救国才能顾家，国亡家安在？”“在这六年中东西奔波，南北追逐，历尽一切千辛万苦，雪山草地，万里长征，在所不辞！无非为的是挽救国家的危亡！”

“七七”事变爆发，高捷成跟随八路军一二九师挺进太行，奔赴晋冀鲁豫开辟敌后抗日根据地，在艰苦的战争环境里，高捷成率领众人在太行山深处开始了冀南票的印制工作，并积极展开对敌伪币的货币斗争，建立以冀南票为本位币的统一市场。1943年5月14日，高捷成一行人行至河北省内邱县白鹿角村，与长途奔袭之敌遭遇，突围中为掩护战友携重要文件撤退而壮烈殉国，年仅34岁。

若干年后，当高捷成的后人来到厦门大学，与厦大学子一起重新回忆起这位“红军会计制度的创始人”的红色家书以及背后的故事，心情仍久久不能平静。

作为厦门大学的杰出校友，高捷成烈士的革命精神是厦门大学“四种精神”的生动注解。他短暂而光辉的一生书写了革命者的大爱，也影响了一代又一代青年学子。

抗战时期，厦大内迁长汀。是时，福建交通极为不便，从厦门到长汀有关山阻隔，要渡过鹭江、九龙江，越过崇山峻岭。西迁长汀过程中，漳州是人员物资的中转站。成立于1936年的厦大龙溪同学会便在其中承担起了母校西迁师生的中转接待和物资转运工作。转运站地址就设在校友工作的崇正中学（今芗城实验小学所在地）。

图书、仪器、标本等物资陆续从鼓浪屿水运到漳州，再搬上岸运到漳州崇正中学校舍暂放，过后再运到漳州旧桥，装上平底船，沿着九龙江西溪运到水潮（今南靖金山），再用卡车运到长汀。厦大师生也是到漳州崇正中学中转，再前往长汀。

抗战的烽火里，繁重的中转任务，却牵起和见证了厦漳深深的情谊。

群贤情笃

1926 年那个夏天，漳州籍文学大师林语堂在时任厦门大学校长林文庆邀请下，到厦大筹办国学研究院。

这位“两脚踏中西文化，一心评宇宙文章”的学者作家，花了大量精力在创办厦大国学院的大小事项当中，并倡导以“地质学、人类学、考古学、古生物学等等作为参考”的国学研究新理念。这种研究理念，后来成为厦门大学文史哲等领域传承至今的学术传统。他在厦时间虽短，影响却长远。那句“整个世界就是大学堂”依然振聋发聩，鼓励着厦大学子不断向未知领域出发、探索。

而邀请他来厦大的校长林文庆，原籍漳州海澄鳌冠村（今厦门海沧区），在长达 16 年的厦大校长生涯中，不惜重金礼聘知名教授学者来校执鞭任教。文学家鲁迅，语言学家沈兼士、罗常培，古史专家顾颉刚，中西交通史家张星烺，编辑家孙伏园，考古学家陈万里……一时间厦大群贤毕至，大师云集，百川交汇，师资力量雄厚，科研学术风气浓郁。苦心经营 16 载，在他努力下，偏居一隅的厦大演武场演变成为学科体系齐全的多科性大学。

漳州籍的厦大首届学生叶国庆，师从顾颉刚、许地山等教授。1932 年获硕士学位，返厦大任历史系教职，在厦大执教 60 年，先后任教授、历史系代主任及人类博物馆馆长等职，对先秦史和福建地方史等研究造诣犹深。

我国著名语言学家，漳州籍的黄典诚，1937 年毕业于厦大文学院，留校执教 57 年，培养出诸多语言学者。黄典诚提出“强声必弱韵、强韵必弱声”的定律，为汉语语音的演变做出了合理的解释，也为理解切韵音系的性质提供了正确的思路，对汉语音韵学的现代化发展作出了重大贡献。

现任中国教育学会会长朱之文，漳州东山人，1982 年厦大经济系会计专业毕业留校工作，1993 年担任学校副校长。离开厦大在省教育厅和宁德工作了一段时间以后，2006 年中央安排他重回母校担任了五年厦大党委书记。他坚持“顶天立地”发展理念，鼓励支持厦大师生主动贴近、主动融入、主动服务福建经济社会发展，展现了厦大作为国家高水平研究型大学的使命担当。

……

许许多多漳州籍的厦大人在厦大百年历史发展中留下了自己或深或浅的脚印，共同参与和推动了这所百年学府的成长。

合作情浓

自强不息、造福桑梓的厦门大学与底蕴深厚、包容开放的漳州市有着紧密的合作关系和坚实的合作基础。双方积极探索产城学融合发展，在人才培养、科技创新、教育提升、文化建设、发展研究等方面不断扩展合作领域，走出了一条校地合作共赢发展之路。

漳州市在厦门大学发展的关键时期，以共建漳州校区为契机，给予了厦门大学强有力的支持。2001 年 4 月 6 日，厦大漳州校区奠基典礼隆重举行；2003 年秋季，厦大漳州校区投入使用，迎来首批厦大师生入驻。2003 年 10 月 21 日，厦大嘉庚学院正式揭牌，开启了向优质高等学府奋进的征程。创办以来，嘉庚学院生源质量逐年提高，学科实力稳步提升，培养了一批应用型、复合型人才，2010 年获评“全国先进独立学院”，2011 年至 2019 年连续 9 年入选腾讯网教育产业价值榜，位列独立学院榜榜首。

【厦门大学漳州校区主楼群】

围绕漳州校区建设的厦大嘉庚学院、附属实验小学、附属实验中学和嘉庚学院幼儿园，形成了涵盖幼儿教育到高等教育的完整教育链条，进一步提升了漳州开发区的整体教育发展水平。

漳州市年均吸引 50 多名厦大毕业生就业，成为福建省内受厦门大学毕业生青睐的就业地区之一。漳州校友会，在厦大校友会中以历史悠久、工作活跃著称，多次荣获厦门大学全球校友会先进工作单位。许多厦大人在漳州耕耘奉献取得突出业绩，如以“鲍鱼人工育苗和养成”项目荣获“全国科学大会成果奖”和“福建省科技成果奖”的陈达昌，创办三宝钢铁公司的王光文，驻守重石化建设基地古雷半岛、荣获全国政法系统特殊战线一等功荣誉的吴两同等等。

在产学研合作方面，围绕漳州市产业发展，厦门大学积极承接漳州市企事业单位科研项目。2015年至2019年，共承接漳州市企事业单位合作项目180余项，在生物医药领域、海洋与生态环境领域、新能源新材料领域、机械制造领域、决策咨询领域积极推进产学研合作，助推漳州经济社会发展。

从1953年厦大生物系何景教授发现漳州南靖县和溪镇乐土亚热带雨林，提出必须加以保护的意见，并作为厦大生物系野外实习基地，到如今“厦门大学虎伯寮国家级自然保护区校外实践教育基地”揭牌，搭建了学生课外教学与实践环境，深化了教学科研合作；

从1958年厦大生物系和龙海金定村合作，建立金定鸭实验基地，进行金定鸭良种提纯科研，到金定鸭育种课题1978年获省科学大会奖，1985年获得国家级技术进步二等奖；

从2005年起，厦大在龙海东园镇建立现代农业科研与教学基地，重点进行水稻品种实验研究，到厦大王侯聪教授带领的科研团队成功育出获得省科学技术一等奖的优质水稻品种“佳辐占”；

从云霄县漳江口红树林国家级自然保护区建设“漳江口湿地生态系统野外科研与教学基地”，到与东山县签署战略合作协议共建东山太古海洋观测与实验站——集现代海洋渔业、海洋监测、海洋考古、海洋科普、海洋环保及海洋技术产业化为一体的科研基地和海洋观测与实验的国际合作基地；

“诏安所需、厦大所能”，厦大长期对口扶贫支援诏安县，发挥人才、科技、医疗、产业、消费、教育等方面的优势，通过扶贫、扶智、扶医，助力诏安经济全产业链发展提升和企业转型升级。

……

战略合作的脚步从未停歇，取得的硕果累累。

【2019年8月，厦门大学暑期社会实践队赴诏安县进行电商培训交流】

2019年，厦大与漳州市签署新一轮市校战略合作协议，开启“共建、共享、共赢”的合作新篇章。厦大进一步明晰漳州校区功能定位：漳州校区为厦门大学世界一流大学建设的重要组成部分，是市校合作的重要成果。学校提出要把漳州校区建设为高水平国际合作与交流高地、高层次应用型人才培养高地、高质量成果转化和产业化高地、高素质人才集聚高地和以服务漳州经济社会发展特别是“大抓工业、抓大工业”战略实施为主的重要基地。双方领导表示要按照“初衷不改，开创未来”的原则，促进形成校地联姻、相互支持、融合共生、协同发展的新局面，共同打造地方支持高校发展，高校助推地方建设的典范。

漳州水仙，清香卓然；厦大凤凰，绚烂动人。拼搏奋进的漳州与厦门大学，在新的起点上正在加强双方合作，努力携手实现新突破，必将再创新辉煌。

（文 / 郑来发 欧阳桂莲 魏 昊）

武夷鹭江相辉映
山海文脉共传承
——厦门大学与南平的校地情缘

06 2020.8.27 星期四 MINBEI DAILY 文旅·文化视界 闽北日报

武夷鹭江相辉映 山海文脉共传承

——厦门大学与福建南平的校地情缘

1 文武之情：厦大演武场背后的故事

2 理学之意：朱子学传承发展中的厦大力量

3 卓越之力：厦大人倾力"南平经验"

2011年10月9日，国家一级学会"朱子学会"在厦门大学揭牌成立

4 强国之梦：为"世界之大学"奋斗不息的南平人

5 奋进之路：不负韶华共绘崭新画卷

2015年6月30日，南平市人民政府与厦门大学签署战略合作协议

1920年厦门大学群贤楼和演武场全景

【《闽北日报》2020年8月27日】

闽北武夷山下的南平被誉为“闽邦邹鲁”，是千年理学文脉之地。闽南东海之滨的厦大被誉为“南方之强”，是百年著名高等学府。“相知无远近，万里尚为邻”，厦大和南平跨越山海，“以文会友，以友辅仁”，相知相惜，同呼吸，共命运，结下深厚情谊，写下传奇佳话。

文武之情：厦大演武场背后的故事

厦大校址选址演武场，被黄炎培等赞誉为“背山临海绝胜处，气魄雄伟，不可一世”，被鲁迅称赞为“背山面海，风景佳绝”。

其实，这绝胜和佳绝的背后，还有令人感怀的故事。

100 年前，陈嘉庚先生怀着教育救国的宏愿创办厦门大学。他考察了厦门多地都不甚满意。当他看到演武场“依山面海，坐北朝南，船舶入港，历历可见”，才觉得“概当归入厦大校界”。他得知这里曾是郑成功练兵场所后，更是坚定了选择此地为校址的决心，并于 1921 年 5 月 9 日国耻纪念日（1915 年 5 月 9 日，袁世凯承认“二十一条”）举行首批厦大校舍奠基仪式，他说：“在郑郡王演武场上，举行厦门大学校舍开工典礼，不同寻常的意义在于告诫大家勿忘国耻！”

【上世纪 20 年代，厦门大学群贤楼和演武场全景】

说到郑成功，南平人会自豪地告诉您，郑成功是“延平王”，明朝时的延平府管辖南平、顺昌、沙县等地，延平是郑成功军政生涯的起点地、“延平条陈”军事战略思想的诞生地。1646 年，郑成功在以延平为中心的闽江流域领兵，训练水师，后来挥师南下，在厦大演武场训练出一支万人“铁人军”，并亲率这支“铁人军”收复了被荷兰殖民主义者侵占了 38 年的台湾。

昔演武场上，延平王郑成功操练官兵，展示“八百里分麾下炙，五十弦翻塞外声，沙场秋点兵”的万丈豪情；今演武场旁，厦门大学群贤毕至，大道吾行，向着“中国特色、世界一流”的目标，直挂云帆，踔厉奋进。

无论郑成功的武装驱敌，还是陈嘉庚的教育兴国，激荡在南平人、厦大人心中的是与祖国和人民共命运的伟大爱国情怀。

理学之意：朱子学传承发展中的厦大力量

“东周出孔丘，南宋有朱熹。”朱熹是中国教育史上继孔子后的又一人，现存著作25种约2000万字，是儒学集大成者，在国际上亦有重要影响，是一位世界性思想家。朱熹一生中有50多年在南平度过，7岁到浦城寓居，13岁到武夷山紫阳楼居住，1192年在建阳建“竹林精舍”，后更名为“沧州精舍”，1244年被诏赐为“考亭书院”。在南平人心中，朱熹是地地道道的“南平人”。

【2011年10月9日，国家一级学会“朱子学会”在厦门大学揭牌成立】

“打造朱子文化品牌，对促进闽台文化交流，提升福建文化软实力意义重大。”厦大人把传承朱子学作为服务南平、服务福建、弘扬优秀文化的责任和担当。1987年，厦大召开了国际朱子学学术会议，次年成立了武夷山朱熹研究中心。2006年，厦大复办国学院，以朱子学为其研究的中长期目标。2011年，经国家批准在厦大成立国家一级学会“朱子学会”，时任厦大校长任首届会长。

厦大积极响应省委省政府发展朱子学的倡议，开展朱子学基础理论研究，出版《朱子学年鉴》（2014年卷），编辑出版《朱子学文库》（30册）、《朱子后学文献丛刊》（100册）、《朱子学思想家评传》（20册），创办《朱子研究》杂志，筹办纪念朱子885周年学术研讨会等，致力于将“朱子学会”建成中国以及世界的朱子学研究中心。

谈到厦大的朱子学研究，就得说说厦大哲学系教授、“朱子学会”名誉会长高令印。自20世纪70年代以来，高令印数十次到闽北实地开展朱子文化相关调研，提出了许多有见地的观点，勘正了朱子相关文献记载的误漏，出版朱子学著作17部，致力于推广介绍武夷山、宣传朱子理学的历史地位和当代价值。在纪念朱子诞辰889周年茶话会暨第二届朱子文化传承发展“文脉奖”颁奖大会上，他荣获“文脉奖”。

卓越之力：厦大人勠力奉献“南平经验”

据统计，目前在南平奉献的厦大人有1200余人，他们在政府、企业、高校等各行各业发挥着排头兵和示范作用，为提升南平治理水平、振兴南平、推动南平更好更快发展发挥了积极作用。

“农业的根本出路在科技、在教育。”1998 年，福建省领导为南平的农业振兴指明了方向。在南平市委市政府工作的厦大校友响应号召，探索解决“三农”问题的有效途径，有的校友每年都坚持深入农村，睡农民的床，吃农家的饭，交农民朋友，以“高位嫁接”的思路摸索出“南平机制”，推动南平于 1999 年 2 月在全国首创实施科技特派员制度，拉开了科技进村、振兴南平的序幕。机制活了，农产品品质和产量都提升了，科技人员离开的时候，农民拉着不让走。

“解决‘三农’问题是党和国家工作的重中之重，对农村的支持不能是‘下雨式’，要有持续性。”厦大校友们大力弘扬“滴水穿石”精神，一批又一批校友们接力推动南平持续深化科技特派员服务的领域和内涵，出实招，求实效，受到人民群众的热情欢迎和衷心拥护。2002 年，该制度向福建全省推广，2016 年向全国推广，为城市反哺农村、城乡统筹发展提供了“南平做法”，为摆脱贫困、振兴三农提供了“南平经验”。

【“中国科技特派员第一村”：南平市延平区王台镇溪后村（网络资料图）】

校友们在企业界、文化界等领域同样追求卓越，敢为人先，打造着行业领域的“南平经验”。

南平纸制品在国内享有盛名，“星光”牌新闻纸是中央七报一刊和《福建日报》等 200 多家单位的新闻用纸，南平纸业 5 号新闻彩印纸机组具有当今世界上最先进的生产技术，造纸质量达到国际先进水平。南平纸业能有今天的辉煌，离不开一个厦大人，他叫范则尊，1949 年毕业于厦门大学，1952 年，范则尊受组织委派到国营南平造纸厂参加建厂工作，一干就是 30 年，后来担任南平造纸厂厂长。范则尊带领南平造纸厂员工不断改进制浆造纸技术，在 20 世纪 50 年代末，南平造纸厂无论从设备还是技术力量均处于全国领先水平。1965 年南平造纸厂建设了全国独一无二的 50t/d 漂白化学浆车间。20 世纪 70 年代，范则尊带领全厂仅凭国外造纸杂志一幅双链磨木机照片，大胆设计了 25t/d，1250 mm 双链磨木机，达到世界先进水平。

“一片茶叶，滑入盏中，与水交融，散出芬芳，平和恬淡。一只盏杯，厚重拙朴，与叶起舞，丝丝相扣，浸漫无声。”茶文化的发展离不开茶器的演变，盏因茶而兴，茶因盏而妙。建盏是茶器中令人仰止的高峰，被誉为“天下第一”茶器。南平建阳水吉建窑是建盏的出产地，是宋代“八大窑系”之一，是我国的重要文化遗产。有一位厦大人对复兴建窑文化功不可没，他是谢道华，厦大 1979 级考古专业校友，毕业后分配到建阳文化馆工作，他参与的建窑考古发掘（1989—1992）被评为新中国成立五十年来“福建省十大考古发现”。30多年来，他潜心研究建窑文化，他认为建窑建盏是“值得毕生研究的文化遗产”，在《考古》《中国文物报》等发表论文和其他文章100多篇，出版了《中国古陶瓷标本·福建建窑》和《建窑建盏》等专著，是《中国建窑建盏大观》的主要撰稿人之一，人们评价他是“建窑文化的守望者”。

像这样在南平奉献的厦大人还有很多，校友们积极参与城村闽越王遗址、九曲溪的古越人悬棺、福建浦城管九村土墩墓、福建浦城猫耳弄山商代窑群等考古与保护，其中2个考古项目入选当年度全国十大考古发现。

兴国之梦：为“世界之大学”奋斗不息的南平人

厦大是国家公布的A类世界一流大学建设高校，科教兴国是每一位厦大人的责任和担当。在厦大工作的南平人自觉承担起这份责任和担当，为把厦大办成“世界之大学”奋斗不息。

“作为一名共产党员、作为一个厦大人为党的事业奋斗终身，为厦大的事业奋斗终身的初心绝不会改变。”来自南平建瓯的厦大前校长朱崇实如是说。朱崇实于1978年考入厦大经济系，1985年该系研究生毕业后留校工作，至今在厦大学习生活工作了40多年，2003年至2017年任厦大校长，现为厦大校友总会理事长。在朱崇实眼里，“厦门大学不仅有外人常说的‘美丽的容颜’，更重要的是，她有深厚的历史底蕴和文化内涵”。他担任校长的14年里，以学生为本，坚信“给学生最好的，他们也会去追求最好”，他推动厦大在人才培养、队伍建设、科学研究、对外合作与交流等方面进行了一系列改革创新，成效显著。

“太晚了，早来一个月也好！”1983年，面对黄文鹰教授的病情，医生叹息道。黄文鹰来自南平浦城县，1944年毕业于厦大经济系，1952年出任厦大统计专业教研室主任，后转任南洋研究所、外文系。1973年，他倾注全力参与编纂《综合英语成语词典》，历时10年，在词典进入最后审编阶段时却被查出患结肠癌，必须立即做手术，但他隐瞒病情坚持工作了8个月才就医。手术结束后，黄文鹰忍着疼痛每天工作近10小时审阅稿件。1985年9月，当时国内最完备的英语成语工具书《综合英语成语词典》正式出版，而黄文鹰则因病情恶化于1986年5月辞世，《光明日报》发表长篇通讯《心底无私天地宽》，介绍黄文鹰感人事迹，评价他“有一种高尚的理想、高尚的情操、高尚的道德”。

“深入研究闽台区域文化……我们可以清楚地看到，闽台同一文化渊源和传统没有变，两岸共同的中华文化稳定性和民族精神的凝聚力没有变，这是海峡两岸从分离走向统一的坚实文化基础。”这是陈支平教授对闽台区域文化研究的理解。陈支平来自南平武夷山，1994—2004 年，历时 10 年，主编完成了中国“十五”出版重点规划项目大型历史文献《台湾文献汇刊》100 册，以无可辩驳的史实史料，证明台湾与祖国大陆密不可分的历史文化联系，他认为这是“以扎实厚重的文化积累形式，增强包括台湾人民在内的所有中华儿女的向心力，有力地打击一小部分‘台独’分子进行‘文化台独’的阴谋，为祖国统一事业做出实实在在的成效”。陈支平出版了不少学术精品，其著作《近 500 年福建家族社会与文化》是中国第一部较为全面系统剖析区域家族社会与文化的专著，其主编的《透视中国东南：文化经济的整合研究》被评价为“区域文化经济研究领域的精品”，2004 年获得了中国图书奖。

厦大不仅是教职工奋斗的乐土，也是校友们梦魂牵绕的家园。来自南平的企管系校友林中说，厦大是他梦开始的地方，他在厦大积蓄了力量、找到了未来的方向，在他心中，“母校永远是中国高等教育的一颗璀璨明珠”。林中现为旭辉集团创始人、旭辉控股董事局主席，他领导下的旭辉热心支持公益事业，围绕着帮困扶贫、儿童关怀、捐资助学、造福乡梓等方面回馈社会，还积极捐资反哺厦大事业发展。

在厦大，还有许许多多这样的南平人奉献着自己的青春和汗水。厦大，因为有他们拼搏奋斗的身影而更加美丽动人。

奋进之路：不负韶华共绘崭新画卷

“总有些相遇，不容你迟疑。”厦大与南平的校地情缘就是这样，没有迟疑，只有深情。南平人在厦大的秀美校园里追逐梦想，厦大人在南平的壮美山河中成就未来。南平与厦大的校地情缘在新时代谱写着新华章。

在战略合作方面，厦大与南平顺昌于 2012 年 2 月开展战略合作，开启了厦大与南平校地战略合作的序幕，厦大艺术学院、建筑与土木工程学院联合课题组开展了“顺昌县文化旅游与城市发展规划”课题研究。2015 年 6 月，厦大与南平市签署了战略合作协议，在战略合作的领域、项目、

【2015 年 6 月 30 日，厦门大学与南平市人民政府签署战略合作协议】

层次、实效等方面都有明显提升，合作项目已达 98 个。南平市领导参加厦大与福建九市一区校地战略合作 2019 工作会议时表示要进一步加强校地合作。

在人才培养方面，近年来厦大每年招收南平籍本科生和研究生约 200 名，为南平市党政领导干部、企业高管提供高层次、订单式教育培训服务。厦大与南平市相关部门共建教学实习基地，2002 年共建了“人文学院武夷山教学实习与社会实践基地”，2004 年共建了 “厦门大学武夷山世界文化遗产永久性教学与实习基地”，取得了丰硕成果，至今已出版近 10 部研究专辑，获得福建省教育厅教学成果二等奖，被评为福建省“本科教学工程”大学生校外实践教育基地。厦大法学院、药学院、建筑与土木工程学院等单位也与南平开展紧密合作，或实习，或共建，合作交流不断深化。

在校企合作方面，2009 年 5 月，厦大与相关企业在南平组建“有机合成技术研发中心”。2014 年 10 月，厦大能源学院与南平建瓯市共建海西竹产业工程技术中心，推动闽北竹产业形成“竹产业、竹技术和竹文化”三位一体的发展新模式，“将建瓯打造成厦大科技转化的基地” 。2015 年 11 月，在南平设立“厦门大学药学院—元生泰生物医药研发中心”，推动灵芝等中药材价值再发现。

当南平遇到困难的时候，厦大人挺身而出，以实实在在的行动提供支持和帮助。2010 年 6 月，南平遭遇特大洪涝灾害，灾后重建急需支援。7 月，厦大党委统战部和建筑与土木工程学院师生到顺昌县大历镇帮助受灾村民规划灾后重建点，深受好评。“在灾后重建的日子里，我们深深感谢厦门大学师生的无私帮助与热情关心，深深感受到厦门大学‘自强不息，止于至善’校训的人文关怀。”顺昌县大历镇党委和政府在给厦大的感谢信中这样写道。

“三三秀水清如玉”“六六奇峰翠插天”，厦大与南平的合作犹如这如画的风景，百看不厌，令人流连。新时代，新征程，厦大与南平的合作跨越山海，勠力同心，互促互进，必将给双方的梦想插上飞翔的翅膀，扶摇直上，协力奏响中华民族伟大复兴的光辉乐章。

（文 / 陈惠莹　王荣华　刘旭森　黄旭辉）

红土海浪携奏“山海交响曲”

——厦门大学与龙岩的校地情缘

闽西日报 2020年8月17日 星期一

红土海浪携奏“山海交响曲”

——厦门大学与龙岩的校地情缘

图为国立厦门大学十七周年校庆留影。

图为1951年冬，教授们和部分学生合影。

图为2019年1月，厦门大学龙岩产教融合研究院揭牌。

萨本栋在长汀

龙岩商会红色情怀

【《闽西日报》2020年8月17日】

他地处福建西部，曾浸染过烈士的鲜血，也回荡过英雄的呐喊。在这片土地上，诞生了毛泽东重要军事思想，建立了中央革命根据地。他是被誉为革命“红土地”的龙岩。

她位于海港风景城市，是“蓝海洋”上巍峨挺立的海上学府。自创办之日起，她便在中华民族伟大复兴的征程上，破浪扬帆，砥砺前行，自强不息走向世界。她是被称为“南方之强”的厦门大学。

一红一蓝、一山一海，厦门大学与龙岩早在建校初期便结下了深厚情缘，时光流转，校地携手奏响的“山海交响曲”更加雄浑激越。

囊萤火种　光耀闽西

1926 年 2 月，福建省第一个共产党组织——中共厦门大学支部在厦大囊萤楼成立。厦大党支部成立后，积极开展革命活动，大力发展党员，并协助招收广州农民运动讲习所第六期学员 9 名。这批学员结业后随北伐军入闽，与厦大发展的党员一起，在闽西南地区参加建党和开展农民运动工作，建立武装力量。

1926 年 6 月，厦大党支部发展的首批党员阮山、林心尧建立了中共永定上湖雷支部，这是福建省第一个农村党支部。同年 11 月，农讲所学员胡永东和王奎福建立中共永定金丰支部；农讲所学员郭滴人和陈庆隆建立中共龙岩总支部。12 月，农讲所学员温家福和首批党员林心尧建立中共上杭支部。1928 年，郭滴人参与领导“后田暴动”，打响福建农民武装暴动第一枪，揭开了闽西土地革命的序幕，并为迎接中央工农红军入闽，开辟闽西红色根据地奠定了基础。

【中共永定上湖雷支部旧址——万源楼】

龙岩籍厦大学子也在革命运动中快速成长。杨世宁，龙岩松洋村人，1925 年进入厦大学习。曾任中共厦门市委和闽南特委委员、厦门总工会副委员长，参与领导厦门市工人掀起“二五”加薪运动，形成波及全岛的“罢山罢海”革命大风暴，是著名的工人运动领袖。厦门“四九”反革命政变中，他不幸被捕，“革命不怕死，怕死不革命，只要革命能成功”，困境中更显英雄本色。在给父亲的家书里，他写下“儿为国为民而死，死亦甘心”。1927 年 6 月 2 日，杨世宁英勇就义，用短暂却波澜壮阔的一生诠释着厦大革命精神的内涵与真谛。

内迁长汀　铸就南强

1937 年 7 月 1 日，厦门大学改归国立。7 月 6 日，教育部任命著名机电学家萨本栋为校长。第二天，“七七”事变爆发。9 月，日军袭击厦门。“偌大的中国，已经放不下一张安静的书桌”，厦大何去何从成为摆在萨本栋校长面前的首要难题。

“东南半壁的高等教育，还需要维持，所以决定不随潮流迁徙”，国内众多高校迁徙的西南大后方不在萨本栋校长的考虑之列。闽粤赣接壤处，千年古城、客家首府——山城长汀，成为了最佳之选。1938 年 1 月 12 日，经过 20 天 800 里的长途跋涉，厦大师生抵达长汀，开始了近 9 年战时教学。厦大成为粤汉铁路线以东唯一的国立大学，也是最逼近战区的国立大学，撑起中国高等教育的东南半壁江山。

汀州人民也张开双臂，竭诚迎接厦大的到来。迁校之初，长汀就腾出了驻汀行署一部分和孔庙，以及大批民居作为厦大校舍。后来，又陆续拨出虎背山南麓中山公园土地、东门外及卧龙山麓的大片土地及房屋。几年间，利用当地廉价的木料、杉皮盖起的教室、阅览室、实验室、学生宿舍鳞次栉比，厦大校舍连成一片，几乎占据了半个长汀城，千余名师生得以安心求学与工作。

“本校一向对于学生程度之提高非常注意，在量与质不能兼顾的情况下，对于质的改良，比起量的增加，尤为重视。”在艰苦的环境下，萨本栋校长狠抓教学质量，首先是广延名师：经济学家王亚南、黄开禄，物理化学家傅鹰、蔡镏生，作家和翻译家施蛰存，诗人和文学史家林庚，数学家方德植，还有知名教授黄中、朱家炘、张稼益、叶蕴理……名师云集，星光熠熠。名师大家深入教学一线，亲力为学生授课。

此外，文理科基础课程相互渗透、语文特殊实验办法、完备的专业课程体系、严格的考试制度等教学管理制度，也为长汀厦大人才培养质量打下扎实的基础。1940 年、1941 年，在国民政府教育部举行的全国大专以上学生的学业竞赛总评中，厦大表现突出，蝉联第一，赢得了“南方之强”的美誉。

【国立厦门大学十七周年校庆留影】

学校规模也快速发展。从为战后储备国家建设人才出发，萨本栋校长大力发展工科，先后创办了土木工程系、机电工程系、航空工程系，复办法科，充实商科并实行分系。到 1946 年回迁厦门时，厦大从初迁长汀时的3院9系，发展至4院15系，学生数也从198人增至1044人。长汀时期，厦门大学共培养出中国科学院和工程院院士8人、美国工程院院士1人、文科资深教授4人，海内外著名的专家、学者、教授、企业家数百人。

厦大内迁长汀艰苦办学中的自强精神，铸就的南强辉煌激励了一代代学子，长汀成为老校友们魂牵梦萦的地方。“我怀念厦大长汀精神，我希望未来的大学生有机会见到它，再做选择。”祖籍龙岩上杭的国际知名微电子专家葛文勋如是说。1998年，他与何宜慈、邵建寅、苏林华等长汀校友共同倡议筹建了厦门大学萨本栋微机电研究中心并担任首席教授和首届主任。他还是厦大美洲校友会主要创办人之一，以及“葛文海、洪葛文杏”奖学金捐资者。葛文勋先生是长汀校友爱校情深的一个缩影。

山城，让一所大学在它的温暖怀抱中远离战乱、安身立命；校地同甘共苦，相濡以沫，谱写了一幅感人的“乱世风华”。

奇迈山麓　再续情缘

“我们提出了在‘三月二十日完成疏散任务，争取在四一在岩复课’的号召。这次的行动是一种非常态的工作……我们必须克服一切困难，进行突击……我们一定要如期完成任务。”这是《厦大疏散工作总结》中一段文字，记录了厦大历史上二迁龙岩的那段倥偬岁月。

1950年夏，朝鲜战争爆发，台海局势紧张，厦大地处海防前线，经常遭到空袭炮击。为了保证教学实验的正常开展，厦大理、工两学院奉命疏散到龙岩。

疏散工作得到了龙岩地区行署专员、龙岩各级人民政府的高度重视与支持，龙岩人民更是热忱腾屋、洒扫庭园，迎接厦大师生的到来。1951年3月，理、工两学院师生执杖肩包、抖擞徒步向龙岩迁移，抵达时，一切早已安排就绪，井井有条。工学院因大件仪器多安置在龙岩溪南，理学院则“落户”白土（现东肖镇）。4月1日，复课的钟声在此敲响。

【1951年冬，厦大教授们和村民张潮海全家合影
（前排左一汪德耀主任，左三沙彭教授，后排左二赵修谦教授，左三周南生教授，左四郑重主任，左五李博达教授）】

龙泉村陈于耕家、溪兜村最大的洋房侨眷艺丰楼、潮海楼、肃毅堂、乐怡堂……白土人民让出了最好的房

子用于厦大师生的居住、教学。奇迈山下四周林海茫茫，溪水潺潺，学习生活条件仍然简陋，可是教书的先生们却个个博闻强知，如时任副教务长兼理学院院长卢嘉锡、生物系主任汪德耀、海洋系主任郑重、化学系主任陈国珍、外籍教授沙彭等等。

老师们兢兢业业、一丝不苟备课、上课，并设法搭建实验室。化学实验室就设在小祠堂里，实验桌用厚木板钉成，蒸馏水用竹管从山上引水，用木桶、大锅等土办法自制供应。尽管设备简陋，但老师要求依然严格、学生学习、实验认真。思想政治教育课也一节不落，王亚南校长亲自讲授《新民主主义经济与政治》。在这简朴的学习环境中，师生之间接触更加频繁，关系也更加亲密。白天课上，学生们发奋努力，课后，大家生龙活虎地进行锻炼。晚上，教师陪着同学们坐在通铺上秉烛夜读。艰难困苦，玉汝于成，卢嘉锡、陈景润、田昭武、张乾二、肖培根、林鹏、阙端麟，7 位这一时期的师生先后成长为中国科学（工程）院院士。

厦大师生也给红土地带来了文化气息。一部分教师和学子在当地的中学兼职授课，播撒文化，惠泽民众，激发了龙岩莘莘学子的考学热情。为了答谢龙岩人民的热情支持与帮助，1951 年厦大特别在龙岩设招生考区，这一年，考取厦大的龙岩学子就有近 60 人，林鹏院士便是其中一员。

1952 年 2 月底，随着厦门海防的巩固，厦门大学理、工两学院回迁厦门。

时光流逝，情缘依旧。2019 年，厦大龙岩校友会在厦大旧址主题纪念公园内树立“奇迈奇缘”纪念石碑，以此传承闽西情缘，弘扬厦大精神。

追寻足迹 实践成长

龙岩是著名的革命老区、红军长征出发地之一。厦门大学由爱国侨领陈嘉庚先生怀抱“教育救国”理念倾资兴办，是福建第一个党支部的诞生地。共同的革命传统和鲜亮的爱国底色，加之厦大百年办学历史中近十分之一在龙岩，龙岩与厦大堪称情同手足，血浓于水。长期以来，许多厦大师生、老校友自发前往龙岩，探访厦大旧址，追寻先辈足迹，感悟厦大精神。

迈入新世纪，龙岩更是成为厦大重要实践基地，一批批厦大师生在这里接受革命传统教育、爱国主义教育、思想政治教育、厦大光荣历史与精神教育的洗礼。

为了弘扬厦大在长汀的自强精神，让厦大师生与长汀人民世世代代知其情、懂其史、续其缘， 2001 年厦大出资、长汀县人民政府组织修缮了长汀旧校址和萨本栋故居。

2011 年 7 月，厦大团委与共青团龙岩市委缔结友好团委，先后建立了上杭县古田镇 “厦门大学思想政治教育实践基地”、长汀县汀州镇“厦门大学革命传统教育实践基地”、永定下洋镇“厦门大学客家文化研究实践基地”和漳平永福镇“厦门大学大学生创业就业见习基地”。

2014年，“厦门大学爱国主义教育基地”在龙岩古田会议纪念馆揭牌成立。2015年，“厦门大学思想政治理论课实践教学基地”在长汀县举行揭牌仪式。此外，还有龙岩市博物馆“文物与博物馆（龙岩）实习基地”；上杭县太拔镇 “精准扶贫创新创业实践基地”……龙岩这片红色土地，正为厦大党员干部培训、新入职教员教育、党支部活动、学生思想政治教育提供源源不断的精神食粮。

2018年3月，“青年红色筑梦之旅”活动在上杭县古田会址启动。厦大从全校500多个项目中遴选了“我知盘中餐”“数字乡建”“景润青年”等8个涉及电商兴农、科技兴农、绿色兴农和教育兴农的学生创新创业团队参加活动。其中“我知盘中餐”“景润青年”还分别与龙岩市农业局、科教院签署了合作意向书。

【2018年3月，全国“青年红色筑梦之旅”活动在上杭县古田会址启动】

2011年至今，厦大共有153支实践服务队近1800人前往龙岩革命老区，在成长实践中探寻红色足迹，接受精神洗礼。与此同时，把高校的智力、技术和项目资源辐射到广大农村地区，推动当地社会经济建设，助力精准扶贫和乡村振兴，将激昂的青春梦融入伟大的中国梦。

饮水思源　山海和鸣

龙岩一直是厦大优秀生源地之一，厦大建校之初，便有龙岩学子负笈求学，首届35位毕业生中有6位来自龙岩。龙岩也是福建省内受厦大毕业生青睐的就业地区之一，先后有近3000位厦大校友在龙岩学界、商界、政界倾力奉献。

更多龙岩籍学子秉承“自强不息，止于至善”的校训，在祖国乃至世界各地，奋勇拼搏，他们有的成长为政界精英，有的成长为商业巨子、学界泰斗、文化名人，在各自领域展现厦大人的风采。而在厦大校园中，林鹏、杨国祯、孔永松、邹永贤、廖泉文、郑南峰……一大批龙岩籍教师辛勤耕耘、成绩斐然。目前，240多位龙岩籍老师正奋战在教学科研、党政管理、教辅专技等岗位上，为厦大双一流建议添砖加瓦。

龙岩是海峡西岸经济区延伸两翼、拓展腹地的交通枢纽与重要通道。多年来，厦门大学与龙岩市发挥各自山海优势，资源与人才优势互补，促进校地共同发展。早在

1986 年，厦大计算机系就与龙岩签订了计算机网络等 49 个协作项目，将最新科研成果转化为生成力。2006 年、2013 年，厦大与龙岩学院分别签署了支援协作协议书，在人才培养、学科建设、科学研究、队伍建设、社会服务等方面开展深入合作，携手共赢。

2011 年，厦大与龙岩市签署战略合作协议，厦大围绕龙岩经济社会发展规划、国家级科技与文化融合示范基地规划、新型城镇化改革试点等方面开展课题研究，承担龙岩市委托课题近 20 项；围绕新能源、新材料、生物医药、环境生态、机械等重点领域构建平台、承接项目、开展研究，共承担科技项目 100 多项。

厦大积极响应习近平总书记的号召，2005 年开始参与长汀县水土流失以及生态保护工作，在河田三洲建立“厦门大学水土保持实践基地”，开展水土保持研究活动。2011 年，厦大承接“汀江生态走廊建设总体规划”项目，为汀江走廊打造“一轴、两核、三类特色小镇、四类园区、六大景观带和多组团”的景观结构，显著提升了长汀生态文明建设。2019 年，厦大又承接“长汀水土流失治理和生态保护的水文效应”项目，对长汀地区水土流失综合治理后水文效应改善情况进行研究，以更好地评估长汀县水土流失治理成效、完善总结长汀生态保护的经验。

2019 年，厦大长汀校友会成立，海内外汀籍厦大人正积极发挥桥梁纽带作用，力促“县校合作”迈出更大步伐、取得更好成效。

2019 年 1 月，厦大与龙岩市政府、龙岩学院共同建设成立了厦门大学龙岩产教融合研究院。厦大从教育供给、人才输送、科技支撑、高端智库、文化引领、合作枢纽等方面发挥优势和作用，支持研究院扎根老区，以科技创新服务区域发展，为龙岩高质量加速度发展和闽西南协同发展作出贡献。

【2019 年 1 月，厦门大学龙岩产教融合研究院成立】

硝烟远去，铸剑为犁。书声琅琅，山海和鸣，东海之滨、奇迈山下，开眼看世界的海洋文明与熠熠粲然的红土地在新时代交相融合，收获了丰赡的人才之果、智慧之果。厦门大学蓝海洋和龙岩红土地的校地情缘绵远流长……

（文 / 林秀莲　曹熠婕）

东海一线在侧
互济千帆向前

——厦门大学与宁德的校地情缘

2版 专题 编辑：李东旭 电话：2805132 邮箱：ndmdrb@163.com 美编：郑潇 校对：魏云
2020年9月15日 闽东日报

东海一线在侧 互济千帆向前

——厦门大学与宁德市的校地情缘

宁德，俗称"闽东"，古老神奇，集山海大观，素有"海上天湖、佛国仙都、百里画廊"之美誉。那一山金、那一海银、那一山歌、那一海谣，"诉说着山的古老，传送着海的新潮"。闽东与厦门之间有着悠久的历史渊源，唐朝中晚期开闽第一进士长溪县(今宁德福安)薛令之的裔孙薛沙迁居厦门薛岭之南，与隐居之北的陈黯，并为开厦之最早先民，有"南陈北薛"之说。闽南东海之滨、鹭岛山海胜处、百年学府厦门大学，奋力前行在成为世界一流大学的征程上。同是勇往直前的拓跑者，厦大与宁德结下了浓厚校地情缘，历久弥坚、历久弥新。

渔舟唱晚 千帆济行

"过去，我们连家船民一家几口人就挤在一条长七八米的船上，哪怕是结婚了，夫妻俩的新房不过是增加一幔船篷了。现在变化太大了，日子好了！"2019年7月2日，宁德福安市下岐村党支部书记郑月娥向来访的厦大外籍教授潘维廉聊起了以前下岐村的生活情况。

闽东的变化潘维廉看在眼里、写在书里、喜在心里。

25年前，这位外籍教授就开着面包车，与家人走遍中国大江南北。25年后，他再次沿着当年的路线，增加了部分对国家发展具有重要意义的地方和习近平总书记提到或工作过的地方，用32天跨越15000多公里，亲眼见证25年以来中国大地的发展变化。

闽东也在他的行程当中。"原来以为船民们喜欢在船上生活，后来才知道他们只是生活所迫。老百姓从以前住在船上，到后来搬上岸生活的巨大变化，是我最喜欢看到的。"

事实上，厦大一直用实际行动支持……

2019年4月，王克坚课题组在宁德富发水产有限公司育种车间进行大黄鱼抗菌肽产品的示范应用效果评价现场

宁智卓越 奉献厦大

"教育是立国之本"，厦门大学创办人陈嘉庚先生100年前毁家兴学的壮举感染着每一位厦大人，同样感染着在厦大拼搏的100位宁德籍教职工，他们主动担当起科教兴国的责任，奋斗在教学科研、党政管理、工程实验、后勤服务等各个岗位……

2019年7月，在福安市下岐村，潘维廉(右一)在向村民了解下岐村生产生活情况

周芬芳(左)出席文化部主办的非遗保护论坛

廊桥畲韵 文脉通联

"一桥一景兮景各异，最具魅力兮数廊桥。"宁德的一张靓丽名片——木拱廊桥被著名桥梁专家茅以升称为中国桥梁史上的"侏罗纪公园"。木拱廊桥沟通古今，更见证了厦大与宁德之间的不解之缘……

市校深融 协同发展

……

"长风破浪会有时，直挂云帆济沧海"。厦大与宁德持续深度融合，必将为海丝福建的建设承担起更大责任，必将为建设新宁德、新福建作出更大贡献。

□ 王荣华 欧阳桂莲 林鑫生

2019年5月，中国特色国际经济法学研讨会暨陈安教授从教六十九周年庆祝大会举行

【《闽东日报》2020年9月15日】

宁德，俗称“闽东”，古老神奇，集山海大观，素有“海上天湖、佛国仙都、百里画廊”之美誉。那一山金、那一海银、那一山歌、那一海谣，“诉说着山的古老，传送着海的新潮”。闽东与厦门之间有着悠久的历史渊源，唐朝中晚期开闽第一进士长溪县（今宁德福安）薛令之的裔孙薛沙迁居厦门薛岭之南，与隐居之北的陈黯，并为开厦之最早先民，有“南陈北薛”之说。闽南东海之滨、鹭岛山海胜处、百年学府厦门大学，奋力前行在成为世界一流大学的征程上。同是勇往直前的拓跑者，厦大与宁德结下了浓厚校地情缘，历久弥坚、历久弥新。

渔舟唱晚　千帆济行

“过去，我们连家船民一家几口人就挤在一条长七八米的船上，哪怕是结婚了，夫妻俩的新房不过是增加一艘船罢了。现在变化太大了，日子好了！”2019 年 7 月 2 日，宁德福安市下岐村党支部书记郑月娥向来访的厦大外籍教授潘维廉聊起了以前下岐村的生活情况。

闽东的变化潘维廉看在眼里、写在书里、喜在心里。

25 年前，这位外籍教授就开着面包车，与家人走遍中国大江南北。25 年后，他再次沿着当年的路线，增加了部分对国家发展具有重要意义的地方和习近平总书记提到或工作过的地方，用 32 天跨越 15000 多公里，亲眼见证 25 年以来中国大地的发展变化。

【2019 年 7 月，在福安市下岐村，潘维廉（右一）在向村民了解下岐村生产生活情况（网络资料图）】

闽东也在他的行程当中。“原来以为船民们喜欢在船上生活，后来才知道他们只是生活所迫。老百姓从以前住在船上，到后来搬上岸生活的巨大变化，是我最喜欢看到的”，潘维廉说。

事实上，厦大一直用实际行动支持着宁德的渔业发展。

1933 年至 1934 年，依托厦大成立并由厦大教授陈子英担任负责人的中华海产生物学会，对包括闽东在内的福建沿海 17 县渔业资源情况进行调查，并整理出版了《福建渔业调查报告》。

1959 年 11 月，国家水产部确定在福建开展闽东渔场水产资源调查，由厦门大学生物系、省海洋研究所等 9 个单位共 25 人组成调查小组开展实地调查，获得闽东渔场海水酸盐、磷酸盐含量、底栖生物量等数据，最终出版《福建省闽东渔场水产资料调查报告》，为宁德渔业的科学发展和决策规划提供了参考依据。

近年来，“厦门大学博士生地方经济发展服务团”到宁德市三沙湾针对密集网箱养殖带来的一系列环境问题、海洋滩涂大面积“入侵物种”互花米草问题等展开调查研究，解决实际问题。

厦大与宁德企业开展合作，于 2015 年获批成立了国内唯一一家水产类企业国家重点实验室——大黄鱼育种国家重点实验室，厦大苏永全教授担任实验室主任。实验室以大黄鱼育种关键技术研究与推广应用为目标，针对大黄鱼种质资源发掘与利用、育种关键技术和良种配套的产业链技术等三个方向开展研发。

王克坚教授在获得我国第一个海洋动物抗菌肽产品的生产应用安全证书基础上，2017 年起，与宁德富发水产有限公司开展海洋动物抗菌肽产品在大黄鱼上的示范应用，其具有显著免疫增强和抗病效果，并具有促生长作用；丁少雄教授、徐鹏教授等团队开展了“中国近海大黄鱼野生资源的种质评估与养护”“大黄鱼体型性状遗传定位和解析研究”等相关课题研究；周化民教授团队接受宁德市相关机构委托构建了大黄鱼育种数据库，为宁德渔业的发展提供了智力支持，促进了大黄鱼产业升级改造与绿色发展。

【2019 年 4 月，王克坚课题组在宁德富发水产有限公司育种车间进行大黄鱼抗菌肽产品的示范应用效果评价现场】

柯才焕教授担任国家贝类产业技术体系宁德综合试验站联系专家，指导该站开展技术研发和推广工作，培育出的国审水产新品种“西盘鲍”和“绿盘鲍”已在宁德市蕉城区、霞浦县等地生产性推广应用，深受鲍鱼养殖户欢迎。

……

依托海洋优势学科，厦大为宁德绘就一幅幅“红船欢驭千重浪，绿网乐收万担鲜”的渔家盛景贡献了力量。

廊桥畲韵 文脉通联

“一桥一景兮景各异，最具魅力兮数廊桥。”宁德的一张靓丽名片——木拱廊桥被著名桥梁专家茅以升称为中国桥梁史上的“侏罗纪公园”。木拱廊桥沟通古今，更见证了厦大与宁德之间的不解之缘。

厦大哲学系1988级校友周芬芳毕业后，选择扎根屏南，服务基层，牵头组织屏南县木拱廊桥营造技艺申请“非遗”工作。“三节苗”“剪刀叉”等木拱廊桥的独特设计名称以及相关概念都是民间俗语，要准确翻译成外国专家能理解的英文，需要多方佐证与配合，难度可想而知。“木拱廊桥凝结着祖辈的智慧，我在其中感受到了人类文明与自然的矛盾统一，对于这种博大精深的智慧，保护并传承下去是一种责任。”周芬芳把这份责任化作保护“非遗”的动力，她与相关人员对申请文本一遍遍修改、一遍遍打磨，2009年，木拱廊桥营造技艺终于成功申请“非遗”。

【周芬芳（左）出席文化部主办的非遗保护论坛（网络资料图）】

还有一位厦大人，对传承廊桥文化功不可没。他是厦大建筑与土木工程学院的戴志坚教授。戴志坚走遍宁德的万安桥、千乘桥、广利桥、广福桥、龙津桥等廊桥，出版《中国廊桥》等专著，并向社会大众极力推介这些“散落在中国乡村民间最瑰丽、最璀璨的历史与文化语言”。2019年12月，戴志坚所在的厦大建筑与土木工程学院积极参与到闽浙七县22座木拱廊桥联合申遗工作中，全力支持包括宁德木拱廊桥在内的闽浙七县联合申遗。

“上下影摇流底月，往来人渡镜中梯。”木拱廊桥成为厦大与宁德友谊的桥梁。

“古风畲韵田园梦，山海川岛大观园。”宁德是全国最大的畲族聚居区，畲族人口约占全国畲族人口的四分之一。在历史长河中，畲族人民创造了独具特色的畲族文化。同时，畲族文化也是厦大弘扬优秀传统文化的着力点。

1958年，福建少数民族社会历史调查组深入闽东20多个畲族村庄进行为期半年的畲族社会历史调查，来自厦大的陈国强教授担任调查组副组长。调查过程中，调查组搜集了丰富的畲族文物资料，其中宁德八都海头村的56幅畲族祖图等相关珍贵文物至今收藏在厦大人类学博物馆，并最终形成了一份约50万字的调查报告。

上世纪60年代，厦大校友陈佳荣参与编写了《畲族简史简志合编》；上世纪80年代，厦大教授蒋炳钊等编写了《畲族简史》《畲族史稿》；上世纪 90 年代，陈国强教授主编出版了《畲族民俗风情》等著作。

2018 年，厦大与宁德民族中学签署了为期 3 年的协议，学校定期组织专家到宁德民族中学开展畲族优秀文化传承与发展活动，为弘扬畲族优秀传统文化贡献力量。

宁智卓越　奉献厦大

“教育是立国之本”，厦门大学创办人陈嘉庚先生 100 年前毁家兴学的壮举感染着每一位厦大人，同样感染着在厦大拼搏的 100 位宁德籍教职工，他们主动担当起科教兴国的责任，奋斗在教学科研、党政管理、工程实验、后勤服务等各个岗位，为厦门大学的发展添砖加瓦，倾力奉献。

厦门大学的国际经济法学科享誉世界，其中，来自宁德福安的厦大教授陈安为构建具有中国特色的国际经济法学理论框架和学科体系作出了开拓性贡献。他的五卷本《陈安论国际经济法学》被认为是“中国学者构建中国特色国际经济法学派的奠基之作和代表性成果”，形成了国际经济法学领域的中国学派。陈安被学界公认为是新中国国际经济法的奠基人之一，2015 年被授予厦大教师最高奖“南强杰出贡献奖”。

【2019 年 5 月，中国特色国际经济法学研讨会暨陈安教授从教六十九周年庆祝大会举行】

同样来自宁德福安的厦大教授刘守是我国模压全息图应用市场的开拓者，他于 1986 年成功创办了中国第一家大规模生产激光模压全息图的公司，首次提出将模压全息图应用于防伪领域并付诸实践，该技术在全国范围得到广泛应用，其中，4 项专利获全国第九届、第十届及国际发明展览会等银牌奖。

来自宁德寿宁的厦大教授范希周长期致力于台湾政治和两岸关系研究，通过诸多海外媒体渠道积极宣传祖国对台政策，被称为“最具国际观”的台湾研究学者。

来自宁德霞浦的厦大教授黄荣彬是一位奋斗在国际科学前沿的化学家，他所在的厦大化学系原子团簇研究小组于 2004 年 4 月 30 日在美国《科学》杂志发表的有关新型富勒烯 C50CL10 的合成与表征研究成果，被科学界评价为“里程碑式”的重要科研成果。

来自宁德寿宁的厦大教授胡荣，在当时教师收入偏低、身边不少老师下海经商的大背景下，独自“躲进小楼成一统”，最终创立了独树一帜的社会学理论体系，并在学界引起广泛影响。

……

厦大还有许许多多这样的宁德人，他们在各自的研究领域中深耕奋斗，讲述了一个又一个好故事。

市校深融 协同发展

“合作就是生产力”，这是厦大和宁德的共识。

宁德市领导求贤若渴，重视高校人才，重视校地科技合作发展策略。每年“9·8”投洽会，宁德市领导都会专程到厦大开展交流座谈，希望能得到厦大人才、科技的支持，厦大对此作出积极回应。2013年，校市双方签署了战略合作协议；2015年，双方签订了战略合作补充备忘录；2020年6月，双方签署了“关于促进海洋科技与海洋经济发展的合作协议”，进一步拓展在海洋、生态环境保护领域的全面务实合作，希望“打造校市深度融合、协同创新、共赢发展的标杆，为引领区域乃至全国的海洋经济发展发挥示范作用”。

宁德在摆脱贫困和进行社会主义现代化建设过程中丰富的实践创造和不断形成的宝贵精神，一直是厦大党的建设和思想政治工作中重要的学习内容。厦大在宁德设立“党员干部培训基地”，仅2018年就组织中层领导干部、党务工作者和各类教职员工近1000人到宁德研修学习，先后组织了60多支社会实践队赴宁德开展学习活动。

厦大努力发挥“智囊团”作用，在战略规划、对策研究方面为宁德提供支持。厦大科研团队先后开展了“福建省宁德市‘十三五’职业教育发展规划”“精准扶贫的宁德经验研究”“扶贫开发‘宁德模式’内涵”“宁德市推行基本养老保险全民参保现状及对策研究”等多个项目，为宁德发展出谋划策。同时，厦大还组织了多支师生科研团队围绕宁德经济社会发展、新能源新材料、环境保护、文化保护与传承等方面进行专题研究。

科学技术是第一生产力。多年来，厦大与宁德各企事业单位开展密切科技合作，切切实实发挥第一生产力的作用。厦大每年选派“博士生地方服务团”前往宁德市各县（市、区）开展实践调研。厦大在新能源、新材料、海洋科学、生物医药产业、红树林自然保护、废弃物再生材料与技术研发等领域积极承接了宁德市企事业单位委托项目20多项。

厦大“烧结钕铁硼稀土永磁材料”技术被引进宁德的厦大校友企业，于2009年底建成福建省首个稀土永磁材料项目，填补了福建省高性能磁性材料产业的空白。

厦大与福建广生堂药业有限公司签署战略合作框架协议，在科技创新、医疗平台、人才培养、资本投资等领域开展合作，推动宁德医药健康行业发展。

厦大与宁德时代（CATL）等重点企业签署了战略合作协议并开展实际合作，厦大的田中群院士多次到 CATL 就动力电源前沿问题进行研讨。2016 年，CATL 成立院士专家工作站，厦大孙世刚院士被敦聘为进站院士，为 CATL 的科研工作把握和指引方向，并培养、输送科研人才。2019 年，厦大与 CATL、清华大学等企业和高校联合在宁德组建的电化学储能技术国家工程研究中心获批“国家工程研究中心”。

优秀的文化能丰富人的精神世界，增强人的精神力量。厦大与宁德深入开展文化交流合作，为传承中华优秀文化不懈努力。2016 年至 2019 年，厦大在发展规划、文化传播、项目论证等方面共承担宁德市项目十余项。厦大与宁德合作出版的《闽东抗日战争档案史料》《周宁抗日战争期间珍贵资料集》等文献，充分发挥了档案资料“存凭、留史、资政、育人”作用。2015 年至 2017 年，厦大“闽东之光”暑期社会实践队连续三年获得厦门大学思政实践教学一等奖，2018 年，实践成果《乡村百年》第一辑《历史文化名村浦源》由厦门大学出版社正式出版；厦大马克思主义学院在宁德福鼎市赤溪村的实践教学基地被评为“福建省高等学校思想政治理论课实践教学基地”；由厦大主持的福建省社科研究基地重大项目“习近平在宁德期间思想方略研究”以及宁德市委委托课题“运用新媒体宣传习近平重要讲话精神——以‘学习大军’为例”等项目，均取得了优异的课题研究成果。

“长风破浪会有时，直挂云帆济沧海。”厦大与宁德持续深度融合，必将为海丝福建的建设承担起更大责任，必将为建设新宁德、新福建作出更大贡献。

（文 / 王荣华　欧阳桂莲　林銮生）

凤凰花开麒麟岛
竹屿湖畔白鹭飞
——厦门大学与平潭的校地情缘

NEWS 2019年12月11日 星期三 新闻热线：0591-24110110 平潭时报 专题 3

凤凰花开麒麟岛
竹屿湖畔白鹭飞
——厦门大学与平潭的校地情缘

■融媒体记者 杨咏林 高容峰 李序拓

初冬岚岛，暖阳高照。

平潭，这个北纬25度上的东海麒麟，在碧海蓝天下熠熠生辉。"综合实验区+自贸试验区+国际旅游岛"，奔涌的发展潮流，唤醒了沉睡千年的海岸，平潭成为了新时代开放开发的前沿阵地。

百里之远，鹭岛之上，坐落着一座拥有"南方之强"美誉的百年高等学府——厦门大学。

实验区成立伊始，平潭就与厦门大学签订了战略合作框架协议，在课题研究、高端人才培养和服务产业发展等方面开展战略合作。在平潭开放开发的历史进程中，校地双方结下深厚情谊，厦门大学成为了平潭"一岛两窗三区"建设的重要参与者、推动者、见证者、分享者，以"智慧之墨"为平潭砥砺奋进的宏伟画卷赋能添彩。

↑厦门大学教授张闻捷向记者介绍出土南朝墓情况

↑厦门大学考古实习队学生对出土文物进行采样归档

↑厦门大学"台情岚意"暑期社会实践队实地考察猴研岛

■本版图片均为资料图

↑2019年7月6日，厦门大学与平潭签约共建厦门大学平潭研究院

1 麒麟岛上迎凤凰花开

平潭因形似麒麟，而被传唱为"麒麟岛"。麒麟，又常用来比喻杰出的人。大开放大开发的平潭渴望引来"麒麟"，共同书写了一个时代的传奇篇章。作为全省最高级学府，厦门大学成为平潭的重要人才支撑，"凤凰之花"开遍麒麟岛，带来了新的精彩。

2018年10月底，厦门大学历史系考古专业师生和福建省博物馆考古研究队在平潭发掘出土了一处南朝墓葬遗址，这是平潭考古史上第一次发现南北朝时期的墓葬遗址。"这座墓穴砌墓的砖上印有五铢纹与莲花纹，虽然经历了1500多年的时光，但纹路依然清晰可见。"厦门大学历史系副教授张闻捷介绍，这座墓穴的发掘为研究平潭海岛历史提供了一个新的思路，也为平潭国际旅游岛的文化建设事业作出了重要贡献。

2018年4月，厦门大学平潭考古实习基地正式落地平潭国际南岛语族考古研究基地。同年7月，厦门大学人文学院历史系考古专业师生组成了考古实习队伍正式入驻，平潭史前文化遗址又多了一群年轻的研究力量。"我们过来之前就了解到平潭这里蕴藏着很多史前考古遗址，在这里的实习过程也让我们收获很多。"厦门大学学生马恩鸣说。

今年7月，厦门大学台湾研究院组建了"台情岚意"平潭综合实验区博士生暑期社会实践队，11位来自政治、经济、两岸关系等研究所的硕、博士研究生来到平潭，从经济、社会、历史文化等多元视角对平潭进行了为期五天的调研活动。"通过实践，学生们对基层涉台工作有了更直观的感受，平潭在涉台工作方面颇有成效，有不少项目起到了引领示范作用。"厦门大学台湾研究院团委书记黄涛说。

据了解，厦门大学每年都派出3-5支实践队到平潭开展实习实践，围绕平潭打造两岸共同家园的相关政策及影响、自贸试验区建设等课题进行调研。

此外，厦门大学还积极选派师生到平潭挂职实践，成为推动平潭建设发展的一股新力量。厦门大学资产与后勤事务管理处副处长王沈扬就是其中一位。

2016年9月，王沈扬来到平潭挂职，担任实验区党工委管委会办公室副主任。近两年的时间里，王沈扬跟随实验区领导多次深入征迁一线，协调推进征迁工作，顺利完成中楼乡竹屿竹等三户钉子户的征迁任务，还推进城关第一农贸市场二楼商场的整治、原县盐场职工信访维稳等事宜。此外，他还带领实验区信访工作组圆满完成厦门金砖会晤的维稳任务，被评为表现突出的工作人员。

"在平潭挂职期间，我充分感受到平潭日新月异的变化和建设成就，有幸投身于实验区的建设进程，为实验区的发展尽一份绵薄之力，深感荣幸。"王沈扬说。

2 芙蓉湖畔纳平潭英才

3 校地携手创美好未来

↑厦门大学"台情岚意"暑期社会实践队考察南岛语族考古研究基地

↑厦门大学管理学院外籍教授潘维廉（右一）参观海坛海防博物馆

↑厦门大学毕业的平潭籍"全国优秀教师"高至凡

【《平潭时报》2019 年 12 月 11 日】

初冬岚岛，暖阳高照。

平潭，这个北纬 25 度上的东海麒麟，在碧海蓝天下熠熠生辉。“综合实验区 + 自贸试验区 + 国际旅游岛”，奔涌的发展潮流，唤醒了沉睡千年的海岸，平潭成为了新时代开放开发的前沿阵地。

百里之远，鹭岛之上，坐落着一座拥有“南方之强”美誉的百年高等学府——厦门大学。

实验区成立伊始，平潭就与厦门大学签订了战略合作框架协议，在课题研究、高端人才培养和服务产业发展等方面开展战略合作。在平潭开放开发的历史进程中，校地双方结下了深厚情谊，厦门大学成为了平潭“一岛两窗三区”建设的重要参与者、推动者、见证者、分享者，以“智慧之墨”为平潭砥砺奋进的宏伟画卷赋能添彩。

麒麟岛上迎凤凰花开

平潭因形似麒麟，而被称之为“麒麟岛”。麒麟，又常用来比喻杰出的人。大开放大开发的平潭渴望引来“麒麟”，共同书写一个时代的传奇篇章。作为全省最高级学府，厦门大学成为平潭的重要人才支撑，“凤凰之花”开遍麒麟岛，带来了新的精彩。

2018 年 10 月底，厦门大学历史系考古专业师生和福建博物院考古研究所在平潭发掘出土了一处南朝墓葬遗址，这是平潭考古史上第一次发现南北朝时期的墓葬遗址。“这座墓穴砌墓的砖上印有五铢纹与莲花纹，虽然经历了 1500 多年的时光，但纹路依然清晰可见。”厦门大学历史系副教授张闻捷介绍，这座墓穴的发掘为研究平潭海岛历史提供了一个新的思路，也为平潭国际旅游岛的文化建设事业作出了重要贡献。

2018 年 4 月，厦门大学平潭考古实习基地正式落地平潭国际南岛语族考古研究基地。同年 7 月，厦门大学人文学院历史系考古专业师生组成了考古实习队伍正式入驻，平潭史前文化遗址又多了一群年轻的研究力量。“我们过来之前就了解到平潭这里蕴藏着很多史前考古遗址，在这里的实习过程也让我们收获很多。”厦门大学学生马恩鸣说。

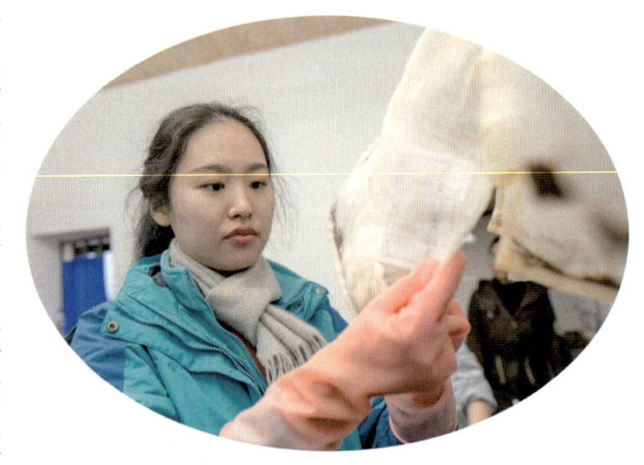

【厦门大学考古实习队学生对出土文物进行采样归档】

2019 年 7 月，厦门大学台湾研究院组建了“台情岚意”平潭综合实验区博士生暑期社会实践队，11 位来自政治、经济、两岸关系等研究所的硕士、博士研究生来到平潭，从经济、社会、历史文化等多元视角对平潭进行了为期五天的调研活动。“通过实践，学生们对基层涉台工作有了更直观的感受，平潭在涉台工作方面颇有成效，有不少项目起到了引领示范作用。”厦门大学台湾研究院团委书记黄涛说。

据了解，厦门大学每年都派出 3～5 支实践队到平潭开展实习实践，围绕平潭打造两岸共同家园的相关政策及影响、自贸试验区建设等课题进行调研。

此外，厦门大学还积极选派师生到平潭挂职实践，成为推动平潭建设发展的一股新力量。厦门大学资产与后勤事务管理处副处长王沈扬就是其中一位。

2016 年 9 月，王沈扬来到平潭挂职，担任实验区党工委管委会办公室副主任。近两年的时间里，王沈扬跟随实验区领导多次深入征迁一线，协调推进征迁工作，顺利完成中楼乡许恒竹等三户涉迁户的征迁任务，还推进城关第一农贸市场二楼商场的整治、原县盐场职工信访维稳等事宜。此外，他还带领实验区信访工作组圆满完成金砖国家领导人厦门会晤的维稳任务，被评为表现突出的工作人员。

“在平潭挂职期间，我充分感受到平潭日新月异的变化和建设成就，有幸投身于实验区的建设进程，为实验区的发展尽一份绵薄之力，深感荣幸。”王沈扬说。

【厦门大学管理学院外籍教授潘维廉（右一）参观海坛海防博物馆】

厦门与平潭，同样的碧海蓝天，同样的白鹭翩翩，相似的气质让厦门大学管理学院外籍教授潘维廉爱上了平潭。他先后多次来到平潭，并在两岸国学中心主讲了首期两岸国学大讲堂。潘维廉教授主笔的新书《美丽新平潭》，通过文字与视频展现平潭发展的魅力，“平潭的发展不仅在城市建设、交通设施等‘硬件上’突飞猛进，在服务上，尤其台胞办事便利性等‘软件上’也更加与时俱进。”他感慨地用了一句英文：The soft is hard，来描述（平潭的营商）软环境是过硬的。

据统计，目前在实验区工作就业的厦门大学校友人数已达 260 多人。2017 年 8 月，厦门大学平潭校友会成立，架起了校友与校友、校友与母校、厦大与平潭之间沟通交流的平台。“成立两年多来，我们积极推动母校与平潭综合实验区校地项目合作，做好服务工作。”厦门大学平潭校友会会长吴培东说。

芙蓉湖畔纳平潭英才

厦大学子在平潭发光发热，平潭青年在厦门大学也光彩夺目。

平潭一直是厦门大学优秀生源地之一。从上世纪 30 年代起，就有平潭学生被厦门大学录取。仅 2017—2018 年，就有 70 余名平潭学生考上厦门大学。这当中，涌现出了许许多多的优秀人物，成为厦门大学的骄傲。

近日，2019 福建“最美人物”入围名单出炉，今年 7 月不幸离世的平潭人高至凡名列其中，他就毕业于厦门大学。作为一名优秀的音乐教师，他曾带出风靡全国的厦门六中合唱团，一曲无伴奏的阿卡贝拉版《夜空中最亮的星》令人动容。

【厦门大学毕业的平潭籍“全国优秀教师”高至凡】

在厦门大学自由前卫的学术氛围下，高至凡求学期间迸发出无数音乐灵感，并形成了独特的音乐审美。“有一次和他讨论肖邦革命练习曲，他为了打破常规，大胆地将部分乐句的强弱快慢表现得很夸张，有的地方速度已经够快了，他会让我再快点再快点，直到手跟不上为止，然后一起开怀大笑。”厦大校友陈俊海说。

虽然，高至凡走了，但他永远是厦门大学和平潭的共同骄傲。

在厦门大学，还有一批平潭籍教师在奉献着智慧，比如陈培爱、吴正云、郑振龙等知名教授。

1983 年，陈培爱教授牵头创办了厦大广告学专业，这是中国第一个广告学专业，在全国率先确立了中国广告教育的基本模式。2017 年 11 月，在中国广告协会学术委员会成立 30 周年大会上，陈培爱教授荣获“中国广告学术发展终身贡献人物”的最高荣誉。

“身为平潭人，希望能为平潭发展贡献自己的一份力，把我们的家乡建设得更好、更美丽。”2018 年在厦岚籍乡亲座谈会上，陈培爱如是说。

校地携手创美好未来

除了人才交流，厦门大学正与平潭展开全方位的交流合作。平潭综合实验区独特的政治优势、区位优势、政策优势和生态优势，都成为了厦门大学建立选题、开展研究的重点内容。而厦门大学在开展学科研究的同时，也为平潭综合实验区的开放开发建设提供了理论支撑。

自 2012 年平潭综合实验区与厦门大学签订战略合作协议以来，双方在课题研究、举办两岸论坛和服务产业发展等领域保持密切的合作关系，特别是大力开展两岸经济、文化、社会、政治融合先行先试实践活动，探索两岸融合发展模式，进行“平潭台胞社区发展研究模式”“平潭综合实验区对台进一步开放服务贸易市场初步研究”等项目的研究。

2012 年 12 月 25 日，厦门大学海峡两岸发展研究院正式成立。作为高水平研究基地，为实验区提供高质量的决策咨询服务；作为科技成果转化基地，促进高新科技成果在实验区实现转化和产业化；作为高层次的两岸交流合作基地，为实验区开展两岸教育、文化、科技、经贸交流合作提供有力支持。

厦门大学还牵头组建了两岸关系和平发展协同创新中心，这是一个国家级协同创新中心，平潭综合实验区是首批理事单位。该中心分别在平潭和厦门设立实验基地和实践基地，平潭实验基地承担实验区各项理论研究和实验活动，在两岸经济一体化、社会整合、文教融合、共同事务合作管理等领域展开创新研究实践活动，共同打造智力库，助推两岸融合发展。

此外，厦门大学还紧紧围绕平潭的发展需求，开展与平潭有关的科研项目。2015 年至 2018 年，双方合作开展平潭海洋环评调研、岛屿整治和保护、海岸带研究分析、平潭海洋水文、水质等的调查和研究等近 20 项研究项目，经费达 300 多万元。

如今，更高水平高层次的合作项目即将落地。2019 年 7 月 6 日，厦门大学与平潭综合实验区签约共建厦门大学平潭研究院，12 月 12 日将正式揭牌成立。研究院将对接平潭发展定位和产业需求，以台湾研究交叉学科、海洋科学、工商管理（旅游管理、MBA）、戏剧与影视学等一级学科为主，为实验区发展提供人才培养、科学研究、成果转化、咨政服务，努力建设成为全国乃至国际领先的集教学、育才、研发于一体的创新型研究院。

【2019 年 7 月 6 日，厦门大学与平潭签约共建厦门大学平潭研究院】

“厦门大学作为福建省唯一一家国家重点大学，有责任为福建省经济、社会、文化、教育全方位发展服务，为地方治理能力提升作贡献。平潭是全国唯一的对台综合实验区，在两岸最终完全统一进程中角色特别重要。目前平潭的对外交通和城市硬体建设逐渐完善，接下来的工作重点要转向软实力建设和社会治理能力提升。随着各方面条件的成熟，厦大各学科都将在学校统一安排下，制度化地参与平潭综合实验区建设。”厦门大学台湾研究院教授刘国深说，厦大平潭研究院的成立，有助于各学科便捷高效地承担平潭提出的相关任务，为平潭提供智力支持，也为厦大的发展开辟新的增长途径。未来，厦门大学可以根据平潭发展需求，在产业经济、科技研发，教育文化，社会治理等方面服务平潭综合实验区建设，为平潭城市竞争力提升和两岸融合实验作出自己的贡献。

筑巢引凤栖
花开蝶自来
面向新时代
厦大与平潭携手前行
共同谱写壮丽诗篇！

（文 / 杨咏林　高容峰　李序拓）

抗战烽火炼就的不朽情缘

——厦门大学与长汀的校地情缘

厦门大学报 XIAMEN UNIVERSITY WEEKLY　2020 年 4 月 3 日　视　点　本版责编：曾耀岐　本版邮箱：yiban@xmu.edu.cn　本版电话：0592-2182209　更好看请关注微信公众号"厦大校报"　7

抗战烽火炼就的不朽情缘

——记厦门大学与长汀县的校地情缘

一个是具有一千多年历史，地处崇山峻岭的小县城；一个是濒临海滨，第一所由爱国华侨创办的高等学府，由于各自的自然和社会条件，在抗战的烽火中紧密联结起来，相依相存，同甘苦共患难，一起度过了艰难卓绝的抗战岁月。在战火中炼就的这种情缘，不仅在那烽火连天的岁月中，促进了彼此的发展，而且在此后的漫长历史洪流中愈加发出耀眼的光辉，谱写了中国教育史上灿烂的篇章。

凤凰展翅，浴火重生

1937 年 7 月 1 日厦门大学改归国立，7 月 6 日国民政府教育部任命著名的机电工程学家、留美理学博士、清华大学教授萨本栋为国立厦门大学校长。萨本栋接掌厦大的第二天，"七七"卢沟桥事变爆发，抗日战争全面爆发。之后，国内的大部分高校都先后迁往西南内地。处于东南沿海的厦大迁往何处，就成为事关厦大命运的重大问题。萨本栋认为"东南半壁的高等教育，还需要维持，所以决定不随流远徙"。根据萨校长的意见，经过多方比较和慎重选择，最后确定了内迁长汀的决定。经过紧张的筹划和准备，1937 年 12 月 24 日，厦大师生渡过鹭江、九龙江及十几条溪流，越过多座崇山峻岭，长途跋涉八百里，于 1938 年 1 月抵达闽西的长汀，1 月 17 日厦大即开始复课。

厦大内迁得到了长汀人民的竭诚支持。迁校之初，长汀就腾出了驻汀行署一部分和孔子庙，以及大批民房作为校舍，使厦大师生有了一个较好的生活学习环境。后来，为了适应厦大发展的需要，长汀县又拨出虎背山南麓旧中山公园土地共 57 亩，在两三年间兴建了各类教室、阅览室、实验室、图书馆、实习工厂、男女生宿舍，以及篮球场、大膳厅、蓄水池、发电厂等设施。之后，长汀又拨出东门外及卧龙山麓的大片土地及房屋，建成了 10 多座教职员宿舍，并扩建了厦大医院。经几年努力，厦大的校舍连成一片，几乎占据了半个长汀城。

如火如荼的抗日救亡运动，不仅唤醒了长汀人民，同时也教育了厦大师生，使他们开始走上了与工农民众相结合的正确道路，思想感情和世界观发生了深刻变化。可以说，正是长汀时期的艰苦环境及长汀优秀文化革命传统，教育和锻炼了厦大师生，使他们有机会从城市校园深入到山区农民之中，从而思想作风都发生了惊人的转变，形成了抗战时期优良的校风。

在战火纷飞的艰苦岁月里，厦大不仅在长汀站稳了脚跟，而且得到了重大发展，朝着陈嘉庚在创校之初提出的"南方之强"的目标奋进。

学科建设卓有成效。在萨校长"面向未来"教育观指导下，厦大把科学研究和人才培养作为学校的基本使命，对学生实施全面发展的"通才教育"。学校从抗战建国和自身优势出发，创办了工科，复办法科。1940 年又对原有科系结构进行了调整，已由原文、理、商 3 学院 9 学系，扩展为文、理工、法、商 4 学院 13 学系。1944 年又增设航空工程系。厦大在长汀的艰苦年代中，成为学科齐全、科研成果显著，培养了大批各方面优秀人才的著名大学。

教育质量显著提高。学校一直把提高教育质量放在全部教学工作的首位，为此在萨本栋校长领导下，全校师生殚精竭力，采取了各种有效措施。学校加强师资力量，形成了一支高水平的师资队伍。萨本栋校长任职后，厦大邀请到一批曾在国内外一流大学读书，深受多种文化熏陶，精通外语，学有专长的知名教授。如：有后来任校长的汪德耀、王亚南、训导长彭传珍、李培囿、文学院长周辨明、傅鹰、蔡镏生等。

从萨校长带头，全体教授都集中全力为学生授课；加强基础课程，安排最优秀的教授、副教授担任基础课程教学；推行文理科基础课程相互渗透，实行《语文特殊实验办法》，把语文课摆在最重要的位置；不断增设专业课程，建立了较完备的专业课程体系；实行严密的学制，允许学生在主系之外增修辅系；重视提高课外学术活动，活跃研习风气，扩大学生的知识面和增强专业能力；建立严格的考试制度等等。在一个战火纷飞的艰苦年代，迁至山城的厦大能够坚持执行这些改革措施，在当时是难能可贵的。

厦大在长汀几年中教学质量很快提高，声誉日渐上升。在 1940 年和 1941 年国民政府教育部举行的全国大专以上学生的学业竞赛中，厦门大学参赛学生连续两届蝉联全国第一，国民政府教育部全国通令嘉奖。抗战时期在长汀的厦大，克服了重重困难，实施了高水平的教育教学，弦歌不辍，培养出了一批又一批学界翘楚、政界名流、商界精英。如：当选国家两院院士和美国国家工程院院士的校友有邓从豪、林纺瑴、谢希德、林尚安、曾融生、张存浩、葛文勋、张乾二、艾兴、苏林翘、张启先、田昭武等人。在人文社会科学领域的知名学者有陈诗启、裘宗舜、潘懋元、江举谦、余绪缨、韩国磐、葛家澍等。还有一批校友在港澳台地区及海外成为各界的领军人物，如：台湾新竹科技园区创始人何宜慈，香港实业家黄宝欣，台湾工业企业家沈祖馨，菲律宾实业家邵建寅、庄汉水，《纽约时报》董事长朱伯舜等。这些优秀校友真是不胜枚举，充分表现了抗战时期厦大卓越的教育成果。美国地理学家葛德石 1944 年访问长汀厦大后，对厦大的办学极为赞扬，认为"厦大为加尔各答以东第一大学"。厦门大学在国内和国际上获得了自己应有的地位和声誉，实现了"南方之强"的理想。

1938年4月6日，国立厦门大学举行十七周年校庆，萨本栋校长和全校师生在长汀厦门大学礼堂(长汀县文庙)合影留念。

山城巨变，面貌一新

在抗战烽火中，长汀给厦大提供了生存和发展的良好环境。同样，厦大的内迁，给偏僻的长汀提供了发展的强大动力，山城面貌为之一新。

《长汀人民革命史》说："长汀抗日救亡运动兴起之日，正是厦门大学内迁之时，这样，长汀的抗日救亡运动在厦门大学进步师生的支持、帮助和倡导下，紧密团结，密切配合，共同掀起了长汀抗日救亡运动的高潮。"在组织上，成立了以厦大萨本栋为名誉会长的"长汀抗敌后援会"，组成了最广泛的抗日救亡统一战线，而厦大则是其中坚力量。1938 年初，厦大学生组织成立了"厦门大学学生救亡服务团"(后改为"战时后方服务团")，发动全校学生投入抗日救亡运动。厦大师生运用各种文艺武器，走上街头，深入农村，采用演讲、教唱救亡歌曲、演出话剧、搞漫画展览等群众喜闻乐见的形式，广泛深入地宣传日本帝国主义野蛮侵略所造成的惨痛，中国人民实行全面抗战的意义。除了文艺宣传外，厦大还出版了报纸、刊物，厦大学生救国服务团的旬刊《唯力》，旅汀厦大毕业同学会主编《厦大通讯》月刊，成为长汀抗日宣传的喉舌。

此外，厦大师生还人到最广大的民众之中，在长汀偏僻的山村点燃了抗日救亡的火种。最初他们主要在城关进行街头宣传。后来改进方式，采用演剧和家庭访问的形式，联系群众最切身的生活问题，"把中国民生疾苦、产业落后、农村破产的症结简要地告诉他们，然后再把中日战争的起因和意义逐渐向他们解释，谈到日本帝国主义的野蛮和中国民众无端地被惨杀"。这种"切于实际"的深入民众的谈心访问，起到了巨大的唤起民众的效果。这些封闭的山村，被厦大师生掀起了救亡的波浪。

文教发展，民风一新。抗战前长汀只有一所中学，教职工 20 多人，200 多个学生，办学条件很差。厦大迁汀后，许多厦大的教师和学生到中小学兼课，大大充实了教学力量。厦大还在图书、教学仪器设备上大力支持汀中，而且厦大勤奋学习的学风也深刻影响了中学，学生求学热情高涨，显著提高了教学质量，使长汀中学成为福建省水平最高的名牌中学之一。同时，在厦大支持下新办了一所初级中学，由厦大毕业生潘茂鼎任首任校长。原来农村大量存在的私塾，在厦大的帮助下改为现代小学。厦大教育系和商学系还创办了民众夜校。这些都使长汀一改教育落后的面貌，一时间读书上学蔚成风气，偏僻的山村也出了不少大学生，影响至为深远。

文化体育事业勃然兴旺。抗战前汀城很少现代文化气息。厦大迁汀带来了现代科学文化，社会风气为之一变。厦大率先出版旬刊《唯力》，成为长汀历史上第一份期刊。在厦大支持下，1938 年创办了《汀江日报》(1939 年 2 月更名为《中南日报》)，由厦大毕业生罗翰主持，成为闽赣两省主要报纸之一。随着抗日救亡运动的兴起，在厦大支持下，长汀成立了"抗日剧团"，接着又成立了汀中剧团、县中剧团、商工剧团等。这些剧团与厦大剧团相互竞赛和学习，争相演出一批现代名剧，这些戏剧的公演，教育了民众，使整个汀城沉浸于浓厚的文化氛围中。同时厦大举办的各种文化活动，如音乐、书画、摄影等，都搞得丰富多彩，特别是体育活动，每年重大赛事不断。

不忘初心，再创辉煌

历史进入了建设中国特色社会主义，实现中华民族伟大复兴中国梦的新时代，厦大与长汀的友谊在新的时代再创新的辉煌。

2011 年厦大与龙岩市人民政府签订了战略合作框架协议，双方在发展研究、科技合作、教育培训、文化建设、对外交流、环境治理等方面开展深入合作，其中厦大与长汀县的合作是一大重点。厦大团委与龙岩团市委又签订了"框架协作协议"，其中规定在长汀县汀州镇设立"厦门大学传统教育实践基地"，每年都有大批新教师、大学生及研究生、入党积极分子、党及行政的各级干部等到长汀参观学习，深受革命传统教育。

为了支援长汀的全面发展，厦大每年还组织师生成立"服务实践队"，到长汀县各个农村进行实地调查研究，为长汀县的建设发展提供方案。从 2013 至 2019 年，厦大团委共组织了 44 支服务队，参加师生共计 629 人。这些服务队根据自身专业特点及长汀发展的需要，一方面深入到农村进行调查研究，如红色旅游、客家建筑及美食、生态保护、农村电商服务网等课题，提出了很好的建议和方案。另一方面深入农村直接为民众服务，如到农村小学支教、对小学教师进行计算机培训，为居民检查身体医治疾病，发放一些常用药物等。这些活动不仅促进了长汀与厦大的历史情缘，而且对新一代厦大师生也是深刻而生动的教育。

长汀县河田镇过去是水土严重的地方，连绵山岭都是光秃秃的红色砂石。从 2010 年开始，时任党中央副主席的习近平曾两次来到河田，对长汀的水土保持工作进行了深入调研并作出重要指示，还亲自在河田三洲种下一株树。厦大积极响应习主席的号召，在河田三洲建立"厦门大学水土保持实践基地"，开展各项水土保持的研究活动。在大家共同努力下，河田的水土保持取得了显著成绩，2014 年建成了长汀三洲湿地公园，到处出现了闪灵葱翠，流水清澈，鸟语花香的新景象。

为了进一步开展校县的协作，2017 年 12 月厦大与长汀县又签署了合作协议，双方在科技合作、医疗帮扶、学生实践、教育培训等方面开展了卓有成效的合作。在科技创新和项目合作方面，厦大紧紧围绕长汀发展的需求，在新材料、环境生态等领域加强科研项目的合作，如厦大材料学院与长汀金龙稀土有限公司开展有关课题研究。建筑与土木工程学院与福建省古韵汀州旅游发展公司开展长征第一村旅游景观提升测绘工程合作等。在医疗帮扶方面，2019 年 5 月厦大附属翔安医院与福建省汀州医院开展对口帮扶协议签约仪式，两院将在学科建设、人才培养、教学科研、医院建设与管理等方面进行资源共享。在人才培养方面，厦大根据长汀县需要，以扶贫形式积极为长汀开设各种实用技术的培训班，每年选派 10 多支实践队到长汀开展实践活动和帮扶工作，如人文学院实践队每年赴长汀伯湖小学开展支教活动，厦大现代教育中心积极支持长汀县中小学的教学设施建设，赠送电脑等设备。

历史在发展，时代在前进。厦大与长汀在抗战烽火中炼就的不朽情缘，犹如鹭江滔滔浪和汀江潺潺水，永续不断，必将在实现中华民族伟大复兴的新时代中放射出更绚烂的光辉。

· 官鸣 ·

【《厦门大学报》2020 年 4 月 3 日】

一个是具有一千多年历史，地处崇山峻岭的小县城；一个是濒临海滨，第一所由爱国华侨创办的高等学府，由于各自的自然和社会条件，在抗战的烽火中紧密联结起来，相依相存，同甘苦共患难，一起度过了艰苦卓绝的抗战岁月。在战火中炼就的这种情缘，不仅在那烽火连天的岁月中，促进了彼此的发展，而且在此后的漫长历史洪流中愈加发出耀眼的光辉，谱写了中国教育史上灿烂的篇章。

凤凰展翅，浴火重生

1937年7月1日厦门大学改归国立，7月6日国民政府教育部任命著名的机电工程学家、留美理学博士、清华大学教授萨本栋为国立厦门大学校长。萨本栋接掌厦大的第二天，“七七”卢沟桥事变爆发，抗日战争全面爆发。之后，国内的大部分高校都先后迁往西南内地。处于东南沿海的厦大迁往何处，就成为事关厦大命运的重大问题。萨本栋认为“东南半壁的高等教育，还需要维持，所以决定不随流远徙”。根据萨校长的意见，经过多方比较和慎重选择，最后确定了内迁长汀的决定。经过紧张的筹划和准备，1937年12月24日，厦大师生渡过鹭江、九龙江及十几条溪流，越过多座崇山峻岭，长途跋涉八百里，于1938年1月12日抵达闽西的长汀，1月17日厦大即开始复课。

厦大内迁得到了长汀人民的竭诚支持。迁校之初，长汀就腾出了驻汀行署一部分和孔子庙，以及大批民房作为校舍，使厦大师生有了一个较好的生活学习环境。后来，为了适应厦大发展的需要，长汀县又拨出虎背山南麓旧中山公园土地共57亩，在两三年间兴建了各类教室、阅览室、实验室、图书馆、实习工厂、男女生宿舍，以及篮球场、大膳厅、蓄水池、发电厂等设施。之后，长汀又拨出东门外及卧龙山麓的大片土地及房屋，建成了10多座教职员宿舍，并扩建了厦大医院。经几年努力，厦大的校舍连成一片，几乎占据了半个长汀城。

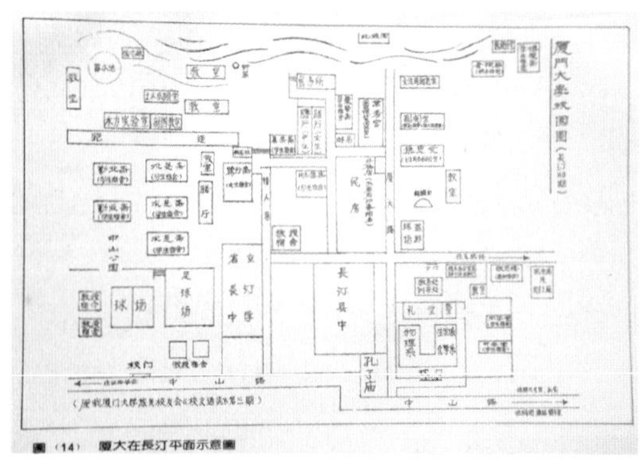

【厦门大学在长汀的校园平面图】

如火如荼的抗日救亡运动，不仅唤醒了长汀人民，同时也教育了厦大师生，使他们开始走上了与工农民众相结合的正确道路，思想感情和世界观发生了深刻变化。可以说，正是长汀时期的艰苦环境及长汀优秀革命文化传统，教育和锻炼了厦大师生，使他们有机会从城市校园深入到山区农民之中，从而思想作风都发生了惊人的转变，形成了抗战时期优良的校风。

在战火纷飞的艰苦岁月里，厦大不仅在长汀站稳了脚跟，而且得到了重大发展，朝着陈嘉庚在创校之初提出的“南方之强”的目标奋进。

学科建设卓有成效。在萨校长“面向未来”教育观指导下，厦大把科学研究和人才培养作为学校的基本使命，对学生实施全面发展的“通才教育”。学校从抗战建国和自身优势出发，创办了工科，复办法科。1940 年又对原有科系结构进行了调整，已由原文、理、商 3 学院 9 学系，扩展为文、理工、法、商 4 学院 13 学系。1944 年又增设航空工程系。厦大在长汀的艰苦年代中，成为学科齐全、科研成果显著，培养了大批各方面优秀人才的著名大学。

教育质量显著提高。学校一直把提高教育质量放在全部教学工作的首位，为此在萨本栋校长领导下，全校师生殚精竭虑，采取了各种有效措施。学校加强师资力量，形成了一支高水平的师资队伍。萨本栋校长任职后，厦大邀请到一批曾在国内外一流大学读书，深受多种文化熏陶，精通外语，学有专长的知名教授。如：有后来任校长的汪德耀、王亚南，以及彭传珍、李培囿、谢玉铭、朱家炘、傅鹰、蔡镏生等。

由萨校长带头，全体教授都集中全力为学生授课；加强基础课程，安排最优秀的教授、副教授担任基础课程教学；推行文理科基础课程相互渗透，实行《语文特殊实验办法》，把语文课摆在最重要的位置；不断增设专业课程，建立了较完备的专业课程体系；实行严密的学制，允许学生在主系之外增修辅系；重视提高课外学术活动，活跃研习风气，扩大学生的知识面和增强专业能力；建立严格的考试制度等等。在一个战火纷飞的艰苦年代，迁至山城的厦大能够坚持执行这些改革措施，在当时是难能可贵的。

厦大在长汀几年中教学质量很快提高，声誉日渐上升。在 1940 年和 1941 年国民政府教育部举行的全国大专以上学生的学业竞赛中，厦门大学参赛学生连续两届蝉联全国第一，国民政府教育部全国通令嘉奖。抗战时期在长汀的厦大，克服了重重困难，实施了高水平的教育教学，弦歌不辍，培养出了一批又一批学界翘楚、政界名流、商界精英。如：当选中国两院院士和美国国家工程院院士的校友有邓从豪、林幼堃、谢希德、林尚安、曾融生、张存浩、艾兴、张启先、田昭武等人。在人文社会科学领域的知名学者有陈诗启、裘宗舜、潘懋元、江举谦、余绪缨、韩国磐、葛家澍等。还有一批校友在港澳台地区及海外成为各界的领军人物，如：台湾新竹科技园区创始人何宜慈，香港实业家黄保欣，台湾工业企业家沈祖馨，菲律宾实业家邵建寅、庄汉水，《纽约时报》董事长朱伯舜等。这些优秀校友真是不胜枚举，充分体现了抗战时期厦大卓越的教育成果。美国地理学家葛德石 1944 年访问长汀厦大后，对厦大的办学极为赞扬，认为“厦大为加尔各答以东第一大学”。厦门大学在国内和国际上获得了自己应有的地位和声誉，实现了“南方之强”的理想。

山城巨变，面貌一新

在抗战烽火中，长汀给厦大提供了生存和发展的良好环境。同样，厦大的内迁，给偏僻的长汀提供了发展的强大动力，山城面貌为之一新。

《长汀人民革命史》写到："长汀抗日救亡运动兴起之日，正是厦门大学内迁之时，这样，长汀的抗日救亡运动在厦门大学进步师生的支持、帮助和倡导下，紧密团结，密切配合，共同掀起了长汀抗日救亡运动的高潮。"在组织上，成立了以厦大萨本栋为名誉会长的"长汀抗敌后援会"，组成了最广泛的抗日救亡统一战线，而厦大则是其中坚力量。1938 年初，厦大学生组织成立了"厦门大学学生救亡服务团"（后改为"战时后方服务团"），发动全校学生投入抗日救亡运动。厦大师生运用各种文艺武器，走上街头，深入农村，采用演讲、教唱救亡歌曲、演出话剧、搞漫画展览等群众喜闻乐见的形式，广泛深入地宣传日本帝国主义野蛮侵略所造成的惨痛，中国人民实行全面抗战的意义。除了文艺宣传外，厦大还出版了报纸、刊物，厦大学生救国服务团的旬刊《唯力》，旅汀厦大毕业同学会主编《厦大通讯》月刊，成为长汀抗日宣传的喉舌。

此外，厦大师生还深入到最广大的民众之中，在长汀偏僻的山村点燃了抗日救亡的火种。最初他们主要在城关进行街头宣传。后来改进方式，采用演剧和家庭访问的形式，联系群众最切身的生活问题，"把中国民生疾苦、产业落后、农村破产的症结简要地告诉他们，然后再把中日战争的起因和意义逐渐向他们解释，谈到日本帝国主义的野蛮和中国民众无端地被惨杀"。这种"切于实际"的深入民众的谈心访问，起到了巨大的唤起民众的效果。这些封闭的山村，被厦大师生掀起了救亡的波浪。

【厦门大学学生开展抗日救亡宣传】

文教发展，民风一新。抗战前长汀只有一所中学，教职工 20 多人，200 多个学生，办学条件很差。厦大迁汀后，许多厦大的教师和学生到中小学兼课，大大充实了教学力量。厦大还在图书、教学仪器设备上大力支持汀中，而且厦大勤奋学习的学风也深刻影响了中学，学生求学热情高涨，显著提高了教学质量，使长汀中学成为福建省水平最高的名牌中学之一。同时，在厦大支持下新办了一所初级中学，由厦大毕业生潘茂鼎任首任校长。原来农村大量存在的私塾，在厦大的帮助下改为现代小学。厦大教育系还创办了民众夜校。

这些都使长汀一改教育落后的面貌，一时间读书上学蔚成风气，偏僻的山村也出了不少大学生，影响至为深远。

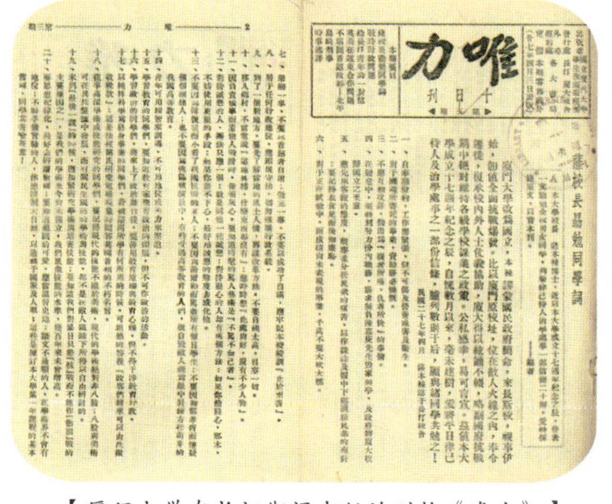
唯力
十日刊
薩校長勗勉同學詞

【厦门大学在长汀期间出版的刊物《唯力》】

文化体育事业勃然兴旺。抗战前汀城很少有现代文化气息。厦大迁汀带来了现代科学文化，社会风气为之一变。厦大率先出版旬刊《唯力》，成为长汀历史上第一份期刊。在厦大支持下，1938 年创办了《汀江日报》（1939 年 2 月更名为《中南日报》），由厦大毕业生罗翰主持，成为闽赣两省主要报纸之一。随着抗日救亡运动的兴起，在厦大支持下，长汀成立了抗日剧团，接着又成立了汀中剧团、县中剧团、商工剧团等。这些剧团与厦大剧团相互竞赛和学习，争相演出一批现代名剧，这些戏剧的公演，教育了民众，使整个汀城沉浸于浓厚的文化氛围中。同时厦大举办的各种文化活动，如音乐、书画、摄影等，都搞得丰富多彩，特别是体育活动，每年重大赛事不断。

不忘初心，再创辉煌

进入了建设中国特色社会主义，实现中华民族伟大复兴中国梦的新时代，厦大与长汀的友谊在新的时代再创新的辉煌。

2011 年厦大与龙岩市人民政府签订了战略合作框架协议，双方在发展研究、科技合作、教育培训、文化建设、对外交流、环境治理等方面开展深入合作，其中厦大与长汀县的合作是一大重点。厦大团委与龙岩团市委又签订了“框架协作协议”，其中规定在长汀县汀州镇设立“厦门大学传统教育实践基地”，每年都有大批新教师、大学生及研究生、入党积极分子、党及行政的各级干部等到长汀参观学习，深受革命传统教育。

【2019 年 11 月，厦门大学新进教职工到长汀接受革命传统教育】

为了支援长汀的全面发展，厦大每年还组织师生成立“服务实践队”，到长汀县各个农村进行实地调查研究，为长汀县的建设发展提供方案。从 2013 年至 2019 年，厦大团委共组织了 44 支服务队，参加师生共计 629 人。这些服务队根据自身专业特点及长汀发展的需要，一方面深入到农村进行调查研究，如红色旅游、客家建筑及美食、生态保护、农村电商服务网等课题，提出了很好的建议和方案。另一方面深入农村直接为民众服务，如到农村小学支教、对小学教师进行计算机培训，为居民检查身体医治疾病，发放一些常用药物等。这些活动不仅促进了长汀与厦大的历史情缘，而且对新一代厦大师生也是深刻而生动的教育。

长汀县河田镇过去是水土流失严重的地方，连绵山岭都是光秃秃的红色砂石。从 1999 年开始，习近平曾两次来到河田，对长汀的水土保持工作进行了深入调研并作出重要指示，还在河田世纪生态园捐种了一株香樟树。厦大积极响应习总书记的号召，在河田三洲建立“厦门大学水土保持实践基地”，开展各项水土保持的研究活动。在大家共同努力下，河田的水土保持取得了显著成绩，2014 年建成了长汀三洲湿地公园，到处出现了山林葱翠，流水清澈，鸟语花香的新景象。

为了进一步开展校县的协作，2017 年 12 月厦大与长汀县又签署了合作协议，双方在科技合作、医疗帮扶、学生实践、教育培训等方面开展了卓有成效的合作。在科技创新和项目合作方面，厦大紧紧围绕长汀发展的需求，在新材料、环境生态等领域加强科研项目的合作，如厦大材料学院与长汀金龙稀土有限公司开展有关课题研究。建筑与土木工程学院与福建省古韵汀州旅游发展公司开展长征第一村旅游景观提升测绘工程合作等。在医疗帮扶方面，2019 年 5 月厦大附属翔安医院与福建省汀州医院开展对口帮扶协议签约仪式，两院将在学科建设、人才培养、教学科研、医院建设与管理等方面进行资源共享。在人才培养方面，厦大根据长汀县需要，以扶贫形式积极为长汀开设各种实用技术的培训班，每年选派 10 多支实践队到长汀开展实践活动和帮扶工作，如人文学院实践队每年赴长汀伯湖小学开展支教活动，厦大现代教育中心积极支持长汀县中小学的教学设施建设，赠送电脑等设备。

历史在发展，时代在前进。厦大与长汀在抗战烽火中炼就的不朽情缘，犹如鹭江滔滔浪和汀江潺潺水，永续不断，必将在实现中华民族伟大复兴的新时代中放射出更绚烂的光辉。

（文 / 官　鸣）

后记

厦门大学2021年迎来建校百年，幸逢中国共产党成立100周年。中国共产党诞生于国家内忧外患、民族危难之时，自成立之日起就把实现国家强盛、民族复兴作为自己的历史使命。位于东海之滨、海峡西岸，对祖国统一和中西文化碰撞有着独特感受的厦门大学，秉承爱国华侨领袖陈嘉庚先生"为吾国放一异彩"的追求，将"志怀祖国"基因与"希图报效"信念深深融入大学的灵魂。

百年来，厦门大学与中国共产党同向同行，这里诞生了福建省第一个共产党组织，培养了一批批为中国人民谋幸福、为中华民族谋复兴的先锋人才。百年来，厦门大学与祖国心手相连、同频共振，紧密围绕国家战略和地方需求，书写贡献国家和服务社会的精彩华章。百年来，"自强不息，止于至善"的厦大人扎根祖国大地，主动把个人成长发展放在国家需要的历史坐标中，厚植家国情怀，强化责任担当，自觉承担服务中华民族伟大复兴的历史使命，其间所涌现的感人故事和创造的骄人业绩数不胜数。

嘉庚先生创办厦门大学之初曾发表过多次演讲，留下了多篇至今仍令人热血沸腾的文章。本书序言《弘扬嘉庚精神　奋进一流征程》中不少引文出自这些文章，其表达虽有旧时特点，但精神和思想至今仍有现实意义。"为吾国放一异彩"始见于1919年7月13日他在厦门陈氏宗祠倡办厦门大学时的演讲词。相较于许多流传广泛的文字，这句话在原文中并不突出，却着实精彩，真实地寄托着嘉庚先生的理想。历经百年沧桑，经过数代厦大人的奋斗，厦门大学站在了两个一百年的历史交汇点上，重新品读这句话，每个人都会激动起来。是啊，我们需要也必须回答：先生的愿望实现了吗？具体表现又是如何？

怎样用档案聚焦建党百年和讲好百年厦大故事，以高度的政治责任和强烈的使命担当，"让历史说话，用史实发言"，让沉睡在库房里的档案活起来？2019年4月，张彦书记建议学校档案馆选择若干省（市区），撰写厦大与该地百年校地情缘文章，争取在当地党报刊发。6月14日，记述厦门大学与内蒙古校地情缘的文章在

《内蒙古日报》发出。该文深入挖掘档案，以生动的语言，丰富的史料，翔实的数据，梳理百年来厦大与内蒙古的深厚情谊，产生了良好的社会反响。接着，厦大与贵州、陕西的百年情缘文章相继在《贵州日报》《陕西日报》刊出，同样反响热烈。其中，《“海誓山盟”不了情——厦门大学与贵州的校地情缘》在《贵州日报》首发后，马上被“天眼新闻”融媒体转载。文章发布1小时点击量就过5万，提及的人物和事件顷刻间拉近了当地与厦大的情感距离，遵义人蔡光举的故事就是其一。作为贵州人民的骄傲，蔡光举在厦大的学习经历鲜为人知，文章的发表激发了贵州和厦大对蔡光举的再次关注。

投石之作激起的层层波浪，极大地激发了师生撰写厦大与全国省级行政区校地情缘文章的写作热情。三地距离厦门都很遥远，与厦大的缘分却难以尽言，那一桩桩往事、一个个人物都蕴含浓厚的家国情怀。厦大扎根中国大地、历时百年，或许可以以省级单位为创作单元撰写34篇情缘文章；厦大地处福建，承担着服务地方的重要使命，挖掘厦大与福建九市一区的校地缘分也着实重要；抗战烽火中厦大弦歌不辍铸就南方之强的八年长汀岁月十分特殊，厦大与长汀的情缘亦不可或缺……理清思路后，撰写厦大与全国各省级行政区、福建省九市一区及闽西长汀县“校地情缘”系列文章的计划开始雄心勃勃地推出了。

这是一项浩大的工程。2019年10月18日，张彦书记主持召开校地情缘系列文章第一次推进会，成立了学校领导小组和4个工作小组（资料小组、写作小组、编审小组、发表小组）。领导小组负责撰写工作的全面统筹、协调和指导；资料小组的任务是进行史料的收集、整理，提供基础素材和写作线索；写作小组最初由学校机关干部、青年教师、学生为主，后又扩展到教授、作家、报业人员、兄弟学校图书馆馆长等校外人士；编审小组除学校专家学者外，还根据篇章需要，邀请了有关领导、知名校友、各地校友会负责人等帮助审阅文稿。具体推进过程中，我们根据实际情况，又组建了灵活机动的中心审稿组，全程跟进每一篇文章的修改完善。千锤百炼、千呼万唤始推出的文章在进入发表阶段，得到了多地党委宣传部门、报刊社的大力支持与帮助，最终圆满完成了发表任务。其中山西、吉林、黑龙江、陕西、贵州、四川、内蒙、青海、新疆、浙江、海南等地文章在发表前首先引起了地方党委一些领导同志的重视，获得了发表支持。一位领导同志曾动情地说“感谢厦门大学提供了如此优秀的稿件，让校地文化联结得以更加紧密”。福建篇成文时吸收了省委宣传部同志的意见，发表前经过了省委办公厅、省委党史研究室的审阅。福州篇、泉州篇、宁德篇刊发前经过了当地市委领导审阅。厦门篇更是由市委宣传部主要领导亲自谋划、《厦门日报》总编辑亲自领衔撰写。需要说明的是，历史文化名城长汀是一座山城，县里没有自己的报纸，为表达我们对长汀人民的感恩之心和崇敬之意，长汀篇首发在《厦门大学报》上。

1个工作交谈中的创意；6次学校领导小组召集的校地情缘系列文章专题研讨会；100多位不断汇聚的资料团队、作者团队、审稿团队、发表团队成员；500多个日日夜夜；9400多份档案文献、图片资料；45篇初稿总计近45万字校地关系深度研究文章；无数热情支持、默默奉献的幕后英雄……数据背后是我们孜孜不倦的追求：打造有历史厚度、文化高度和生命热度的厦大校史文化。

对于大学精神的塑造而言，以往的校史文章，主要关注学校过去的历史；以往的校地报道，重在写当下发生在学校与地方之间的重大事件。从历史、现实和未来展望的时间跨度审视和梳理大学与地方在人才培养、科学研究、社会服务和文化传承等方面的"百年嬗变"实属少见。厦大的此次尝试在内容、形式、跨度和覆盖面上都有特点，我们愿意为此积极探索。更加可贵的是，各地党报和主流媒体首发后，当地新媒体都进行了跟进传播，不少文章被新华网、人民日报海外版、中国台湾网等权威电子媒体转载，各篇文章在第一时间得到了精准而有效的互联网推送。因此，每一篇校地情缘文章都在厦大师生、校友和当地群众以及关注大学历史文化的学者中掀起一波阅读热潮。如香港篇在《大公报》整版刊发后，马上被《镜报》、"华人头条网"转载，在海外华侨华人和厦大校友中产生积极反应，不少人发来了长篇感言；一位1977级校友看了校地情缘系列文章之后，情之所至撰文"这是史诗般的人文创意，这些文章权威地解读和认证了新老厦大人对国家的作为和担当"；更多厦大学子留言抒发自己作为厦大人的骄傲与自豪，表示要到祖国最需要的地方发光发热，不负母校栽培；很多网友也在留言区点赞、表白厦大。

我们希望，呈现在读者面前的《为吾国放一异彩——厦门大学与伟大祖国》一书，能在纵横交错的历史脉络中，向您娓娓述说百年时光里厦大对伟大祖国的无限深情，厦大人在祖国四面八方的真诚奉献，厦门大学扎根中国大地的办学实践……或许您可以品味出厦大人至臻至善、不懈奋斗的精神追求。

校地情缘文章顺利发表、汇集成书，要感谢王洛林、田昭武、吴宣恭、王豪杰、朱崇实、杨振斌、魏洪沼、潘世墨、陈力文、陈国凤、孙世刚、邬大光、韩家淮、詹心丽等曾经在学校工作过的领导和邓子基、潘懋元、唐崇惕、陈孔立、汪毅夫、孙亚夫等专家学者，他们对文章提出了很多中肯的意见和建议；感谢各地校友在文章撰写过程中给予大力支持，有的自荐参与文章撰写，有的组织当地校友开会专题研究，逐字逐句对母校与所在地校地情缘文章提出修改意见；感谢祖国各地那些默默支持厦大的热心人士，文章在当地的发表和传播，曾得到他们热情鼓励和联动支持，让我们更深刻地感受到这项工作的意义和价值；感谢陈嘉庚纪念馆、厦大出版社从陈嘉庚先生的珍贵书信中寻觅出书名“为吾国放一异彩”，精心集字修绘，为本书增添风采；感谢张荣校长、李建发常务副书记等现任学校领导、职能部门负责人和各学院师生，工作组的每一个困难第一时间都能得到他们的热情响应和积极帮助；感谢工作组所有成员，不论是耄耋之年的学长还是花信之年的学生，大家都激情满怀投身其中，废寝忘食，深入查找资料、核实线索、梳理文脉，用真情书写厦大与祖国各地的深厚情缘。不少同志经过这次工作的磨炼考验，不仅熟谙校史，而且成长为校地文化的宣讲者和代言人。当然，我们最应感谢的是厦大先贤和一个个呈现在书中的厦大人物，是他们似闪耀的群星汇聚成厦大灿烂的星河。如果说有遗憾，最大的遗憾是我们的能力水平有限，掌握的资料和信息不足，以及文字篇幅限制等原因，尚不能把更多的师生和校友写进文章，把他们的事迹书写在笔下……

校地情缘文章刊发过程中，我们收获了许多别样的温暖与感动。《望厦，厦望——海丝路上的澳门与厦门大学之缘》发表于厦大师生庆祝澳门回归祖国20周年前夕，讲述了澳门与福建、厦门同根同源，厦大人与澳门同胞在爱国奋进旋律中携手同行的发展历程。2020年初，新冠肺炎疫情在湖北肆虐，《江海大潮涌 极目楚天舒——厦门大学与湖北的校地情缘》在《湖北日报》一经发出，迅速引起在鄂厦大师生、校友的广泛关注，给身处困境的他们带去了巨大的精神安抚和鼓舞；安徽篇的发表恰逢因疫情推迟开学的厦大学子返校；宁夏、辽宁两篇见报正值高考当天；云南篇刊发于厦大百年校庆倒计时300天；台湾篇与北京篇同一天分别刊登在《人民日报》（海外版）和《北京日报》；厦门篇《鹭江深且长 南强绽芳华》的刊发正值厦门大学第七届全球校友会会长秘书长暨校友代表大会开幕，激发了海内外校友对母校、对厦门、对国家的感恩之情和报效之志；收篇之作于2020年10月22日在《解放日报》整版刊发，这或许是对1920年11月厦大筹备委员会在上海召开第一次筹委会100周年的特别纪念……一篇篇史料翔实、声情并茂的校地情缘文章，以一个个真实的厦大人物、一个个生动的校地故事，深沉回应陈嘉庚先生“为吾国放一异彩”的历史宏愿，深切回答出厦门大学如何“扎根中国大地办大学”的长篇答卷。

庆祝中国共产党成立一百周年，向厦门大学建校百年献礼，是本书的出版初衷。本书不仅汇编出厦大与祖国各地的文脉渊源，更希望彰显出厦大文化与精神。她将激励新时代的厦大人满怀赤诚的爱国之心，坚定教育兴国、教育强国的信念，在时代大潮中更加自信地迈步向前。同时，我们希望读者能从本书中窥见中国近现代社会的历史变迁和中国高等教育事业与时代偕行的发展脚步，还希望我们的探索能为识读大学历史、文化，讲好大学故事提供一个新的样式。

第一个百年，厦大人展现了自己的品格，形成了自己的特色，拥有自己的精神文化。新百年，厦大人将继续扬帆起航，风雨兼程，弘扬嘉庚精神，以崭新的面貌，昂首阔步，在建设中国特色世界一流大学和实现中华民族伟大复兴的征程中，坚守初心，砥砺前行，为民族、为国家、为人民作出新的更大的贡献。

编委会

2021 年 3 月 10 日